제2판

문화 마케팅

트렌드와 사례분석

윤홍근

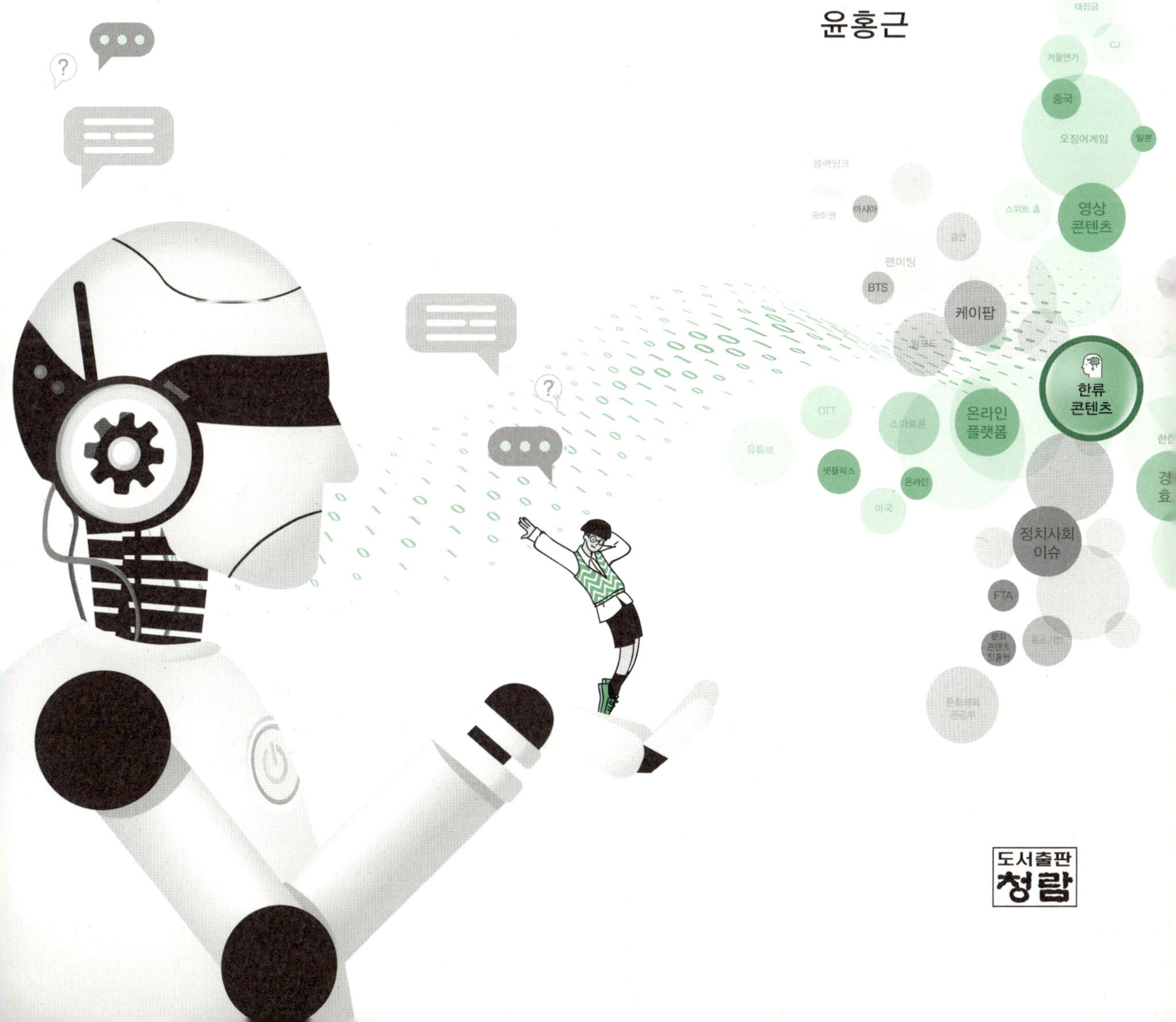

도서출판 청람

| 머리말 |

최근 메타버스, 인공지능 등 ICT 기술이 문화콘텐츠와 융합을 통하여 우리나라 문화산업이 발전하고 있다. 이러한 거대한 변화에 따라 정부는 메타버스와 AI 등 신기술(ICT) 역량과 콘텐츠 산업을 활성화하여 새로운 부가가치를 창출하는 K-콘텐츠를 국가 전략산업으로 육성하기로 하였다.

인터넷과 모바일 기술의 발달로 OTT(Over the Top)서비스가 출현하면서 시청자들은 특정 시간과 장소에 구애받지 않고 콘텐츠를 이용하는 미디어 소비의 접근성과 편리성을 향상시켰다. OTT는 코로나 시대를 거치면서 콘텐츠 소비가 스트리밍 중심으로 변화하여 레거시 미디어의 주도권을 빼앗아 미디어 산업의 지형도를 완전히 바꿔놨다.

2021년 넷플릭스의 한국드라마 〈오징어 게임〉은 넷플릭스 창립 이래 최다가구가 시청하며 전 세계 흥행작으로 등장하였고, 봉준호 감독의 영화 〈기생충〉은 황금종려상과 아카데미상 4개 부문을 수상하는 등 한류 콘텐츠 열풍을 일으켰나. 그룹 BTS는 '빌보드 핫100' 차트 1위에 올랐고, 블랙핑크는 '빌보드 200' 1위를 차지하는 등 K-Pop의 새 역사를 썼다.

K-콘텐츠의 파워에 힘입어 한국 콘텐츠시장 규모는 2022년 기준으로 147조원으로 전 세계 7위로 성장하였다. 우리나라 콘텐츠시장의 성장은 탄탄한 정보통신기술(ICT) 인프라를 바탕으로 게임, K-Pop, 드라마, 영화 등 각종 한류콘텐츠가 제작 · 유통되고 있는 것으로 분석된다. 특히 높은 스마트폰 보급률로 국내에서는 웹툰, 웹소설처럼 콘텐츠의 디지털화가 선진국보다 빠르게 진행되고 있다.

이러한 한류콘텐츠의 문화가치를 돋보이게 하고, 소비자의 욕구를 충족시키는 활동인 '문화마케팅(cultural marketing)'이 큰 역할을 하였다.

흔히 문화마케팅은 관점에 따라 문화예술기관이 주체가 된 '문화를 위한 마케팅(marketing of culture or marketing for culture)'과 기업이 주도하는 '마케팅을 위한 문화(culture for marketing)'로 구분할 수 있다. 결국 문화마케팅은 문화상품을 매개체로 하여 마케팅과의 접목으로 소비자의 만족과 기업 및 문화의 가치를 창출하는 활동을 의미한다.

우리나라의 문화산업은 눈부신 성장을 해왔다. 주5일 근무제의 확산으로 여가 시간이 증가하였고, 국민들의 문화적 욕구가 증대되면서 MZ세대(1982년부터 2011년에 태어난 세대)는 물론 중 · 장년층이 문화시장의 주역으로 떠오르고 있다. 모바일 기기에 익숙한 MZ세대는 유튜브, 인스타그램, 숏폼콘텐츠(틱톡, 릴스, 쇼츠) 등 1인 미디어를 활용하여 동영상 콘텐츠를 제작하여 자기표현에 대한 욕구를 나타냈다. 여기에 가세하여 베이비부머 세대는 고령화 사회의 주축으로 떠오르며 '액티브 시니어'라고 불리면서 도전정신이 강하고 성취지향적 성향을 갖고 있다. 이들은 디지털 기술 활용에 능숙하여 유튜버로 활동하거나 활발한 여가생활을 즐기면서 공연 관람과 모바일 쇼핑으로 문화시장에서 영향력을 발휘하고 있다.

이런 사회 · 경제적 환경변화는 대기업들이 문화마케팅 도입이라는 새로운 시대적 조류를 반영하게 되었다. 기업들은 문화예술을 지원하는 협의의 관점에서 벗어나 브랜드나 기업의 문화를 체화하는 장기적이고 전략적 관점의 문화마케팅으로 진화하고 있다.

최근 코로나19로 인한 글로벌 플랫폼의 영향력 확대와 메타버스, 실감콘텐츠, 블록체인, NFT 등 신기술을 접목한 한류콘텐츠가 주목을 받고 있다. 이른바 '한류 4기(한류 4.0)'라는 새로운 유형의 문화콘텐츠가 신한류 열풍을 이끌어 나가고 있다.

그러나 정부주도의 문화산업 육성정책이 한계와 문제점을 드러내고 있다. 박근혜 정부의 창조경제 정책은 정부가 지시하면 대기업들이 끌고 가는 방식으로 실패했다. 윤석열 정부도 민간의 자기주도성보다는 관료 중심 행정주도성이 더욱 강화되는 방향의 문화산업 정책을 답습하고 있다. 즉, 대통령은 세일즈맨을 자처하고 정부가 직접 개입하여 한류의 상품화를 추진하는 '수출주도형 문화산업'이 강조되고 있다.

문화정책은 지원은 하되 개입은 하지 않는다는 '팔길이 원칙(Arm's length principle)'에 따라 관료나 정치인이 국가에서 지원받는 예술가와 적절한 거리 두기를 해야 발전한다. 정부주도나 관주도 아래의 계획경제에 의한 문화산업 육성정책은 실패작으로 끝난다는 사실을 반면교사(反面教師)로 삼아야 한다.

그만큼 문화산업은 관(官)주도에서 벗어나 개인의 아이디어와 상상력을 키우면서 문화상품에 대한 부가가치를 높일 수 있는 창의적인 인재를 필요로 한다.

현재 문화마케팅은 학문과 기술 사이를 줄다리기하며 아직까지 독자적인 학문의 영역으로 체계화되지 못하고 있다. 기술과 미디어, 문화와 마케팅의 결합으로 문화마케팅이 생겨난 만큼 이들 분야의 학제적 연구나 통합적인 연구가 이루어져야 할 것이다.

학제 간 통합적 연구가 반영된 이 책은 모두 11장으로 구성되어 있다. 개정2판에서는 2017년 판에서 다루지 못한 메타버스, 인공지능(챗GPT), OTT서비스, 1인 미디어 등을 새롭게 추가하였다. 문화산업과 관련된 통계자료와 문화상품의 성공사례는 되도록 최신의 자료로 보완하였다.

1장에시는 문화마케팅 개념과 중요성, 발전과정, 연구영역 등을 소개하고 있다. 2장은 문화기업의 사명과 사업범위 설정, 마케팅 계획의 수립과정을 다루고 있다. 3장은 문화마케팅을 둘러싼 환경분석과 함께 문화소비자와 소비자행동에 초점을 맞추고 있다, 4장은 문화마케팅의 핵심전략인 STP전략을 중심으로 시장세분화, 표적시장, 포지셔닝 등을 언급하였다. 영화 〈기생충〉의 성공사례는 마케팅믹스 원리를 도입하여 분석하였다. 5장부터 9장까지는 상품관리, 가격관리, 유통관리, 마케팅 커뮤니케이션 등 마케팅믹스(4P)를 비롯해 7P전략, 경쟁전략(마이클 포터), 블루오션전략(김위찬), 다이아몬드 모델(마이클 포터) 등 마케팅 응용전략을 중심으로 집중적으로 서술했다. 5장에서는 문화상품의 성공사례로 〈별에서 온 그대〉의 경제효과를 분석하였고, SM, YG, JYP, 하이브 등 4대 엔터테인먼트회사의 성공요인을 새롭게 구성하였다. 7장 유통관리에서는 웹툰 흥행작과 생태계에 흐름을 알아보고 콘텐츠의 글로벌 유통창구인 OTT서비스와 1인 미디어 플랫폼의 활성화에 대해 살펴보았다. 10장은 ICT 기술과 문화콘텐츠가 접목되면서 컴퓨터그래픽(CG), 가상현실(VR), 빅데이터, 드론, 메타버스, 인공지능과 챗GPT 등 기술발전 분야를 다루고 있다. 마지막 11장 문화마케팅의 확장에서는 스토리텔링마케팅, 스타마케팅, 한류마케팅 등 문화마케팅의 응용분야까지 확대하여 다뤘다. 특히, 한류마케팅에서는 '빅데이터로 살펴본 한류30년'이란 보고서를 활용하여 시대별 한류변천사를 조망하였다.

끝으로 각 장마다 도입한 '문화마케팅 따라잡기' 코너는 문화산업에 대한 이해와 안목을 넓히도록 돕는 양념(촉매제)으로 활용될 것이다.

이 책은 문화마케팅을 배워보고 싶은 학생이나 관련 업계 취업 준비생들에게 실제와 응용을 할 수 있는 교육 학습서로 만들어졌다. 문화마케팅의 개념과 특성을 쉽게 파악할 수 있도록 STP전략, 4P전략, 문화상품 브랜드, 문화소비자 행동패턴, ICT 기술과 문화의 융합, 한류마케팅 등 기본 개념을 위주로 문화마케팅에 대한 전반적인 이해와 통찰력을 기르는 데 중점을 두고 있다. 아무튼 본 저서가 우리나라 대중문화산업의 발전과정을 체계적으로 이해하고 문화산업과 문화마케팅을 연구하는 분들께 유용한 사료로 쓰이기를 바라는 마음이다.

개정2판이 나오기까지 무려 6년이나 걸렸다. 한류의 확산속도를 반영하지 못한 저자의 게으름과 학문적 내공을 다지지 못한 아쉬움을 이 책을 쓰면서 다시 한번 반성해 본다.

코로나로 출판업계의 경기침체를 묵묵히 견디며 한 우물을 파는 도서출판 청람의 이수영 대표님과 청람 가족들에게 감사의 말씀을 올린다.

2023년 8월

윤홍근

| 차례 |

Chapter 01 문화마케팅의 이해

Chapter 02 문화마케팅 계획의 수립

Chapter 06

가격관리

Chapter 07 유통관리

Chapter 08 마케팅 커뮤니케이션

Chapter 11 문화마케팅의 확장

백범 김구

'나의 소원'

"나는 우리나라가 세계에서 가장 아름다운 나라가 되기를 원한다. 오직 한없이 가지고 싶은 것은 높은 문화의 힘이다. 나는 우리나라가 남의 것을 모방하는 나라가 되지 말고, 이러한 높고 새로운 문화의 근원이 되고, 목표가 되고, 모범이 되기를 원한다. 그래서 진정한 세계의 평화가 우리나라에서 우리나라로 말미암아서 세계에 실현되기를 원한다."

CHAPTER 01

문화마케팅의 이해

1. 문화마케팅의 개념
2. 문화마케팅의 등장배경과 중요성
3. 문화마케팅의 발전과정
4. 문화마케팅의 연구영역
5. 문화산업과 문화마케팅의 특징

1 문화마케팅의 개념

1) 문화마케팅의 정의

문화마케팅, 실버마케팅, 스포츠마케팅, 미디어마케팅, 호텔마케팅, 관광마케팅, 병원마케팅, 정치마케팅 등 마케팅이라는 말이 우리 주변에 흔히 사용되고 있다. 우리는 마케팅이란 용어가 친숙한 단어이면서도 정작 마케팅의 개념이 무엇인가에 대해 혼란스러워한다.

최근 들어 소득수준의 향상과 여가시간의 증대 등에 따라 문화행사와 연계된 문화마케팅 활동이 활발히 수행되고 있다. 문화마케팅은 문화와 마케팅이란 서로 어울리지 않을 것 같은 단어로 결합된 용어이다. 보통 문화는 인간이 새롭게 창조한 지적 · 정신적 · 예술적 산물을 담은 다양한 문화적 내용물을 포함하고 있다.

여기에 문화의 상업성이 강조되면서 문화마케팅이란 용어가 탄생한 것이다. 즉 문화마케팅은 문화의 핵심인 대중의 삶의 질 향상이라는 가치제안에, 문화상품과 서비스를 고객에 맞춰 잘 팔리도록 하는 마케팅이라는 별개의 가치체계로 인식되어 왔던 이질적 용어가 결합한 것으로 볼 수 있다.

그러면 문화마케팅이란 무엇일까? 최근 언급되는 문화마케팅이란 기업이 문화를 마케팅전략에서 핵심적인 수단으로 활용하는 것을 의미한다. 이러한 활용은 일반적으로 기업이 공연, 전시회, 음악회 등 각종 문화행사를 후원하거나 주최하는 문화예술지원활동으로 구체화된다. 보다 넓은 관점에서 보면 기업이 문화를 광고 · 판촉수단으로 활용하여 제품과 서비스에 문화이미지를 담아내는 마케팅활동도 해당된다고 할 수 있다.

이처럼 문화마케팅은 기업이 문화예술 코드를 마케팅활동에 활용하는 차원에서 벗어나, 소비자들이 문화상품을 통하여 감성적 욕구와 상징적 욕구를 충족시키고 독특한 소비경험을 공유할 수 있는 문화가치를 향유하는 적극적인 개념으로 변모하고 있다. 이때의 문화마케팅은 소비자(관객)에게 문화적 가치(정신적 만족, 감성, 영성)를 주기 위해 기업이나 문화예술기관이 문화나 예술활동을 지원하는 것으로 볼 수 있다. 마켓 3.0시장[01]에서 '가치'가 핵심 콘셉트로 자리를 잡으면서 기능과 감성, 영성을 강조하는 문화마케팅이 더욱 부상하고 있는 것이다.

마케팅의 대가 필립 코틀러(Philip Kotler)는 '마케팅의 정의'를 관리적 정의와 사회적 정의로 구분하고 사회적 가치를 강조하였다. 그는 "마케팅은 다른 사람과 함께 가치 있는 제도와 서비스를 창조하고 제공하며 또한 자유롭게 교환함으로써 개인과 집단이 요구하고 필요로 하는 것을 획득할 수 있도록 하는 사회적 가치를 의미한다"고 정의한다.[02]

이 새로운 정의는 문화마케팅에도 적용된다. 개인과 기업 간의 사회적인 거래에서 문화가치의 영향력이 커지고 있다는 사실을 인식한 것이다. 마켓 3.0시장에서 필요한 마케팅은 기업의 비즈니스 모델의 심장부에 '문화적 현안'들을 자리 잡게 하고 있다.

국내 학자들은 문화마케팅의 개념을 다음과 같이 설명하고 있다.

고정민(2008)은 기업이 문화를 광고 및 판촉수단으로 활용하여 제품과 서비스에 문화이미지를 담는 마케팅활동을 문화마케팅이라고 정의하고, 좁은 의미로는 기업이 공연회, 전시회, 음악회 등 각종 문화행사를 후원하거나 주최하는 문화예술지원활동, 즉 메세나[03]운동을 의미한다고 설명했다.

이동기와 박흥식(2003)은 문화요소를 상품화하고 소비자의 선택을 촉진하는 행위로서 오늘날의 문화마케팅은 기업이 문화에 대한 소비자의 욕구가 증가하고 있다는 점을 마케팅활동에 고객흡입력으로 이용함으로써 하나의 독립적인 분야를 만들어내고 있다고 주장했다.

특히 김소영(2003)은 문화예술기관과 기업 중 누가 주체가 되느냐에 따라 문화마케팅의 관점을 두 가지 차원에서 구분하였다. 즉, 문화마케팅이란 문화를 토대로 소비자와의 원활한 교환(exchange)을 통해 부가가치를 창출하고 문화

---

01 필립 코틀러는 시장의 진화단계를 1.0시장, 2.0시장, 3.0시장으로 구분하고, 1.0시장은 제품중심의 시대를, 2.0시장은 소비자지향 시대를, 3.0시장은 가치주도의 시대라고 명명하였다.

02 Kotler & Keller, *Marketing Management 14th Edition*, Pearson Educacion, 2013, p.27.

03 메세나는 문화예술가들에게 지원을 아끼지 않은 로마제국의 정치가 마에케나스(Gaius Clinius Maecenas)에서 유래한다. 흔히 메세나는 기업인들의 각종 지원 및 후원활동을 통틀어 일컫는 말이다.

를 공유하는 각 주체의 고유가치도 높여주는 일련의 마케팅활동으로 정의할 수 있다.

이에 따라 문화마케팅은 주체를 문화예술이냐 기업이냐에 따라 문화를 위한 마케팅(marketing of culture or marketing for culture)과 마케팅을 위한 문화(culture for marketing)로 구분한다. 전자인 문화를 위한 마케팅은 문화예술(기관)이 마케팅 기법을 동원하여 문화 자체나 문화 가치를 돋보이게 만드는 것을 의미한다. 반면, 마케팅을 위한 문화는 기업이 문화마케팅을 동원(활용)하여 고객의 욕구와 기대를 충족시켜주는 기업의 문화마케팅 활동에 초점을 맞추고 있다.[04] 문화마케팅의 두 가지 형태는 [표 1-1]에서 볼 수 있다.

표 1-1 문화마케팅의 두 가지 형태

구분	문화마케팅	문화를 이용한 마케팅
주체	문화예술기관	기업
목적	문화가치 실현, 고객의 정신적 만족감 충족	문화를 활용한 마케팅목표 달성 및 기업이미지 제고
개념	많은 사람이 더 많은 문화를 접촉하도록 하는 각종 프로그램과 활동	문화를 활용해 상품이나 서비스, 기업의 이미지를 높이려고 하는 활동
적용범위	문화예술마케팅	문화산업마케팅
해석상 의미	• marketing of culture • marketing for culture	• marketing though culture • culture for marketing
주요 사례	• 찾아가는 예술활동 • 사랑티켓 • 사랑의 객석 나누기	• 기업 메세나 • 1사 1문화운동 • 삼성전자, 쌈지그룹

자료 : 라도삼 외, 문화향수 촉진을 위한 문화마케팅 프로그램 개발, 서울시정개발연구원, 2005를 재구성

(1) 문화마케팅(marketing for culture = culture marketing)

제품이나 서비스의 차별화를 문화가치에서 찾기 위해 마케팅활동을 전개하는 것을 의미한다. 즉 문화상품이나 문화기업이 스토리, 역사성, 소비자의 체험 등의 문화가치를 통해 소비자에게 정신적 만족감을 주는 것이다. 문화예술기관의 마케팅활동에 초점을 맞추기 때문에 문화마케팅은 문화예술마케팅이라고

04 안길상 · 김소영 외, 문화마케팅, 한경사, 2008, pp.295~296.

한다.

문화마케팅은 문화마케팅 활동과정에서 고객이 실제로 접하는 공연작품, 미술작품, 공연장, 미술관 등에서 체험을 통해서 고객의 기대를 충족시켜 줄 수 있는 일련의 마케팅활동을 말한다. 또한 마케팅의 대부 필립 코틀러의 고전적 정의를 빌어 문화마케팅은 문화산업에서 수익성 있는 고객을 찾고 유지하는 과학이고 예술이자 문화산업의 다른 경쟁자로부터 뛰어난 방식으로 고객을 만족시키는 예술행위로 정의할 수 있다. 즉, 문화산업 고객의 필요와 요구를 만족시키는 합리적이며 심미적인 활동을 모두 총괄하는 것이다.[05]

새로운 문화콘텐츠를 창조하고 소통하고 제공하는 데 마케팅 기법을 활용하는 예로 ㈜PMC프로덕션의 〈난타〉를 들 수 있다. 기획단계부터 세계인에게 소구할 수 있는 한국적 문화코드를 콘셉트로 삼고 이를 에든버러 연극페스티벌에서 검증을 받아 세계시장에 진출한 좋은 사례다.

(2) 문화를 이용한 마케팅(marketing though culture)

문화를 이용한 마케팅은 기업이 문화를 활용하여 마케팅을 수행한다는 차원에서 '마케팅을 위한 문화(culture for marketing)'와 일맥상통한다. 즉, 문화마케팅의 주체가 기업이기 때문에 기업의 문화마케팅 활동을 포함하고 있다.

다시 말해, 기업이 제품, 브랜드, 광고, 촉진, 홍보 등의 전통적 요소 외에도 고객들에게 의사전달하는 많은 요소(기업의 물리적 공간, 기업의 종업원)에 직간접적으로 문화를 활용함으로써 마케팅목표를 달성하고자 하는 마케팅활동을 의미한다.

방송, 공연예술, 영화, 게임 등과 같은 문화산업의 사업성을 높이기 위해 마케팅기법을 도입한 것으로 문화콘텐츠마케팅, 문화산업마케팅이라고 불린다. 또는 기업이 이미지 제고를 목적으로 문화나 예술활동을 지원하는 스폰서십마케팅(메세나)도 포함된다.

최근의 메세나는 새로운 문화주체인 기업에 의해 문화를 마케팅전략에 접목시키는 '문화마케팅'으로 발전하고 있다. 기업은 기존의 문화행사를 후원의 차

---

05 김유리, 교과과정에서의 문화콘텐츠 마케팅, 인문콘텐츠 제5호, 2005, p.225.

원을 넘어 자사제품을 예술품과 함께 전시한다든가, 회사가 주체가 되어 문화 공연을 기획하기도 하며, 기업과 상품의 이미지를 담는 CF 속에서도 유명작가의 그림 등을 삽입해 기업의 문화적 이미지를 부각시키고 있다.[06]

이처럼 문화를 이용한 마케팅은 이윤추구를 목적으로 문화가 상품화되고 생산하여 시장에서 유통되는 과정을 포괄적으로 의미한다.

위의 정의를 종합해볼 때 문화마케팅은 기업이 문화를 매개로 고객의 감성을 통해 부가가치를 창출하고 문화예술의 고유가치를 제고시키는 활동을 의미한다. 그러나 아직까지 문화마케팅에 대한 명확한 정의는 내려지지 않고 있다. 하지만 문화에 대한 소비자의 욕구가 늘어나면서 2000년대 초반 '문화마케팅'이라는 용어가 학계와 산업계에 확산되기 시작하였다. 문화마케팅은 감성마케팅, 엔터테인먼트마케팅, 예술경영, 아트마케팅 등의 다른 용어들로 표현되기도 한다. 여기서 정의하는 문화마케팅은 문화나 문화산업 분야를 대상으로 한 특수마케팅 분야에 속한다. 문화마케팅은 최근 들어 문화가치 창출이나 가치를 강조하면서 소비재를 중심으로 한 전통마케팅과 차별성을 두고 있다.

2) 문화마케팅의 유형

기업의 문화마케팅 유형은 문화를 활용하는 방식과 제품 및 문화 일제화의 정도에 따라 구분되기도 하고, 전략적 · 투자적 관점과 문화마케팅 실행기간에 따라 분류하기도 한다. 여기서는 심상민(2002)이 제시한 다섯 가지 유형과 김소영(2006)이 제시한 네 가지 유형에 대해서 검토해보기로 한다.

우선 기업의 문화마케팅은 문화를 마케팅에 활용하는 방식에 따라 [표 1-2]와 같이 다섯 가지 유형으로 분류할 수 있다.

심상민(2002)이 제시한 기업문화마케팅의 다섯 가지 유형은 기업이 문화를 활용하는 방식이 직접적인지 간접적인지 그리고 제품(서비스)과 문화의 일체화 정도가 높은지 낮은지 두 가지 차원에서 구분되며 이 다섯 가지 유형은 문화판촉(sales), 문화지원(sponsorship), 문화연출(synthesis), 문화기업(style), 문화후광(spirit)으로 분류된다.

06 김종의 · 김소영 외, 특수마케팅의 이론과 사례, 형설출판사, 2006, pp.48~49.

(1) 문화판촉(sales)

문화판촉은 광고나 판촉의 수단으로 문화를 활용하는 것으로 문화적 이미지를 제품 혹은 기업 전체의 이미지와 연관시켜 광고, 홍보와 제품판매에 이용하는 것이다.

문화판촉의 사례는 제품구입이나 서비스 이용을 통한 이벤트 참여, 영화나 드라마에 자사의 제품을 노출시키는 PPL(Product Placement)전략이 있다. 실제로 세계적인 명차인 벤츠는 PPL 기법을 적극 활용하여 할리우드 영화에 자사 제품을 소도구나 배경으로 노출시켜 간접광고효과를 극대화시켰다.

표 1-2 기업문화마케팅의 다섯 가지 유형(5S)

유형(5S)	유형별 개념	의미	사례
문화판촉 (sales)	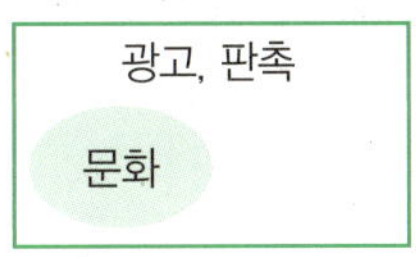	문화를 광고, 판촉 수단으로 활용	벤츠, 태평양, 코카콜라, BMW, 동서커피, 백세주
문화지원 (sponsorship)	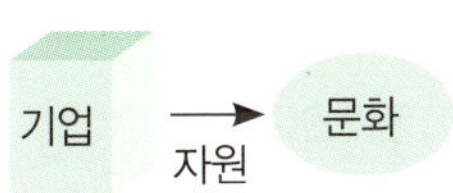	자사를 홍보하거나 이미지를 개선하는 방법으로 문화활동	IBM, 하나은행, Texaco, MS, 삼성전자, 금호그룹
문화연출 (synthesis)	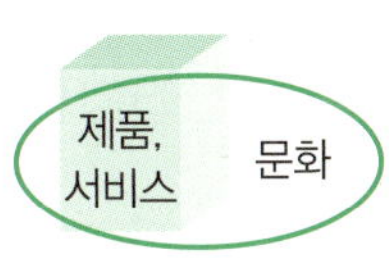	제품(서비스)에 문화이미지를 체화해 차별화	스타벅스, TTL, 할리 데이비슨, 몽블랑, 포르쉐, 로렉스
문화기업 (style)	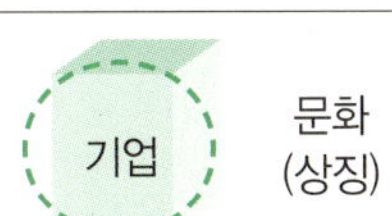	새롭고 독특한 문화를 상징하는 기업으로 포지셔닝	소니, 에버랜드, 디즈니, 맥도날드, 파타고니아, 광주요
문화후광 (spirit)	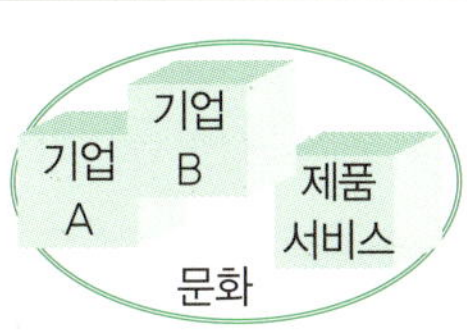	국가의 문화적 매력을 후광효과로 향유	프랑스, 한국(한류), 이탈리아, 영국, 일본 등

자료 : 심상민, 문화마케팅의 부상과 성공전략, CEO Information, 삼성경제연구소, 2002를 재구성

문화판촉과 유사한 개념으로 김소영(2006)은 문화커뮤니케이션을 제시하였다. 문화커뮤니케이션은 문화를 마케팅 커뮤니케이션 수단으로 활용하는 것으로 문화예술을 통해 기업이 의도하는 이미지나 메시지를 명확하게 전달하려는 것이다.[07]

(2) 문화지원(sponsorship)

문화지원은 기업을 홍보하거나 이미지 개선을 위해 문화예술활동을 지원하거나 후원하는 것이다. 문화지원과 관련해 김소영(2006)의 경우 단기적으로 공연이나 전시를 후원 또는 협찬하는 문화후원과 비슷한 개념으로 파악하고 전통적인 메세나활동과 가장 유사한 형태로 보았다.

국내기업의 문화마케팅은 이 같은 문화지원이나 협찬의 형태가 대부분이며 이러한 기업의 문화예술에 대한 지원은 메세나활동으로 이해된다.

(3) 문화연출(synthesis)

문화연출은 제품이나 서비스에 문화적 이미지를 체화하여 타 제품과 차별화하는 것을 의미한다. 대표적인 사례로 스타벅스를 들 수 있다. 스타벅스는 커피라는 상품을 커피문화로 승화시켜 소비자의 감성을 자극시켰다. 커피전문점인 스타벅스는 편안하게 쉴 수 있는 제3의 공간에서 세련되게 커피 한 잔을 즐길 수 있는 체험공간을 연출하는 데 성공하였다.

(4) 문화기업(style)

문화기업은 새롭고 독특한 문화를 상징하는 기업으로 포지셔닝하는 것을 의미한다. 이는 문화를 이용하여 기업 전체의 고유한 이미지를 형성하는 점에서 문화연출과 유사하지만 문화연출이 특정 브랜드의 상품, 서비스 특성을 문화적 코드와 직접적으로 연결시키는 것에 비해 문화기업은 세분화된 상품이나 브랜드가 아닌 기업 전체의 이미지를 문화적인 이미지와 연결시킨다는 점에서 차이가 있다. '나들이에서 축제까지'라는 슬로건으로 한국 놀이문화의 상징인 에버

07 김소영, 21세기형 메세나 문화마케팅, 한국문화예술위원회, 문화예술, 2006.

랜드가 대표적인 문화기업으로 포지셔닝하는 데 성공하였다.

(5) 문화후광(spirit)

문화후광은 국가의 문화적 매력을 후광효과로 향유하는 것을 의미한다. 우리나라의 문화확산에 큰 영향을 미치는 한류(韓流)는 드라마, 대중가요, 전통문화 전파를 통한 긍정적인 국가이미지 제고와 함께 문화적 후광을 통해 한국 제품 선호와 한국 관광 등과 유기적으로 결합시켜 기업의 수익성 확대에 큰 도움을 주고 있다.

문화후광은 국가의 문화적 매력에 초점을 맞추어 국가브랜드 구축과 밀접한 관계가 있다. 김유경(2007)은 국가브랜드 개성을 선도성, 활발함, 세련됨, 전통성, 평온함으로 구분한 뒤 9개국에 대한 브랜드 개성의 인식유형을 도출한 결과, 한국은 '전통성'이라는 개성이 강하게 나타났고, 미국과 일본은 '선도성'이라는 개성으로, 이탈리아와 스웨덴은 '세련성'이라는 개성이 강하게 포지셔닝되어 있다고 분석하였다.[08]

김소영(2006)은 또 다른 방식으로 문화마케팅의 유형을 크게 네 가지로 유형화하였다. 그는 문화마케팅의 전략적 · 투자적 관점과 문화마케팅 실행기간이라는 두 차원을 토대로 문화후원, 문화커뮤니케이션, 문화투자, 문화브랜드/문화기업 등으로 분류하였다.[09]

문화후원은 단기적으로 공연이나 전시를 후원 또는 협찬하는 것으로 전통적인 메세나활동과 유사한 형태로 볼 수 있으며, 문화커뮤니케이션은 광고, 판매촉진, 제품 디자인 등 문화예술을 차용하거나 직접 활용하는 문화마케팅 유형을 말한다.

문화투자는 문화후원보다 전략적이고 투자적인 관점이 강하며 실행기간에 있어서도 상대적으로 장기적인 문화마케팅 유형이라 볼 수 있다. 특히 문화투자는 실행 초기단계에서부터 기업의 마케팅목표를 달성하기 위해 장기적 관점에서 문화마케팅을 기업경영에 필요한 문화자산을 축적해나가는 체계적인 전략

08 김유경, 국가브랜드 개성의 차원에 관한 연구, 광고연구 2007년 여름(75호), 2007, p.113.
09 안길상 · 김소영 외, 문화마케팅, 한경사, 2008, pp.301~302.

과정으로 접근해나가는 문화마케팅이다. 문화브랜드/문화기업은 총체적 커뮤니케이션 채널을 통한 통합적인 문화마케팅을 통해 궁극적으로 브랜드나 기업에 문화예술이 체화되어 문화브랜드, 문화기업으로 심화 · 발전되는 문화마케팅 활동을 의미한다.

그림 1-1 문화마케팅의 네 가지 유형

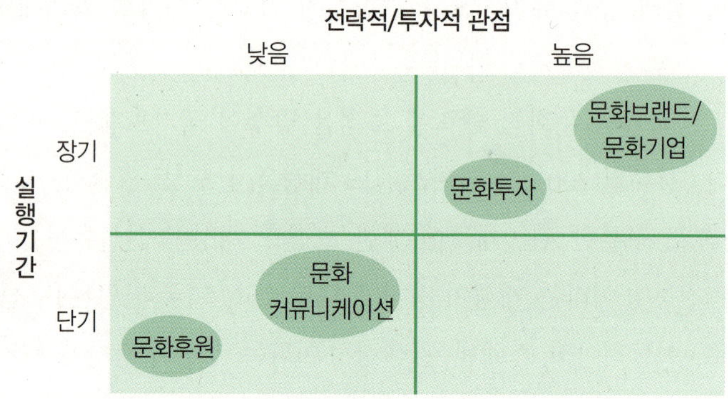

자료 : 안길상 · 김소영 외, 문화마케팅, 한경사, 2008, p.301.

3) 문화마케팅의 참여유형

문화마케팅의 범위는 마케팅활동의 참여자가 영리조직이냐 비영리조직이냐에 따라 영리마케팅과 비영리마케팅으로 구분된다. 문화시장에서 예술단체나 문화기업이 관객과 만나는 문화시설은 대부분 공익성과 공공성을 주된 목적으로 하기 때문에 비영리마케팅에 더 가깝다. 박물관과 미술관은 대부분 정부나 재단법인(비영리) 형태로 운영되면서 본질적 사명과 자체 목적달성을 지향하고 있다.

반면, 기업이 운영하는 공연기획사나 뮤지컬제작사, 영화제작사, 엔터테인먼트회사 등은 영리추구를 목적으로 하는 영리마케팅이 적용된다.

(1) 영리기관의 마케팅(profit marketing)

영리마케팅은 주체의 목표가 이윤추구에 있다. 문화기업들도 문화공간이나 대중매체를 기반으로 다양한 콘텐츠를 소비자들에게 제공하면서 이윤을 추구하는 것을 목표로 하고 있다.

2000년대 이후 여가시간이 늘어나고 예술수요층이 확대되면서 기업들은 기업PR과 상품마케팅에서 문화적 수단이 갖는 가치를 새롭게 인식하기 시작했다. 문화를 활용한 기업마케팅이 영리기관의 마케팅활동으로 볼 수 있는데, 홍보, 광고, 브랜드, 해외진출 등 기업마케팅 전반에 문화를 활용하는 전략이다. 즉 기업이 문화가 갖고 있는 감성적인 측면과 감동이란 코드를 마케팅활동에 효율적 도구로 활용하는 것이다. 이에 기업들은 주체적 입장에서 마케팅에 도움이 될 만한 문화예술 이벤트를 찾게 되었고, 문화시장 확대와 맞물려 이른바 '법인고객'이라고 하는 새로운 시장을 형성하면서 예술조직의 마케팅활동에 큰 영향을 미치고 있다.

또한 기업은 기존의 문화행사를 후원의 차원을 넘어 자사제품을 예술품과 함께 전시한다든가, 회사가 주체가 되어 문화공연을 기획하기도 하며, 기업이미지 제고를 위해서 통합적 마케팅 커뮤니케이션의 전략적 차원에서 문화마케팅을 활용하고 있다.

(2) 비영리기관의 마케팅(non-profit marketing)

영리추구를 목적으로 하지 않는 비영리기관에서도 마케팅이 적용될 수 있다. 문화시장에 개입하는 문화예술기관이나 정부(지자체)는 이윤극대화보다는 자체조직의 목적달성을 지향한다. 이러한 비영리기관으로는 정부, 문화체육관광부, 문화재청, 국립극장, 예술의 전당, 국립중앙박물관, 지자체에서 운영하는 서울시립미술관, 고양문화재단 등이 포함된다.

박물관이나 미술관과 같은 서비스상품은 먼저 구매하고 소비는 나중에 이루어진다는 점, 대부분 비영리기관에서 생산하는 공공재적인 성격을 띤다는 점, 소비 이전에 이미 생산이 시작된 것이라는 점 등의 특징을 지닌다.[10]

박물관과 같은 공공적 성격의 비영리조직이 스스로의 목적을 효율적으로 달성하기 위해 기업이 행하는 일반마케팅의 콘셉트 및 기법을 가능한 한 도입하고자 하는 것을 일반적으로 비영리마케팅(non-profit marketing)이라고 한다.

10 이보아, 성공한 박물관 성공한 마케팅, 역사넷, pp.220~229.

비영리조직의 마케팅은 기업마케팅의 연장 또는 확대라는 개념 속에서 파악될 수 있는데 비영리조직에서도 기업과 마찬가지로 공중, 대중, 시민 등으로 지칭되는 고객이 존재하고, 그들을 대상으로 유형 · 무형의 상품과 서비스를 제공하며, 교환이 이루어지는 시장과 경쟁이 존재하는 등 본질적으로 영리조직과 유사한 점이 많이 있다. 따라서 비영리조직의 특성을 갖는 박물관에서도 기관과 소비자 사이의 원활한 교환을 창출하기 위한 효율적인 노력의 일환으로 마케팅 콘셉트를 도입하고 적용하는 것이 박물관의 생존을 위해 필수적인 일이라 볼 수 있다. 더욱이 상당한 자금흐름을 수반하는 비영리조직이 비효율적으로 운영되고 있다는 데 비판의 소리가 높아지면서 박물관이나 미술관과 같은 비영리조직은 마케팅 개념에 입각한 효율적인 활동을 수행해야 할 필요성이 있다.

따라서 문화예술기관 대부분은 본질적 사명과 공공성이 강조되는 특수성을 바탕으로 비영리기관에서 운영되기 때문에 마케팅 개념에 입각한 체계적인 활동이 강조되고 있다.

2 문화마케팅의 등장배경과 중요성

1) 문화마케팅의 등장배경

경제발전으로 기본적인 의식주 문제가 해결되고 정신적 풍요를 중시하면서 사람들의 소비형태도 획일화 · 대량화에서 개성화 · 다양화 · 고급화 추세로 변화되고 있다. 이러한 욕구변화에 따라 소비자들은 경제적 가치의 제품이 아니라 문화적 가치와 상징가치를 더 중요시하게 되었다. 이런 질적 풍요를 추구하는 가치관이 확산됨에 따라 개인의 레저와 문화생활의 중요성이 높아지고 문화적 소비가 늘어나고 있는 추세이다.

2005년부터 국내에서도 본격적으로 주5일 근무제가 실시되면서 주말 여가시간이 대폭적으로 확대되었다. 주5일 근무제에 따라 문화적 여가활동에 대한 기업의 인식이 전환되면서 기업의 문화마케팅도 확산되었다. IMF 경제위기를 겪으면서 문화 역시 경쟁과 생존구조 틀에서 자유로울 수 없다는 사실을 확인한 문화기관과 단체들은 '경영마인드', '시장경제', '마케팅'과 같은 용어들을 앞다투어 도입하였다. 그중에서 가장 활발하게 표면에 드러나게 된 것이 문화마케팅과 그 기법들이었다.

사회 · 경제적 기업의 환경변화는 기업의 문화마케팅 도입이라는 새로운 시대적 조류를 형성하게 되었다. 특히, 한국 영화의 발전, 게임시장의 급성장, 공연의 산업화, K-Pop 열풍의 확산 등은 소비자의 기호를 감성적으로 변화시켰고, 기업들도 소비자의 다양한 라이프스타일을 분석하고 감성코드에 맞는 마케팅전략을 펼치는 것이 중요하게 되었다.

특히, 2000년대 중반 이후 국내 문화시장에서 40~50대 중장년층이 새로운 시장으로 등장하고, 노령인구의 확대현상에 따라 문화마케팅을 통한 안정적인 고객층 확보를 위한 관객개발 전략이 요구되었다. 기업의 문화마케팅 확산과 새로운 문화상품수요가 확대되면서 기업과 문화예술단체는 사업의 실행에 여러 가지 요소가 서로 일관성 있게 구성되었는지, 수익을 창출할 수 있는지에 대한 전략적 검토 차원에서 문화마케팅의 중요성을 절감하게 되었다.

이러한 상황에서 기업이나 문화예술단체는 소비자들에게 문화적 욕구를 충족하는 제품이나 서비스를 제공하고 문화를 매개로 한 마케팅을 통해서 차별화 · 고급화하면서 신규수요를 창출하고 고객의 문화적 향수와 삶의 질을 높이는 데 기여할 수 있었다.

따라서 문화마케팅의 등장배경은 소비자의 소비패턴의 변화, 문화산업에 대한 의식변화나 가치상승, 기업환경변화에 따른 이미지 제고, 문화시장의 변화 등으로 정리할 수 있다.

2) 문화마케팅의 중요성

21세기는 '문화의 시대'라고 일컬어질 만큼 문화는 한 나라의 생활양식, 가치관 등에 영향을 끼쳐 그들의 행동을 변화시키고 다양한 문화상품 생산으로 경제적인 영향까지 미칠 수 있다. 결국 문화산업은 한 나라의 문화적 정체성을 확보하는 데 중요한 요소이자, 국가이미지 · 국가브랜드 파워 증대를 통해 국가경쟁력을 제고하고 있다.

이렇듯 문화산업 육성의 전략적 중요성을 인식하고 정부의 지원과 기업이나 문화예술기관들도 문화산업에 대한 투자나 관심을 높여나가고 있다.

문화산업은 하나의 소스로 다양하게 포장되어 재생산되는 고부가가치산업으로 통하며 경제적인 측면에서 그 중요성은 크게 부각되고 있다. 1990년 말 중국과 동남아시아에서 드라마와 대중가요 등이 인기를 끌면서 한류바람이 일자, 문화산업의 중요성을 인식하게 되었고, 문화상품이 시대를 대표하는 핵심아이템으로 부상하였다.

이러한 시대적 트렌드는 문화의 산업화를 가속화시키고 글로벌 시대의 경쟁력을 좌우하는 핵심역량으로서 문화산업의 전략적 중요성을 부각시키고 있다.

최근 기업들은 창조경영을 강조하는 분위기와 함께 창의적 직원, 창의적 기업문화 등에 대한 관심이 고조되고 있다. 기업이 창의성을 향상시키는 원천으로 기업경영에 문화예술을 접목시키는 사례가 늘고 있다.

기업의 문화마케팅은 광고를 활용한 문화코드에서부터 국내외에서의 기업이미지 제고 그리고 내부고객인 직원들에 대한 문화복지에 이르기까지 다양한 형태로 이루어지고 있다. 삼성전자와 LG전자, SK텔레콤 등 대기업들도 문화예술을 지원하는 협의적 관점을 넘어 브랜드나 기업에 문화를 체화시키는 보다 장기적이고 전략적인 관점의 문화마케팅으로 진화하고 있다.

이들 기업들은 다양한 문화예술활동 지원을 통해 사회적으로 바람직한 기업이라는 인식을 심어줄 수 있다는 '사회적 마케팅(societal marketing)' 차원에서 문화마케팅에 접근하고 있다. 기업의 문화마케팅은 문화예술을 활용하여 소비자의 감성적 · 문화적 욕구를 충족시키는 소비자를 만족시킬 뿐 아니라 기업이미지 제고, 차별적 브랜드 관리 및 종업원 혜택 등과 같은 기업성과를 거둘 수 있고 동시에 문화예술 발전과 국민의 문화복지 향상에도 기여하는 사회적 공헌도 이룰 수 있다.[11]

11 호주의 AFCH와 아더앤더슨컨설팅이 발표한 보고서에서 기업의 문화마케팅은 사회적으로 바람직한 기업이라는 인식 확대, 시장우위효과로서 기업인지도 제고, 가격 프리미엄 획득 및 매출증대와 같은 시장효과, 종업원의 생산성 향상, 창의적 사고 및 만족도 증대와 같은 효과가 있다고 밝히고 있다.

이와 같이 문화의 사회적 역할이 강조되면서 문화예술 분야 사회적 기업들이 등장하였다. 문화예술 분야 사회적 기업 제1호인 노리단을 비롯하여 자바르떼, 한빛예술단 등과 같은 공공적 문화예술기업으로 설립되어 일자리 창출과 공익적 서비스 실현으로 자신의 존재가치를 입증하였다. 이들 문화예술 사회적 기업들은 문화마케팅 활동을 통한 예술과 지역사회집단의 부가가치의 강화, 문화예술인 일자리 창출, 지역사회 내 소외계층에게 문화서비스 제공, 지역사회 주민과의 사회적 관계 형성 등으로 공익적 가치를 창출하였다.[12]

서울 문래예술공단은 예술가들이 재래산업공단의 쇠락지에 들어가 스스로 창작촌을 만들어가면서 지역 활성화에 힘쓰고 있다. 문래예술공단은 문화예술을 통한 도시재생에 사회적 기업이 중요한 역할을 할 수 있으며 도시재생을 위한 실천과정에서 많은 새로운 일자리를 창출할 수 있었다. 예술가들은 전시, 공연, 축제, 예술교육, 공공미술 프로젝트 등 다양한 활동으로 도시재생과 공동체 강화에 기여하고 있으며 연간 최소 150명 이상이 일상적 창작활동을 함으로써 새로운 일자리 창출효과를 내고 있다.[13]

우선적으로 공공자금을 투자하여 문래동 예술단체들의 사회적 기업으로의 전환을 유도하면서 이들 예술단체가 지역사회에 질 높은 서비스를 제공하도록 하고, 지역사회에서 공공예술시장을 형성해가는 과정을 밟을 수 있을 것이다.

문화마케팅의 또 다른 주축인 예술의 전당, 국립중앙박물관, 지자체에서 운영하는 미술관, 문화재단 등도 관리운영의 효율성을 높이고 소비자들에게 질 높은 서비스를 제공하는 차원에서 문화마케팅의 중요성을 부각시키고 있다.

이러한 문화예술 주체(단체)들도 기관과 소비자 사이의 원활한 교환을 창출하기 위한 노력의 일환으로 문화마케팅 콘셉트를 적극 도입하고 적용하는 것이 생존을 위해 필수적인 요소가 되었다. 더욱이 막대한 공공자금을 수반하는 문화예술단체들이 비효율직으로 운영되고 있다는 데 비판의 소리가 높아지면서 박물관이나 미술관과 같은 조직은 문화마케팅 개념에 입각한 효율적인 활동을 수행해야 할 필요성이 있다.

12 김종수, 문화영역 사회적 기업의 역할, 행정언어와 질적연구 창간호, 2010, pp.104 ~106.

13 김윤환, 문화예술 분야 사회적 기업의 정책방향 : 국내외사례를 중심으로, 한국문화경제학회 2009 춘계학술대회, 2009.

문화예술단체는 더 이상 정부나 기업의 지원만을 의존하지 않고 관리운영의 효율화와 적극적인 마케팅 기법을 도입하여 자체적인 경쟁력을 갖추어야 한다. 이에 따라 문화예술단체들은 문화경영 분야의 전문인력을 영입하거나 전문기관에 위탁하는 방식을 통해 새로운 경영혁신을 꾀하고, 새로운 형식의 프로그램 개발과 적극적인 마케팅활동을 통한 관객개발이 요구된다.

이처럼 기업과 문화예술단체 모두의 인식전환이 선행될 때 문화마케팅은 지속적으로 그 빛을 발할 수 있을 것이다. 기업은 문화마케팅을 통해 기업정당성 확보와 시장우위, 종업원에게 혜택을 준다는 전략적 목표를 달성하고, 문화예술단체는 사람들의 삶을 풍요롭게 만든다는 고유의 가치를 높여 서로 상생하는 형태로 문화마케팅 활동이 전개되어야 할 것이다.

그러나 아직까지 국내의 문화마케팅은 초보적인 단계이며 그 규모에 비해 다양한 마케팅이론이나 실제적인 적용사례는 미미한 수준이다. 소수의 기업이나 문화예술 주체(단체)들이 문화마케팅의 중요성을 인식하고 다양한 문화마케팅 기법의 개발이나 도입에 노력을 기울이고 있다.

3 문화마케팅의 발전과정

문화마케팅의 발전과정은 국내에서 본격적인 문화경영이 도입된 1980년대의 도입기를 거쳐 한류가 시작되고 문화산업 육성이 본격화된 1990년 중반 이후 2009년까지를 도약기로 구분하였고, K-Pop 열풍으로 한류콘텐츠가 크게 부각된 2010년 이후를 성장기로 나누어 설명하고자 한다.

여기서 문화마케팅의 발전과정을 도입기, 도약기, 성장기로 구분한 것은 각 시기별 문화정책의 변화나 한류의 발전단계, 문화경영 교육의 확산 정도 등을 고려한 것이다.

1) 도입기(1980~1994년)

우리나라는 1980년대에 문화경영이 도입되었다. 1988년 예술의 전당이 개관하면서 공연장 경영을 위한 인력을 채용하였고, 1986년 아시안게임과 1988년 서울올림픽으로 인해 문화행사가 집중되어 국내 문화시장의 공급 및 수요가 확장된 것을 계기로 문화경영에 대한 인식이 확산되기 시작하였다.[14]

1983년 '제5차 경제사회발전 5개년계획'을 실시하면서 문화정책이 국가의 발전전략으로 채택되었고, 다음 해에는 '지방문화중흥 5개년계획'이 수립되는 등 문화시설 확충에 나섰다. 1990년 문화부가 독자적으로 신설되어 문화정책 기조가 규제에서 진흥으로 전환되었고, 1994년 문화체육부 내에 문화산업국이 설치되면서 '문화산업'이란 용어가 처음으로 정책현장에 등장했다.

1990년대 중반부터 우리 문화예술계에서도 마케팅이라는 용어가 자연스럽게 사용되었다. 공급자 중심의 예술행사들이 존재하기 어렵게 되면서 소비자인 관객에 대하여 관심을 갖게 되었고 그들에 대한 정확한 이해가 예술 프로그램에도 반영되기 시작하였다.

1990년대에 한국메세나협회가 설립된 후 우리나라의 메세나활동은 외형적으로 많은 성장을 이루었다. 기업들도 메세나운동을 통한 기업문화마케팅 활동에 눈을 뜨기 시작하면서 사회공헌활동의 새로운 축으로 자리를 잡았다.

이 시기에 대학들은 특수마케팅의 유형인 문화마케팅을 가르치기보다는 일반적인 마케팅을 교과목을 채택하면서 기업의 메세나활동이나 사회적 마케팅 활동의 일부로 문화마케팅에 대해서 언급했을 뿐이다. 도입기 시절에 문화마케팅은 아직 전문교육이나 커리큘럼에 반영되지 못했으며 문화마케팅이나 문화경영에 대한 교과서도 전무한 실정이었다.

도입기 시대에 문화산업의 개별주체(정부, 지자체, 문화예술단체)는 산업으로서의 문화의 중요성에 대해 인식하기 시작하였고, 기업들도 사회공헌활동 측면에서 메세나 등 문화마케팅 활동에 관심을 보이기 시작했다. 이 시기에 메세나는 기업이 문화예술단체나 기관에 지원하고 협찬하는 스폰서십 차원의 수동적인 단계에 머물렀다.

---

14 이은미, 예술경영학 공연기획실무, 도서출판 청람, 2013, p.17.

2) 도약기(1995~2009년)

뮤지컬 〈겨울연가〉

1995년 지방자치제도의 실시로 지역문화의 중요성이 부각되기 시작하였고, 특히 지역축제가 급격히 증가하였다. 1990년대 중반 이후 우리나라 드라마의 중국진출 계기로 한류[15]의 바람이 불기 시작했다. 이후 HOT나 클론, 보아 등 한국 가수의 콘서트에 많은 외국 청소년들이 몰렸고, 드라마 〈겨울연가〉가 크게 성공을 거두면서 본격적으로 한류가 형성되었다. 〈겨울연가〉 이후에 〈대장금〉은 한국 음식과 한국 문화를 소개하는 등 전 세계로 한류를 확산시키는 데 일익을 담당하였다.

1997년 경기문화재단의 설립은 이전까지 중앙정부를 중심으로 이루어진 예술진흥이 지방자치단체로 이관되는 계기가 되었다. 2000년 문화예산이 정부예산의 1%를 달성하여 문화산업 인프라 구축 등 투자가 활성화되었다.

뮤지컬 〈캣츠〉

2005년부터 주5일 근무제가 실시되면서 여가시간이 늘어나고 영화, 공연, 스포츠 등 문화관련 상품의 수요가 크게 확대되었다. 2000년을 전후해 대형 공연장을 기반으로 〈오페라의 유령〉, 〈캣츠〉와 같은 블록버스터급 뮤지컬들의 장기 공연을 성공시키면서 새로운 시장을 창출했다.

2000년대 이후부터 국내 기업들을 중심으로 '문화경영' 운동이 확산되었다. '문화경영'이란 기업이 문화이벤트나 문화관련 콘서트를 개최하여 일반 경영과정에서 문화적인 프로그램이나 전략을 적극 활용하는 것을 말한다.

문화경영의 연구 측면에서는 1997년 문화예술학자들과 경제, 경영학자들이

15 고정민(2009)은 한류의 발전단계를 한류 생성기(1997~2000년대 초), 한류 심화기(2000년대 중반), 한류 다양화(2000년대 후반)의 3단계로 구분하였다.

중심이 되어 '한국문화경제학회'가 설립되었다. 이런 학회설립을 계기로 1990년대 중반 국내에서도 문화경영에 대한 전문교육이 시작되었다.

문화경영에 대한 전문교육은 1989년 단국대학교 경영대학원 경영학과에 예술경영 전공과정이 만들어진 것을 시초로 숙명여대, 경희대, 서울시립대, 추계예술대 등에 특수대학원을 중심으로 전공과정이 개설되었다. 이들 대학들은 경영대학원이나 정책대학원 내에 예술경영 전공을 설치하여 문화예술마케팅, 문화연구조사방법론, 엔터테인먼트마케팅, 마케팅실무, 문화관광기업마케팅연구, 예술마케팅 등 다양한 과목을 개설하였다.

2000년 초반 문화콘텐츠에 대한 수요가 늘어나면서 한국외국어대학교와 한양대학교 등 일부 대학들은 문화콘텐츠 관련 학과를 개설하여 문화마케팅, 마케팅조사방법론, 글로벌문화마케팅, 기호학 마케팅방법론[16] 등 문화경영 과목들을 커리큘럼에 편성하였다.

숙명여자대학교와 성균관대학교 등 일부 대학은 정규과정이 아닌 문화마케팅 실무과정을 개설하여 대학생과 문화 실무자들의 재교육을 실시하였다. 숙명여자대학교는 2004년 대학생, 문화단체 종사자 등을 대상으로 '문화마케팅 실무자과정'을 개설하여 실제 중심 강좌를 통해서 문화마케팅 교육에 대한 시대적 요구를 반영하기도 했다.[17]

한류바람이 불기 시작하여 문화상품 수요가 증가한 도약기(1995~2009년) 시대에는 자본력과 기획성 있는 상품개발로 문화산업 시장의 수준이 한층 높아졌으며, 문화경영 관련 전문교육이 본격적으로 실시되면서 우수한 전문인력들도 배출되었다.

3) 성장기(2010년~현재)

2000년대 후반 이후 아이돌그룹 등 K-Pop을 중심으로 '신한류'의 붐이 일면서 주춤했던 문화산업이 성장기에 돌입하게 되었다. 이 시기는 이명박 정부의

16 기업의 문화마케팅전략을 기호학의 관점에서 구축하기 위한 이론과 방법들을 습득하고, 실제 구체적인 분석 · 평가 도구를 제안한다.

17 교육과정은 3개월 코스로 단기이며, 강의내용은 문화마케팅의 이론과 실제를 중심으로 문화산업 각 분야에서의 마케팅 성공사례를 살펴보는 것이다.

소녀시대

가수 싸이

국정철학인 창조적 실용주의 문화정책과 맞물려 문화산업 강조, 한류지원 확대, 선택과 집중적 지원 등이 강조되었다. 그리고 사회취약계층을 위한 문화복지정책에서는 문화바우처사업과 소외지역의 문화순회사업도 실시되었다.

신한류[18]의 열풍을 몰고 온 'K-Pop'의 확산 배경에는 유튜브와 같은 소셜미디어가 자리잡고 있다. 최근 우리나라 인기 그룹인 BTS, 블랙핑크, 뉴진스와 같이 현지에 가서 음반을 내고 공연을 하는 것이 아니라 유튜브를 통해 동영상으로 인지도를 높이는 수단을 활용하고 있다.

특히, 싸이의 강남스타일은 전 세계적으로 공전의 히트를 치면서 엄청난 인기를 끌었다. '강남스타일' 뮤직비디오는 2012년 7월 공개된 이후 5년 만에 28억 뷰를 돌파했다. B급 문화를 지향한다는 이 노래는 가벼움과 유머, 허무한 감성이 먹히는 현대사회의 특성을 잘 보여주는 사례다. 또한 신곡 '젠틀맨'이 2013년 4월 12일 동영상 사이트 '유튜브'에 발표한 이후 4년 만에 10억 뷰를 넘어섰다.

2010년대 초부터 기업들이 문화이벤트나 직접체험 등 기업문화마케팅의 다양한 측면에서의 효과를 이해함으로써 기업영역에서의 문화예술경영의 실질적인 접목을 시도하고 있다. 기업은 문화예술 분야에 지원과 참여를 통해 명확한 가치를 추구하고, 공익적 측면과 상업적 측면에서 문화마케팅 효과를 극대화하는 데 문화마케팅을 전략적 수단으로 활용하고 있다. 즉 기업들은 예술단체와의 결연을 통하여 상호이익을 추구하는 전략적 파트너십을 구축하고 있다.

18 신한류는 한류의 다양화 단계로서 '한류 3기' 또는 '한류 2.0시대'라고 불린다.

학계에서도 문화콘텐츠 마케팅전략 수립에 필요한 다양한 이론과 실제를 학습할 수 있는 커리큘럼을 도입하고, 마케팅전략 수립에 필요한 조사분석방법과 마케팅 사례연구를 통하여 문화마케팅전략 수립의 실무를 익힐 수 있는 교과과정을 도입하고 있다.

인하대학교의 경우 2012년 학부에 문화경영학 과정을 개설하고, 21세기 문화산업을 선도하고 산학협동 문화콘텐츠 프로그램을 기획하고 운영할 미래형 문화경영 전문인력 양성에 나서고 있다.

2010년 이후 기업의 문화예술지원활동이 급격히 증가하면서 기업 스스로 문화마케팅에 대한 효과를 인식하였다. 또한 기업의 사회적 책임과 윤리경영이 강조되면서 기업의 마케팅 성과뿐 아니라 사회적 후생까지 고려하는 사회적 마케팅(social marketing concept)의 실천대안으로 문화마케팅이 각광을 받기 시작하였다. 즉 기업은 문화마케팅을 통한 전략적 목표를 달성하고 문화예술기관은 고유의 가치를 제고하는 양자 모두 상호이익을 추구(win-win)하는 새로운 형태의 문화마케팅이 전개되고 있다.

그러나 문화마케팅에 대한 연구의 역사가 일천하기 때문에 아직 문화마케팅이 독자적인 학문의 영역으로 체계화되지 못하고 있다. 무엇보다 문화와 경영(마케팅) 분야를 아우르는 전문성을 갖춘 연구인력과 교수인력이 절대적으로 부족하다. 또한 관련 교재를 비롯한 교육과정의 발전이 국내 실정에 맞게 체계화되지 못하고 있고, 문화의 하위 장르와 분야가 너무 광범위하여 통합적 관점에서 문화마케팅이론을 정립하지 못하고 있다.

4 문화마케팅의 연구영역

문화마케팅은 문화경영학에서 나온 학문으로서 '문화'와 '마케팅'을 접목시켜 만든 응용학문 분야이다. 문화경영학은 경영학적 시각에서 문화시장(산업)의 특성과 정책적인 과제를 연구하는 학문이라 할 수 있다. 즉, 문화를 대상으로 분석하거나 이를 자원으로 활용하여 일정한 경영성과를 달성하려는 분야가 문화경영학이다.

특히, 독일어권 국가의 '문화경영'은 예술조직을 중심으로 한 예술경영뿐 아니라 기업문화 형성, 기업이미지 통합관리, 기업 임직원을 위한 문화적 공급 등 다양한 영역까지 다루고 있다. 우리나라에서도 2000년대 이후부터 국내기업들을 중심으로 '문화경영'운동이 확산되고 있다. 여기서 말하는 '문화경영'은 기존의 '예술경영'과는 전혀 다른 의미이다. 현재 국내의 언론매체나 기업현장에서 자주 사용하는 '문화경영'이란 용어는 기업이 일반 경영과정에서 문화적인 프로그램이나 전략을 활용하는 것을 뜻한다.[19]

문화경영이란 기업의 경영에 문화적인 요소를 접목시킨 경영전략의 방법이다. 최근 현대카드가 꾸준하게 진행하고 있는 슈퍼콘서트에서부터 CJ의 문화센터 건립, 문화 이벤트 실시 등이 문화경영의 사례라고 할 수 있다.

중소 · 벤처기업에서 역시 이러한 문화경영이 활발하게 진행 중이다. 많은 중소기업들이 조직의 분위기 쇄신과 창의적인 분위기 조성을 위해 예술단체들과 협력하여 문화경영을 실시하고 있다.

조명 전문기업인 필룩스는 모범적인 문화경영 정착기업의 사례로 손꼽히는 중소기업이다. 1984년 창업한 필룩스는 감성문화경영이라는 경영철학을 가지고 있다. 필룩스의 특징 중 하나는 회사 내 다양한 문화 · 예술활동을 체험할 수 있는 문화공간을 조성했다는 점이다. 조명박물관은 회사 내에 있지만 직원은 물론 지역주민에게 공개되어 문화생활을 즐기고, 느끼고, 체험하고, 휴식을 취할 수 있는 공간을 제공하고 있다.

이와 함께 필룩스는 고객에 대한 문화접대를 통해 기업의 사회적 책임을 실천하고 있다. 필룩스는 지역주민과 함께하는 다양한 행사를 개최하고 있다. 라이팅 콘서트, 어린이날 축제, 공모전, 음악회 등을 매년 정기적으로 연다. 특히 라이팅 콘서트는 양주시민들과 조명박물관을 방문한 관람객들에게 초대권을 무료로 발송하는 음악회로서 문화예술을 매개로 하여 지역주민들과 연계 강화에 도움이 되고 있다.[20]

19 용호성, 예술경영, 김영사, 2011, p.14.
20 라이팅 콘서트, 조명박물관, 중앙일보, 2012. 10. 17.

문화와 관련된 분야에 대한 논의를 연구대상과 분석방법에 입각하여 분류하면 [표 1-3]과 같이 정리할 수 있다. 먼저 문화를 대상으로 하여 경제학적 방법론에 입각하여 분석하는 것이 문화경제학에 해당된다. 문화경제학이란 용어는 미국의 경제학자 윌리엄 보몰(William Baumol)과 윌리엄 보웬(William Bowen)이 1966년 『공연예술-경제적 딜레마』에서 처음 사용하였다. 그들의 저서는 미국과 영국의 공연예술 수요와 공급의 시스템을 경제학적 측면에서 연구하였다.

여기서의 문화경제학은 문화산업론과 같은 의미인데, 문화산업론은 문화경제학적 타당성을 배경으로 문화의 생산과 유통이 어떻게 조직되어 있는가를 분석한다. 문화산업론은 전통적인 산업조직론[21]을 도입하여 시장구조-기업행동-시장성과의 결정요인과 상호 간 인과관계를 연구하는 분야라고 볼 수 있을 것이다. 반면, 문화경영학은 문화를 대상으로 분석하거나 이를 자원으로 활용하여 일정한 경영성과를 달성하려는 분야이다.

표 1-3 문화관련 연구 분야의 영역 분류

분류	경제(산업)	경영
문화	문화경제학 (문화산업론) 경제문화학	문화경영학 경영문화학(경제미학)
예술	예술경제학 (예술산업론) 경영문화학	예술경영학 경영예술학(경영미학)

자료 : 한국문화경제학회, 문화경제학 만나기, 김영사, 2001.

문화경영은 아직 우리나라에서 그 학술적 개념정의가 완전하지는 않지만 통상적으로 기업의 경영활동에 문화적 요소를 활용하는 것을 의미한다. 문화예술을 후원함으로써 문화적 기업이미지를 심어주거나, 직원에게 문화예술 체험 및 교육의 기회를 제공하는 등 기업경영 전반에 문화예술을 활용하며, 문화예술적

21 산업조직론은 정부의 독점금지정책을 위한 이론적 토대를 마련하기 위해 발전한 응용경제학의 한 분야이다.

요소를 제품이나 서비스에 전략적으로 반영하는 것을 문화경영이라고 정의한다. 결국 문화경영을 통하여 기업 및 제품의 브랜드가치를 창출하게 되는 성과를 누리게 된다.[22]

문화경영이란 기업이 문화 · 예술을 활용하여 기업의 마케팅전략에 활용함은 물론, 창조적인 조직원 양성, 창의적 조직문화, 바람직한 문화기업으로의 이미지를 창출함으로써 기업의 가치(corporate value)를 높이는 기업경영전략으로 정의한다.

우리나라에서도 1990년대 중반부터 문화경영에 대한 전문교육이 시작되었다. 1989년 단국대학교 경영대학원 경영학과에 예술경영 전공과정이 만들어진 것이 시초였다. 1995년에는 한국예술종합학교 무용원이 설립되면서 무용이론 전공과 예술경영 전공을 두었다. 같은 해 성균관대학교가 공연예술협동과정을 개설하면서 예술이론 전공자와 예술경영 전공자를 선발하였다.

이후 홍익대학교(1998, 미술대학원 예술기획 전공), 숙명여자대학교(1998, 정책대학원 문화예술행정 전공), 서울시립대학교(1999, 도시과학대학원 공연예술행정 전공), 경희대학교(1999, 경영대학원 문화예술경영학과), 추계예술대학교(1999, 예술경영대학원/2005년 문화예술경영대학원) 등에 예술경영 관련 전공과정이 개설되었다.[23]

2000년대 이후 경제성장에 따른 문화생활의 욕구증대와 문화콘텐츠에 대한 수요가 늘어나면서 대학들은 문화콘텐츠 관련 학과를 개설하여 문화마케팅, 마케팅조사방법론 등 문화경영 과목들을 커리큘럼에 편성하였다.

2002년 국내 최초로 문화콘텐츠학 석사과정을 개설한 한국외국어대학교 글로벌문화콘텐츠학과는 문화마케팅산업과 마케팅연구, 문화콘텐츠와 기호마케팅, 대중문화분석과 마케팅이란 과목을 개설하였다. 2004년 국내 대학 최초로 학과를 신설한 한양대학교 문화콘텐츠학과는 문화콘텐츠마케팅연구, 공연예술기획 및 비즈니스성공전략, 모바일인터넷마케팅전략연구, 문화콘텐츠유통배급론, 문화콘텐츠비즈니스를 위한 커뮤니케이션, 문화이벤트기획과 경영 등 비즈니스와 마케팅 분야를 중점적으로 가르치고 있다. 또한 일반대학원에서는 예술

22 김선화, 새로운 문화경영기법 · 사례분석 및 중소기업 도입방안 연구, 중소기업연구원, 2009.
23 용호성, 예술경영, 김영사, 2011, pp.74~75.

경영과 예술행정, 문화연구방법론 연구, 엔터테인먼트마케팅전략, 문화콘텐츠마케팅전략 등의 과목을 개설하고 있으며, 특수대학원은 문화콘텐츠마케팅연구, 문화콘텐츠홍보전략세미나 등의 과목을 커리큘럼에 편성하고 있다.

인하대학교는 문화콘텐츠학부를 두고 문화콘텐츠 전공(2006년 개설)과 문화경영(2013년 개설)으로 구분하여 문화콘텐츠에서는 문화콘텐츠와 기호마케팅, 문화콘텐츠 분석방법론을 가르치고 있으며, 문화경영학과는 문화마케팅개론, 글로벌문화마케팅, 기호학 마케팅방법론, 문화브랜드마케팅방법론, 문화마케팅리서치실습 등 문화경영 과목을 집중개설하고 있다.

동국대학교 문화콘텐츠학과는 2004년 전문대학원인 영상대학원 내 개설된 학과로서 문화마케팅연구, OSMU기획론 등의 과목을 개설하여 문화콘텐츠기획을 담당할 전문인력을 양성하고 있다.

표 1-4 문화경영 교육 도입과 개설과목 현황

대학	전공	개설연도	개설과목
단국대학교 경영대학원	예술경영	1989년	매니지먼트마케팅, 마케팅과 관객개발
성균관대학교 일반대학원	공연예술 협동과정	1995년	예술마케팅 특론, 문화마케팅 세미나, 문화예술마케팅
숙명여자대학교	특수대학원 문화예술행정	1998년	공연장마케팅, 마케팅조사방법론
	일반대학원 문화관광학과	2000년	문화관광기업마케팅연구
건국대학교	문화콘텐츠학과	2010년	문화마케팅실습, 문화테크놀로지연구, 스토리텔링연구, 게임문화산업론, 도시문화콘텐츠연구, 글로컬라이제이션과 문화공감
추계예술대학교	문화예술 경영대학원	1999년	문화마케팅조사론, 엔터테인먼트마케팅, 마케팅실무
	일반대학원 문화예술학과	2005년	문화예술마케팅, 문화연구조사방법론(공통과목) 문화소비자행동연구, 문화예술마케팅, 콘텐츠마케팅연구
한국외국어대학교 일반대학원	글로벌문화 콘텐츠학과	2002년	문화콘텐츠산업과 마케팅연구, 문화콘텐츠와 기호마케팅, 대중문화분석과 마케팅

한양대학교	문화콘텐츠 학과	2004년	문화콘텐츠마케팅연구, 공연예술기획 및 비즈니스성공전략, 모바일인터넷마케팅전략연구, 문화콘텐츠유통배급론, 문화콘텐츠 비즈니스를 위한 커뮤니케이션, 문화이벤트기획과 경영
	일반대학원 문화콘텐츠 학과	2006년	예술경영과 예술행정, 문화연구방법론 연구, 엔터테인먼트 마케팅전략, 문화콘텐츠마케팅전략
	특수대학원 이노베이션 대학원	2007년	문화콘텐츠마케팅연구, 문화콘텐츠홍보전략세미나
인하대학교 문화콘텐츠 학부	문화콘텐츠 전공	2006년	문화콘텐츠와 기호마케팅, 문화콘텐츠 분석방법론
	문화경영 전공	2012년	문화마케팅개론, 글로벌문화마케팅, 기호학 마케팅방법론, 문화브랜드마케팅방법론, 문화마케팅리서치실습
동국대학교 영상대학원	문화콘텐츠 학과	2004년	문화마케팅연구, OSMU기획론

그러나 이런 교육과정의 개설에도 불구하고 문화경영이나 문화마케팅 분야의 교육발전은 느린 편이다. 2001년에 한국문화경제학회가 출간한『문화경제학 만나기』가 문화경영학의 입문서로서 경제학적인 기본원리를 예술, 문화산업, 문화경영 등에 적용하여 예술활동에 관한 경제학적 분석, 한국의 문화산업 현황분석을 통해 문화경영학의 방향성을 제시하였다.

이후 보니타 M. 콜브(Bonita M. Kolb)의『새로운 문화소비자를 위한 문화예술기관의 마케팅(원제 : *Marketing cultural organizations*)』등 관련 외국서적이 번역되어 출판되고 있지만 국내 교과과정이나 문화산업의 현실을 반영하지 못해 체계적인 학습이 이루어질 수 없었다.[24]

그나마 국내에서 용호성이 2002년 출간한『예술경영』이 국내 예술경영 교과서로서 학문적인 체계화를 시도한 점은 인정할 만한 일이다. 현재 국내에는 문

24 문화경영 관련 외국서적으로는 프랜코이즈 콜버트(François Colbert)가 2005년 저술한『문화예술 마케팅(원제 : *Marketing des arts et de la culture*)』, 조앤 쉐프 번스타인(Joanne Scheff Bernstein)이 2007년에 쓴『문화예술 마케팅(원제 : *Arts marketing insights*)』이란 책이 독자들 사이에서 꾸준히 사랑받고 있다.

화경영이나 문화마케팅 관련 서적이 20여 종 출간되어 있으나 개론서 위주에 장르별로 서술하는 데 그치고 있다. 이에 따라 국내 관련 서적은 문화마케팅의 심층적 이론과 조사방법론, 마케팅전략 수립과정에 대한 체계적이고 과학적인 분석을 제시하지 못한 채 자기 시각에서 바라보는 한계에 빠져 있다. 다행히 1990년 중반 이후 외국에서 관련 학위를 취득하고 귀국한 인력들이 조금씩 늘면서 각 대학별로 커리큘럼을 재조정하고, 한국 실정에 맞는 문화경영 교육이나 방법론을 제시하기 시작하였다.

5 문화산업과 문화마케팅의 특징

문화산업은 문화마케팅의 대상이 되는 사업 분야로 일반 서비스업이나 제조업과 다른 특성을 갖고 있다. 문화산업의 기본적인 특성은 창구효과, 고위험-고수익 제품, 경험재, 준공공재, 규모의 경제, 문화적 할인, 창의성 기반 산업 등으로 정리할 수 있다.

1) 문화산업의 특징

(1) 창구효과

문화산업은 일반적으로 산업연관효과(전 · 후방효과)가 다른 산업에 비해 매우 큰 것으로 알려져 있다. 이를 문화산업에서 '창구효과(window effect)'라고 하는데, 하나의 문화상품이 문화산업의 일개 영역에서 창조된 후 부분적인 기술변화를 거쳐 문화산업 영역 내부 혹은 다른 산업의 상품으로서 활용이 지속되면서 그 가치가 증대하는 효과를 가리킨다.

창구효과는 원소스 멀티유즈(One Source Multi Use),[25] 즉 OSMU와 같은 개념으로 쉽게 말하면 하나의 원소스를 서로 다른 장르로 다단계 유통시켜 시너

25 외국에선 OSMU보다 COPE(Create Once Publish Everyone)란 용어를 많이 사용하고 있다.

지효과를 극대화하고자 하는 전략이다. 이러한 특성은 하나의 콘텐츠를 다양한 목적으로 재구성하거나 재가공을 가능하게 한다.

OSMU는 하나의 콘텐츠가 게임, 만화, 영화, 캐릭터, 소설, 음반, 장난감 등의 여러 가지 2차 문화상품으로 판매되어 부가가치를 극대화시키는 마케팅 방식이다.

창구(window)란 하나의 프로그램을 서로 다른 시기에 다른 배급채널을 통해 배포하는 배급방식이다. 우리나라 영화의 경우 극장 → 비디오/DVD → 비행기 판권 → VOD/Pay per View → 유료케이블 → 지상파TV → 무료케이블 등 순차적으로 배급되고 있다.

인터넷과 DMB, IPTV, N스크린 등 뉴미디어가 등장하면서 창구화 순서가 잘 지켜지지 않고, 홀드백(holdback : 부가판권 유예기간) 기간도 짧아지는 등 창구화 체제가 크게 변화하고 있다.

일반적으로 문화콘텐츠산업 내에서 OSMU를 가장 많이 활용하는 분야가 바로 애니메이션이다. 애니메이션의 주인공을 캐릭터 상품화하고 이를 완구 등으로 연결시키거나 테마파크에서 이용하기도 한다. 대부분의 애니메이션 업체들은 애니메이션의 방영이나 상영으로 수익을 확보하기보다는 캐릭터 등 2차 상품에 더 기대를 하고 있다.

(2) 고위험–고수익 제품

문화콘텐츠산업은 제작비가 많이 소모되는 영화, 뮤지컬, 애니메이션 등 공연영상콘텐츠산업으로 대표적인 고위험–고수익(high risk, high return) 제품이다. 흥행에 성공하면 높은 투자수익을 얻을 수 있지만 흥행에 실패하면 투자원금마저 회수하기 어렵다. 왜냐하면 콘텐츠 상품은 일반적인 재화와 비교하여 상대적으로 표준화되기 어려워 수요가 매우 불확실하고, 특정 콘텐츠 상품을 공급하는 생산자는 매우 높은 불확실성에 직면할 수밖에 없기 때문이다.

다분히 일회적인 콘텐츠 상품을 생산하는 경우 생산자가 직면하는 리스크는 크다. 영화나 음반산업이 대표적인 경우이다. 영화산업에서 리스크는 산업 내 각 참여자들 모두에게 내재하고 있고, 그 종류는 사전제작 또는 촬영단계에서 촬영중단 가능성, 완성된 작품이 상영되지 못할 가능성, 흥행실패 가능성 등 다양하다.

영화를 포함한 문화콘텐츠산업과 관련된 다양한 리스크 중에서 가장 크면서도 중요한 것은 투자리스크와 흥행리스크라고 할 수 있다. 대부분 문화콘텐츠는 총비용에 있어서 제작비와 같은 초기 투자비용의 비중이 매우 크다. 하지만 어떤 작품이 흥행에서 관객확보에 실패할 경우 이 제작비용은 매몰비용이 된다.

매몰비용(sunk cost)[26]은 설비투자비 등과는 달리 그 사업에 실패하면 제품의 가치가 제로에 가깝게 되는 비용이다. 쉽게 말해 매몰비용은 드라마, 음반, 영화의 흥행에 상관없이 투입해야 하는 비용을 말한다. 영화의 경우 배우 개런티 등 제작비는 영화의 흥행에 상관없이 미리 지불해야 하는 매몰비용이다. 반면 흥행에 성공할 경우 한계비용은 거의 제로(필름 프린트 비용부담)에 가깝게 고정되는 반면 한계수익은 비례적으로 증가하여 대규모의 수익을 얻을 수 있다.

(3) 경험재

문화콘텐츠 상품은 소비가 이루어지기 전에는 상품의 효용이 알려지지 않는 경험재(experience goods)의 속성을 강하게 갖는다. 방송 프로그램, 음반, 영화, 게임, 모바일, 뮤지컬 등 문화상품 대부분이 경험재의 특성을 가지고 있다.

경험재적 속성이 강한 상품일수록 소비에서 정보는 매우 중요하다. 왜냐하면 직접적인 소비행위가 발생하기 전에 효용이 알려지지 않는 콘텐츠 상품에 대한 사전적인 정보는 소비의 불확실성을 크게 낮출 수 있기 때문이다.

특정 영화가 재미있다고 소문이 나면 관객의 숫자는 기하급수적으로 늘어날 것이다. 즉, 콘텐츠 상품의 소비에는 앞서 소비한 소비자가 그 이후 특정 상품을 소비하는 소비자에게 긍정적 또는 부정적인 효과를 미치게 된다.

이러한 콘텐츠 상품의 소비에서 사전적인 정보가 결정적인 역할을 한다는 점은 예외적인 시장행위를 발생시킨다. 일회적인 콘텐츠 상품을 생산하는 것은 도박과 비슷하다. 콘텐츠 상품 역시 실제로 시장에 나가기 전에는 성공과 실패

26 가요의 경우 가수, 작사가, 작곡가에게 보상을 미리 지불하는 것이 아니라 녹음 등 기술적인 비용만을 지불하며, 이때 기술비용만이 매몰비용이 된다. 스포츠 분야에서는 사전에 계약한 스타들의 연봉만이 매몰비용이 된다.

의 확률을 짐작하기 어렵다. 이와 같은 상황에서 경험재 상품의 질에 대한 불확실성을 줄이기 위해서 콘텐츠의 일부 내용을 보여주고 경험하게 하는 마케팅전략을 펼친다. 영화의 예고편, 공연의 TV 연예 프로그램 홍보, 게임콘텐츠의 일부를 제한적으로 무료로 제공하는 것은 불확실성을 줄일 수 있는 매력적인 수단이 된다.

경험재적 속성을 갖는 콘텐츠 상품의 소비의 불확실성을 줄이는 또 다른 수단으로는 상품을 소비하기 전에 소비자가 알 수 있는 믿을 만한 정보를 상품내용 속에 포함하는 방법이 있다. 대표적인 경우가 '스타시스템'이다. 널리 알려진 배우나 감독, 제작자를 고용하여 특정 콘텐츠 상품을 제작했을 때 그 자체로 소비의 불확실성을 매우 낮출 수 있다.

(4) 준공공재

문화상품이 갖는 주요한 특성 중의 하나로 공공재적 특성을 꼽을 수 있다. 공공재란 특정 상품을 생산하는 데 소요되는 총비용이 이를 소비하는 소비자의 수와는 독립적인 재화를 말한다. 즉, 공공재(public goods)는 개인의 상품소비 행위가 비배타적(non-exclusive-ness)이고 비경합적(non-rivalry)이라는 특징을 동시에 가지고 있다. 소비의 비경합성이란 다른 사람의 소비로 인해 나의 소비가 지장을 받거나 소비에서 얻는 효용이 감소되지 않는 것을 말한다. 예를 들어, 드라마 〈모범택시〉를 내가 본다고 해서 다른 사람이 볼 수 없는 것은 아니기 때문에 비경합성의 공공재이다.

소비의 비배제성은 일단 어느 공공재가 한 개인이나 집단에게 공급되었을 경우 그 혜택을 타인이나 다른 집단으로부터 배제시킬 수 없음을 뜻한다. 다시 말해 무임승차(free rider)가 가능한 것이다. 지상파방송과 같은 공공재는 비배제성을 가지고 있으나, 영화관이나 케이블TV를 통해 영화를 관람할 경우 비용을 지불하지 않는 소비자는 관람의 기회를 갖지 못하기 때문에 배타적이 되는 예도 있다. 디지털 환경에서 콘텐츠는 공공재의 비경합성 특성을 가지고 있으나, 비배제성의 특성은 더 이상 유효하지 않기 때문에 준공공재(pseudo-public goods)의 성격을 갖게 된다.

(5) 규모의 경제

문화산업의 또 다른 특징은 규모의 경제가 매우 강력하게 작용한다는 점이다. 규모의 경제(economics of scales)란 산출량이 증가하면 단위당 평균비용이 감소하는 현상을 의미한다. 복제가능한 콘텐츠 상품의 성격은 콘텐츠 상품의 생산에서 초판비용(first copy)에 대부분의 생산비가 투입되고 재판부터는 단지 복제비용(replication cost)만이 추가되어 한계비용이 거의 발생하지 않는다.

일단 문화상품은 제작을 위한 매몰비용이 투입된 뒤 추가되는 비용이 거의 없다. 왜냐하면 영화, 드라마, 음반 등 문화상품은 추가로 복사하는 데 필요한 비용이 미미한 소위 한계비용이 0에 가깝기 때문이다. 즉 음반 하나를 추가로 복제하는 데 필요한 비용은 원가인 CD나 카세트테이프, 레이저디스크 등 다양한 형태로, 윈도우의 확대는 음반성공을 위해서는 필수적인 요건이다. 초기 투자비용인 매몰비용만 회수하면 추가로 팔리는 판매량은 모두 이익이라고 할 수 있다. 또 다른 요건의 하나는 규모의 경제로 음반을 한 장이라도 더 복사하는 것이 순이익을 올릴 수 있다.[27]

콘텐츠 상품생산에서 작용하는 규모의 경제는 문화산업의 시장구조를 구축하는 가장 중요한 요인이다. 규모의 경제가 발생하는 상황에서 자연적인 독점상황이 발생할 가능성이 높아진다. 실제로 할리우드의 영화가 세계를 지배하는 것은 자국 시장에서 이미 초판비용을 건진 미국의 콘텐츠 상품이 갖는 강력한 비교우위의 결과다. 영화와 같은 콘텐츠 상품이 인기가 많거나 좋은 평을 받고 있다면 사람들은 그것을 소비할 강한 욕구를 갖게 된다. 사람들은 유행에 뒤처지지 않으려고 인기 있는 콘텐츠 상품을 이용하고 싶어 하고, 이에 따라 특정 콘텐츠 상품을 사용하는 사람이 많아져 가치가 증가하게 된다.

(6) 문화적 할인 적용

문화적 할인이란 한 문화콘텐츠가 조건이 다른 문화의 시장에 진입했을 때 어느 정도 가치가 떨어지는 현상을 일컫는 의미로 그 할인되는 비율을 '문화적

27 허행량, 스타 마케팅, 매일경제신문사, 2002, p.211.

할인율'이라고 한다. 문화상품의 교역 시에 문화적 할인(cultural discount)이 발생한다. 문화상품은 언어, 관습, 선호 장르 등의 차이로 인해 다른 문화권에 진입하기가 쉽지 않다. 이러한 차이를 문화적 장벽이라고 하고, 그 크기를 할인율로 나타낸다. 문화적 장벽이 높을 경우 문화적 할인율이 높고 문화적 장벽이 낮으면 문화적 할인율은 낮다. 장르별로 보면 게임, 애니메이션, 다큐멘터리 등은 문화적 요소가 약해 할인율이 낮은 반면, 드라마, 가요, 영화 등은 문화적인 요소가 강하여 문화적 할인율이 높은 특성을 가진다.

이처럼 문화적 할인이란 한 문화가 낯선 다른 나라에 진출했을 때 적당히 할인된 가치를 가질 수밖에 없다는 것을 의미한다.

(7) 창의성 기반 산업

문화산업은 아이디어, 창의성에 기반을 두는 산업이다. 최근 스토리텔링에 대한 관심이 늘어나면서 창작자나 창의성에 대한 관심이 높아지고, 영화, 게임, 공연산업도 창조적인 아이디어가 경쟁력의 핵심요소이므로 우수한 인력발굴에 주력하고 있다.

최근 화두로 떠오른 창조경제는 창조성을 상품과 서비스에 접목하여 부가가치를 창출하는 경제라고 정의할 수 있다. 문화산업이 창조경제를 이끄는 핵심 역할을 할 것으로 기대된다. 문화콘텐츠학은 인문학, 사회과학, IT기술, 예술 등 융복합학문으로서 그 연구대상인 문화산업 분야가 앞으로 산업 간 장벽을 허문 창조경제의 핵심으로 떠오를 것으로 보인다.

영국은 문화산업을 문화, 예술 등 영국의 전통에 개인의 창의성과 재능을 결합시킨 창조산업(creative industry)으로 지칭하였다. 창조산업은 '개인의 창의성, 기술, 재능 등을 이용하여 지적재산권을 설정하고, 이를 활용함으로써 부와 고용을 창출할 수 있는 잠재력을 지닌 산업'으로 정의되고 있다. 창조산업의 개념을 처음 제시한 영국 문화미디어스포츠부(DCMS)는 '창의성을 창의산업 활동의 원천'으로 규정하였다.

이러한 창의성은 문화산업의 창작과 기획과정에서 두드러진다. 전통적으로 창의성은 개인의 인지적 능력의 산물로 간주되지만, 문화산업의 창작-기획-제작이라는 창의과정은 개인적 차원보다는 집단적으로 이루어지는 경우가 많다.

문화산업의 대표적인 분야인 영화, 게임, 방송, 공연 등의 제작에는 많은 스태프들이 참여한다. 이와 같이 창작과정에서 집단 내 협업이 이루어지고 다양한 의견취합을 통하여 창의적 아이디어를 얻을 수 있다. 이런 집단창작을 통해서 문화산업에서 창의적 역량을 갖춘 인력이 확대되어야 한다. 최근 문화상품을 만드는 기술보다 문화상품을 만들 수 있는 기획력이 중요시되면서 창의력을 강화하는 교육의 필요성이 강조되고 있다.

창조산업 중 문화산업은 고부가가치를 창출하는 첨단산업이자 지식집약적 산업으로서 21세기 선진국 진입을 위한 핵심동력으로 중요성이 강조되고 있다.

2) 문화마케팅의 특징

문화마케팅은 빨리 변화하는 소비재와 달리 마케팅 기법을 문화예술이나 사업에 그대로 적용할 수 없다. 또한 기존의 전통적 마케팅에서는 제품의 편익과 기능을 강조하는 반면, 문화마케팅에서는 제품과 연관되는 이미지, 판타지, 느낌 등이 강조된다. 이에 따라 문화마케팅은 전통적 마케팅(소비재마케팅)과 차별되는 몇 가지 특징을 갖고 있다.[28]

첫째, 추구하는 본원적 욕구가 다르다. 전통적 마케팅은 물질적 욕구에 초점을 두고 있는 데 빈해 문화마케팅은 정신적 욕구에 초점을 두고 있다. 따라서 소비자와 공유할 수 있는 작가적 상상력이 매우 중요한 역할을 한다.

둘째, 문화예술이나 문화산업에 속하는 제품이나 서비스는 모두 새로운 장르로서 매우 높은 시장불확실성에 노출된다. 문화상품은 소비가 이루어지기 전에는 상품의 효용이 알려지지 않는 경험재의 속성을 갖기 때문에 시장불확실성이 높다. 따라서 경험재적 속성이 강한 상품일수록 상품에 대한 사전적인 정보는 소비의 불확실성을 낮출 수 있다. 시장불확실성이 높은 제품은 지금까지 없었던 혁신적 신제품이나 하이테크제품이 될 수 있다.

이러한 두 가지 차원에 기초하여 [그림 1-2]는 문화마케팅을 소비재를 대상으로 하는 전통적 마케팅이나 기타 유사한 패션마케팅, 하이테크마케팅과 비교하였다. 문화마케팅은 작가적 상상력이 높다는 점에서 패션마케팅과 유사하고,

28 안길상 · 김소영 외, 문화마케팅, 한경사, pp.367~368.

시장불확실성이 높다는 점에서 하이테크마케팅과 유사성이 있으며, 상상력과 시장불확실성이 낮은 전통적 마케팅과는 큰 차이를 보인다.

그림 1-2 문화마케팅의 특징

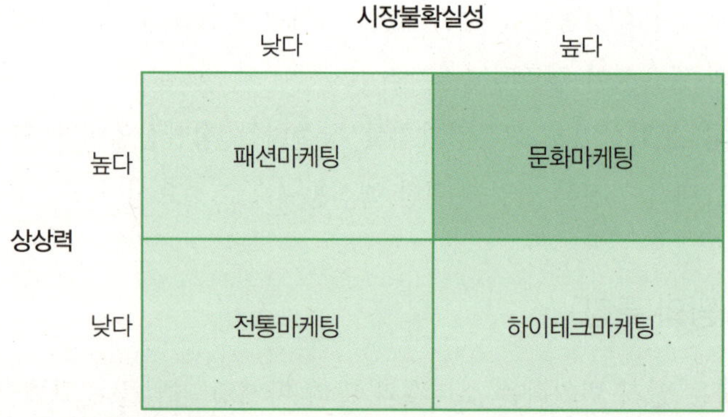

자료 : 안길상 · 김소영 외, 문화마케팅, 한경사, 2008, p.368.

이 장의 요약

문화마케팅은 문화와 마케팅이란 서로 어울리지 않을 것 같은 단어로 결합된 용어이다. 문화마케팅이란 문화를 토대로 소비자와의 원활한 교환(exchange)을 통해 부가가치를 창출하고 문화를 공유하는 각 주체의 고유가치도 높여주는 일련의 마케팅활동으로 정의할 수 있다. 따라서 문화마케팅은 주체를 문화예술이냐 기업이냐에 따라 '문화를 위한 마케팅(marketing for culture)'과 '마케팅을 위한 문화(culture for marketing)'로 구분할 수 있다. 전자인 문화를 위한 마케팅은 문화예술(기관)이 마케팅 기법을 동원하여 문화 자체나 문화가치를 돋보이게 만드는 것을 의미한다. 반면, 마케팅을 위한 문화는 기업이 문화마케팅을 활용하여 고객의 욕구와 기대를 충족시켜주는 기업의 문화마케팅 활동에 초점을 맞추고 있다.

기업문화마케팅의 다섯 가지 유형은 기업이 문화를 활용하는 방식과 제품(서비스) 및 문화의 일체화 정도가 높은지 낮은지에 따라 문화판촉(sales), 문화지원(sponsorship), 문화연출(synthesis), 문화기업(style), 문화후광(spirit)으로 분류된다.

우리나라에서도 본격적인 주5일 근무제 실시와 함께 문화적 여가활동에 대한 인식이 전환되면서 기업의 문화마케팅도 확산되었다. 문화는 한 나라의 문화적 정체성을 확보하는 데 중요한 요소로, 국가이미지 · 국가브랜드 파워 증대를 통해 국가경쟁력을 제고하고 있다. 기업들도 다양한 문화예술활동 지원을 통해 사회적으로 바람직한 기업이라는 인식을 심어줄 수 있다는 '사회적 마케팅(societal marketing)' 차원에서 문화마케팅에 접근하고 있다.

문화마케팅의 발전과정은 문화경영이 도입된 1980년대를 도입기로 하여 문화산업이 육성된 도약기, K-Pop 열풍이 시작된 성장기로 구분할 수 있다. 우리나라에서도 1990년대 중반부터 문화경영에 대한 전문교육이 시작되었다. 2000년대 이후 경제성장에 따른 문화생활의 욕구증대와 문화콘텐츠에 대한 수요가 늘어나면서 대학들은 문화콘텐츠 관련 학과를 개설하여 문화마케팅, 마케팅조사방법론 등 문화경영 과목들을 커리큘럼에 편성하였다. 이러한 교육과정의 개설에도 불구하고 국내 교과과정이나 문화산업의 현실을 반영하지 못해 체계적인 학습이 이루어지지 못하고 있다. 또한 문화마케팅 분야 전공자가 드물고, 마케팅 전공자나 경제학자들이 문화에 대한 이해 없이 문화마케팅에 접근하는 한계를 드러내고 있다.

문화콘텐츠산업은 창구효과, 고위험-고수익 제품, 경험재, 준공공재, 창의성 기반 산업 등 몇 가지 특징이 있다.

문화마케팅에서는 기존 전통적 마케팅과 달리 제품과 연관되는 이미지, 판타지, 느낌 등이 강조된다. 문화마케팅은 작가적 상상력이 높다는 점에서 패션마케팅과 유사하고, 경험재적 속성 때문에 시장불확실성이 높다는 점에서 하이테크마케팅과 비슷하다.

주요용어

문화마케팅
마케팅을 위한 문화
문화연출(synthesis)
비영리기관의 마케팅
사회적 마케팅
메세나
마켓 3.0시장
문화판촉(sales)
문화기업(style)
문화커뮤니케이션
한국문화경제학회
창의성 기반 산업
문화를 위한 마케팅
문화지원(sponsorship)
문화후광(spirit)
문화투자
문화경영
하이테크마케팅

참고문헌

- 강윤희, 문화상품 마케팅전략 연구 : '난타'를 중심으로, 중앙대 예술대학원, 2001.
- 고정민, 산업화에 접어든 공연예술, CEO Information, 삼성경제연구소, 2008.
- 김선화, 새로운 문화경영기법 · 사례분석 및 중소기업 도입방안 연구, 중소기업연구원, 2009.
- 김소영, 21세기형 메세나 문화마케팅, 한국문화예술위원회, 문화예술, 2006.
- 김유리, 교과과정에서의 문화콘텐츠 마케팅, 인문콘텐츠 제5호, 2005.
- 김유경, 국가브랜드 개성의 차원에 관한 연구, 광고연구, 2007년 여름(75호), 2007.
- 김윤환, 문화예술 분야 사회적 기업의 정책방향 : 국내외사례를 중심으로, 한국문화경제학회 2009 춘계학술대회, 2009.
- 김종수, 문화영역 사회적 기업의 역할, 행정언어와 질적연구 창간호, 2010.
- 김종의 · 김소영 외, 특수마케팅의 이론과 사례, 형설출판사, 2006.
- 라도삼 외, 문화향수 촉진을 위한 문화마케팅 프로그램 개발, 서울시정개발연구원, 2005.
- 라이팅 콘서트, 조명박물관, 중앙일보, 2012. 10. 17.
- 박치완 외, 키워드 100으로 읽는 문화콘텐츠 입문사전, 꿈꿀권리, 2013.
- 심상민, 문화마케팅의 부상과 성공전략, CEO Information, 삼성경제연구소, 2002.
- 안길상 · 김소영 외, 문화마케팅, 한경사, 2008.
- 안길상, 문화마케팅의 연구영역과 접근방법, 산업과 경영, 충북대학교, 19-1, 2006.
- 용호성, 예술경영, 김영사, 2011.
- 윤홍근, 문화산업의 영역과 접근시각에 관한 연구, 글로벌문화콘텐츠, 2008.
- 이동기 · 박홍식, 지방정부의 문화마케팅- 담당공무원의 인식을 중심으로, 한국지방자치회보, 통권 43호, 2003.
- 이보아, 성공한 박물관 성공한 마케팅, 역사넷, 2003.

- 이은미, 예술경영학 공연기획실무, 도서출판 청람, 2013.
- 허행량, 스타 마케팅, 매일경제신문사, 2002.
- 한국문화경제학회, 문화경제학 만나기, 김영사, 2001.
- K-Pop이 주도하는 신한류, KOCCA포커스, 2011-03호.
- Kotler & Keller, *Marketing Management*, 14th Edition, Pearson Educacion, 2013.

CHAPTER 02

문화마케팅 계획의 수립

1. 기업사명과 비전 설정
2. 기업목표
3. 사업영역의 설정
4. 마케팅계획의 프로세스

1 기업사명과 비전 설정

마케팅의 첫 번째 단계는 기업사명과 비전을 설정하는 것이다. 사업영역을 설정하기 위해서는 기업(조직)의 목표와 비전, 장기 전략을 정하고 사업의 기회와 위협요소, 우리 기업의 강점과 약점을 잘 분석해야 한다.

기업사명(mission)이 외부적 관점에서 우리 기업이 어떤 사업을 하고 있고, 고객의 욕구를 어떻게 충족할 것인가에 대한 공식적인 선언문이라면, 비전(vision)은 내부적 관점에서 우리는 어떤 기업이 되고 미래의 모습은 어떠할 것인가에 대한 기업의 미래상을 제시하는 것이다.

비전은 조직의 궁극적인 미래의 모습이며, 사명 혹은 미션(mission)은 조직의 구체적인 활동근거로 존재의 이유를 명확히 하는 것이다. 기업사명은 기업이 성취하고자 하는 중장기적 목표에 대한 서술로 경영자와 직원은 물론 고객이나 이해관계자들과 공유하기 위하여 기업사명을 개발해야 한다.

예컨대 문화창조기업인 CJ그룹의 경우 기업사명을 'CJ는 신뢰받는 기업, 세계인의 사랑을 받는 글로벌 기업, 그리고 인류의 삶을 즐겁고 풍요롭게 하는 글로벌 생활문화기업입니다'라는 선언문을 통하여 직원들에게 기업의 목적과 방향에 대한 공감대를 형성하고 있다.

또한 비전은 '건강, 즐거움, 편리를 창조하는 글로벌 생활문화기업'으로 설정함으로써 CJ가 식품&식품서비스, 생명공학, 엔터테인먼트&미디어, 신유통 등 4대 핵심 사업부문을 주축으로 '건강, 즐거움, 편리를 창조하는 글로벌 생활문화기업'이라는 미래의 모습을 제시하고 있다. 문화예술기관(단체) 종자자들은 기관의 사명과 비전에 대해 명확히 인지하고 있어야 한다.

기업사명은 기업이 성취하고자 하는 목표에 대한 서술을 말한다. 기업은 경영자와 직원은 물론 고객이나 이해관계자들과 공유하기 위하여 기업사명을 개발해야 한다. 피터 드러커(Peter Drucker)는 기업이 사명을 준비하는 과정에서 다섯 가지 질문에 대한 대답의 중요성을 강조하였다. 첫째, 우리의 사업은 무엇인가? 둘째, 우리 사업의 고객은 누구인가? 셋째, 무엇이 고객에게 가치가 있는가? 넷째, 우리의 사업은 어떻게 될 것인가? 다섯째, 우리의 사업은 어떻게 되

그림 2-1 CJ그룹의 기업사명과 비전 설정

어야 할 것인가? 이처럼 기업사명은 기업이 추구하는 근본적인 질문의 제시와 그에 대한 바람직한 답을 의미한다. 훌륭한 기업사명은 기업이 직원들에게 기업의 목적과 방향에 대한 공유된 느낌을 전달한다.[01]

기업사명을 정립할 때 세 가지 차원에서 조직의 범위를 설정하는 것이 필요하다. 첫째는 예술감독, 연주자, 관객 등 충족시킬 고객집단이고, 둘째는 충족시킬 고객욕구, 예컨대 관객의 오락, 영감, 교육 중 어디에 목표를 두어야 할 것인지의 문제이고, 셋째는 고객욕구의 충족방법, 즉 기술의 문제이다. 예컨대 여름 페스티벌의 경우 편안한 분위기에서 관객의 즐거움을 자아내게 하는 방법을 고안해내야 할 것이다.

따라서 훌륭한 기업사명은 명확성과 현실성을 가져야 한다. 기업의 사명이 너무 광범위하면 마케팅전략의 수립이 어려워진다. 그리고 제품의 특성보다 소비자의 욕구충족에 초점을 맞추어야 한다. 즉, 기업사명을 명확하게 규정하여 마케팅 근시안에서 벗어나야 한다. 기업사명은 현실적이어야 한다. 기업사명문

01 이훈영 · 박기용, 외식산업마케팅, 도서출판 청람, 2012, p.32.

은 기업의 총체적인 목적과 사업영역을 나타내기 때문이다. 즉, 기업의 사명은 하고 있는 사업이 무엇인가(현재), 앞으로 어떻게 변해갈 것인가(미래), 성장방향은 무엇인가(지침)의 질문에 대답할 수 있을 때 믿음과 방향이 제시된다.

2 기업목표

기업사명을 세운 다음에는 기업목표(corporate objectives)를 결정해야 한다. 기업이 목표가 없다면 원하는 것을 성취할 수 없다. 기업의 목표는 한마디로 "우리가 어디로 갈 것인가?"를 묻는 것으로 기업사명의 추상적인 부분을 보다 구체적으로 전환시킨 것이라 할 수 있다. 따라서 기업목표는 수익성, 투자수익률, 시장점유율 등과 관계가 있으며, 이에 대한 현실적이고 달성가능한 목표로 설정해야 한다.

예를 들어, A공연업체는 특정 계층 고객기반 확대, 공연의 품질향상, 새로운 작품제작 등 전략적 목표를 내세울 수 있다. 구체적으로 1년 이내에 투자수익률을 15%에서 20%로 높이겠다는 식으로 재무적 목표가 설정되기도 한다. 관람률 증대가 목표라면 다음 시즌에 실질 관람객 10% 증대와 같은 구체적인 목표치로 표현되어야 한다.

3 사업영역의 설정

기업들은 자신의 사업사명과 목표 등 사업영역을 명확히 설정해야 한다. 문화기업들도 소비자의 시간과 돈을 쟁취하기 위해 치열한 경쟁을 벌여야 하기 때문에 자신의 사업범위를 소비자의 욕구충족에 맞춰 설정하고 있다.

과거 제조업기업에서 문화콘텐츠 기업으로 탈바꿈하는 사례가 점차 확대되고 있는 추세이다. 과거 하드웨어 기업인 소니를 비롯해 GE, 애플, MS 등이 현재 복합미디어 기업으로 재편되고 있다([표 2-1] 참조).

표 2-1 개별기업의 사업범위 정의

기업명	협의의 개념	광의의 개념
소니	가전제품회사	종합오락그룹(→ 엔터테인먼트산업 발전)
애플	컴퓨터제조회사	콘텐츠미디어기업(→ 엔터테인먼트산업 발전)
월트디즈니	만화영화제작업체	건전한 즐거움 제공자(→ 엔터테인먼트산업 진출)
나이키	스포츠용품 제조회사	'건강과 운동' 중심의 디지털 플랫폼회사
CJ그룹	식음료 및 미디어회사	생활문화를 세계로 전파하는 문화창조기업

엔터테인먼트 기업들은 생존을 위해서 자사의 사업범위를 명확히 규정해 과거 할리우드 영화사가 범한 '마케팅 근시(marketing myopia)'[02]에서 벗어날 수 있었다.

실제로 1960년대 할리우드 영화사들은 근시안적 기업목적을 설정하는 바람에 텔레비전에 시장을 잠식당하는 결과를 낳았다. 그 당시 영화사들은 실제로 오락산업을 운영하고 있었음에도 불구하고 자신들의 소속산업을 영화로만 국한해 상당기간 침체에 빠지게 됐다.

미국 영화산업의 경우 새로운 미디어와 테크놀로지가 등장할 때마다 더 확대된 창구, 즉 상영경로를 확보하면서 돌파구를 찾았다. 처음 새로운 창구가 등장할 때는 이전의 메인 창구를 위협하여 영화산업 자체가 붕괴할 것처럼 오해했지만 결국 할리우드는 이 새로운 미디어를 자신의 배급통로로 활용했다.

처음 텔레비전이 광범위하게 보급되던 1950년대는 영화산업이 사양길에 접어들 것이라는 성급한 판단을 내리기도 했지만, 이후 1960~1970년대 할리우드가 텔레비전 프로그램 제작과 방송국 인수에 착수하여 그것을 영화의 2차 배

02 '마케팅 근시'는 미국 하버드 경영대학 테오도르 레비트 교수가 제시한 개념으로 관련 기업들이 스스로의 사업범위를 좁게 규정함으로써 빠지는 오류를 의미한다. Theodore Levitt, Marketing Myopia, *Harvard Business Review*, July-August, 1975, pp.26~56.

급통로로 활용했다. 다시 말해 처음 TV가 등장했을 때 영화산업은 침체될 것이라고 예상했지만 영화산업은 이 위기를 기회로 활용하여 고품질로 나갔고, TV가 주는 시각적 효과 이상을 보여주는 와이드스크린과 서라운드 입체음향의 형태로 발전하면서 보다 전문기술화되고 발전할 수 있었다.

또한 1980년대에 활성화되었던 비디오(VTR)나 1990년대 케이블TV도 기존의 지상파TV나 영화관에 위협적인 존재가 될 것으로 여겼지만, 결국 미국 영화산업은 이 모든 산업과 수평적 통합을 이루면서 새로운 배급통로를 확보했다.

물론 새로 등장한 미디어는 기존의 미디어가 가진 시장을 일정부분 잠식해 들어가면서 새로운 시장을 형성했지만, 결과적으로 이런 창구의 다변화는 창구마다 새로운 시장을 발굴하여 미국 영화산업 전체 파이를 키우는 효과를 얻었다.

세계 1위의 스포츠용품 제조업체인 나이키는 '건강과 운동' 중심의 디지털 플랫폼회사로 변신해 마케팅 근시에서 벗어날 수 있었다. 나이키는 경쟁자를 리복이나 아디다스 등 스포츠용품회사가 아닌 '닌텐도'로 보고, 운동화를 게임기로 변환한 '나이키 플러스(Nike+)'를 출시한 이후 혁신적인 디지털상품을 선보이며 트렌드를 선도하였다. 즉 나이키는 운동용품과 연계된 디지털기기로 데이터를 축적 · 활용해 제품영역을 '운동과 게임' 영역으로 확장하고 스포츠혁신회사로의 변신에 성공한 것이다.[03]

이처럼 마케팅 근시를 제시한 테오도르 레비트(Theodore Levitt)는 제반 사업활동의 핵심업무로 사명을 개념정립하고, 동일한 효용을 제공하는 다른 기업과 경쟁을 인식할 필요가 있다고 주장했다.

그는 근시안적이고 생산지향적인 산업에 대한 정의를 지양해야 한다고 주장하면서 산업에 대한 정의를 내릴 때 내일의 경쟁자가 될지도 모르는 현재 경쟁자 생산 이면의 모습을 살펴보라고 강조해 왔다. 가장 중요한 점은 소비자의 기본적인 효용에 초점을 맞추어 경쟁에 뛰어드는 신규 진입자를 감시하거나 대체재가 주는 위협을 인식하는 것이다.

예를 들어, PC 제조회사에서 출발한 애플은 소프트웨어, 미디어, 홈 엔터테

03 삼성경제연구소, 글로벌 전통기업의 디지털 체험 전략, CEO Information 885호, 2013, p.5.

인먼트 중심의 미디어 플랫폼회사로 변신해 마케팅 근시에서 벗어날 수 있었다. 애플은 사업영역을 HP, 델 컴퓨터와 같은 컴퓨터 제조회사로 규정하지 않고 경쟁상대를 IT기업이나 미디어기업으로 보고 아이팟, 아이폰, 애플TV 등의 혁신적인 디지털상품을 선보이며 트렌드를 선도하였다. 즉 애플은 하드웨어 기업에서 벗어나 소프트웨어, 미디어, 홈엔터테인먼트, 휴대폰을 다루는 미디어 플랫폼회사로 거듭났다. 특히 2,500만 대를 판매한 애플TV는 외출 시 음성으로 전원을 끄거나 집안에 활동으로 제어하는 스마트홈 사업의 핵심 단말기 역할을 담당하는 등 디지털 혁신회사로 변신하고 있다.

그림 2-2 문화기업 추진사례

삼성그룹
전국 무주택서민 사랑의 집짓기(한국해비타트), 각종 미술전시회 후원, 래미안 W콘서트

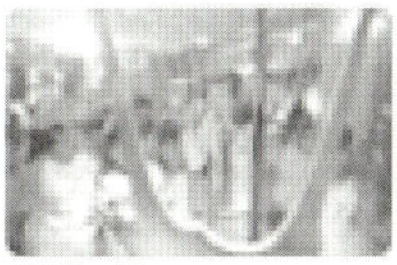

한화그룹
한화봉사단, 세계 불꽃놀이 축제, 찾아가는 메세나콘서트

LG그룹
LG글로벌챌린저, 친환경농업엑스포, 어린이재단 후원, 국제백신연구소 후원, 희망봉사 한마당

CJ그룹
푸드뱅크, 도너스 캠프, 영페스티벌, 박세리 후원, 사랑의 도시락나눔의 집, 인디영화지원

금호아시아나
대한축구협회 후원, 서울시향 후원, 베트남장학문화재단, 금호아시아나문화재단

포스코
글로벌 나눔활동, 로비콘서트 (유라시안필하모니), 나눔의 토요일

하나금융그룹
서울시향, 하나금융공익재단, 하나여의도클래식, 하나사랑봉사단

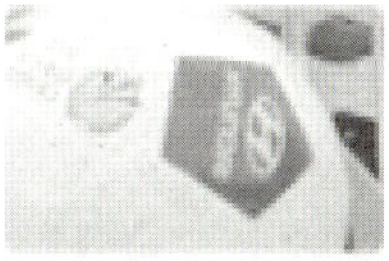

현대그룹
2014월드컵공식후원(FIFA), 유로 2008, 한국국가대표팀, 호주오픈, 데이비컵, 문화예술브랜드 H-art 런칭, 해비치재단, 테니스 슈퍼매치 후원

외국/벤처
올림픽대표선수단(아이다스), 포드환경후원프로그램 (포드코리아), 신진미술작가후원(크룹스), 사랑의 집짓기(노블하우스), RV챔피언십대표(넥센타이어) 하이픈(다음)

CJ그룹은 식품, 생명공학, 엔터테인먼트(미디어), 신유통 등 4대 핵심사업을 주축으로 글로벌 생활문화기업으로 도약하고 있다. 1953년 식음료제조업체인 제일제당에서 출발한 CJ는 1990년대 이후 음악전문 케이블TV M.net의 인수 및 멀티플렉스 극장 CGV 오픈, 홈쇼핑 CJ오쇼핑 진출을 통해 생활문화콘텐츠

라는 효용에 맞춰 사업범위를 확장하였다.

CJ그룹은 2012년 기업광고를 통해 '문화를 만듭니다, CJ'라는 슬로건으로 문화기업임을 강조하는 데 주력하고 있다. 그리고 자신의 사업범위를 식음료 및 미디어기업으로 좁게 설정하지 않고, 다양한 영역의 생활문화콘텐츠를 확보한 기업으로서 단순 제품이나 콘텐츠 제공을 넘어 세계에 한류를 전파하는 문화기업으로 규정하여, 국내 최고의 문화기업으로 자리매김하고 있다.

우리나라 4대 엔터테인먼트 회사인 하이브는 기존 연예 기획사들과 달리 엔터테인먼트 플랫폼 기업을 표방하는 IT기업에 가깝다. 하이브는 음악에 기반한 '세계 최고의 엔터테인먼트 라이프스타일 플랫폼 기업'을 목표로 팬 커뮤니티 플랫폼 '위버스'와 아티스트 지적재산권을 활용한 비즈니스로 성장했다.

2005년 설립된 빅히트엔터테인먼트는 하이브의 전신으로 빌리프랩, 쏘스뮤직, KOZ 엔터테인먼트, 어도어, 네이코, 플레디스 엔터테인먼트(연예매니지먼트) 등과의 M&A를 통해 콘텐츠 역량을 확대해 나갔다. 그 이후 하이브 쓰리식스티(공연업체), 하이브 아이피엑스(IP 상품개발), 하이브 아이엠(게임개발 업체), 하이브 미디어 스튜디오(오리지널 콘텐츠제작), 수퍼톤(AI 오디오 기술 기업), 위버스컴퍼니(팬덤 플랫폼 기업) 등으로 사업영역을 확장하였다.

하이브 역시 글로벌 진출에 적극적인 행보를 보여왔는데, 빅히트 시절 일본, 미국에 현지법인을 두고 해외진출을 본격화했다. 2021년에는 저스틴 비버가 속한 미국의 이타카홀딩스를 인수합병하여 국내 엔터테인먼트 기업으로서는 처음으로 팝음악 시장의 교두보를 마련했다. 하이브 레이블즈 재팬은 일본 현지에서 신인을 발굴하여 일본 그룹으로 데뷔시키는 등 글로벌 영향력을 확대했다.

팬덤 플랫폼 위버스는 하이브의 차기 핵심 사업 중 하나로 IT와 게임업계 출신의 경영진들을 대거 영입하여 아티스트 IP를 기반으로 한 콘텐츠 유통 및 팬덤 커뮤니티의 확장 사업으로 락인(Lock-in)전략을 구사하고 있다.

2021년 하이브와 두나무[04]의 협업을 발표하면서 NFT(Non-Fungible Token) 사업에 진출했다. 이처럼 콘텐츠 IP 활용한 하이브가 엔터테인먼트 기업을 넘어 플랫폼 기업으로의 성장전략을 선택했다. 하이브는 연예기획사가 아

04 두나무는 암호화폐 거래소인 업비트(Upbit)를 운영하는 블록체인 및 핀테크 기업이다.

닌 IT 기업을 표방하며 팬덤 플랫폼, 게임, NFT까지 진출함으로써 '세계 최고의 엔터테인먼트 라이프스타일 플랫폼 기업'을 지향하고 있다.

이처럼 문화콘텐츠 기업들이 자신의 사업범위를 좁게 규정해 마케팅 근시에 빠지지 말고, 경쟁자와 대체제품을 포괄적으로 살펴서 소비자의 욕구를 충족시키고 기업의 이윤을 극대화할 수 있는 길을 모색해야 할 것이다.

4 마케팅계획의 프로세스

기업사명과 목표를 설정한 이후 마케팅관리자는 제품과 서비스에 대한 마케팅계획을 수립해야 한다. 물론 마케팅계획은 주어진 시장 내에서 기업이 성취하고자 하는 기업사명과 목표를 기반으로 한다. 마케팅계획 수립을 위한 첫 번

그림 2-3 마케팅계획의 수립과정

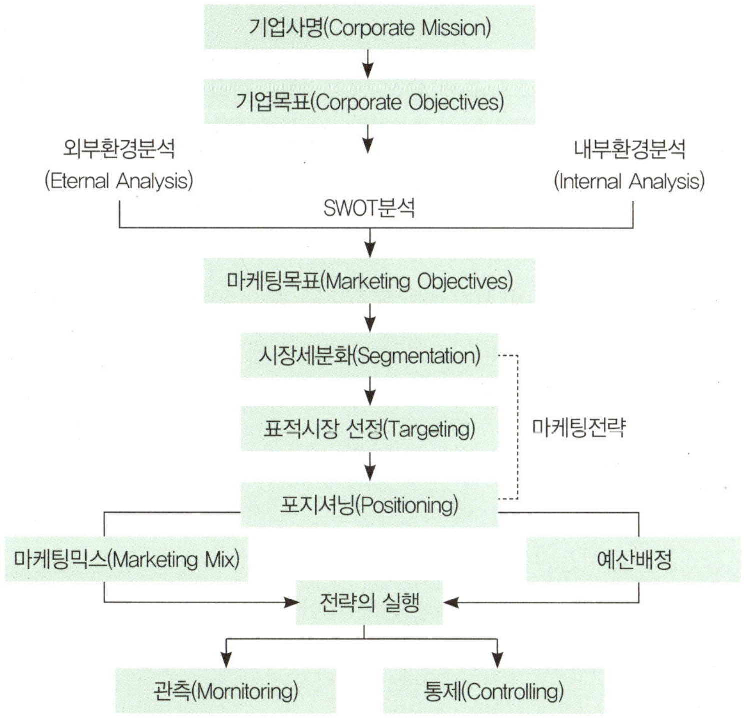

째 단계는 환경분석으로, 자사가 처한 환경을 이해하고 상황을 철저히 분석하여 전략적 대안을 마련하는 것이다. 환경분석에는 경제적인 환경, 정치적인 환경, 기술적인 환경 등의 분석이 포함된다. 이때 마케팅하려는 제품에 대한 시장의 규모, 경쟁상황, 소비자 특성 등을 조사하는 시장조사도 병행해야 한다.

환경분석이 끝나면 이를 기반으로 하여 STP(Segmentation, Targeting, Positioning)를 설정해야 한다. 먼저, 욕구가 유사한 소비자집단별로 고객세분화(segmentation)를 하고, 가장 적합한 소비자집단을 선택하여 표적시장(targeting)을 선정한 다음, 선정된 시장에서 차별적인 경쟁우위를 유지하여 자사상품이나 서비스를 적절하게 위치시키는 포지셔닝(positioning)을 개발해야 한다. 포지셔닝이 결정되면 구체적인 실행전략에 들어가야 한다. 이 단계는 전통적으로 4P를 중심으로 전개되어 왔다. 즉 제품(product), 가격(price), 유통(place), 촉진(promotion) 등 4P전략은 마케팅믹스로 구체적인 실행방안을 개발하는 것이다. 이와 같은 마케팅계획의 전반적인 프로세스는 [그림 2-3]에서와 같이 정리할 수 있다.

1) 환경분석

마케팅계획을 수립하기 위해 기업이 가장 먼저 해야 할 일은 환경분석, 즉 시장을 크게 살펴보는 것에서부터 시작한다. 기업의 마케팅활동 성과를 향상시킬 수 있는 장기적인 기회를 파악하고 분석하는 단계로 거시환경, 고객, 경쟁자, 유통, 공급자 등의 미시적 환경을 분석하여 시장의 위협과 기회를 파악한다. 그리고 내부환경은 기업의 마케팅, 재무, 생산, 조직 등의 경쟁력을 분석하여 기업의 강점과 약점을 파악한다. 이처럼 외부환경에 대한 정보를 평가하여 시장의 위협과 기회요인을 발견하고, 기업 내부의 주요 자원과 기술수준의 정도를 평가하여 강점과 약점요인을 발견하기 위한 방법으로 SWOT분석이 많이 사용된다. SWOT분석은 3장에서 보다 구체적으로 살펴보기로 한다.

거시환경분석에서는 시장 내 소비자들의 인구, 소득 등과 같은 인구통계학적 요인과 소비구조 등과 같은 사회경제적 요인, 기술적 · 문화적 · 법률적 · 정치환경적 요인 등이 고려된다.

미시환경분석 단계에서는 문화산업 성장에 주도적인 역할을 하는 정부, 기업, 소비자, 문화산업주체 등을 살펴본다. 정부는 문화정책을 수립 · 추진하는 기관으로서 문화산업을 지원 · 육성하고, 문화산업주체는 문화예술의 생산자로서 문화예술계 종사자들로 구성되며 정부나 기업의 지원에 따른 경제적인 안정을 바탕으로 순수한 창작활동에 몰두하게 된다. 기업은 문화재단 설립이나 기존 문화행사 후원을 통해 경쟁사와 차별화된 문화이미지를 구축하여 소비자를 설득할 수 있다. 문화의 최종향유자인 소비자는 문화산업주체가 제공하는 다양한 문화상품을 즐길 수 있는 기회를 제공받아 삶의 질을 향상시킬 수 있게 된다.

2) 마케팅목표의 결정

선행된 상황분석의 결과로부터 구체적인 마케팅목표가 도출된다. 마케팅목표는 현실적이기 때문에 매출액, 이익, 성장률, 시장점유율 등을 가능한 계량적으로 설정해야 한다. 마케팅목표의 예로 고객충성도, 고객선호도, 고객만족도, 브랜드인지도 등을 들 수 있다. 마케팅목표는 모든 구성원이 마케팅목표의 달성에 기여할 수 있도록 자세하고 명확하게 제시되어야 한다.

실제로 A영화배급사의 경우 1분기 국내 영화배급 시장점유율 30% 확보 혹은 1년 이내 영업이익 10~20% 증가, B뮤지컬은 초연 이후 평균객석점유율 80% 달성과 같이 시간과 규모를 구체적으로 명시하여 목표를 설정한다.

3) 마케팅전략의 개발

환경분석과 마케팅목표가 결정된 이후 어떤 시장 혹은 어떤 계층을 표적으로 마케팅활동을 전개할 것인지 마케팅전략을 개발해야 한다. 마케팅전략은 시장의 어느 부분에 초점을 맞출지 시장세분화(segmentation)를 통해 표적시장(targeting)을 결정하고 경쟁자와의 차별화를 위한 포지셔닝(positioning)을 구축하는 것이다. 포지셔닝의 개념에 대해서 그린과 툴(Paul E. Green & Donald S. Tull)은 "소비자들의 심리적인 평가 차원에서 자사의 제품과 이미지를 경쟁사의 그것과 구분지으려는 과정이며 아울러 소비자의 마음속에 존재하는 위치

〈난타〉 10주년 기념 공연

를 말한다"고 설명하였다.[05] 즉 포지셔닝은 고객의 마음속에 차별적인 인식을 심어주는 과정으로 볼 수 있는데, 고객의 마음속에 포지션되어 있지 못하다면 기업이나 상품은 존재하기 힘들다.

포지셔닝을 확실하게 하면 경쟁사에 비해서 마케팅 성과를 높일 수 있다. 예를 들어, 〈난타〉는 '한국을 대표하는 넌버벌 퍼포먼스'로 공연상품을 포지셔닝한 결과 다른 경쟁사를 물리치고 확고한 위치를 확보할 수 있었다. 커피전문점인 스타벅스는 다른 점포들과는 차별적으로 편안하게 커피를 즐길 수 있는 제3의 장소로서 포지셔닝하여 충성고객들을 끌어들일 수 있었다.

포지셔닝의 핵심은 뭔가 다르다는 인식을 심어주는 것이다. 포지셔닝에서 추구하는 것은 '너와 나는 다르다'는 차별화이다. 따라서 포지셔닝전략은 치열한 1:1 경쟁을 피하고 각자 다른 생태적 적소(ecological niche)를 찾아가는 것이라고 할 수 있다.

오늘날과 같은 시장 중심의 마케팅 콘셉트에서 가장 중요한 세 가지 프로세스가 시장세분화(segmentation)와 표적시장 선정(targeting) 그리고 포지셔닝(positioning)이다. 이 세 가지의 영문 첫 글자를 따서 일반적으로 STP전략이라고 말한다. STP전략은 4장에서 보다 구체적으로 살펴보기로 한다.

문화마케팅 따라잡기

걸그룹의 포지셔닝

포지셔닝이 무슨 구성이냐고 생각할지도 모르겠다. 하지만 포지셔닝은 구성력을 가진 아이디어이자, 요리사가 잘할 수 있는 요리이다. 구성력이란 다른 것들을 조화롭게 구성하는 역량이다. 그리고 포지셔닝은 다른 상품들 사이에서 가장 두각을 나타낼 수 있도록 소비자의 인식 속에 해당 상품을 위치시키는 구성이다. 그런 점에서 구성력은 포지셔닝에 가장 잘 맞는 능력이라고 할 수 있다.

사람들은 포지셔닝을 쉽게 말하지만 포지셔닝이 말처럼 쉬운 것은 아니다. 수많은 상품이 소비자

05 Paul E. Green, Donald S. Tull, *Research for marketing decisions*, Prentice-Hall, 1978, p.39.

소녀시대

에게 인식되기 위해 목숨을 건 사투를 벌인다. 그중에서도 요즘 최고의 인기를 누리는 대중문화상품인 걸그룹의 활동을 보면 포지셔닝이 얼마나 치열하게 이루어지는지 알 수 있다.

현재 최고의 걸그룹은 '소녀시대'다. 소녀시대가 소녀와 숙녀에 걸친 넓은 이미지 변신이 가능하다는 점과 수적으로 우세한 구성원으로 다양한 개인적 특징을 부각할 수 있다는 점이 크게 작용한 것으로 보인다. 또 개개인의 능력이 결합하면서 도시적이면서도 친근한 이미지를 대중에게 보여줄 수 있다는 이유도 있다.

소녀시대 이전에 국내 무대를 장악했던 최고의 걸그룹 '원더걸스'가 미국활동을 위해 국내 무대를 비운 것도 영향이 없지 않다. 하지만 소녀시대는 대형 매니지먼트사의 철저한 관리, 성실한 노력, 뛰어난 음악성, 예능 프로그램 활약 등으로 정상의 자리를 유지할 수 있었다.

가장 폭넓은 위치를 지킨 것은 '카라'다. 그들은 친근함과 섹시함을 함께 보여주면서 '핑클' 이래 가장 편안한 느낌이 드는 걸그룹으로서 폭넓은 팬층을 만족시키는 그룹이다. 핑클이 2000년대 최초의 걸그룹전쟁에서 선발주자인 SES를 누르고 장수그룹으로 성공했던 것은 편하면서도 섹시한, 폭넓은 호감을 불러일으켰기 때문이다.

카라는 제2의 핑클이라고 해도 과언이 아닐 만큼 '친근함'과 '여성스러움'이 결합해 대중에게 폭넓은 호감을 줄 수 있는 위치에 있다. 이 때문에 카라는 오랫동안 대중의 사랑을 받는 걸그룹이 될 것이다. '카라'는 '핑클'을 만든 기획사의 작품이다.

'애프터스쿨'은 가장 섹시미를 드러내는 스타일인데 그들의 인기는 주로 남성들에 제한되면서 여성 청소년층의 인기를 얻기에는 한계가 있었다. 애프터스쿨은 이런 문제점을 보완하는 차원에서 귀여움을 더해 변화를 꾀했지만 이미 늦었다. 애프터스쿨이 주춤하는 사이 섹시함과 상큼함을 더해 소비자들의 마음을 사로잡은 것은 '씨스타'였다. 그들은 '좀 더 귀엽게'를 결합해서 부담스러운 섹시함을 적절히 보완한 포지셔닝으로 애프터스쿨에 부담감을 느끼던 소비자층에게 어필했다.

구성은 기획자의 머릿속에서 현실을 정확히 이해하고 자신만의 상품을 포지셔닝하는 데 가장 중요한 역할을 하는 상상 중심의 아이디어 요리이다.

자료 : 조성기, 생각을 요리하라! 아이디어 쿠킹, 21세기북스, 2012.

4) 마케팅믹스(4P)

기업이 차별적인 마케팅을 위해 사용하는 수단은 4P, 즉 제품, 가격, 유통, 그리고 촉진이라고 할 수 있다. 이 같은 마케팅믹스는 기업이 표적시장에서 마케팅목표를 달성하기 위해 사용하는 마케팅전략 수단의 집합을 의미한다. 그러나 문화산업에서는 서비스적 특성을 고려하여 4P 이외에 과정(process), 사람(people), 물리적 증거(physical evidence)를 추가한 일곱 가지 수단, 즉 7P를 마케팅믹스라고 부른다.

여기서 과정은 공연서비스 제공과정, 즉 기획에서 최종완성까지 서비스생산 제공시스템을 의미한다. 사람은 공연서비스 제공과정에 참여한 사람들로, 예술단체, 스태프, 관객들이다. 물리적 증거는 공연예술상품의 물리적 증거들인 공연주변시설, 고객편의시설, 분위기 등을 말한다.[06]

예들 들어, 뮤지컬의 경우 고객의 욕구에 맞는 제품과 서비스를 개발했다고 해도 그 상품을 구매하고 소비할 수 있는 정확한 정보가 고객에게 전달되지 않으면 판매할 기회가 없다. 단순히 제품을 만들고 홍보하는 노력만으로는 부족하다. 적절한 입지와 편리성, 출연진과 스태프 및 마케팅담당자, 그리고 서비스의 원활한 흐름을 위한 각종 이벤트 등도 함께 고려해야 한다. 따라서 한두 가지의 마케팅 수단에 의존하는 것이 아니라 마케팅믹스들의 적절한 조화를 통해서 마케팅전략이 효과적으로 달성되어야 한다.

마케팅 수단을 최적의 상태로 배합하는 것이 마케팅믹스이며, 4P요소는 상호유기적 관계를 갖고 있다. 하나의 P를 변경하면 그 나머지에 직간접적인 영향을 미치며, 4P의 각 부분이 상호상승작용을 불러일으키고, 통일성과 일관성을 갖출 수 있도록 조정해준다.

5) 전략의 실행

마케팅계획 수립과정의 마지막 단계는 마케팅활동을 조정하고 통제하는 것이다. 마케팅관리자는 수행되는 전략이 계획대로 추진되고 있는가를 지속적으로 관찰하고 통제해야 한다. 관측과 통제는 점검단계로, 이를 통해 마케팅관리자는 앞으로 나아갈 방향을 위한 현재의 위치를 파악할 수 있다. 또한 전략수행 후 자신이 원하는 포지션을 확보했는지 확인한다. 만약에 확보하지 못했으면 마케팅믹스와 필요한 예산배정을 수정하여 다시 실행한다. 이는 마케팅활동의

06 정대용, 문화산업 벤처경영론, 도서출판 청람, 2006, p.290.

조정뿐만 아니라 마케팅목표의 달성 여부를 평가하고 피드백(feedback)하는 과정으로 볼 수 있다.

6) 마케팅 수립과정의 한계점

마케팅 수립과정 중에 다음과 같은 몇 가지 한계점에 부딪칠 수 있다. 성공적인 마케팅계획을 수립하려면 이러한 한계점을 효과적으로 관리해야 한다.[07]

첫째, 아무리 잘 만들어진 마케팅계획이라도 최고경영자가 솔선하여 그 제도에 대한 적극적인 지원을 하지 않거나 마케팅목표 관리 설명 및 교육과 훈련이 부족하다면 그 계획은 성공적으로 실행되기 어렵다. 둘째, 마케팅목표를 과다 책정하거나 서로 상충되는 목표를 지향하게 되는 경우는 실행의 일관성 부족으로 효과적인 마케팅관리를 할 수 없게 된다. 셋째, 마케팅관리의 평가가 과도하게 강조되거나 마케팅목표 수행단계에서 과도한 문서작업 등 의사소통의 민첩성이 떨어지면 효과적인 마케팅 수립과정을 저해할 수 있다.

07 채서일, Marketing 4판, 비앤엠북스, 2007, pp.20~21.

이 장의 요약

기업사명과 목표를 설정한 이후 마케팅관리자는 제품과 서비스에 대한 마케팅계획을 수립해야 한다. 기업들은 자신의 사업사명과 목표 등 사업영역을 명확히 설정해야 한다. 기업들이 자신의 사업범위를 좁게 규정해 '마케팅 근시(marketing myopia)'에 빠지지 말고, 경쟁자와 대체제품을 포괄적으로 살펴서 소비자의 욕구를 충족시키고 기업의 이윤을 극대화할 수 있는 길을 모색해야 한다.

마케팅계획 수립을 위한 첫 번째 단계는 환경분석으로, 자사가 처한 환경을 이해하고 상황을 철저히 분석하여 전략적 대안을 마련하는 것이다. 환경분석에는 경제적인 환경, 정치적인 환경, 기술적인 환경 등의 분석이 포함된다. 환경분석이 끝나면 이를 기반으로 하여 STP(Segmentation, Targeting, Positioning)를 설정해야 한다. 먼저, 욕구가 유사한 소비자집단별로 고객세분화(segmentation)를 하고, 가장 적합한 소비자집단을 선택하여 표적시장(targeting)을 선정한 다음 선정된 시장에서 차별적인 경쟁우위를 유지하여 자사상품이나 서비스를 적절하게 위치시키는 포지셔닝(positioning)을 개발해야 한다. 포지셔닝이 결정되면 구체적인 실행전략에 들어가야 한다. 이 단계는 전통적으로 제품(product), 가격(price), 유통(place), 촉진(promotion) 등 4P를 중심으로 전개되어 왔다. 마지막 단계로 계획된 마케팅활동의 실천을 조정하고 통제하는 과정을 거치게 된다. 결국 마케팅계획 수립과정은 현재 기업의 상황을 분석하고 마케팅목표를 실시하고 세분시장전략을 수립하는 단계를 거쳐 구체적인 마케팅믹스를 계획 및 실행, 통제, 평가하는 과정을 말한다.

주요용어

기업사명
SWOT분석
포지셔닝(positioning)
기업목표
시장세분화(segmentation)
STP전략
마케팅 근시(marketing myopia)
표적시장(targeting)
마케팅믹스(4P)

참고문헌

- 김민주 외, 컬덕 시대의 문화마케팅, 서울문화재단, 2005.
- 삼성경제연구소, 글로벌 전통기업의 디지털 체험 전략, CEO Information 885호, 2013.
- 이훈영 · 박기용, 외식산업마케팅, 도서출판 청람, 2012.
- 정대용, 문화산업 벤처경영론, 도서출판 청람, 2006.
- 채서일, Marketing 4판, 비앤엠북스, 2007.
- Paul E. Green, Donald S. Tull, *Research for marketing decisions*, Prentice-Hall, 1978.
- Theodore Levitt, Marketing Myopia, *Harvard Business Review*, July-August, 1975.

CHAPTER 03

문화마케팅 환경분석과 소비자행동

1. 문화마케팅 환경 이해
2. 문화소비자
3. 문화상품의 소비패턴 변화
4. 소비자의 행동에 대한 이해

1 문화마케팅 환경 이해

1) 거시환경분석

거시환경분석은 현실적으로 가능한 전략대안의 범위를 좁혀나가도록 하는 것이다. 거시환경의 대부분은 통제가 불가능하고, 모든 기업에 공통적으로 영향을 미치며, 기업의 성장방향, 경영전략, 기업의 조직구조에도 영향을 미친다. 이런 이유에서 거시환경분석은 기회 발견, 위협 발견에 유용하며, 기업은 이를 통해 발견된 결과에 대해 적절히 대응해야 한다. 여기서는 문화콘텐츠산업을 둘러싼 인구통계적 환경과 경제적 환경, 사회 · 문화 · 자연적 환경, 기술적 환경, 정치적 환경, 법률적 환경에 대해 [그림 3-1]에서 살펴보기로 한다.

그림 3-1 문화산업의 거시 · 미시환경의 구성요인

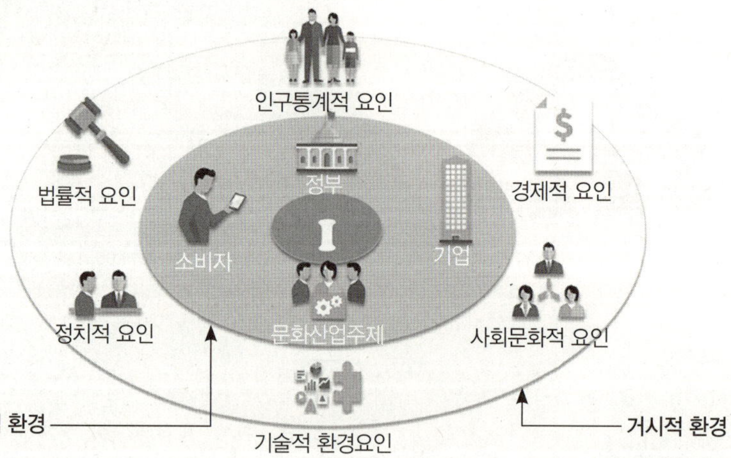

(1) 인구통계적 환경

전체 인구구조, 연령별 인구구조, 지역별 인구구조 등 인구구조의 변화, 가족 수에 따른 가족유형의 변화를 파악함으로써 미래 문화시장의 변화를 예측하고, 기회와 위협요인을 판단할 수 있다. 예를 들어, 여성의 출산율이 지속적으로 감소하면서 소비자의 라이프스타일과 소비패턴이 달라지고 있다. 1984년 1.74명에 달하던 우리나라 여성 1명당 출산율은 1990년대 이후 급격한 감소를 보여 2002년 1.17명, 2006년 1.08명으로 줄었다가 2010년 1.22명을 기록한 2022년 0.78명으로 역대 최저치를 기록했다. 이웃 일본의 경우 지난해 출산율은 1.39명으로 우리나의 출산율은 여전히 낮은 수준이다. 이 같은 풍조가 확산되면서 각 가정마다 '자녀 귀족화현상'이 일어나고 아동 1인당 지출이 늘면서 유아용 고가·초고가상품에 대한 수요는 증가하고 있다. 자녀들에게 고급 옷을 입히고 미술, 건축, 음악 등의 진품을 접하게 해주며 애정을 표현하는 젊은 층의 주부가 늘어나는 추세이다. 반면 의료기술의 발달로 평균수명이 연장되면서 고령인구의 비율이 증가했으며, 이 추세는 계속될 전망이다.

일반적으로 65세 이상의 고령인구의 비율이 14%를 넘어서면 고령사회라고 한다. 우리나라의 경우 2022년에 고령인구의 비율이 17.5%로 2025년에는 20.6%로 초고령사회로 진입할 것이다. 이처럼 고령화사회로 접어들면서 실버세대가 새로운 소비집단으로 부상하였다. 노인을 위한 의료시설, 요양시설, 집단 주거시설의 수요가 증가할 뿐만 아니라 건강이나 장수식품, 보험상품, 연금상품, 여행상품, 노인을 위한 가정서비스에 대한 수요도 증가할 것으로 보인다.

이와 함께 여성의 사회진출 확대로 인한 만혼 추세, 이혼율 증가, 소규모 공간에서 인터넷마케팅 등 개인사업을 하는 '소호족(SOHO族)'의 증가로 1인 단독가구는 꾸준한 증가 추세다. 특히 결혼을 기피하는 풍조와 경제력 갖춘 전문직 여성들이 늘어나면서 이른바 30~40대 노처녀인 '골드미스족'이 새로운 소비시장을 형성하고 있다. 이들은 자기 중심의 소비를 즐기는 30~40대 전문직 종사자로, 수입의 60~70%가량을 자기계발에 투자하고 고급 원룸 아파트나 오피스텔에 거주한다. 이들이 최근 패션과 외식, 레저 등에서 유력한 소비층으로 부상하고 있으며, 문화시장에서도 뮤지컬과 클래식 공연 등 고급문화시장의 주요 소비자로 등장하고 있다.[01]

40~50대 베이비부머들이 문화산업계에 영향력을 행사하는 주요 핵심계층으로 떠오르고 있다. 2012년 9월 삼성경제연구소가 낸 베이비부머 관련 보고서 「실버세대를 위한 젊은 비즈니스가 뜬다」에서는 기존 실버세대보다 높은 경제

01 문숙재 · 여윤경, 소비 트렌드와 마케팅, 신정, 2005, pp.75~79.

력을 갖춘 베이비부머의 소비력에 주목했다.

연장된 수명, 길어진 여가, 다른 세대에 비해 높은 소득수준이 이들을 문화소외계층에서 문화주류층으로 끌어올렸다는 분석이다. 이 보고서는 1차 베이비붐 세대(1955~1963년생)와 2차 베이비붐 세대(1968~1974년생)로 문화소비주체를 나누어 설명한다. 다른 세대에 비해 소득, 자산 등이 많은 건 공통점이지만 다른 문화적 경험을 공유하고 있다는 것이다.

1차 베이비부머는 1960~1970년대에 교육을 받고 1980년대에 취업과 결혼을 해 경제성장의 주역으로 성장했다. 이들은 스스로를 중산층으로 생각하며 팝과 대학가요제의 핵심소비층이자 프로야구, 프로축구 등 대형 스포츠이벤트를 경험해 이전 세대보다 문화적 눈높이가 높다.

1990년대에 청년시절을 보낸 2차 베이비부머 세대는 본격적으로 대중문화의 주체로 부각됐다. 2012년 영화 〈건축학개론〉을 통해 '건축학개론 세대'로 이름을 알린 이들의 10~20대에는 서태지, 전람회, 심은하 등이 있었다. 신세대, X세대 같은 별명을 가졌고, PC통신을 대중화하며 문화세대로 조명을 받았다.[02]

(2) 경제적 환경

문화콘텐츠산업은 국내외 경제상황에 따라 영향을 받는다. 특히 문화산업과 관련 기업은 경기, 물가상승, 소득, 경상수지 등과 밀접한 관계를 갖고 있다.

방송과 콘서트, 공연, 영화 등 문화산업은 기업의 협찬이나 광고와 함께 입장권 판매가 주류를 이루는데, 경제적 요소는 관객(소비자)의 구매력을 결정짓게 된다. 그리고 경제성장률과 소비자물가, 실업률, 이자율, 환율 등과 같은 경제현황은 전반적으로 문화산업과 매우 밀접한 관계가 있다.

문화산업도 이런 거시지표의 영향을 받기 때문에 먼저 거시지표를 살펴보는 것이 필요하다.

---

02 시사IN, 2013. 3. 23.

▮ 표 3-1 ▮ 경제성장률, 소비자물가, 실업률 지표

연도	경제성장률(%)	소비자물가 등락률(%)	실업률(%)
2015	2.8	0.7	3.6
2016	2.9	1.0	3.7
2017	3.2	1.9	3.7
2018	2.9	1.5	3.8
2019	2.2	0.4	3.8
2020	-0.7	0.5	4.0
2021	4.1	2.5	3.7

자료 : 국가통계포털

[표 3-1]에서 살펴보듯이 경제성장률은 2015년부터 2019년 사이에 3%대 비교적 안정된 성장률을 기록하였다. 그러나 2020년 코로나 사태로 마이너스 0.7%로 성장률이 급락하였으나 2021년부터 성장률이 4%로 회복되었다. 2015년 이후 잠재성장률 하락, 인구 고령화, 노동시장의 낮은 생산성 등으로 3% 안팎의 장기 저성장에 빠져 있다.

소비자물가 측면에서 2015년에서 2020년까지 비교적 안정된 물가상승률을 기록하였으나 2021년 러시아-우크라이나 전쟁으로 국제 곡물 및 원유 등 원자재가격 상승으로 촉발된 물가상승세와 서비스가격이 인상으로 전년 0.5%보다 높아진 2.5%를 기록했다. 연도별 소비자물가 등락률은 저성장으로 수요압력이 크지 않아 2015년 이후 1.5%대의 안정된 수준에 머무는 것으로 조사됐다.

실업률은 2021년 3.7%로 전년 4.0%보다 약간 낮아졌으나 저성장 구조의 경제성장률과 맞물려 실업률도 3.5% 이상의 비교적 높은 수준으로 치솟았다. 경제 성장 흐름이 계속 약화된다면 청년층의 고실업 문제는 앞으로도 상당 기간 해소되지 못할 가능성이 크다. 2021년 15~29세까지 청년실업률은 7%로 이는 1997년 외환위기 이후 최악으로 일본(5%)과 미국(9.4%)보다 높은 것으로 나타났다. 그러나 일자리의 상대적 감소와 경력직 채용관행의 확산에 따라 청년실업은 해마다 증가하고 있다.[03]

03 고용 없는 성장으로 인한 청년층의 상대적 박탈감은 세계적 추세이다. 우리나라의 경우 88만 원 세대, 미국의 빈털털이세대(strapped), 일본의 비참세대 등 청년층의 박탈감을 풍자한 각국의 신조어가 등장하였다.

▮ 표 3-2 ▮ 명목 국민총소득, 1인당 국민총소득 변화 추세

연도	명목국민총소득(GNI)	국내총생산(GDP) 증감률	1인당 GNI(달러)
2015	1,663조 원	2.8%	28,814
2016	1,747조 원	2.9%	29,394
2017	1,377조 원	3.2%	31,734
2018	1,898조 원	2.7%	33,564
2019	1,924조 원	2.2%	32,204
2020	1,940조 원	−0.7%	32,004
2021	2,071조 원	4.1%	35,373

자료 : 한국은행

국민의 가처분소득이 증가하면서 상대적으로 문화소비에 대한 투자가 상대적으로 늘어날 것으로 보인다.

명목 국민총소득(GNI)[04]은 국가 경제규모를 파악하는데 이용되는 지표로 우리나라 국민이 국내는 물론 해외에서 생산활동에 참여하여 벌어들인 명목 총소득을 의미한다. 명목 국내총생산(GDP)은 2,071조 원으로 전년 대비 6.7% 증가했으며, 1인당 국민총소득(GNI)은 미 달러화 기준 35,373달러(4,048만 원)로 전년보다 10.5% 늘어난 것으로 나타났다.

1인당 국민총소득(GNI)은 2017년부터 3만 달러 넘는 등 2015년 1,663조 원에서 2020년 2,017조 원으로 해마다 5% 이상 증가했고, 1인당 국내총소득(GNI)도 2015년 2만 8,814달러에서 2020년 3만 5,373달러로 연평균 천 달러씩 증가 추세를 보였다. 1인당 GNI는 2010년 2만 2,170달러에서 매년 상승하여 2014년 2만 8,071달러로 정점을 찍은 이후 2015년도 2만 7,340로 소폭 감소했다.

2021년 실질 국내총생산(GDP)은 민간소비와 수출 증가로 전년 대비 4.1% 증가(전년 −0.7%)한 것으로 조사됐다.

(3) 기술적 환경

문화산업의 거시적 환경분석의 하나로, 정보통신과 미디어를 기반으로 하는

04 명목 GNI = 실질 국내총생산(GDP) + 실질 무역손익 + 실질 국외 순수취요소소득(우리 국민이 외국서 번 소득 − 외국인이 국내서 벌어간 소득)

마케팅에서 강조되는 영역을 기술적 환경요인이라 할 수 있다. 컴퓨터와 정보통신의 발달은 인터넷기업을 성장시키는 등 기업경영에도 많은 변화를 가져왔으며 문화콘텐츠의 제작 · 유통 · 소비에 지대한 영향을 끼쳤다. 즉, 인터넷의 발전은 소비자들의 제품정보 수집을 보다 용이하게 만들었으며, 인터넷 구매라는 새로운 유통경로가 생기는 계기가 되었다.

공연예술 분야에서 무대장치의 디지털 방식이 도입되면서 새로운 공연예술 양식의 창출 및 무대예술의 획기적인 발전을 가져왔다. 뮤지컬 〈미스 사이공〉은 헬기가 이륙하는 사이공 탈출 장면에서 실제로 헬기가 뜨는 3D 영상그래픽을 이용하여 실감나는 장면을 연출했다.

공연예술에서 효과나 음향의 디지털화로 성공을 거뒀듯이 애니메이션의 경우 2D기술에서 3D와 4D 기술로 전화되면서 입체감 있는 기술구현이 가능하게 됐다. 공연계에서도 무대장비 기술발전은 공연제작의 수준을 업그레이드하고, 전통적인 장르의 경계를 뛰어넘어 첨단성이 가미된 새로운 예술적 시도를 가능하게 한다.

정보기술의 발전은 고객과의 쌍방향 커뮤니케이션을 통해 고객의 욕구를 분석하고 소비 트렌드를 예측하는 등 다양한 마케팅활동을 가능하게 한다. 최근에는 스마트폰이 대중화되면서 트위터나 페이스북 등 소셜네트워크서비스(SNS)를 이용한 모바일마케팅이 새로운 커뮤니케이션 수단으로 부상하고 있다.

(4) 정치 · 사회적 환경

문화산업에서 정치환경은 국제정치환경뿐만 아니라 정부의 정책 및 규제, 각종 정부기관의 방침, 국회의 입법, 기타 압력단체들의 주장들을 포함하고 있다.

최근 한 · 미 자유무역협정(FTA) 협상타결로 문화 분야는 미국 요구를 대부분 수용하는 쪽으로 타결돼 급격한 시장개방이 불가피하다.[05] 세계 문화콘텐츠 시장의 40.9%를 차지하는 미국과 힘겨운 싸움을 벌여야 해 자칫 미국의 '문화식민지'로 전락할 가능성까지 우려된다.

방송은 방송채널사용사업자(PP)의 외국인 간접투자제한을 철폐, 케이블TV

05 서울신문, 2007. 4. 3.

등 유료방송콘텐츠 시장을 완전개방했다. 외국인이 100% 투자해 국내에 세운 법인은 국내 법인으로 인정돼 사실상 전면개방이나 다름없다. 이에 따라 해외 미디어기업의 경우 해외채널 재송신 또는 합작법인을 통해 국내시장에 진입하고 있다. 실제로 타임워너는 CNN, 카툰네트워크 등을 재송신채널로 진출했고, BBC도 지식채널과 뉴스채널로 진출했으며, 뉴스코프는 스타TV, 스타스포츠 재송신 및 티브로드를 통해 폭스채널을 송출하고 있다. 앞으로 미국 미디어그룹이 한국 케이블방송 시장의 인수합병(M&A) 시장에 뛰어들 가능성도 열려 있다.

특히 1개 국가의 수입쿼터제한도 영화 · 애니메이션 · 대중음악이 현행 60%에서 80%로 늘어나 우리 안방에 대한 '미국 드라마'의 무차별 공세가 예상된다. 방송개방이 되면 당장 드라마 · 영화 · 애니메이션 · 스포츠 · 다큐멘터리 등이 입을 타격이 엄청나다. 빗장이 풀린 미국 미디어기업들의 협상력이 강화되면서 드라마 등 콘텐츠 수입가격이 급상승할 우려가 크다.

영화의 핵심인 '스크린쿼터'도 2006년 7월, 146일에서 73일로 줄어든 한국 영화 의무상영일수를 다시 늘릴 수 없게 돼 영화산업 기반이 약해졌다.

지적재산권 분야도 개인 및 법인의 보호기간이 사후 20년으로 더 연장돼 로열티 부담은 2,111억 원 이상 늘어날 전망이다.

2015년 발효된 한 · 중 FTA는 우리나라에게 있어서 기회가 될 수도 있고 위기가 될 수도 있는 양면성을 갖는다. TV드라마 · 다큐멘터리 · 애니메이션 부문에 있어 양국 공동제작에 의한 각 콘텐츠의 공동제작이 장려될 것이며, 향후 공동제작한 TV 드라마 및 방송용 애니메이션에 국내제작물에 부여하는 추가협정 체결이 기대된다. 이에 따라 중국 자본의 국내 유입 가속화가 프로그램 수출과 유통 등 콘텐츠 제작시장에 미치는 영향이 매우 클 것으로 전망된다. 반면 한 · 중 FTA의 타결로 국내로 진입하는 중국 자본이 더욱 많아지는 만큼, 한국의 콘텐츠 제작 노하우 및 인력 등이 중국으로 유출되는 빈도 또한 높아질 위험성이 제기되고 있다.

이에 중국과의 교류에서 국내 방송콘텐츠 기업들이 도태되지 않도록 국내의 상황에서 법 · 제도적인 안전장치를 마련하거나 혹은 공동제작 협정을 추진할 때부터 기본 틀을 마련할 필요가 있다([표 3-3] 참조).

표 3-3 한 · 중 FTA 중 문화콘텐츠 관련 조항

산업 분야	타결 내용	기대와 전망
엔터테인먼트 산업	• 공연 중개 및 공연장 사업 분야 • 49% 지분에 한해 한국 기업의 합작 진출 허용	• 중국 기업과 합작 및 합자의 형태로 진출가능 • 합작 시 경영판단의 주체는 중국으로 자본지배력 강화 우려
영화 공동제작	• 일정요건 충족한 양국 공동제작 영화는 자국 영화로 간주 • 제작 전 공동제작 예비 승인 및 제작 후 최종 승인 필요 • 공동제작자 입국 및 필요 기술 장비, 영화 물자 반입 편의 제공	• 한 · 중 영화 공동제작 활성화 통한 중국 영화 인정 범위 확대 • 중국의 영화 수입쿼터 규제를 공동제작 형태로 극복할 수 있는 가능성 확대
TV드라마 · 다큐멘터리 · 방송용 애니메이션	• 양국 공동제작 장려 • 향후 공동제작물에 대한 자국산 지위 부여 위한 협정 체결 고려	• 관련기술 및 고급인력 진출 기회 및 시장확보 가능성 확대 • 포맷 수출 및 공동제작 진출 가능성 확대

문화산업의 거시적인 외부환경에서 인구분포도 · 문화기반 · 산업구조는 매우 중요하다. 이러한 요소들은 소비자들의 문화욕구와 개별문화시장의 규모를 결정하게 된다. 또한 콘서트나 공연 개최 시점의 사회 · 문화적인 정서를 감안해야 한다. 사회적인 주요 이슈가 있거나 국민의 특별한 정서가 형성되고 있는 시점이라면 공연기획 시기로 적절하지 않을 것이다.

(5) 법률적 환경

개별문화산업도 법률로 규제를 받게 된다. 문화예술과 관련된 법률은 문화예술진흥법, 대한민국예술원법, 공연법, 저작권법 등 다양하다. 문화예술진흥법은 문화예술 공간설치와 전문예술법인 지정 및 육성, 문화예술진흥기금 등에 대해 규정하고 있는 법이다. 공연법은 예술의 자유를 보장하고 건전한 공연활동의 진흥을 위해 제정되어 국가와 지방자치단체가 공연예술진흥을 위해 공연장을 설치

문화체육관광부

및 운영할 수 있도록 하며 전문성 확보를 위한 위탁운영을 할 수 있도록 규정하고 있다. 저작권법은 소설, 각본, 연극, 무용 등은 물론 가수, 실연자, 레코드 제작사 등에게 저작권 및 저작인접권을 부여하여 포괄적으로 창작자의 권리를 보호하고 있다.

또한 문화산업 지원관련 법안은 우선 '문화산업 지원과 경쟁력 강화를 위한 문화산업진흥기본법'을 비롯해 '음반, 비디오 및 게임물에 관한 법률', '영화 등 진흥에 관한 법률', '온라인 디지털콘텐츠산업발전법' 등이 있다.

방송의 경우 방송사 설립허가는 전파법과 그에 근거한 무선설비규칙, 유선방송기술기준에 관한 규칙이 적용되며 방송사 설립 및 방송 내용, 방송 프로그램 유통 등에 관해서는 방송법이 적용된다. 공연을 기획한다면 공연에 영향을 미칠 수 있는 공연법 등 관련 법규나 규정을 점검해두는 것이 좋다.

국내에서 게임을 출시하려면 문화체육관광부 산하 '게임물등급위원회'에서 사전심의를 받아야 한다. 사업자들이 모바일게임에 대해 모두 심의를 받기에 불가능하다는 이의를 제기하자, 정부도 규제를 완화하는 '게임산업 진흥에 관한 법률'을 개정하였다. 이 법안은 '게임물등급위원회'를 폐지하고 청소년이용불가 게임물의 등급분류 및 게임물의 사후관리 등을 전담하는 '게임물관리위원회'를 신설하며, 게임물등급분류 기능의 민간위탁 범위를 전체이용가 아케이드게임물까지 확대하는 내용을 포함하고 있다.

(6) 문화적 요인

문화적 환경이란 사회가 지니고 있는 가치관, 신념, 풍속, 종교, 예술 등을 총체적으로 말한다. 이들은 고객의 행동과 기업의 형태를 제한한다. 최근 들어 문화의 변화속도는 빨라지고 있으며, 이러한 변화는 구매하는 제품의 형태뿐만 아니라 소비수준에까지 큰 영향을 주고 있다. 최근 들어 맞벌이 부부의 증가와 독신, 분가, 이혼, 사별의 증가에 따라 하나의 전체 사회 안에서 다양한 하위집단이 나타나는 하위문화(subculture)가 두드러지고 있다. 그 예로 자기주장이 확실하며 개인적 이상을 실현하고자 하는 '네오싱글족(neo-single族)'이나 결혼은 해도 자녀를 원하는 않는 '딩크족'이 나름의 독특한 생활방식을 유지하고 있다.

최근 주류문화에 대한 반감으로 '강남스타일'과 같은 B급 문화가 유행하고 있다. 가볍고 편한 난센스 소재가 인기를 끄는 시대에 싸이의 인기몰이는 필연적일 수밖에 없다. 단순하고 반복되는 중독성 강한 사운드는 한국어를 모르는 외국인들도 '강남스타일'에 빠지게 만들었다. A급의 고급문화보다는 B급 문화를 지향한다는 이 노래는 별다른 의미를 내세우지 않는 유머와 어쩌면 허무한 감성이 먹히는 현대사회의 특성을 잘 보여주는 사례다. 싸이 자신도 '강남스타일' 뮤직비디오를 보면서 "한심하고 허무하다"는 말을 할 정도로 이 노래는 무의미한 난센스 그 자체다. 결국 '강남스타일'이 인종과 언어, 문화적 차이를 극복하고 보편적인 사랑을 받는 이유는 테크노 비트의 반복과 강한 중독성 때문이다.[06]

B급 문화는 저예산으로 제작한 범죄, 포르노영화, 인디음악, 무협지, 판타지 소설, 웹툰 등의 문화상품을 지칭하는데, 작품의 예술적 가치보다는 대중적 취향을 좇는 경향이 있다. B급 문화는 원래 미국 영화계에서 쓰던 말이다. 1900년대 초반 미국에서 동시상영 영화관이 유행하면서, A급 할리우드 영화와 함께 일종의 끼워팔기용으로 상영한 영화를 B급 영화라고 부른 것에서 유래했다.

'B'급은 이렇듯 저예산과 저급한 대중취향을 지칭하는 비하적 의미로 쓰였던 말이지만, 최근에는 주류문화에 대한 반감과 새로운 영역으로의 도전으로 풀이된다. 현대 소비사회에서 주류문화가 채울 수 없는 대중의 가려운 구석을 긁어준다는 측면에서 바로 B급 문화만의 독특한 쾌감이 존재한다.

2) 미시환경분석

거시환경이 문화산업을 둘러싼 포괄적이고 광범위한 환경요인이라면 미시환경은 문화산업 성장에 주도적인 역할을 하는 정부, 기업, 소비자, 문화산업주체 등으로 구성되어 있다([그림 3-2] 참조). 정부는 문화정책을 수립하고 추진하는 기관으로서 문화산업을 지원 · 육성하고, 문화산업주체인 문화예술인들을 적극 지원하는 등 산업환경을 제공하는 기반을 담당한다. 문화산업주체는 문화예술의 생산자로서 공연기획자나 극장, 공연단체, 연출가, 배우 등 문화예술계 종사

06 김난도 외, 트렌드 코리아 2013, 미래의 창, 2013, p.212.

자들로 구성되며, 정부나 기업의 지원에 따른 경제적인 안정을 바탕으로 순수한 창작활동에 몰두하게 된다.

기업은 문화재단을 설립하거나 기존 문화행사를 후원하여 경쟁사와의 차별화된 문화적 이미지 부각, 기업의 사회적 공헌이미지 구축으로 소비자를 설득할 수 있다.

문화의 최종향유자인 소비자는 문화산업주체가 제공하는 다양한 문화상품을 즐기거나 기업이 제공하는 문화예술(문화마케팅)을 즐길 수 있는 기회를 제공받아 결국 삶의 질을 향상시킬 수 있게 된다. 이들 문화산업에 참여하는 각 주체들을 개별적으로 살펴보면 [그림 3-2]와 같다.

그림 3-2 문화산업의 구조

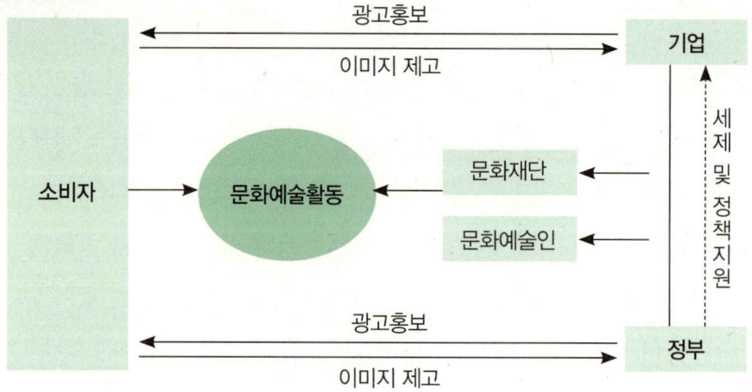

자료 : 송원찬 외, 문화콘텐츠 그 경쾌한 상상력, 2009, p.137.

(1) 정부

문화산업주체의 하나인 정부는 문화산업정책을 수립하고 문화산업주체인 문화예술인을 지원하고 양성하는 기관이다. 여기에서 정부는 문화체육관광부나 한국콘텐츠진흥원(KOCCA), 한국게임산업진흥원, 영화진흥위원회, 문화재청 등 문화산업을 지원하고 촉진하는 기능을 담당한다. 한국콘텐츠진흥원(KOCCA)은 2001년 8월 '문화산업진흥기본법'에 근거해 설립된 기관으로 콘텐츠 제작과 유통지원 등 문화콘텐츠산업을 육성하기 위한 조직으로 2009년에 콘텐츠산업 발전을 위해 5개 기관이 통합하여 새롭게 출범하였다.

또한 영화진흥위원회는 문화체육관광부로부터 영화에 관한 지원 역할을 위임받은 범국가부문의 전문기구로서 영화산업의 육성과 지원을 위해 설립된 준정부조직이다.

정부는 문화산업주체인 문화예술인들을 후원하고 지원함으로써 국가의 문화적 매력을 후광효과로 향유하는 '문화후광(spirit)'효과를 거둘 수 있다. 문화후광은 국가가 지닌 문화적 이미지를 마케팅에 활용하는 것으로 최근에는 '국가마케팅'이라는 말이 나올 정도로 국가이미지의 중요성이 크게 부각되고 있다.[07]

프랑스 문화비평가 기 소르망(Guy Sorman)은 한국이 외환위기에 처했을 때, "한국이 겪는 위기는 단순한 경제 문제가 아니라 세계에 내세울 만한 한국의 문화적 이미지 상품이 없다는 데서 비롯되었다"라고 하면서 한국의 빈약한 국가이미지를 지적한 바 있다. 이런 빈약한 국가이미지 때문에 한국 제품은 우수한 품질에도 불구하고 중저가 이미지를 벗어나지 못하였다. 그러나 몇 년 사이 중국과 일본을 비롯한 동남아시아에 한국 드라마가 수출되면서 시작한 한류열풍은 국내 제품의 인지도와 호감도의 급격한 상승을 가져왔다.

(2) 기업

기업은 공연, 전시회, 음악회 등 각종 문화행사를 후원하거나 주최하는 문화예술지원활동으로 구체화되고 있다. 이러한 기업의 후원은 '문화마케팅' 관점에서 보면 기업이 문화를 광고 · 판촉수단으로 활용하여 제품과 서비스에 문화이미지를 담아 자신의 이미지를 제고하는 차원이다. 즉 문화행사 후원의 목적은 일차적으로 고객들의 문화욕구를 충족시키는 데 있으며, 기업에서는 고객들 사이에 '문화기업'의 이미지가 자리 잡는다는 효과를 노리고 있다는 것이다.

우리나라는 1970년대 처음 메세나[08]의 개념이 도입되었으나 기업과 문화예술의 연대가 본격화된 것은 1988년 서울올림픽을 전후한 시기였다. 아시안게임과 올림픽 등 국제적 규모의 문화행사는 기업의 문화에 대한 관심을 촉발시켰다.

07 김민주 외, 컬덕 시대의 문화마케팅, 서울문화재단, 2005, pp.230~231.

08 메세나는 '기업의 문화예술 후원'을 말하는 것으로 고대 로마의 아우구스투스 황제 시대 문화예술가에 대한 창작활동을 지원했던 마에케나스(Gaius Clinius Maecenas)의 이름에서 유래하여 프랑스어로 'mecenat'가 되었다.

그 후 문화예술행사에 대한 기업의 참여도는 크게 늘었으며 현재 대기업을 중심으로 한 문화후원활동이 문화마케팅의 주축을 이루고 있다.

한국메세나협회가 '2022년 기업의 문화예술 지원 현황 조사' 결과, 지원 총액은 2,073억 원으로 전년 대비 15.8% 증가했다. 기업들은 메세나 사업의 목적을 묻는 질문에 '사회공헌전략'(63.2%), '마케팅전략'(21.5%), '기업문화전략'(15.3%) 순으로 답했다. 지원 주체별로는 기업 출연 재단 부문에서 삼성문화재단이 1위, LG연암문화재단 2위, 롯데문화재단 3위로 조사됐으며, 개별 기업 부문에서는 KT&G, 현대백화점, 현대자동차가 문화예술 지원사업을 꾸준히 진행하고 있는 것으로 나타났다. 현대, 롯데백화점, 신세계 등 유통업계가 대형 전시 및 아트페어 후원 등 활발히 문화예술 후원을 전개하였다(이코노미톡뉴스, 2023. 7. 5).

그림 3-3 문화기업 쌈지의 마케팅 성공사례

■ **마케팅전략(융합) : 쌈지 '상품을 예술작품으로…'**

- 미술후원사업 : 국제 미술대회 선발작가 지원, 미술작가들의 전시회 지원 등을 통해 신진작가를 후원하고, 작가는 그에 상응하는 작품을 회사에 기증
- 쌈지스페이스 운영 : 작가들에게 작업 스튜디오를 제공하고 전시회 지원 및 신상품 기획 및 디자인 협력
- 쌈지사운드 페스티벌+쌈넷 : 젊은 록밴드 후원, 인터넷 음악방송국 '쌈넷' 운영 등 대안문화 활성화를 통해 잠재고객과 감성 교류
- 제품개발단계부터 문화와 결합 : 팝아티스트 '디자인 바이 낸시랭' 출시
- 기업+예술가=창작워크숍 'Work+Shop'을 통해 파트너십 전략 실시

(3) 문화산업주체(문화예술인)

문화예술의 생산자인 문화산업주체는 공연기획자나 극장, 공연단체, 연출가, 배우, 스태프 등 문화예술계의 종사자들로 구성된다. 이들은 정부나 기업의 지원에 따른 경제적인 안정을 바탕으로 순수한 창작활동에 몰두하며 기업에게 창의력의 열쇠를 제공하는 몫을 담당한다.

문화예술인들은 예술적 재능과 창의력을 바탕으로 새로운 아이디어를 내거나 창작활동에 전념하여 양질의 문화상품을 생산하는 역할을 담당한다. 문화예술인이나 문화예술기관은 소비자들의 공감을 일으키도록 설득하고, 이를 통해 문화상품의 새로운 소비자를 개발하고 기존소비자의 구매를 유지하도록 노력한다. 즉, 이들은 소비자들의 문화향수 기회 확대와 문화복지 증대라는 문화예술기관 본연의 임무를 효율적으로 수행하고자 한다. 이들이 생산해낸 문화상품이나 예술품들이 소비자들에게 제공됨으로써 소비자들은 다양한 문화상품을 즐길 수 있는 기회를 제공받아 삶의 질을 향상시킬 수 있다.

특히, 기업이나 지자체가 출연한 각종 문화재단은 문화소외계층을 위한 문화예술 관람의 기회를 제공하며, 다양한 문화사업을 통해 삶의 질을 향상시키고 계층 간 문화격차를 좁히는 역할을 담당하고 있다. 이 경우 기업과 문화예술기관의 협력 속에 문화의 생산과 소비과정에서 이루어지는 문화마케팅은 시민과 소비자를 대상으로 문화예술을 통해 이루어진다.

(4) 소비자

주5일 근무제의 확산과 소비자의 소득수준이 향상됨에 따라 사람들의 욕구가 다양해지고 소비자들은 자신의 필요와 취향에 따라 상품을 선택하게 된다. 소비자는 문화마케팅의 대상인 동시에 문화소비의 중요한 주체이다. 이에 기업들은 소비자심리와 구매행동분석을 통해서 고객의 니즈(needs)와 원츠(wants)를 파악하는 데 치중하고 있다.

최종 문화향유자인 소비자는 문화산업주체가 제공하는 다양한 문화상품을 즐기거나 기업의 문화예술지원(문화마케팅)을 즐길 수 있는 기회를 제공받아 결국 삶의 질을 향상시킬 수 있게 된다. 이들 소비자들은 관여도의 정도에 따라 애호가, 열광자, 광신자, 소극적 생산자, 적극적 생산자(프로슈머) 등으로 불린다.

문화산업주체나 문화예술인들은 문화소비자들을 문화광신자로 만드는 것을 목표로 하고 있지만, 소비자를 광신자로 이동시키는 것이 쉬운 일은 아니다. 문화를 더 알기 위해서는 기꺼이 많은 시간을 투자해야 하고, 한정된 여가시간을 보내는 방법에는 많은 대안이 있으므로 광신자보다는 단순한 애호가나 문화소비자로 남기를 원하기 때문이다.

최근 기업들은 문화예술지원활동, 즉 '문화마케팅' 활동을 통해 문화를 광고 · 판촉수단으로 활용하여 제품과 서비스에 문화이미지를 담아 이미지를 제고하고 소비자의 만족도를 높이려고 한다. 소비자들의 직접체험을 통해 제품을 홍보하는 '체험마케팅'을 활용하거나 고객의 기분과 감정에 영향을 미치는 감성적인 자극을 통해 브랜드와 유대관계를 강화하는 '감성마케팅'을 적극 활용하고 있다. 이런 활동을 통해 기업은 소비자들 사이에 '문화기업'의 이미지로 자리 잡는 데 큰 효과를 거두었다.

3) SWOT분석

경영학에서 많이 사용되는 SWOT분석은 'Strength Weakness Opportunity Threat'의 약자로서, 자신과 자신이 처한 상황을 객관적으로 분석하고 이해하여 적절하게 환경에 대응하는 전략을 수립하는 것을 의미한다.[09]

SWOT분석은 원래 Learned, Christiansen, Andrews, Guth 등이 『*Business Policy*』라는 저서에서 제안한 것으로 외부로부터의 기회는 최대한 살리고 위협은 회피하는 방향으로, 자신의 강점은 최대한 활용하고 약점은 보완한다는 고전적 논리에 기초하고 있다.

SWOT분석은 거시적 환경과 미시적 환경을 분석하여 기업의 강점, 약점요인, 그리고 위협과 기회요인들로 구분하여 기업의 성장기회와 미래의 위협요소를 파악하고 대응하는 데 유용하게 활용할 수 있으며, 현재 기업의 위치를 알기 쉽게 볼 수 있다는 장점이 있다.

---

09 SWOT분석은 경영전략 개발에 방향을 제시하고 사용하기 쉬운 장점이 있으나, 기계적인 분석으로 마케팅전략으로 연결되지 못하는 단점이 있다.

[표 3-4]에서는 SWOT분석을 이용하여 우리나라 문화산업의 강점, 약점, 기회, 위협요인의 네 가지를 정리하였다. 표에서 볼 수 있듯이 강점과 약점이 내부환경요소라면, 기회와 위협은 외부환경요소라고 할 수 있다.

우선 SWOT분석에 따라 우리나라 문화산업의 내부적 요인을 살펴보면, 강점(Strength) 측면에서 영화를 중심으로 한 연관산업과의 연계 및 OSMU 활성화, 소재의 다양성 확보노력과 능력 있는 프로덕션의 등장, 디지털 유통을 위한 기반 인프라 확보, 문화콘텐츠에 IT기술을 접목한 응용기술력 확보 등을 들 수 있다.

반면 약점(Weakness)은 전반적인 문화콘텐츠업계의 영세성과 초기단계 기획력 부재, 문화콘텐츠산업계 동향정보 부족, 복잡한 유통구조 및 현대화 미미, 유관산업 간 연계사업 추진 저조, 다양한 장르를 소화할 수 있는 공연장 부재 등이 지적되고 있다. 또한 변화하고 있는 시장경향과 발전과정을 파악하기 위해서는 문화산업의 외부적 환경요소인 기회와 위협을 살펴봐야 한다.

주5일제 확산과 소득규모 확대에 따른 국내 소비시장 규모의 확대가 기회(Opportunity)요인이 될 수 있다. 또 다른 기회요인으로는 영화, 음반, 드라마,

표 3-4 한국 문화산업 SWOT분석

Strength	Weakness
• 영화를 중심으로 한 연관산업과의 연계 및 OSMU 활성화 • 소재의 다양성 확보노력과 능력 있는 Production/Producer의 등장 • 디지털 유통을 위한 기반 인프라 확보 및 문화콘텐츠에 IT기술을 접목한 응용기술력 확보	• 전반적인 문화콘텐츠업계의 영세성 및 초기단계 기획력 부재 • 문화콘텐츠산업계 동향정보 부족 • 복잡한 유통구조 및 현대화 미미 • 유관산업 간 연계사업 추진 저조 • 다양한 장르를 소화할 수 있는 공연장 부재 • IT기술력 뛰어나지만 원천기술 미미
Opportunity	**Threat**
• 국내 소비시장 규모의 점증적 확대 • 영화 · 음반 · 드라마 · 게임을 중심으로 한 한류열풍 지속 및 확산 • 전반적으로 국산 문화콘텐츠의 시장점유율 증가 추세 • 장르의 다양성 증가 추세 • 국산 문화콘텐츠의 소비자 선호도 증가 추세	• 한 · 미 FTA 타결로 방송, 지적재산권 등 문화산업 분야에서 타격 예상 • 미 · 일 문화콘텐츠 개방에 따라 음반, 게임, 영화 등 주요 문화콘텐츠 장르의 시장잠식 • 소비자의 외국산 문화콘텐츠로의 선호도 이전 가능성 증대 • 해외 다국적 미디어기업의 한국 문화시장 진출 가능성 증대

게임을 중심으로 한 한류열풍 지속과 확산, 전반적으로 국산 문화콘텐츠의 시장점유율 증가 추세, 장르의 다양성 증가 추세, 영화와 게임 등 국산 문화콘텐츠의 소비자 선호도 증가 등으로 설명할 수 있다.

위협(Threat)요소는 일본과 미국 문화콘텐츠 개방에 따라 음반, 게임, 영화 등 주요 문화콘텐츠 장르의 시장잠식, 미국 드라마(미드)를 중심으로 한 소비자의 외국산 문화콘텐츠로의 선호도 이전가능성 증대, 타임워너와 바이어컴 등 해외 다국적 미디어기업의 한국 문화시장 진출가능성 증대 등을 지적할 수 있다.

마케팅관리자는 SWOT분석 결과를 바탕으로 전략의 방향을 평가 하고 수립하는 데 활용할 수 있다. 정성화 주연의 영화 〈영웅〉은 2022년 12월 개봉한 '국내 최초 오리지널 원작 뮤지컬영화'로서 327만 명의 관객을 동원하여 320억 원의 매출실적을 올렸다.

영화 〈영웅〉은 동명의 국내 뮤지컬을 원작으로 제작되었다. 영화는 독립운동가 안중근 의사가 삶을 마무리하기 전 1년간의 이야기를 다룬 뮤지컬 영화로, 애국주의나 신파에 크게 매몰되지 않고 독립투사를 연기하는 배우들의 진정성으로 승부수를 띄운 작품이었다.

한국 창작 뮤지컬 〈영웅〉을 원작으로 제작한 영웅은 개봉 당시 제임스 카메론 감독의 〈아바타 : 물의 길〉(한국 1,077만 관객)이라는 최고의 기대작과 경쟁을 벌이고 있었다. 이러한 상황에서 〈영웅〉은 SWOT분석을 통해 자신의 현재 위치를 파악하고, 이를 바탕으로 어떠한 전략으로 대응할지 판단하는 데 활용할 수 있다. [그림 3-4]에서와 같이 〈영웅〉은 SW요인과 OT요인을 교차시켜 SO전략, ST전략, WO전략, WT전략을 사용할 수 있다. 예들 들어, 〈영웅〉이 ST전략을 활용한다면 할리우드 기술력이 들어간 〈아바타 : 물의 길〉과의 경쟁 위협을 회피하면서 국내 영화 중 오리지널 원작의 뮤지컬 영화를 표방하고, 애국주의에 매몰되지 않은 진정성 있는 뮤지컬 영화로 포지셔닝하는 것이 유리할 수 있다.

그림 3-4 SWOT분석에 따른 마케팅전략

	강점(S)	약점(W)
기회(O)	**SO전략** 기회의 이점을 얻기 위해 강점을 활용	**WO전략** 기회의 이점을 활용하고자 약점을 극복
위협(T)	**ST전략** 시장의 위협을 피하기 위해 강점을 활용	**WT전략** 시장의 위협을 피하고 약점을 최소화

- SO전략(강점 – 기회전략) : 시장의 기회를 활용하기 위해 강점을 사용하는 전략을 선택한다.
- ST전략(강점 – 위협전략) : 시장의 위협을 회피하기 위해 강점을 사용하는 전략을 선택한다(안정적 성장전략, 위협 대처방안 마련).
- WO전략(약점 – 기회전략) : 약점을 극복함으로써 시장의 기회를 활용하는 전략을 선택한다(보완, 수정, 우회전략).
- WT전략(약점 – 위협전략) : 시장의 위협을 회피하고 약점을 최소화하는 전략을 선택한다(사업 축소, 취소, 철수전략).

표 3-5 〈영웅〉의 SWOT분석

강점(Strength)	약점(Weakness)
• 가창력과 연기력이 검증된 등장인물 캐스팅(정성화, 김고은, 나문희 등 캐스팅) • 국내 최초 오리지널 원작 뮤지컬영화 • 롱테이크 촬영 및 라이브 녹음방식으로 몰입감 극대화	• 원작 뮤지컬의 기본 서사에 충실하여 영화 상상력 부족 • 조연들의 동지로서의 연대감 전달 부재
기회(Opportunity)	**위협(Threat)**
• 애국주의나 신파에 매몰되지 않은 진정성 승부 • 한국 창작 뮤지컬을 영화로 재구성	• 〈아바타: 물의 길〉 최고의 기대작과 경쟁 • 코로나19로 마스크를 쓴 채로 영화를 관람해야 하는 불편(마스크 해제 이전)

2 문화소비자

1) 문화소비자의 개념과 유형

소비자들은 문화예술을 향유하기 위해 제한된 시관과 돈을 기꺼이 지불한다. 이들이 바로 문화예술부문의 관객이다. 그러나 어떤 사람들은 예술소비자라고 불릴 만큼 충분히 예술을 소비하지 않는다. 사람들은 다양한 욕망을 가지고 있으며, 어떤 문화상품을 소비했을 때 느끼는 주관적인 만족도는 서로 다를 수 있다.

이와 같이 어떤 문화상품을 소비함으로써 주관적으로 느끼는 만족을 효용(utility)이라고 한다. 이러한 효용은 본래 문화소비자의 주관적 · 심리적인 평가일 뿐, 수량적으로 측정하는 것은 불가능하다, 각종 문화상품에 대한 선택순위로 그 효용의 크고 작음을 간접적으로 측정할 수 있다. 간접적 측정을 전제로 효용을 무차별곡선이론에 입각해 설명할 수 있다. 문화상품의 가격과 문화소비자의 소득이 주어진 상태에서 문화소비자들은 대체로 합리적으로 소비계획을 수립하여 문화예술의 효용을 극대화하려고 한다.[10]

이러한 문화소비자는 문화산업주체(문화예술인)가 만든 문화상품을 구매하거나 체험하는 집단으로 일반적으로 '문화향수자'를 의미한다. 문화소비자란 개념은 20세기 대중매체의 발전에 따라 대중을 대상으로 한 예술활동이 활발해지고 영리추구를 위해 조직된 기업들이 문화상품의 생산에 개입하면서 등장하게 되었다. 이에 따라 문화소비자는 이윤극대화를 추구하는 자본의 논리에 지배를 받으면서 관객, 관람객, 수용자, 소비자 등으로 불리게 되었다.

예술행위자의 전시나 공연에 참여하는 대중은 관람객(visitor)과 관객(audience)으로 구분한다. 관람객은 시각예술의 소비자로 보아야 하며 관객은 공연예술의 소비자로 보아야 한다. 이 두 계층의 대중을 수용하는 과정에서 예술작품이나 예술행위를 예술단체가 생산하는 상품으로 보고, 상품의 소비주체인 관람객을 고객(client) 또는 소비자(consumer)로 보는 인식이 중요하다.

10 서정교, 문화경제학, 한울출판사, 2003, p.73.

또한 대중매체가 사회문화적으로 미치는 영향력이 커지면서 대중매체의 이용자를 흔히 '수용자'라고 부른다. 신문이나 잡지와 같은 인쇄매체 수용자는 독자, 연극이나 영화의 수용자는 관객, TV방송의 수용자는 시청자로 지칭되고 있다.

이들 문화소비자들은 다양한 문화상품을 즐기거나 기업의 문화예술지원(문화마케팅)을 즐길 수 있는 기회를 제공받아 결국 삶의 질을 향상시킬 수 있게 된다. 이들 소비자들은 매체사용모델에 따라 애호가, 열광자, 광신자, 적극적인 생산자(프로슈머) 등으로 구분할 수 있다([표 3-6] 참조).

표 3-6 문화소비자의 유형 분류

유형	개념	관여도
소비자	매체를 소량 사용하는 일반적인 사용자	일요일 오후에 박물관을 방문한다.
애호가	스타와 프로그램에 초점을 맞추는 사용자	고흐 전시를 관람한다.
열광자	관련된 사회활동을 하는 다량의 전문직 사용자	지역 미술관 회원으로 가입하고, 고흐에 관한 교육 프로그램에 참여한다.
광신자	조직적 활동을 하며 전반적 매체 형태에 진지한 관심을 가진 사용자	인상파에 대해 연구하며 작품을 전시하는 다른 박물관을 관람한다.
적극적인 생산자 (프로슈머)	소비와 생산에 적극 참여하는 합리적이고 똑똑한 소비자	작품을 수집하고 고흐의 그림을 모방하여 새로운 작품을 창작한다.

자료 : 애버크롬비와 롱허스트의 매체사용모델을 재구성

매체사용모델은 애버크롬비(Abercrombie)와 롱허스트(Longhurst)가 제시한 개념으로 매체 관객 구성원들을 관람동기나 다른 각 개인의 집단으로 분석하기보다 자발적 커뮤니티 형태로 분석하였다. 그들은 이 커뮤니티들을 선택하는 매체의 관여도에 따라 애호가에서 광신자까지 연속선상에 있다고 볼 수 있으며, 연속선상의 관객층과 매체관계는 다음과 같다.[11]

11 보니타M. 콜브, 이보아 · 안성아 역, 문화예술기관의 마케팅, 김영사, 2004, pp.68~72.

(1) 소비자

소비자는 비체계적인 취향을 가지고 매체를 소량 사용하는 일반적 패턴을 가진 사람들이다. 소비자들은 한 종류의 매체 형태나 콘텐츠만을 즐기는 데 초점을 맞추지 않고 가능한 것은 무엇이나 자유롭게 선택한다. 소비자들은 즐기는 것이 목적이기에 특정 프로그램을 선택할 때 편의성이나 비용 같은 요소를 중시한다. 그러나 매체관여도가 상호 즐거움을 위해 다른 사람과 함께 활동에 참여하는 데까지는 미치지 못한다.

(2) 애호가

애호가(fan)는 특정 스타나 프로그램에 애착을 가지고 자주 그리고 집중적으로 매체를 사용하는 사람들이다. 그들은 프로그램을 선택할 때 과거에 즐겼던 특정 내용에 기반을 두고 선택한다. 선택한 프로그램을 즐겁게 보기 위해 기꺼이 부가비용이나 불편을 감수한다. 그러나 선택한 매체를 개인적으로만 즐길 뿐 유사한 취향을 가진 다른 사람들과 관계를 맺거나 관심별로 모인 집단에 속하려고 하지는 않는다.

(3) 열광자

열광자(cultist)는 매우 전문적으로 스타나 프로그램을 선택하며 매체사용량이 많은 사람들이다. 그들은 문화를 특별한 이벤트가 아닌 일상으로 즐기는 문화 마니아층으로 보고 싶은 공연이나 전시, 영화는 꼭 봐야 직성이 풀리는 집단이다.

그들은 특정 프로그램을 즐기기 위해 편의성이나 비용 측면에서 특별한 노력을 기울이면서 좋아하는 스타의 사생활과 약력을 알기 위해 시간을 보낸다. 이들은 매체사용에 관련된 혼자만의 활동, 예를 들어 관심 있는 출판물을 읽는 등의 활동을 한다는 점에서 애호가와는 구분된다.

또한 다른 열광자들과 함께 매체에 대한 공통 관심사에 집중할 수 있는 활동을 하는 등 커뮤니티를 형성하려는 욕구가 있다는 면에서 소비자나 애호가와는 구분된다. 이들은 선호하는 프로그램의 촬영 모습을 보려고 스튜디오를 찾아가며, 보고 있는 프로그램과 관련 있는 역사적 장소를 방문하는 경향이 있다. '욘사마' 배용준을 느끼기 위해 춘천을 방문하는 일본의 열성 아줌마 팬들을 예로 들 수 있다.

(4) 광신자

광신자(enthusiast)는 특정 스타나 프로그램에 대한 애착은 없어지고 일반적으로 매체를 하나의 예술형식으로 평가하게 된다. 이들은 매체와 제작자들에 대한 지식수준이 매우 높다. 예를 들어, 영화 광신자들은 영화 역사에 대한 수업을 들으며 다른 사람과 그들의 즐거움을 공유하기를 원한다. 열광자를 광신자와 구분하는 기준은 그들이 형성하고 있는 커뮤니티의 엄격한 조직구조이다. 다른 광신자들과 관심 있는 매체관련 활동에 참여하는 것은 그들의 삶과 가치체계에 중요한 부분을 차지한다. 열광자나 광신자들은 모두 매체 감상 및 다른 사람과의 활동 참여를 통해 자기정체성의 주요한 부분을 형성한다.

(5) 적극적인 생산자

연속선상 끝에 있는 적극적인 생산자(prosumer)는 관여도가 매우 높아 자신이 생산과 소비과정에 직접 참여하고 콘텐츠를 생산 · 공유하는 집단이다. 이들은 관심사를 중심으로 사회생활을 하는 것으로는 만족하지 않고 가능하다면 매일 매체에 대한 관심사를 나눌 수 있는 사람들과 관련되는 직업을 찾으려 한다.

특히 문화콘텐츠산업의 신소비자들은 '소비자가 콘텐츠를 창조한다(Consumer Creating Contents)'는 의미를 가진 'C세대(Content Generation)'라 불린다. 이들은 사진, 음악, 동영상 같은 콘텐츠를 본인이 직접 디지털기기를 이용, 생산해 인터넷에 저장하고 다른 소비자들과 공유한다.

이들 세대는 싸이월드의 미니홈피에 자신의 일상을 기록 · 저장하거나 디지털카메라나 캠코더와 같은 디지털기기로 자신이 만든 동영상을 인터넷에 올리는 UCC 문화를 창조하고 있다. 즉 C세대는 기존의 자기만족만을 추구하던 마니아나 얼리어답터(early adopter)에서 벗어나 생산과 소비과정에 직접 참여하는 생산적 소비자인 프로슈머(prosumer)의 성향을 보여주고 있다.

2) 문화소비자의 구분

매체사용모델에 따른 문화소비자의 유형을 구분한 것과 달리 케이스 디글(Keith Diggle)은 예술을 마케팅과 접목하고 관객개발을 위한 예술마케팅이라는 실용적 방법을 정립했다. 케이스 디글은 예술마케팅은 관객개발이라는 등식을 세워 문화예술에 무관심하거나 부정적인 사람을 예술애호가로, 그리고 공연상품의 고객으로 만드는 것이 요체라고 주장했다.[12] 그는 공연상품의 관객을 취향과 태도에 따라 네 가지로 구분하였다.

(1) 애호층(attenders)

모든 장르의 문화상품 마니아로서 기회만 있으면 입장권을 구입해 각종 공연과 콘서트, 영화, 미술관 등을 찾아오는 소비자층이다.

(2) 선호층(intenders)

문화예술에 이해가 있고, 문화상품에 대한 관심과 애정이 있으나 입장권을 구입하는 데는 주저하는 태도를 지닌 부류이다.

(3) 무관심층(indifferent)

문화상품에 대해 좋아한다든가 싫어한다든가 하는 명확한 입장을 갖지 않고 중립적인 태도를 표시하는 부류이다.

(4) 기피층(hostile)

문화예술활동 자체가 무의미하고 공연이나 연극, 영화 등 문화상품에 시간과 돈을 투자하는 것을 낭비라고 생각하며 부정적인 태도를 갖고 있는 부류이다.

이상과 같은 다양한 부류를 다시 구분해보면, 애호층과 선호층은 문화산업주체(문화생산자)에서 보면 가용관객(avaiable audience)이라고 할 수 있고, 무관심층과 기피층은 불용관객(unavaiable audience)이라 부를 수 있다.

---

12 Keith Diggle, *Arts Marketing*, Rhinegold Publishing, London, 1994.

다른 한편으로 문화소비자 연구에 대한 대표적인 학자로는 로저 스트랭(Roger A. Strang)과 조나단 굿먼(Jonathan Gutman)을 들 수 있다.[13] 이들은 예술정책 입안의 촉진(Promotion Policy Making in the Art)에서 "관람빈도는 경영학에서는 소비빈도라고 하며, 이는 얼마나 제품이 자주 이용되는가에 대한 소비자행동의 계량적 접근이다"라고 하였다. 이에 따라 관람객 계층을 피라미드체계로 구성하고, 목표관람객을 열성집단(enthusiasts), 관심집단(interested), 무관심집단(non-attenders)으로 나누었다.

열성집단은 관람의 빈도가 높을 뿐만 아니라 후원회원이나 정기적 프로그램에 참여하는 그룹이다. 관심집단으로 분류된 관객은 미술전시회와 공연장을 가끔씩 찾는 관객으로 자신의 관심분야 이외에는 빈도가 낮은 편인 편향적 문화소비자라고 볼 수 있다. 무관심집단은 문화예술에 전혀 관심이 없으며 문화예술보다 스포츠로 여가를 보내는 사람들이다. 사실 이 계층에 속하는 집단은 저소득층, 극빈자, 노약자, 신체부자유자 등으로 볼 수 있다. 소비구조를 소비자의 정보를 통해 알 수 있듯이 유형을 연구하는 일은 중요한 경영의 미학이다. 빈번히 접하는 관객과의 다양하고 올바른 소통을 위해서는 소비자의 연구가 무엇보다도 소중하다. 문화소비자의 유형을 파악하는 것은 예술단체가 바른 길로 가고 정체성을 찾는 중요한 정보자료가 된다.

3) 문화소비자의 관여수준

관여(involvement)는 소비자가 구매과정에 깊이 개입하는 정도를 말한다. 즉 '관여도'란 한마디로 상품에 대한 소비자의 관심도, 중요도를 의미한다. 소비자의 관여가 높아질수록 소비자는 구매와 관련된 정보에 주의를 기울이고, 정보를 이해하고 정교화하는 데 훨씬 더 집중하게 된다.

관여도에 의한 의사결정 유형은 고관여 의사결정과 저관여 의사결정으로 분류할 수 있다. 관여도가 높은 제품에 대해서는 소비자가 제품 사용에 따른 혜택을 극대화하고 위험을 최소하려는 분명한 의지를 갖고 구매결정을 하게 된다. 반면에 관여도가 낮은 제품에 대해서는 단순한 편의성이나 가격 등에 따라 짧

13 한국문화정책개발원 자료집, 1996, p.26.

은 순간에 구매결정이 이루어지게 된다.

그리고 소비자가 고려하는 제품이나 서비스가 비싸고 사회적으로 눈길을 끌며 구매에 위험이 따를 때 소비자 관여는 일반적으로 증가한다. 비싼 가격의 뮤지컬을 관람할 때 주변 동료나 친구 등에게 물어보기도 하고 구매 선택할까지 오랜 시간과 노력을 들이면서 구매과정에 깊이 관여하는 것은 고관여 상품이기 때문이다. 흔히 관여수준에 영향을 미치는 요인은 소비자 자신, 제품의 특성, 상황적 요인으로 구분할 수 있다. 하지만 관여도의 주체는 어디까지나 개별 소비자이므로 특정한 시공간과 주어진 상황에 따라 관여도는 얼마든지 달라질 수 있다. 여기에 개인의 가치관, 성격, 라이프스타일, 지적 수준, 당대의 유행이나 트렌드 등도 중요한 변수로 작용하게 된다.

예를 들어, 뮤지컬 마니아인 직장인 천송이 씨는 몇 달 전부터 친구들끼리 적금을 들어 〈노트르담 드 파리〉 오리지널 내한공연 VIP석 티켓을 20만 원에 구입하였다. 이 경우 관여수준이 소비자의 자아에 대한 이미지와 가치관에 영향을 미친 것이다. 평소 천송이 씨는 뮤지컬에 대한 애호가로서 빅토르 위고 원작에 프렌치 오리지널팀이 방한하여 연기력 있는 배우들과 프랑스 원어로 〈노트르담 드 파리〉를 감상할 수 있게 된 기회 때문에 비싼 가격의 티켓을 구매하게 되었다.

제품의 특성상 가격이나 대체재가 존재할 경우도 있다. 영화를 보기 위해서 메가박스에 들른 대학생 도민준 씨는 마땅히 취향에 맞는 영화가 없어 친구와 함께 인근 대학로의 연극을 관람하기로 결정하였다. 이때 영화와 연극은 기분 전환 또는 즐거움 측면에서 비슷한 효용을 제공할 뿐만 아니라, 가격면에서도 큰 차이 없었다. 이런 경우 연극과 영화는 상호보완적 성격과 대체재 성격을 동시에 갖는다고 할 수 있다. 연극과 영화, 콘서트 공연(클래식 음악이 아닌 콘서트), 스포츠 관람 등은 대중문화적 특성을 갖는 점과 연관되는 것으로 보인다. 이들 문화상품끼리는 대체재 성격이 강하지만 소비자들은 구매과정에서 가격이나 위험도, 상황에 따라 의사결정이 신중해지거나 덜 신중해질 수 있다. 문화상품은 대부분 가끔씩 구매하고, 아주 높은 자아표현적 제품특성을 갖고 있기 때문에 오랜 기간 동안 생각하며 다양한 정보를 수집하는 '고관여 상품'으로 간주할 수 있다.

상황적 요인은 제품구매의 목적, 구매에 투입할 수 있는 여유시간이나 노력에 따라 관여수준이 달라질 수 있다. 제품의 구매목적이 애인 천송이 씨의 생일 선물을 위한 목적이라면 직장인 도민준 씨는 일단 주변 동료들에게 어떤 공연이 적합한지를 추천을 받을 것이고, 티켓 사이트에 들어가 공연의 가격 및 시간대 등을 살펴볼 것이다. 이럴 경우 구매가 이루어지는 상황이나 맥락에서 구매에 투입하는 시간이나 노력이 더 들어가기 때문에 고관여 상품이라고 규정할 수 있다.

소비자 관여도는 개인의 성격, 라이프스타일, 유행이나 트렌드 등의 영향을 받기 때문에 절대적인 개념이 아니라 상대적인 개념이다. 따라서 기존의 고관여 제품을 저관여 제품으로 탈바꿈시키는 것도 얼마든지 가능해진다. 예를 들어, 고관여 제품이었던 뮤지컬이나 공연(콘서트)은 소비자의 문화향수 기회를 주기 위해서 공연 입장료 가격을 대폭 낮춘 저관여 제품으로 변신하고 있다. 세종문화회관이 2007년부터 추진하고 있는 '천원의 행복' 프로젝트가 대표적인 사례이다. 이처럼 '천원의 행복' 공연은 전통적인 고관여 제품을 저관여 제품으로 인식시켜 경쟁제품과의 차별화를 추구하고, 소비자들의 구매패턴을 변화시키고 있다.

4) 쾌락적 소비행동

문화상품 소비모델에서는 소비자를 느끼는 사람(feeler)으로서 쾌락과 경험 추구적 객체로 본다. 사람은 특정한 제품이나 서비스에 대해 즐거움, 흥분, 환상적 느낌 등을 추가하는 주관적 소비성향을 보이며, 과거의 소비경험과 즐거움에 대한 기대에 연관되는 정서적 느낌을 추구한다. 이 관점에서 소비자는 미적 제품(영화, 오페라, 소설, 뮤지컬 등)이 창출하는 감각, 느낌, 이미지와 감정 등을 위해 제품을 경험적으로 소비한다.

이 같은 경험적 소비에 관한 연구는 1982년 홀브룩과 허쉬맨 등에 의해 활발히 연구되었다. 홀브룩과 허쉬맨은 「쾌락적 소비」라는 논문에서 쾌락적 소비는 실용적 소비보다 주관적이고 개인이 생각하는 오락성이나 감정적인 유용성의 경로를 반영하며 재미와 즐거움뿐만 아니라 기분전환, 자유, 현실에서의 탈피

등도 포함한다고 주장했다. 특히, 문화상품의 소비는 쾌락적 가치를 추구하는 소비성향이 강하고, 문화상품들의 구매과정은 고관여 상품을 구매하는 패턴을 보인다고 설명하고 있다.

소비자 연구에서 쾌락적 소비는 환상을 만들어내고, 새로운 감각을 느끼며, 감정적 각성을 얻기 위해 제품과 서비스를 사용하려는 소비자의 욕구를 말한다.[14]

쾌락적 소비연구는 행위예술(오페라, 발레, 현대무용), 조형예술(회화, 사진, 조형, 디자인), 대중문화(영화, 콘서트, 패션쇼)를 연구 대상으로 삼는다. 이런 쾌락적 상품은 소비자의 욕구가 감각기관을 통해서 느낌을 얻고 환상을 낳고 감성적인 환기를 얻기 위해서 제품이나 서비스를 사용하는 것을 의미한다. 소비자는 사랑, 즐거움, 환상, 혐오, 화, 두려움 등과 같은 다양한 감성을 경험하기 위해서 쾌락적 상품을 추구할 수 있다. 이러한 감성을 경험하기 위해서 선택하는 제품이나 서비스는 상징적 가치와 감성적 욕구가 효용적 동기보다 때로는 더 우세할 수 있다.

쾌락적 소비 제품군들은 정서적 욕구와 상징적 가치를 추구하는 등 다음과 같은 특징이 있다.

첫째, 쾌락적 소비제품들이 정서와 관련된 것으로 영화나 콘서트, 연극, 소설처럼 복합적인 환상을 일으키거나 소비자에게 깊이 내재하는 정서적인 욕구를 만족시켜 주는 것이다.

둘째, 제품들의 소비에는 정신적 행동을 유발하고 요구한다. 예를 들어, 발레를 감상하기 위해서는 다감각적인 이미지를 사용하고 정서적인 활동을 해야만 한다는 것이다. 즉, 소비자는 문화상품을 소비할 때 미각, 후각, 청각, 시각, 촉각 등 오감을 포함한 다양한 감각적 자극에 반응하며 내부에서 발생하는 다감각적 이미지에서 의해 소비태도가 호의적으로 변하게 된다.

셋째, 쾌락적인 소비를 위한 제품선택에서 있어서는 그 제품의 유형적인 속성보다는 상징적 요소가 그 제품 선택의 원인이 되고 있다. 소비자들은 문화상품을 구매할 때 객관적인 실체의 제품이나 서비스를 사는 것이 아니고 주관적

14 Hirschman, E.C. & Holbrook, M.B., "Hedonic consumption: Emerging concepts, methods and propositions," *Journal of Marketing*, 1982, pp.92~101.

상징의 제품이나 서비스를 사기 때문에 문화상품에서의 상징적 의미는 매우 중요하다. 소설이나 연극에서는 소비자들을 그들이 갈망하는 세계로 인도해주거나 혹은 유쾌하지 못한 정서적 딜레마를 해결해주는 능력 때문에 선택되는 경우가 많다.

결국 쾌락적 상품은 심미적이거나 감각적인 기쁨, 환상, 즐거움을 가진 감정적이고 감각적인 경험으로 특징지어지는 소비상품을 의미한다. 쾌락적 소비는 제품의 상징적 가치와 관련성이 깊다. 상징성에 근거한 쾌락적 소비의 경우 제품은 객관적인 실체일 뿐만 아니라 정서 및 사회적 의미의 표시이기도 하다.[15]

쾌락적 상품은 감성적이며 호화롭고 선택적인 제품으로 맥주, 비디오게임, 텔레비전, 휴가 리조트 등을 들 수 있다.

그림 3-5 상품별 쾌락적 · 실용적 상품

[그림 3-5]는 상품별 쾌락적 · 실용적 상품을 표시한 것으로 2영역에 속하는 쾌락적 상품도 소비자, 상황, 상표에 따라 달리 평가되는 것으로 나타났다. 운동화나 자동차가 쾌락적이면서 동시에 실용적 상품이라면 영화, 패션쇼, 뮤지컬 등 문화상품은 쾌락적 상품 유형에 속한다고 볼 수 있다.

---

15 양윤, 소비자 심리학, 학지사, 2014.

쾌락적 상품 소비는 공연관람과 같은 문화생활에서 자기만족도를 높이기 위한 '가치소비'와 일맥상통한다.[16] 최근 '밥은 굶어도 뮤지컬은 본다'는 말이 있듯이 20대 후반 싱글 여성들은 자신의 만족을 위해서 다소 비싸더라도 고가의 뮤지컬 티켓을 구매하는 성향을 보이고 있다. 이런 가치소비 성향을 추구하는 사람들은 개인별로 가치를 두는 제품에 과감한 투자를 아끼지 않고 문화상품의 소비에서도 자기만족적인 성향이 강하다.

클래식음악회, 연극, 영화, 콘서트, 댄스음악, 스포츠관람 등은 가치소비를 추구하는 쇼핑행동으로 소비자들은 이 같은 엔터테인먼트 상품 구입을 상징소비나 이미지소비로 인식하고 있다. 이같은 쾌락적 · 경험적 관점에서 소비자행동 연구는 소비자의 구매행동이 합리적 · 논리적 인지뿐만 아니라 정서적 동기로부터 이루어진다고 본 것이다. 이 관점은 소비자가 정서적 동기에서 구매행동을 하며 소비과정에서 즐거운 느낌을 경험하고자 한다고 전제한다. 물리적 특성보다는 사랑, 긍지, 지위, 환상, 즐거움 등을 표현하는 주관적 · 정서적 가치가 중요시된다. 결국 쾌락적 소비를 동반하는 문화상품을 파는 기업은 소비자의 감성과 잠재의식을 먼저 파악하고 이를 바탕으로 제품과 서비스를 개발해 시장을 주도해야 할 필요가 있다.

3 문화상품의 소비패턴 변화

산업구조와 노동구조 변화로 개인의 근로시간이 축소되고 여가시간이 늘어나면서 여가활동의 종류나 시간을 사용하는 방법도 매우 다양해졌다. 가족단위로 여가를 즐기고, 자연과 융합을 꾀하며, 건강에 대한 수요도 높아졌다. 국민들의 생활시간 사용패턴도 변하여 근로시간 · 이동시간이 단축되고 자유시간은 늘어났다.

16 자신이 지향하는 가치를 포기하지 않는 대신 가격이나 만족도 등을 세밀히 따져 소비하는 경향을 일컫는다.

동시에 젊은 세대를 중심으로 직업관과 여가관이 변화함에 따라 늘어난 여가시간을 뜻있게 활용하려는 여가활동이 실생활에서 중요해졌다. 이처럼 여가활용에 대한 태도는 적극적인 패턴으로 변화하고, 손쉬운 여가활동 방법의 하나로 관광, 여행, 체육 등에 대한 수요가 늘어나고 있다.

연령별 주말휴가에 관한 한국소비자보호원의 조사에 의하면 20대는 자기계발(29.6%)에 가장 많은 시간을 할애하며, 30 · 40 · 50대는 국내여행에 가장 많은 시간을 할애하는 것으로 나타났다. 60대는 자기계발과 국내여행(22.2%)에 각각 같은 비중의 시간을 할애하는 것으로 나타났다. 또한 30대와 40대는 문화활동에 비교적 많은 시간을 투자하는 것으로 조사됐다.[17]

개인들도 늘어난 여가시간을 바탕으로 '비용소비형 문화생활'보다는 '시간소비형 문화생활'을 늘리고 있다. 실제 여가생활 실태조사 결과에 따르면 평일에는 시간부족이, 주말의 경우에는 경제적 부담이 가장 큰 장애요인으로 나타나고 있다.

이에 따라 고가의 보석이나 승용차를 구입하는 비용소비형(유형상품)보다는 골프, 공연관람, 외식 등 무형상품에 시간을 소비하는 성향이 높아지고 있다. 문화상품 투자에도 콘텐츠 중심의 '여가상품'이나 '경험상품'의 소비증가가 두드러지게 나타나고 있다.

문화와 여가는 밀접한 관계가 있다. 문화생활이나 예술소비에서 여가시간은 중요한 변수가 된다. 여가활동이나 문화활동은 시간 · 비용 탄력성이 강한 특징이 있다. 시간이나 돈에 여유가 있으면 문화생활에 먼저 사용하고 싶지만, 여건이 허락하지 않으면 문화활동에 들어가는 비용을 가장 먼저 줄이게 된다.

문화소비에는 이 밖에도 가치관, 경험의 유무, 프로그램 · 시설에 대한 접근용이성 등이 중요한 영향요인으로 작용한다. 자유 여가시간이 있을 경우 실제로 손쉽게 즐길 수 있는 여가생활은 TV시청, 휴식 · 수면, 가사잡일, 사교관련, 가족과 함께 등 소극적인 것들을 선택하는 것으로 나타난다.

17 문숙재 · 여윤경, 소비 트렌드와 마케팅, 신정, 2005, pp.193~194.

표 3-7 여가활동 유형별 참여 추이

(단위: %)

구분	문화예술 관람활동	문화예술 참여활동	스포츠 관람활동	스포츠 참여활동	관광 활동	취미·오락활동	휴식 활동	기타 사회활동
2021년	1.7	0.6	1.7	6.5	1.3	26.9	61.5	5.2
2020년	2.7	0.9	1.9	10.0	1.2	23.5	55.1	4.7
2019년	0.4	0.9	1.8	5.5	0.4	26.9	57.0	7.0
2018년	1.1	0.8	1.5	7.5	0.5	27.4	54.7	6.6
2016년	0.8	0.8	1.8	8.7	0.5	25.8	56.7	4.8

자료 : 한국문화관광연구원, 2016~2021 국민여가활동조사 보고서

그림 3-6 2019~2021년 국민들이 가장 많이 한 여가활동

(단위: %)

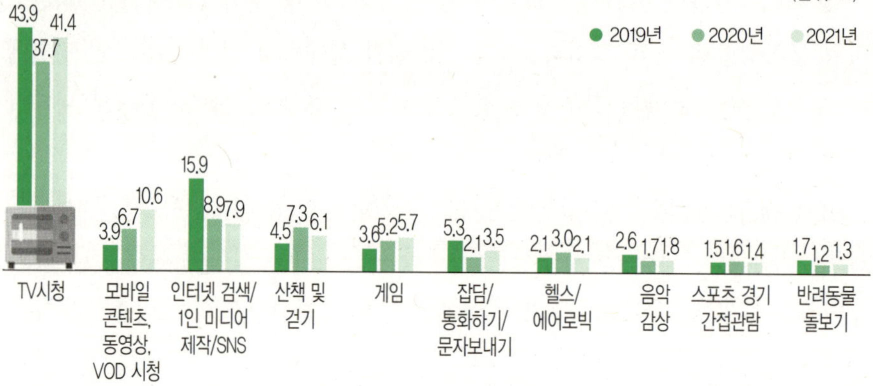

그림 3-7 2008~2021년 국민들의 여가시간 변화

(단위: 시간)

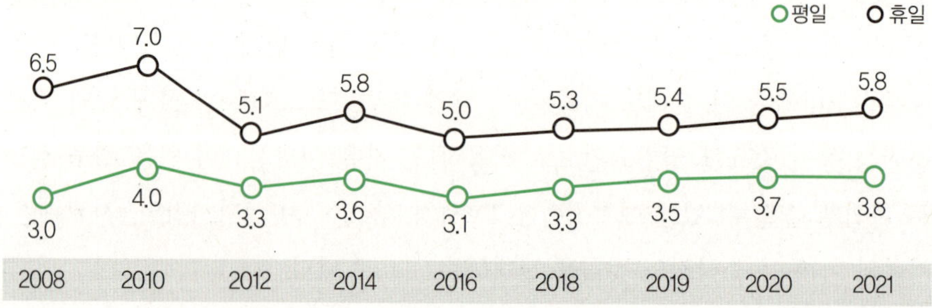

그림 3-8 2007~2021년 국민들의 여가비용 변화

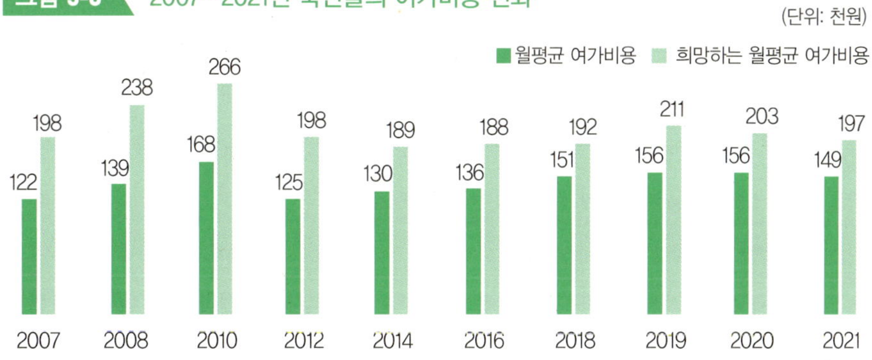

문화체육관광부에서 보고한 '2021년 국민여가활동조사' 결과에 따르면 우리나라 국민 60% 이상이 주요 여가활동으로 TV시청 등 소극적 휴식활동을 즐기고 있는 것으로 나타났다.

이번 조사는 전국 17개 시 · 도 만 15세 이상 성인 남녀 10,049명을 대상으로 1:1 방문면접조사를 통해 실시되었다. 여가활동을 유형별로 살펴보면, 휴식활동이 61.5%로 2016년 56.7% 대비 5% 정도 증가한 것으로 나타났다. 다음으로는 취미 · 오락활동(26.9%), 스포츠 참여활동(6.5%)의 순서로 나타났으며, 스포츠 참여활동은 코로나 여파로 2016년 10%보다 감소하였으나 취미 · 오락활동(23.5 → 26.9%), 기타 사회활동(4.7 → 5.2%) 참여율은 소폭 증가한 것으로 조사되었다([표 3-7] 참조).

국민들이 가장 많이 하는 여가활동은 TV시청(41.4%), 산책(31.2%), 모바일 콘텐츠 및 동영상시청(10.6%), 인터넷 검색/1인 미디어 제작/SNS(7.9%), 산책 및 걷기(6.1%) 등으로, 국민들은 여전히 소극적 휴식활동에 주력하고 있는 것으로 나타났다([그림 3-6] 참조).

2021년 우리나라 국민들의 하루 평균 여가시간은 평일 3.8시간, 휴일 5.8시간으로 전년 대비 0.1시간, 0.2시간씩 증가했다. 2016년 하루 평균 여가시간은 평일 3.1시간, 휴일 5.0시간을 기록한 이후 지속적으로 증가하는 추세를 보였다([그림 3-7] 참조). 또한 2021년 기준 우리나라 국민들은 여가비용으로 월평균 14만 9천원을 지출했으며 2018년 15만 천원, 2019년과 2020년 15만 6천원보다 약간 줄어든 것으로 조사됐다([그림 3-8] 참조).

2012년부터 초 · 중 · 고교에 주5일 수업제가 시행되면서 여가생활이 더 활성화되고 있는 것으로 나타났다. 학생의 46.5%가 주5일 수업제 실시 이후 평균여가시간이 늘어났다고 응답했으며, 여가에 대한 만족도는 '만족한다'가 40.7%, '보통이다'가 39.7%, '불만족한다'가 19.7%로 나타났다. 다만, 주말 여가시간을 학업시간으로 활용하고 있는 학생이 41.3%로 나타났고, 가구소득이 높을수록 이런 경향이 높아지고 있다.

또한 주5일 수업제 전면시행 발표와 함께 각종 문화시설에서는 주말 체험학습 프로그램을 개발하여 시범운영에 들어갔다. 롯데월드 등의 엔터테인먼트업계에서도 에듀테인먼트에 초점을 맞춘 체험학습 프로그램 개발에 돌입했다.

이에 따른 문화예술 체험학습형 가족여가가 증대되면서 아이들의 문화적 욕구와 감성을 채워주는 데 주력하는 '컬처맘'[18]이 부상하고 있다. 이는 여성의 소비력 및 가정 내 구매결정권 증대, 체험과 놀이 위주의 유아교육 확산에 따른 체험교육 수요증가 등이 복합적으로 작용했기 때문이다. 이런 컬처맘의 등장은 최근 어린이박물관과 미술관이 늘어나고 음악회 · 뮤지컬 등 공연과 체험학습들이 풍성해진 배경과 무관하지 않다.

또한 스트레스, 자살과 우울증 급증, 현대인들의 심리적 불안을 예술을 통해 치유하는 예술치료에 대한 관심이 증가하면서 문화테라피산업이 부상하고 있다. 최근 국내에서도 현대인들의 스트레스를 해소하는 방법 중 하나로 자리매김해 음악치료, 미술치료에 이어 무용치료, 연극치료 등으로 확대되면서 문화테라피가 치유를 넘어서 하나의 문화로까지 인식되고 있다.

이처럼 늘어난 여가시간을 적극적인 엔터테인먼트를 위해 사용하려는 소비자층이 등장하면서 여가활동이 정적에서 동적으로, 집단활동에서 개인활동으로 변화하는 추세이다.

현대사회의 여가활동이 재미(fun)와 기술(technology)이 결합한 'funology'로 나타나 여가의 개인화, 웰빙에 대한 추구, 그리고 여가를 잘 활용하는 사람이 더 창의적인 일을 한다는 생각이 지배해 자신의 삶의 방식에 변화를 추구하게 되었다. 여가를 누리는 사람과 그렇지 못한 사람 사이의 문화적 갈등을 극복

18 컬처맘은 자녀의 문화적 욕구와 감성을 채워주는 교육에 열심인 엄마를 뜻한다.

하고 여가생활에 대해 올바로 인식하는 사회적 분위기가 마련된다면 의미 있는 삶과 건전한 여가문화가 조성될 수 있을 것이다.

4 소비자의 행동에 대한 이해

1) 소비자의 행동에 영향을 미치는 요인

문화산업시장에서 소비자의 행동에 영향을 미치는 요인들은 다양하다. 먼저 정치, 경제, 사회, 기술 등 거시적 환경요인이 영향을 미친다. 정치적 요인은 예술과 무관한 것처럼 여겨지지만 실제로 소비자들의 행동에 영향을 끼친다. 남북한 간의 문화교류 활성화나 일본 문화의 개방, 한 · 미 FTA 타결에 따른 미국문화의 침투 등이 북한이나 외국 문화에 대한 관심을 불러일으킨다. 경제적으로도 경기의 호황이나 불황 여부가 소비양식을 바꾼다. 일반적으로 경기가 불황일 경우 문화예술시장에서 소비가 줄어들 것으로 예상하지만, 공공기관에서 제공하는 무료공연이나 상대적으로 저렴한 야외행사 같은 경우 관객이 늘어나기도 한다. 반면 출연료의 부담이 큰 외국 유명연주자들의 초청연주는 줄어들게 마련이다.

다음으로는 역사, 민족, 계층, 하위문화 등 문화적 요소가 영향을 미친다. 우리나라는 단일민족으로 동일한 역사적 경험을 가진 사람들로 구성되어 있기 때문에 역사나 민족적인 요소가 관객들의 성향에 큰 영향을 미치지는 않는다. 흑인, 히스패닉, 유태인 등 각각 고유의 커뮤니티를 형성하며 문화예술소비에서도 뚜렷한 차별성을 보이는 미국과 달리 우리나라는 인종이나 민족에 따른 소비양식의 구분은 거의 없는 편이다.

하지만 국가에 따라 문화예술이 소비되는 정도의 분포구조가 다르게 나타난다.[19] 이 연구에서는 잉글랜드와 미국, 프랑스, 한국 등 4개국을 대상으로 장르별로 연계되는 방식을 대응분석을 통해서 고찰하였다. 국가별 장르 관람률을

19 양종회 · 김우식 외, 한국의 문화산업체계, 지식마당, 2006, pp.112~117.

조사한 결과, 연극, 고전음악, 뮤지컬은 국가별로 비슷한 관람률을 보였고, 특히 잉글랜드에서 높은 관람률을 보였다. 반면 미술전시와 무용이 비슷하게 묶이는데 주로 프랑스에서 관람률이 높았다. 재즈는 미국 쪽으로 많이 치우쳐 주로 미국에서 소비됨을 알 수 있다. 결국 관람률이 높은 장르는 미국에서는 뮤지컬, 잉글랜드에서는 연극, 프랑스는 미술전시, 한국에서는 연극과 뮤지컬로 나타났다.

우리나라의 경우 하위문화 형태로 뚜렷한 소비양식의 차이는 연령에 따른 세대 간의 차이에서 발견할 수 있다. 해방 이후 정치격변과 급격한 경제발전을 이루면서 이른바 경제적 · 문화적으로 성장배경이 다른 여러 세대가 한 사회 내에 공존하게 되었다. 그 결과 세대 간의 문화적 전승이 이루어지지 못해 윗세대와는 전혀 다른 소비양식이 다음 세대에서 나타나게 되었다.

특히 최근 주5일 근무제 확산과 여성들의 사회활동이 늘어나면서 공연시장에 새로운 관객층이 형성되기 시작하였다. 클래식음악 공연장이나 뮤지컬 공연장에 30~50대 여성관객이 몰리면서 새로운 소비층으로 떠오르고 있다. 반면 17세에서 35세 미만의 이른바 P세대[20]는 DMB, PMP, PS2 등 디지털기기 사용에 능숙하고 개인화된 소비와 체험을 중시하면서 게임과 같은 상품에 대한 소비를 많이 하는 것으로 나타났다.

이러한 사회적 · 환경적 요소들 외에 성격, 태도, 동기 등 심리적 요인이나 나이, 직업, 경제적 여건, 가족상황, 생애주기 등 개인적 요소들도 영향을 미친다.

개인적 요소가 소비에 미치는 영향은 여러 가지 면에서 분석될 수 있다. 먼저 직업적인 영향이 있는데, 전문직종 종사 여부가 공연관객의 성향에 영향을 미친다. 미술전시회나 클래식음악회, 오페라, 연극 등 클래식 예술 분야일수록 관객층의 교육수준도 높아지며 전문직 종사자의 비율이 높아진다는 점은 이미 많은 관객조사 결과 나타나고 있다. 가처분소득의 수준도 당연히 영향을 미친다. 따라서 고소득층과 저소득층에게 다른 전략적 접근이 필요하다. 저소득층에 대해서는 상대적으로 할인권 등 소득대응적인 상품의 개발이 필요하지만, 고소득층이라면 가격보다는 공연의 질 자체에 대한 홍보가 필요하다.

---

20 P세대는 참여(Participation), 열정(Passion), 힘(Potential power), 패러다임(Paradigm)의 변화를 일으키는 세대를 의미한다.

준거집단이나 여론과 같은 사회적 요소도 영향을 미친다. 준거집단 중에서도 가족의 영향이 가장 크다. 연구결과에 따르면 어린 시절 부모의 격려가 있었는지 여부가 성인기 예술소비에 영향을 미치며, 주변에 예술을 향수하는 친구가 있는가에 따라서 참석률에 큰 영향을 미친다고 한다.[21]

2) 구매의사결정과정

소비자들은 자신의 욕구를 충족하기 위해 문화상품을 구매한다. 문화상품 구매를 결정하고 나면 소비자들은 구체적인 의사결정과정을 거친다. [그림 3-9]와 같이 문제인식 → 정보탐색 → 선택대안의 평가 → 구매 → 구매 후 행동의 다섯 단계로 나눠볼 수 있다. 이처럼 구매의사결정과정의 단계를 구분하는 이유는 같은 소비자를 타깃으로 하더라도 그가 문화상품소비의 어떤 단계에 위치하고 있는가에 따라 마케팅전략이 달라져야 하기 때문이다. 각 단계에 위치한 잠재소비자에게 접근하기 위한 마케팅전략이 수립되면 실효성이 더 높아진다.

그림 3-9 구매의사결정과정

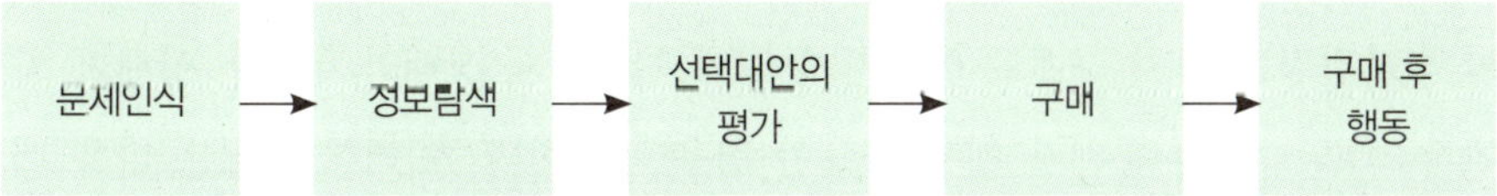

자료 : 채서일, Marketing 4판, 비앤엠북스, 2007, p.167.

예를 들어, 영화를 관람하는 관객(소비자)의 의사결정과정은 대략 다음과 같다. 처음 문제인식단계로 여가나 오락활동에 대한 쾌락적 욕구가 발생할 것이다. 이에 따른 여가활동에 대한 정보를 탐색하고 수집하는 정보탐색단계를 거쳐 영화를 포함한 각종 정보에 대해 비교 · 평가한다. 즉 소비자는 현재 상영중인 영화 전체에서 대안을 평가하게 된다. 그런 다음 몇 가지 볼 만한 영화를 놓고 감독, 배우, 줄거리, 영화취향 등의 요소를 고려하여 작품을 선택한 후 특정 영화의 티켓을 구매하게 된다. 관람 후에 소비자는 특정 영화에 대해 재미있

21 앤드리슨, 공연예술 관객의 확대방안, 한국문화정책개발원, 1998.

었을 때 만족(긍정적)하지만 따분하고 재미가 없을 경우에는 불만족하게 되어 결국 친구들에게 부정적인 관람평가를 하게 될 것이다.

소비자의 각 단계별 문화상품 구매행동은 다음과 같이 설명할 수 있다.

표 3-8 문화상품 구매의사결정과정의 사례

의사결정과정	단계의 예
문제인식	재미있는 공연을 보고 싶은데?
정보탐색	요즘 어떤 공연을 하고 있을까?
선택대안의 평가	뮤지컬을 볼까? 연극을 볼까? 콘서트를 볼까?
구매	가장 반응이 좋은 뮤지컬을 예매하여 공연을 본다.
구매 후 행동	관람 후 친구들에게 관람평을 얘기하거나 인터넷에 관람후기를 올린다.

자료 : 이은미, 예술경영학 공연기획실무, 도서출판 청람, 2013, p.184.

(1) 문제인식

어느 특정 시점에서 고객은 자신이 현재 처해 있는 실제 상태와 바람직한 상태 사이에 차이가 있다고 생각되면 이를 해결하려는 욕구를 느끼게 된다. 즉 소비자가 해결해야 할 욕구가 있다고 인식하는 것을 문제인식이라고 하며, 이것이 의사결정을 거쳐 구매로 이어지기 위해서는 실제 상태와 바라는 상태가 차이가 크고 발생된 문제가 매우 중요한 경우라야 한다. 이러한 문제는 다음 네 가지로 구분할 수 있다. 첫째, 문제가 발생하면 즉각적으로 해결이 필요한 일상적 문제, 둘째 문제발생이 기대되지만 즉각적인 해결이 필요하지 않은 계획적인 문제, 셋째 기대하지 않았던 문제가 갑자기 발생하고 즉각적으로 해결이 요구되는 긴급한 문제, 넷째 소비자가 기대하지 않은 문제이며 즉각적인 해결이 요구되지 않는 점증적 문제이다.

예를 들어, 애인 사이인 수현, 수지 씨는 만난 지 백일을 기념하여 주말에 데이트를 하기로 했다. 평소 여자친구인 수지 씨는 연극과 뮤지컬 등 공연을 좋아했고, 수현 씨는 수지 씨를 위해 재미있는 공연을 보여주고 싶었다. 이런 경우는 계획적인 문제로 즉각적인 해결이 필요하지 않은 경우에 해당된다.

(2) 정보탐색

문제를 인식하여 구매의사결정을 하고자 하는 소비자는 도움이 될 만한 정보를 탐색한다. 정보탐색은 정보를 기억으로부터 회상해내는 내적 탐색[22]과 내적 탐색에 의해 의사결정을 할 만큼 충분한 정보를 가지고 있지 않거나, 회상할 수 없을 때 실시하는 외적 탐색이 있다. 외적 탐색은 특히 중요한 것이거나 고가일 때 증가한다. 소비자가 탐색하는 정보의 내용은 욕구를 충족시켜 줄 수 있는 선택대안의 종류, 선택대안들을 평가하기 위한 기준, 그리고 각 대안의 평가기준별 성과수준 등이다. 소비자가 제품에 대해 잘 모르는 경우에는 선택대안들의 종류와 평가기준에 편중하여 탐색하게 되고, 잘 아는 경우에는 각 대안의 구체적 특성에 편중하여 정보를 탐색한다. 정보원은 자신의 경험, 가족 및 동료, 각종 매체의 광고나 기사, 판매원, 전단지, 포스터, 전문잡지, 인터넷(공식사이트, 배너광고) 등이다.

문화상품은 경험재적 속성이 강하기 때문에 경험한 사람들의 추천을 받아 상품을 구매하는 등 문화콘텐츠산업은 구전에 의존하는 경향이 많다. 예를 들어, 영화를 관람하고자 하는 사람은 이미 영화를 본 지인의 관람소감과 관람평을 참고로 의사결정을 하게 된다.

앞서 사례를 적용할 경우 정보탐색단계에서 남자친구인 수현 씨는 요즘 어떤 공연을 하고 있는지 인터넷검색을 하고 친구나 가족, 대중매체 등으로부터 정보를 탐색한다. 수현 씨는 친구의 추천으로 뮤지컬 〈레미제라블〉의 가격대와 공연시간표를 알아보기로 했다. 또 동생이 대학로에서 하는 연극 〈옥탑방 고양이〉가 데이트코스로 적합하다고 추천하였다. 수현 씨는 예매사이트에서 뮤지컬 〈레미제라블〉과 〈옥탑방 고양이〉의 공연시간, 공연장소, 가격할인, 캐스팅, 관람후기 등을 살펴보았다.

(3) 선택대안의 평가

외적 · 내적 정보탐색을 통해 정보를 입수한 소비자는 평가기준과 평가방식을 결정해 고려제품군을 비교 · 평가한다. 고려제품군이란 소비자가 제품을 구매할

22 탐색이란 시장에서 일부 목표물(goal-object)에 대해 의사결정을 용이하게 하는 육체적 · 정신적인 정보처리활동을 의미한다.

때 모든 제품에 대한 정보와 대안들을 동시에 다룰 수 없기 때문에 구매하고자 하는 전체 제품군 중에서 자신이 우선적으로 구매를 고려한 제품집합을 말한다.

고려제품군을 통해 선택대안을 평가하는 이유를 좀 더 구체적으로 살펴보면 첫째, 소비자가 활발하게 정보탐색을 하더라도 시간적 · 물리적 한계를 완전히 극복하지 못하기 때문이다. 둘째, 정보를 탐색하는 단계에서 몇몇 중요한 평가기준을 적용해볼 때 분명히 부적절하다고 판단되는 대안은 고려대상에서 제거해 버리기 위해서이다. 셋째, 고객이 한 번에 무한정 많은 정보를 다룰 수 있는 것이 아니며 두뇌가 한꺼번에 처리할 수 있는 용량에 한계가 있기 때문이다. 따라서 한정된 수의 브랜드만을 고려하는 것이 불가피하다. 소비자들이 사용하고 있는 제품평가기준에는 어떤 것이 있으며, 어떠한 평가방식을 선택하고 있는가의 문제가 문화상품생산자의 입장에서 중요하다. 소비자의 평가기준은 소비자의 내적인 구매목적과 동기를 반영하여 제품으로부터 얻고자 하는 효익에 의해 결정되며 상황에 따라 달라질 수 있다.

연극 〈옥탑방 고양이〉

대안평가과정에서 수현 씨는 뮤지컬 〈레미제라블〉과 연극 〈옥탑방 고양이〉 사이에서 선택의 기로에 놓여 있다. 가격 측면에서 비교해보면 〈레미제라블〉은 VIP석 13만 원, R석 11만 원, S석 9만 원으로 다소 비싼 가격이었으나 〈옥탑방 고양이〉는 전좌석 3만 원에 학생 할인혜택까지 받을 수 있었다. 이 밖에 이벤트 적합성, 선호도 등 구매대상의 제품속성을 비교한 후 애인과 함께 볼 공연을 결정하고자 한다.

(4) 구매

고객은 여러 브랜드를 비교 · 평가하는 과정을 거쳐 특정 브랜드를 결정한 후에 구매한다. 이를 위해 고객은 특정 점포를 결정한 뒤 구매를 하기도 하지만 여러 점포를 방문하고 비교하여 구매하기도 한다.

소비자는 관여수준과 과거 구매경험에 따라 다양한 구매유형을 보이는데, 지난번에 구매했던 브랜드를 재구매하거나 또는 새로운 브랜드로 전환하기도 하며, 계획에 없던 충동구매를 하기도 한다.[23] 이 단계는 구매의사결정뿐만 아니라 직접적인 구매활동을 포함하고 있다.

구매단계에서 수현 씨는 여자친구 수지 씨에게 "뮤지컬 〈레미제라블〉을 보고 싶다"라는 말을 들은 적이 있었기 때문에 〈레미제라블〉 R석 2장을 예매했다. 수현 씨는 사귄 지 100일을 맞이하여 여자친구를 기쁘게 해주고 싶어서 여자친구 몰래 예매했다. 그는 이왕이면 좋은 좌석에서 편하게 보자는 생각에 큰마음을 먹고 R석으로 예매하였다.

(5) 구매 후 행동

고객들이 자사의 제품에 대해 느끼는 평가와 이후의 행동은 매우 중요하다. 고객이 구매하고 난 후에는 제품을 사용하면서 경험한 만족 또는 불만족에 따라 재구매를 고려하기 때문이다. 구매 후 행동과정은 기본적으로는 제품의 사용 이후와 관련되어 있지만 구매 전의 심리상태 또한 관련이 있다.

구매 후에 고객이 느끼게 되는 제품에 대한 만족 · 불만족은 고객의 기대를 얼마나 충족시키는가에 따라 결정된다. 소비자는 제품을 구매하기 전에 가지고 있던 기대보다 구매 후 느끼는 성과가 동일하거나 클 경우에는 구매에 대하여 만족하지만, 그 외에는 불만족하게 된다. 따라서 구매 후 행동은 반복구매의 원천이 되며 호의적인 구전의 기회를 제공해주고 해당 제품뿐 아니라 자사의 타 제품 혹은 해당 국가의 타 제품에 대해서도 소비자에게 호의적인 태도를 갖게 하는 중요한 과정이다.

뮤지컬 〈레미제라블〉

뮤지컬 〈레미제라블〉 공연을 관람한 수지 씨는 장발장 역의 정성화 씨의 멋진 연기력과 노래에 매료되었다. 티켓을 예매한 수현 씨도 배우들의 연기력과 웅장한 스케일에 감동하여 돈이 아깝지 않은 공연이라고 생각했다. 공연 이후 수지 씨는 자신의 페이스북에 남자친구와 다정

23 이학식 · 최재익 · 임지훈, 소비자 구매행동에 대한 브랜드의 태도 : 소비자-브랜드 관계에서의 역할, 소비자학연구, 2004, pp.85~108.

하게 포옹하고 있는 사진을 게재하고 친구들을 위해 관람후기까지 올렸다.

수현, 수지 씨는 뮤지컬 〈레미제라블〉 공연에 만족했고, 2달 이후에 예정된 앙코르공연을 다시 한 번 보기로 결심했다. 결국 이들은 뮤지컬 공연에 강한 감동을 느끼며 다시 관람하고 싶다는 느낌, 다시 말해 재구매 동기를 갖게 된 것이다.

이 장의 요약

문화산업을 둘러싼 거시환경은 인구통계적 환경과 경제적 환경, 사회 · 문화 · 자연적 환경, 기술적 환경, 정치적 환경, 법률적 환경으로 구분할 수 있다.

미시환경은 문화산업 성장에 주도적인 역할을 하는 정부, 기업, 소비자, 문화산업주체 등으로 구성되어 있다. 이들 각 주체들은 문화산업의 성장을 위해 유기적인 협력체제를 가지고 활동하고 있다.

SWOT분석은 거시적 환경과 미시적 환경을 분석하여 기업의 강점, 약점요인, 그리고 위협과 기회요인들로 구분하여 제시함으로써 기업의 성장기회와 미래의 위협요소를 파악하고 대응하는 데 유용하게 활용된다.

마케팅관리자는 SWOT분석 결과를 바탕으로 SW요인과 OT요인을 교차시켜 SO전략, ST전략, WO전략, WT전략을 사용할 수 있다.

문화소비자는 문화산업주체가 생산한 문화상품을 구매하거나 체험하는 집단으로 일반적으로 '문화향수자'를 의미한다. 문화소비자는 이윤극대화를 추구하는 자본의 논리에 지배를 받으면서 관객, 관람객, 수용자, 소비자 등으로 불리게 되었다. 문화소비자들은 매체사용모델에 따라 애호가, 열광자, 광신자, 적극적 생산자(프로슈머) 등으로 구분할 수 있다. 공연상품의 관객도 그 취향과 태도에 따라 애호층, 선호층, 무관심층, 기피층으로 세분화하기도 한다.

문화상품은 대부분 가끔씩 구매하고, 아주 높은 자아표현적 제품특성을 갖고 있기 때문에 오랜 기간 동안 생각하며 다양한 정보를 수집하는 '고관여 상품'으로 취급된다. 특히 홀브룩과 허쉬맨은 문화상품의 소비는 쾌락적 가치를 추구하는 소비성향이 강하고, 문화상품들의 구매과정은 고관여 상품을 구매하는 패턴을 보인다고 설명하고 있다. 그들은 문화상품과 같은 체험적 상품에서 제품을 소비하는 시간 동안 소비자들이 느끼는 쾌락적인 경험이 소비의 주목적이라고 주장했다. 쾌락적 소비제품은 정서와 관련된 것으로 영화나 콘서트, 연극처럼 복합적인 환상을 일으키거나 소비자의 정서적 욕구를 만족시켜 주는 특징이 있다. 또한 소비자들은 이런 쾌락적 상품을 소비할 때 다감각적 이미지를 사용하고, 제품의 상징적 요인이 제품선택의 원인이 되고 있다.

소비자들은 자신의 욕구를 충족하기 위하여 문화상품을 구매한다. 문화상품 구매를 결정하고 나면 소비자들은 구체적인 의사결정과정을 거친다. 일반적으로 소비자는 문제인식 → 정보탐색 → 선택대안의 평가 → 구매 → 구매 후 행동의 다섯 단계를 거쳐 문화상품을 구매한다.

주요용어

거시환경	미시환경	문화향수자
B급 문화	SWOT분석	스크린쿼터
베이비부머	funology	쾌락적 소비
C세대	구매의사결정과정	관여

참고문헌

- 고은주 외, 마케팅: 패션트렌드와의 만남, 박영사, 2008.
- 국가통계포털.
- 김난도 외, 트렌드 코리아 2013, 미래의 창, 2013.
- 김민주 외, 컬덕 시대의 문화마케팅, 서울문화재단, 2005.
- 김위찬 · 르네 마보안, 블루오션 전략, 교보문고, 2005.
- 마이클 포터 저, 김경묵 · 김연성 역, 마이클 포터의 경쟁론, 세종연구원, 2001.
- 문숙재 · 여윤경, 소비 트렌드와 마케팅, 신정, 2005.
- 문화체육관광부, 2021 국민여가활동조사, 2021. 12.
- 보니타 M. 콜브 저, 이보아 · 안성아 역, 문화예술기관의 마케팅, 김영사, 2004.
- 서울신문, 2007. 4. 3.
- 송원찬 외, 문화콘텐츠 그 경쾌한 상상력, 2009.
- 앤드리슨, 공연예술 관객의 확대방안, 한국문화정책개발원, 1998.
- 양윤, 소비자 심리학, 학지사, 2008.
- 양종회 · 김우식 외, 한국의 문화산업체계, 지식마당, 2006.
- 이면화, 명품경영학, 청년정신, 2007.
- 이삼호 · 백용제, 기업이미지제고를 위한 문화마케팅활성화 연구, 디지털디자인학연구, 한국디지털디자인학회, 2006.
- 이은미, 예술경영학 공연실무, 도서출판 청람, 2013.
- 이학식 · 최재익 · 임지훈, 소비자 구매행동에 대한 브랜드의 태도: 소비자-브랜드 관계에서의 역할, 소비자학연구, 2004.
- 채서일, Marketing 4판, 비앤엠북스, 2007,
- 한국은행.
- Keith Diggle, *Arts Marketing*, Rhinegold Publishing, London, 1994.

CHAPTER 04

STP전략

1. 단계적 시장분석의 개요
2. 시장세분화
3. 표적시장의 선정
4. 포지셔닝
5. 마케팅믹스(4P)

1 단계적 시장분석의 개요

기존 문헌에서 문화마케팅이론을 따로 찾아보기는 힘들다. 다른 특수마케팅처럼 문화마케팅은 마케팅의 주요 기법인 STP, 마케팅믹스(4P) 등을 문화콘텐츠에 적용하는 수준이라고 볼 수 있다. 다만 마케팅믹스인 4P를 서비스마케팅에서 적용되는 7P로 세분화하는 정도가 전부이다.

커뮤니케이션이론이나 문화이론에서 기호학이나 비판 커뮤니케이션이론, 대중문화론 등이 거론되고 있지만 마케팅이론이라고 보기에는 어렵다. 문화콘텐츠의 콘셉트 설계를 위해서 그레마스의 '의미생성모델'을 활용하고 있으나 이 방법론 역시 문화기호학을 차용했을 뿐이다. 특히, 기호학 분야에서 파생된 기호마케팅[01]은 문화콘텐츠가 창출하는 가치들의 커뮤니케이션 틀 속에서 전개되는 의미전달을 위해 질적 분석을 사용하고 있다.[02] 그러나 이런 방법론들은 문화마케팅전략 수립을 위한 도구로서 아직까지 정착하지 못하고 있다. 따라서 본 연구에서는 문화마케팅의 독자적인 이론보다는 문화콘텐츠의 개발 및 전략 수립을 위해 기존의 마케팅이론을 소개하기로 한다.

먼저 마케팅전략 수립을 위한 첫 번째 단계는 환경분석으로, 자사가 처한 환경을 이해하고 상황을 철저히 분석하여 전략적 대안을 마련하는 과정이다. 환경분석에는 경제적인 환경, 정치적인 환경, 기술적인 환경 등의 분석이 포함된다. 이때 마케팅하려는 제품에 대한 시장의 규모, 경쟁상황, 소비자 특성 등을 조사하는 시장조사도 병행해야 한다. 또한 경쟁사와 비교해볼 때 자사의 강점과 약점은 무엇인지, 기업 외부환경에 있어서 기회로 작용하는 요인과 위협으로 작용하는 요인은 무엇인지를 충분히 파악한 다음 이를 토대로 전략적 대안을 마련해야 한다.

환경분석이 끝나면 이를 토대로 STP(Segmentation, Targeting, Positioning)

01 기호마케팅은 응용인문학의 한 분야로 정성적 분석을 위주로 문화를 기호로 보고 텍스트분석에 치중하고 있다. 반면, 문화마케팅은 경영학에 기반을 두고 문화가치 향유나 문화의 상품화에 초점을 맞추고 있다.

02 백승국, 문화기호학과 문화콘텐츠, 다할미디어, 2004.

를 설정한다. 먼저, 고객세분화(segmentation)란 다양한 방법으로 획득한 고객 관련 데이터를 분석하여 공통적인 특성을 갖는 여러 개의 집단으로 분할하는 것을 말한다. 고객 및 시장세분화가 완료되면 이어서 표적시장(targeting)을 선정해야 한다. 몇 개의 세분시장에 진출할 것인지, 어떤 세분시장에 중점적으로 공략할 것인지를 결정한다.

세분시장에 대한 목표가 결정되었다면 다음은 그 세분시장에서 어떤 위치를 확보할 것인가를 포지셔닝(positioning)해야 한다. 포지셔닝의 핵심은 소비자에게 차별화된 인식을 심어주는 것이다. 포지셔닝이 결정되면 실행전략에 들어가야 하는데, 이 단계는 전통적으로 4P를 중심으로 전개한다. 제품(product), 가격(price), 유통(place), 촉진(promotion)의 4P를 마케팅전략의 핵심요소로 규정하고, 이들의 조합(mix)을 통해 최상의 마케팅효과를 얻고자 하는 단계이다. 즉, 어떠한 제품을, 어느 가격으로, 어떠한 유통채널을 통해, 어떤 광고 및 홍보전략으로 마케팅할 것인지를 결정해야 한다.

그림 4-1 마케팅의 전반적인 프로세스(STP전략)

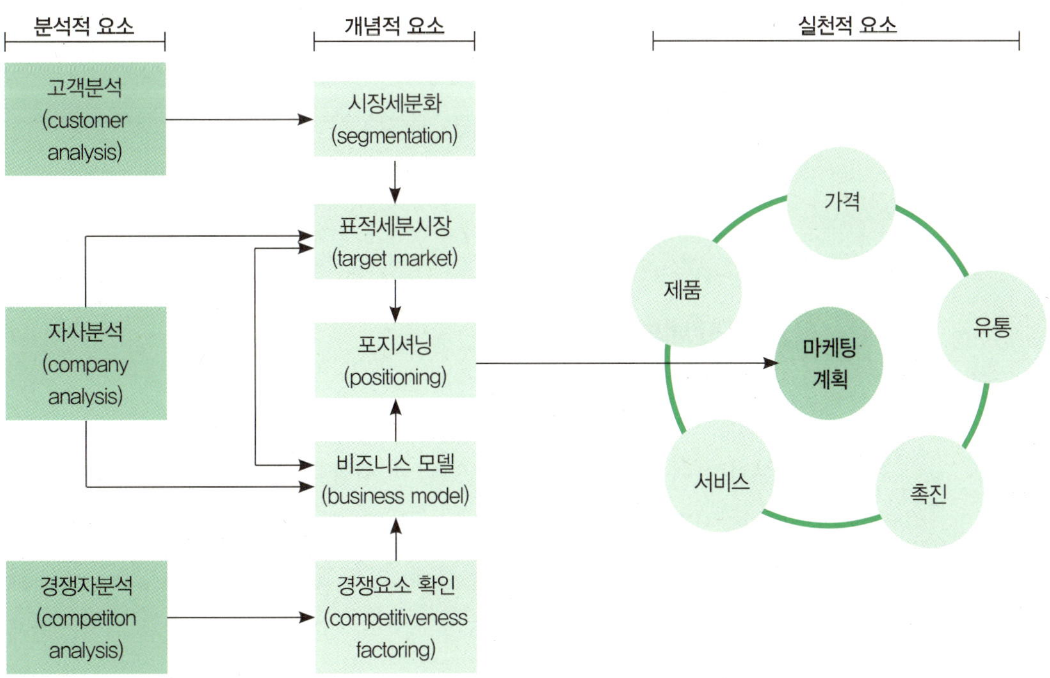

이와 같이 STP를 포함한 마케팅의 전반적인 프로세스는 [그림 4-1]과 같이 정리할 수 있다.

STP전략이 문화상품인 영화에서 어떤 절차를 거쳐 진행되는지 2019년 최고의 흥행영화인 〈기생충〉의 사례를 적용하여 살펴보기로 한다([그림 4-2] 참조).

그림 4-2 영화 〈기생충〉의 STP전략

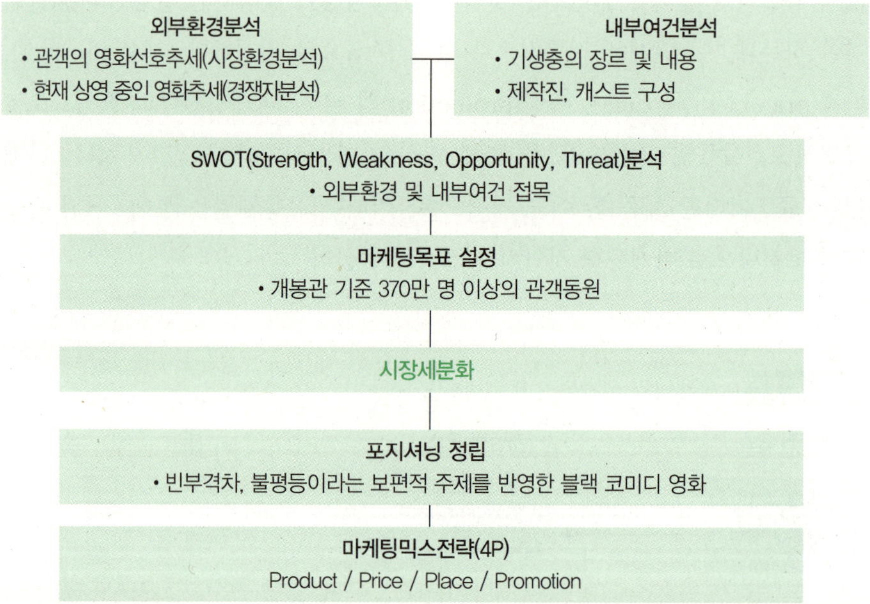

2 시장세분화

시장세분화란 특정한 기준을 바탕으로 한 시장을 몇 개의 작은 시장으로 쪼개는 것이다. 시장을 한 덩어리로 보고 마케팅을 실행하는 대중마케팅(mass marketing)도 있지만 대부분의 현대 기업들은 세분마케팅(segment marketing)을 하고 있다. 고객들은 모두 상이하지만 특정 제품이나 서비스군에 대한 태도, 의견, 구매행동 등에서 비슷한 고객집단들이 존재한다. 이러한 비슷한 성향을 가진 사람들을 집단과 분리하여 하나의 집단으로 묶는 과정을 시장세분화라고 한다. 다시 말하면 시장세분화(segmentation)는 서로 다른 욕구(needs)를 갖는 시장을 몇 개의 그룹으로 구분하는 것이다.

이러한 시장세분화에 사용되는 주요한 변수로는 인구통계적 변수, 심리적 변수, 구매행동 변수, 사용상황 변수, 추구효익 변수 등을 들 수 있다.

1) 인구통계적 변수

시장세분화에 사용되는 기본적인 기준은 인구통계학적 기준이나 지역, 연령, 성별, 직업, 교육정도, 소득 및 종교, 가족관계, 가족의 라이프스타일, 결혼 여부이다. 주 활동지역은 잠재관객 여부를 판단하는 중요한 요소로, 개인별 라이프스타일에 따라 지방자치단체 구역이나 물리적인 거리보다는 교통여건에 따라 달라진다. 물리적인 거리가 가깝더라도 교통여건이 불편하면 접근성이 떨어진다.

또한 연령은 욕구나 선호, 구매능력에 있어 큰 차이를 보이며 제품을 사용하는 상황이나 추구하는 가치가 상당히 다르다. 우리나라의 경우 중장년층 티켓파워가 문화계에 상당한 영향력을 발휘하고 있다.[03] 영화, 공연, 콘서트 등 40~50대 중장년층이 '신(新) 티켓파워'로 부상하고 있으며, 영화관에서는 이들 중장년층을 대상으로 다양한 마케팅전략을 펼치고 있다. CGV는 45세 이상 고객을 위한 노블레스 전용 프로그램을 진행 중이다. CGV에 따르면 전체 관객 중 45세 이상이 2011년 14.8%에서 2012년 17%로 늘었다. 이 밖에도 주부관객을 위한 '10시엔 영화' 기획전을 비롯해 관객에게 브런치를 제공하는 '브런치 시네마' 등이 마련되어 있다.

우리나라 모든 문화시장에서는 남성보다 여성관객이 차지하는 비중이 크다. 예술장르에 따라 편차가 있지만 대체로 3분의 2 정도가 여성관객으로 추정된다. 3분의 1을 차지하는 남성관객은 일반적인 마케팅 대상, 즉 표적시장에서 제외되는 경우가 많다. 남성관객들은 마케팅 노력에 의해 크게 좌우되지 않는, 이른

03 시사IN, 2013. 3. 23.

바 마니아이거나 동행하는 여성관객의 의사결정에 따라 종속적인 행동을 하는 경우가 많기 때문이다.

2) 심리적 변수

심리적 변수에 의한 세분화는 눈에 보이지 않는 사회계층이나 라이프스타일, 개성에 기초하여 고객들을 상이한 집단으로 분할하는 것이다. 이 변수는 연령과 소득처럼 객관적으로 측정이 용이한 인구통계별 특성과 달리 추상적이어서 세분시장의 특성과 접근가능성을 찾기 어렵기 때문에 규모의 측정이 까다롭다.

라이프스타일은 소비자의 성격, 활동, 취미, 의견, 자아개념에 의해 형성된다. 따라서 동일한 인구통계학적인 특성을 가진 소비자집단이라도 매우 다른 심리적 특성을 나타낼 수 있다.

조수연(2005)은 문화상품 재구매 관람객의 라이프스타일 연구를 통해 표적시장의 특성을 파악하고, 시장세분화를 통해 재구매 관람객을 공략하기 위한 마케팅전략 수립에 도움을 주었다. 연구 결과, 재구매집단의 유형은 과시적 가족중심집단, 여가를 즐기는 주부집단, 활동적 직장인집단, 전문가집단으로 나타났고, 비재구매 집단은 활동적 대학생집단과 도시적 가족 중심형으로 나타났다.[04]

심리적 변수는 소비자들의 시간소비 방식의 특성, 구매대상, 사회적 · 경제적 특성을 기초로 소비자를 이해하고 집단으로 분류한다. 예를 들어 공연예술단체는 관객의 유행을 선도하는 젊은 층과 보수적인 성향을 가진 시장의 구성원들이 원하는 편익은 그들의 라이프스타일과 밀접한 관련이 있으며, 친구와의 교류, 가족과 함께 시간 보내기, 편안하고 친숙한 문화경험을 위한 기회만큼이나 다양하다는 것을 알아야 한다.

3) 구매행동 변수

구매행동 변수는 사용기회, 사용경험, 사용량, 브랜드충성도 등 행동적 변수

04 채지영, 클래식음악 공연 소비자 특성이 재구매에 미치는 영향 연구, 한국예술경영학회, 2011, p.173.

를 말한다. 이 변수는 세분시장의 규모를 측정하기가 용이하지 않으며 접근가능성을 찾기도 어렵다. 소비자들이 선호하는 브랜드 수준에 따라 세분화할 경우 핵심적 충성고객, 유연한 충성고객, 이동적 충성고객, 전환적 고객 등으로 분류되어 기업은 이를 통해 브랜드마케팅의 강점과 약점을 파악 · 보완할 수 있다.

충성도에 따른 세분화의 경우 클래식 기타 콘서트는 주로 기타를 직접 연주하는 아마추어 동호인들이 많이 찾는다. 말러의 교향곡이 연주되면 말러 마니아들이 공연장을 찾는다. 미국과 같은 다인종사회에서는 히스패닉계나 아프리카계 예술가의 공연에 같은 인종의 관객들이 주를 이루는 경우가 종종 있다. 이처럼 특정 내용의 공연에 열성적인 구매력을 보이는 충성도 높은 관객층이 별도의 세분시장이 될 수 있다.[05]

4) 사용상황 변수

사용상황이란 누가, 무엇을, 언제, 어디서, 어떻게 사용하는가를 말한다. 고객이 제품을 사용하는 상황에 따라 추구하는 효익은 달라질 수 있다. 공연상품의 경우 〈어린이 난타〉는 모 브랜드인 〈난타〉를 어린이 관객을 대상으로 확장한 뮤지컬이나. 〈어린이 난타〉는 2001년 초연의 경우는 비언어극이었으나 아동이 이해할 수 있는 드라마를 첨가하고, 가사가 있는 노래와 타악연주를 혼합한 뮤지컬 형태로 수정하여 공연하게 된다. 〈어린이 난타〉는 미취학아동을 대상으로 기획하여 어린이의 눈높이에 맞추기 위해 재구성한 작품으로 볼 수 있다.

따라서 사용상황에 따라 시장을 세분화하면 기업은 동일한 고객이 속해 있는 두 개의 다른 세분시장을 효율적으로 공략할 수 있는 유리한 점이 있다.

5) 추구효익 변수

고객들이 제품을 구매하는 궁극적인 목표는 그 제품을 통해서 효익을 얻는 것이다. 공연상품을 관람하는 관객은 추구효익(혜택)을 기대하며 공연예술행사

05 용호성, 예술경영, 김영사, 2011, p.481.

참석을 결정한다. 어떤 관객들은 연주단체의 명성이나 출연자, 지휘자, 연출자를 따진다. 즉 서비스를 추구하는 구매자는 티켓교환, 편리한 장소, 편안한 주차, 사교행사, 교육 프로그램 등의 서비스에 민감하게 반응하는 반면, 저렴한 가격으로 공연을 관람하려는 경제적 구매자는 싼 티켓가격, 무료연주회, 반액할인티켓 등 가장 비용이 적게 드는 티켓구매를 선호한다.

표 4-1 시장세분화에 사용되는 기준변수

변수	우리나라에서 사용되는 전형적인 분류방법의 예
1. 인구통계적 변수	
연령	취학 이전, 초등학생, 중학생, 고등학생, 20대, 30대, 40대, 50대, 60대, 60대 이상
성별	남, 여
지역	특별시, 광역시 및 각 도의 대도시, 중소도시, 농어촌
가족구성단위	독신, 핵가족, 대가족
가족생활주기 개인 또는 가족	미혼단계, 신혼부부, 젊은 부부, 중년부부, 장년부부, 노년부부, 사별 후 독신기
소득	월 100만 원 미만, 100~200만 원, 200~500만 원, 500만 원 이상
직업	전문직 및 기술직, 경영자, 공무원, 자영업자, 사무직 및 판매직, 근로자, 농어민, 학생, 주부, 무직
학력	고졸 미만, 고졸, 대졸, 대학원졸 이상
2. 심리적 변수	
사회계층	농촌하층, 도시하층, 중하층, 중상층, 상층, 최상층
라이프스타일	전통적 알뜰형, 합리적 생활만족형, 진보적 유행추구형, 보수적 생활무관심형
개성	강제적, 사교적, 권위주의적, 야심적
3. 구매행동 변수	
사용기회	규칙적, 불규칙적
사용경험	비사용자, 이전 사용자, 잠재적 사용자, 최초 사용자
사용량	소량 사용자, 보통 사용자, 대량 사용자
브랜드충성도	전무, 보통, 강함, 절대적
4. 사용상황 변수	제품에 따라 다름
5. 추구효익 변수	기능적 효익, 심리적 효익

자료 : 채서일, Marketing 4판, 비앤엠북스, 2007, p.192.

또한 아이들과 함께 공연장이나 박물관을 찾는 학부모라면 프로그램의 교육성을 따질 수도 있다. 이처럼 어떤 추구효익, 편익에 관심을 두는가에 따라 문화상품소비자를 세분화할 수 있다.

시장을 세분화하는 기준은 여러 가지로 고려할 수 있다. 가장 많이 사용되는 기준은 지역별로 시장과 고객을 나누는 것이다. 또한 앞에서 살펴본 바와 같이 고객의 인구통계학적 변수(연령, 성별, 직업별, 소득별), 심리분석적 변수, 구매행동적인 변수를 통해 추가적으로 세분화할 수 있다. 문화예술이나 문화산업은 라이프스타일에 따라 선호하는 집단이 달라질 수 있기 때문에 라이프스타일과 같은 사회심리적 변수를 기준으로 시장을 세분화하는 것이 유용하다.

표 4-2 인구통계학적 변수에 따른 영화관객의 세분화

관객	연령대	특징	선호 장르
가족 관객	5~11세, 부모	• 관람결정권 : 부모>아이 • 요일과 계절 영향이 큼 : 주말, 방학 • 최근 급증세를 보임	애니메이션, 교육, 다큐
청소년 관객	12~17세	• 집단관람 형태를 보임 • 입소문, SNS, 스타에 영향을 받음	액션, SF, 공포
성인 관객	18~39세	• 주 관객층(major movie-goers) • 독자적인 판단에 따라 영화 선택	전 장르
중장년 관객	40세 이상	• 사회적 이슈나 흥행 성공작에 대한 추격 관람 • 입소문에 민감	드라마, 사극 (한국영화 선호)
주부 관객	35세 이상	• 집단관람 형태를 보임 • 성적 코드의 영화 선호 • 입소문에 민감	드라마, 코미디, 사극 (한국영화 선호)

자료 : 한순호, 영화마케팅의 모든 것, 루비박스, 2016, p.21.

영화는 문화상품이기 때문에 팔 대상을 결정하는 일이 중요하다. 영화에 따라 가족관객, 여성관객, 주부관객, 청소년관객 등으로 서로 다른 욕구를 갖는 관객들로 구성되어 있다. 이들의 욕구는 성별, 나이, 세대 등 인구통계학적 변수에 따라 몇 개의 그룹으로 구분할 수 있다. 일반적인 상업영화의 경우 18세에서 39세 남녀가 주 관객층이고, 아이와 함께 동반관람하는 가족관객, 청소년관

객, 성인관객, 중장년관객, 주부관객으로 나눠볼 수 있다.[06]

우선 성인관객은 영화를 가장 많이 소비하는 계층으로 대학생, 직장인이 주를 이루며, 미혼인 경우가 대부분이다. 영화 개봉 시 첫 주말에 극장에 오는 관객이기 때문에 영화 흥행은 이 관객층에 달려있다. 가족관객은 5세에서 11세까지의 미취학 아동과 초등학생, 그리고 부모관객으로 이루어진다. 가족관객의 영화결정권은 대개 부모에 있으며, 비폭력적이고 교육적인 영화를 선택한다. 일반적으로 애니메이션 영화와 교육적 내용을 담은 다큐멘터리 영화를 선호하는 편이다. 청소년관객은 우리나라에서 입시 부담으로 인해 중요한 비중을 차지하지 않는다. 청소년관객은 집단관람 형태를 보이며 스트레스 해소에 도움이 되는 액션, SF, 공포, 판타지 장르 영화를 선호한다. 주부관객은 일명 아줌마 관객으로 집단관람의 형태를 취하고 입소문에 많은 영향을 받는다. 이들은 주말관람에 비해 주중 오전에서 이른 오후까지의 시간대를 선호한다. 중장년관객은 멀티플렉스 확장과 주5일제 근무로 증가하고 있는 계층이다. 중장년관객은 사회적 이슈나 입소문 등으로 흥행이 확인된 영화를 선택하는 추격관람의 형태를 추구한다.

관객을 어떻게 세분화하고, 타깃관객을 어떻게 설정하느냐에 따라 영화마케팅전략이 달라진다.

영화 〈도둑들〉의 경우 18~39세 주 관객을 타깃으로 선정하고 동시에 10대, 40대 이상의 서브타깃까지 끌어당겼다. 10~20대 관객들은 김수현과 전지현을 좋아하는 젊은 관객층이고, 30~40대는 김윤석, 김혜수, 이정재를 선호하는 비교적 연령층이 높은 편이며, 임달화와 김해숙의 러브스토리에 50~60대 관객들이 반응하였다. 〈도둑들〉은 입소문에 민감한 40대(30%) 관객 비율이 20대(26%)보다 높았다. 김수현은 드라마 〈해를 품은 달〉의 영향으로 청소년 관객층은 물론 50~60대 아줌마들까지 동원하는 확

드라마 〈해를 품은 달〉

06 한순호, 영화마케팅의 모든 것, 루비박스, 2016, pp.19~22.

장성을 높였다. 〈도둑들〉은 순수 오락영화로써 영화 자체를 즐기고 스트레스를 해소하려는 성인관객들의 선호도가 높았으며, 청소년관객과 주부관객, 중장년 관객까지 흡수하는 전략으로 천만 관객의 영화가 될 수 있었다.

결국 효과적인 시장세분화를 위해서는 각 세분시장이 측정가능성, 규모, 접근가능성, 그리고 차별적 반응의 요건을 갖춰야 한다. 시장은 적정규모 이상에서 상이한 반응을 보이며, 측정과 접근이 가능해야 한다.

측정가능성은 마케터가 세분시장의 규모와 구매력의 측정이 가능해야 한다는 것이며, 규모는 개별세분시장에 마케팅 프로그램을 실행할 수 있을 만큼의 충분한 규모가 있어야 한다는 것이다. 접근가능성은 세분시장에 효과적이며 경제적인 접근이 가능한 수단이 존재해야 한다는 것으로, 그 규모가 기업의 이윤을 보장해줄 수 있는 크기라 할지라도 접근방법이 무엇인지를 알지 못한다면 가치가 없다. 차별적 반응은 각각의 세분시장이 마케팅믹스에 대하여 틀리게 반응해야 한다는 것이다. 따라서 시장경쟁이 심화되고 구매자의 욕구가 다양해지면 시장의 세분화 정도가 높아지게 되어 몇 가지의 시장세분화의 기준변수를 조합하여 사용하는 것이 바람직하다.

표 4-3 세분화 기준변수 조합의 사례

연령	라이프스타일	소득에 따른 문화생활
1318세대	학업의 압박 속에서 자신의 가치관과 꿈보다 주의에 끌리는 Fliating Teens	소득이 없으므로 고가의 문화상품소비가 불가능
1924세대	치열한 현실에서 열린 마음, 도전의식으로 삶을 즐기는 Challenge Taker	적은 소득이지만 자신의 기호에 따른 문화생활을 향유
2529세대	현실적 · 실리적이면서도 개성 을 향유하는 Practical Narcist	소비를 주도하는 연령층으로 어느 정도 소득이 있고 자신의 기호에 따라 다양한 문화상품에 지출
3039세대	현실 문제와 미래 준비로 하루하루 바쁘게 살아가는 Life Chaser	현재의 행복, 질적 생활수준을 중시하여 문화생활에 대한 욕구가 큼
4049세대	가족과 자녀가 삶의 중심이며, 의식을 행동으로 실천하는 The Familist	여가시간의 증가와 충분한 경제력을 바탕으로 문화소비가 증가
5059세대	변화를 주저하며 건강하고 안정적인 삶을 원하는 Safe-Way Walker	

자료 : 제일기획, 2011 대한민국 라이프스타일 조사 보고서, 2011.

흔히 이루어지는 상황변수 조합은 인구통계−사용상황, 인구통계−추구효익, 인구통계−심리분석−추구효익, 인구통계−구매행동−추구효익 등이 있다. 예를 들어 인구통계(연령, 소득)−심리적(라이프스타일) 변수를 고려하여 세대별 시장을 세분화하면 [표 4−3]과 같다.

3 표적시장의 선정

표적시장의 선정이란 세분화한 시장들을 여러 가지 기준으로 평가하여 가장 바람직한 한 개 또는 그 이상을 찾아내는 작업을 말한다. 즉 표적시장은 세분시장 중에서 자신의 경쟁우위와 경쟁상황을 고려했을 때 자사에 가장 좋은 시장기회를 제공해줄 수 있는 특화된 시장을 찾아내는 것이다. 결국 표적시장은 기업이 마케팅 노력을 집중해야 하는 시장이다.

표 4-4 세분시장 매력도의 평가요인

1. 시장요인	2. 경쟁요인	3. 자사와의 적합성
• 시장규모 • 시장성장률 • 제품수명주기	• 현재의 경쟁자 • 잠재적 경쟁자	• 기업목표 • 자원 • 마케팅믹스

적절한 표적시장을 선정하는 것은 시장세분화전략 형성에 중요한 요소이다. 이를 위해 기업은 시장요인, 경쟁요인, 자사와의 적합성(기업목표, 자원, 마케팅믹스) 여부 등을 고려하게 된다. 표적시장 선정은 모든 시장을 소구대상으로 하는 전체시장 도달전략이나 일부의 세부시장만을 선정하는 부분시장 도달전략으로 구분된다. 기업은 경쟁자, 목표, 자원 등을 고려하여 어느 하나의 고객집단을 일차 표적시장으로 선정한 뒤 순차적인 세분시장 진입을 통해 고객가치창조를 꾀한다.

먼저 자사의 자원과 능력이 그 세분시장을 효율적으로 수구할 수 있는지를 검토해야 한다. 또한 능력과 자원이 있다 하더라도 경쟁사에 비해 경쟁적 우위를 보유할 수 없다면 효율적으로 시장을 공략하기는 어려울 것이다.

이와 함께 기존의 마케팅믹스 요소들과의 적합성 여부를 고려해야 한다. 즉, 기업은 기존 제품들과 품질의 조화 여부, 가격설정 시 기존 이미지의 지속 여부, 기존 유통경로의 활용 여부 등을 검토해야 한다.

공연업계의 경우 최근 구매력을 갖춘 중년 여성들이 공연시장의 가장 중요한 관객층으로 떠올랐다. 서울 예술의전당의 〈11시 콘서트〉와 뮤지컬 〈맘마미아〉는 중년여성들이 몰려들면서 국내 공연계 최고 히트상품으로 블루오션을 개척했다는 평가를 받고 있다. 종래 공연예술의 주 관객층은 '20대 후반 미혼의 직장여성'이라는 것이 정설이었다. 실제로 2000년 국립극장 관객조사를 보면 관객의 80%가 20~30대에 몰려 있다. 하지만 이 두 작품은 공연계의 마이너리티라는 '중년여성'의 잠재력에 주목했다. 결국 이들을 끌어들이는 '표적마케팅'이 성공을 거두었다.[07]

뮤지컬 〈맘마미아〉

4 포지셔닝

1) 포지셔닝의 정의

포지셔닝은 소비자들의 마음속에 비추어진 기업제품의 독특한 인식상태 또는 제품이 소비자의 마음속에서 경쟁제품과 비교해 차지하는 위치를 말한다. 즉 포지셔닝은 경쟁기업들과 효과적으로 경쟁하기 위해 마케팅믹스를 이용하여 소비자의 의식에 제품의 정확한 위치를 심어주는 과정이라고 할 수 있다.

07 김승미, 만원사례 예술경영학, 늘봄, 2008, p.15.

포지셔닝이란 개념은 앨 리스(Al Ries)와 잭 트라우트(Jack Trout)가 1972년 『*Adverting Age*』에 '포지셔닝 시대'라는 제목으로 게재한 몇 편의 글에서 유래되었다. 소비자들은 제품을 구매할 때 평소 가지고 있던 제품의 속성에 대한 지각, 인식, 느낌 등이 통합되어 나타나는 독특한 이미지나 포지션에 영향을 받는다.

이처럼 포지셔닝의 핵심은 차별화된 인식에 있다. 타사제품과는 다른 위치선정이 필요한 것이다. 예를 들면 '디즈니는 어린이에게 꿈을 준다'는 인식, '일본차는 가격 대비 품질이 좋다'는 인식 등이다. 따라서 마케팅관리자는 자사제품이 경쟁제품과는 다른 차별적인 특징을 보유하여 표적시장 내 고객들의 욕구를 보다 잘 충족시켜 줄 수 있다는 인식을 심어주어야 한다.

기업은 제품이나 서비스로 '포지셔닝맵(positioning map)'을 작성하여 소비자들이 인지하고 있는 상태를 기하학적인 공간에 도면으로 그린다. 기하학적인 공간에서의 각 차원은 소비자가 구매를 하거나 인식할 때 기준이 되는 중요한 속성으로 해석된다.

실제로 영화 제품 포지셔닝은 표적관객의 욕구를 근거로 자사의 제작영화가 경쟁영화에 비하여 차지하고 있는 상대적 위치를 의미한다. 이때 포지셔닝의 중요 축은 잠재영화관객이다. 따라서 많은 영화들이 잠재영화관객의 고려대상군에 포함되기 위해 장르, 출연배우, 감독, 제작규모, 제작사 등을 차별화한다. 자사의 영화가 경쟁사의 영화에 대해 갖는 경쟁우위를 달성하기 위해 수많은 노력을 하는 것이다.[08] 또한 잠재영화관객들이 추구하는 편익(영화를 보는 목적)이나 관람등급에 따라서도 포지셔닝이 가능하다.

영화에서는 주연배우에 따라 흥행이 좌우되는 경우가 많다. 실제로 남자배우에 대한 포지셔닝맵 작성사례를 보면, 송강호와 설경구가 흥행보증수표로 꼽힌다. 영화 전문 광고마케팅 대행사인 데이브 컴퍼니가 2003년 한국 영화의 대표적 남자배우 10명에 대한 포지셔닝맵을 [그림 4-3]과 같이 그렸다. 영화 주 소비층인 10~20대 남녀 34명을 심층면접해 나온 이 분석자료를 보면 한국 관객들이 배우들의 이미지를 어떻게 파악하고 있는지 알 수 있다.

08 안길상 외, 문화마케팅, 한경사, 2008.

분석대상 배우들은 안성기, 한석규, 송강호, 설경구, 정우성, 장동건, 조재현, 정준호, 이정재, 신하균 등 10명이다. 흥행 · 액션 등 10개 이미지 지표에 따라 면접 응답자들을 분석, SPSS 통계 프로그램에 입력한 결과 배우들은 4그룹으로 나뉘었다.

송강호와 설경구는 '연기력'과 '흥행'이미지를 지닌 배우로 나타났다. '블록버스터'와 '국가대표배우', '믿음' 등을 떠올리게 하는 배우는 한석규와 안성기였으며, 정우성, 정준호, 장동건, 이정재 등 4명은 '액션', '남성미', '여배우와의 어울림' 등의 이미지를 지닌 것으로 조사됐다. 조재현과 신하균은 특정 이미지를 갖고 있지는 않았지만 대체로 송강호나 설경구와 비슷한 느낌을 주는 것으로 파악됐다.

[그림 4-3]의 포지셔닝맵을 토대로 본다면 원빈은 정우성, 장동건 등 4명의 '꽃미남그룹'과 비슷한 이미지라는 분석이 가능하다. 그러나 영화 〈아저씨〉(2010)에서 주인공 원빈은 연기력과 변신을 통하여 기존 꽃미남 배우라는 이미지를 탈피하게 되었다. 원빈은 〈아저씨〉에서 냉혹하지만 이웃집 소녀를 통해 세상에 들어오는 연기를 하면서 성공적인 변신에 성공했다. 그는 이 영화를 통해서 더 이상 외모가 예쁘장한 꽃미남 배우가 아님을 증명했다.

그림 4-3 한국 남자배우의 포지셔닝맵

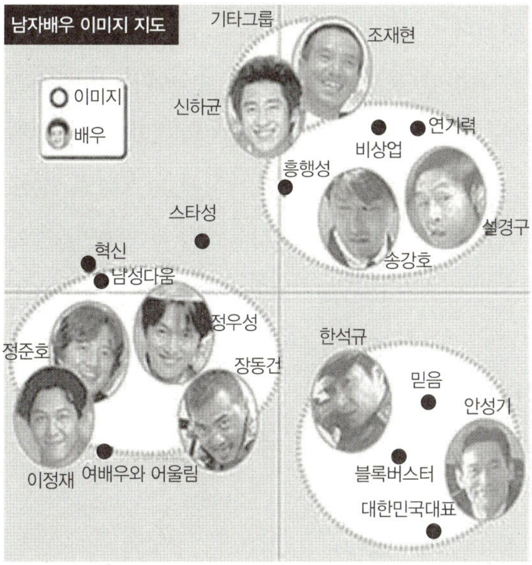

2) 포지셔닝전략의 유형

포지셔닝은 관객들의 마음속에 다른 문화상품과는 차별화되는 특별한 서비스로 자리 잡기 위해 예술단체나 상품(서비스)의 이미지를 만들어가는 행위이다. 문화예술기관이나 기업이 상품(서비스)을 성공적으로 포지셔닝하는 전략에는 다음과 같은 방법들이 있다.

(1) 속성–효익에 의한 포지셔닝

속성–효익에 의한 포지셔닝은 가장 흔하게 사용되는 포지셔닝 방법으로 제품이 경쟁제품과 비교하여 차별적 속성, 특징을 가져 소비자들에게 다른 효익을 제공한다고 인식시키는 것이다. 즉 상품의 한 가지 속성을 강조한 것을 속성–효익에 의한 포지셔닝이라고 한다.

가수 이문세의 노래만으로 만들어진 〈광화문연가〉와 김광석이 부른 노래들로 만들어진 뮤지컬 〈그날들〉은 뮤지컬 〈맘마미아〉처럼 '주크박스 뮤지컬' 형식을 도입하고 있다. 주크박스 뮤지컬은 특정 가수의 히트송을 기반으로 스토리를 엮어 뮤지컬로 각색한 것을 말한다.

(2) 사용상황에 의한 포지셔닝

사용상황 포지셔닝은 소구제품의 적절한 사용상황을 묘사 또는 제시함으로써 포지셔닝하는 것이다.

공연상품의 경우 특정한 상황에서 소비될 수 있다. 부모님이나 귀빈을 접대하기 위해 티켓을 구매할 수 있고, 어린이날이나 크리스마스에 아이들과 나들이하기 위해 또는 밸런타인데이나 결혼기념일에 파트너와 데이트하기 위해 티켓을 구매한다.[09] 이와 같은 소비자들의 사용상황에 맞춰 공연업계는 특정한 기념일에 할인을 적용하는 '데이(day)마케팅'을 활용하여 관객들을 끌어모은다.

(3) 사용자에 의한 포지셔닝

사용자 포지셔닝은 사용자집단이나 계층에 따라 제품이 특정 소비자들에게

09 용호성, 예술경영, 김영사, 2011, p.494.

적절하다고 포지셔닝하는 방법이다. 사용자에 의한 포지셔닝은 특정한 제품 사용자들이 가지고 있는 가치관, 라이프스타일 등을 고려하여 어필할 수 있는 속성으로, 광고메시지 등을 통해 획득할 수 있다.

실제로 영화, 공연, 콘서트 등 문화상품소비에 40~50대 중장년층이 '신(新) 티켓파워'로 부상하고 있다. 또한 주부관객을 위한 '10시엔 영화' 기획전이나 '11시 콘서트' 등은 낮시간대 여유시간이 있는 라이프스타일을 고려하여 새로운 포지셔닝을 개발한 것이다. 점심시간대 직장인을 위한 로비음악회도 직장인을 겨냥한 공연으로 사용자에 의한 포지셔닝으로 볼 수 있다.

영화 〈써니〉는 개봉 당시 〈소스 코드〉, 〈토르 : 천둥의 신〉, 〈분노의 질주 : 언리미티드〉와 같이 남성관객 위주의 SF나 액션물 중심의 시장에 여성관객을 타깃으로 포지셔닝하여 흥행에 성공하였다. 특히, 90년대 학번의 아줌마들을 타깃으로 만든 이 영화가 재미있다는 소문이 나면서 무려 3개월 동안 장기 상영되며 736만 명을 동원하였다.

(4) 경쟁에 의한 포지셔닝

경쟁에 의한 포지셔닝은 소비자의 지각 속에 자리 잡고 있는 경쟁제품과 명시적 혹은 묵시적으로 비교함으로써 자사제품의 혜택을 강조하는 방법이다.

예를 들어, 대표적인 공연상품인 〈난타〉와 〈점프〉는 넌버벌 퍼포먼스 차원에서 경쟁관계에 있다. 만약 〈점프〉가 경쟁자를 〈난타〉로 본다면 전통무예인 태권도와 택견을 중심으로 한 아크로바틱과 코믹무술퍼포먼스 등 자사만의 혜택을 강조해야 할 것이다.

표 4-5 넌버벌 퍼포먼스 〈난타〉와 〈점프〉의 비교

구분	제작사	초연	포지셔닝	작품 특징
난타	㈜PMC 프로덕션	1997년	주방에서 요리를 만들며 벌이는 한국 최초의 넌버벌 퍼포먼스	넌버벌 퍼포먼스, 언어장벽 파괴, 전통적 리듬, 신체움직임, 드라마, 관객참여 유도
점프	㈜예감	2003년	태권도를 소재로 액션과 아크로바틱을 결합시킨 넌버벌 무술퍼포먼스	마샬아츠 비언어극 퍼포먼스, 독창적인 소재, 예술로 승화된 동양무술

또한 〈난타〉를 어린이에 맞게 재구성한 〈어린이 난타〉와 어린이뮤지컬 〈어린이 캣츠〉도 어린이를 겨냥한 공연상품이라는 점에서 경쟁관계에 있다. 경쟁상품으로부터 소비자를 끌어오기 위해 자사의 혜택이나 효용 등을 강조하는 전략이 필요하다.

(5) 상징적 속성에 의한 포지셔닝

문화상품은 상징적 소비가 강한 상품으로, 새로운 상징을 부여하여 그러한 상징이 문화상품의 본질을 정확하게 표현하는 것처럼 포지셔닝하는 것이다. 공연예술시장에서도 1등이 시장을 독점하는 경향이 강하다 보니 최고, 최대규모, 최초, 최다공연, 최다관객동원, 가장 오래된, 가장 유명한 등과 같은 상징적인 속성을 부여하는 경우가 많다.

예들 들어 뮤지컬 〈김종욱 찾기〉는 '창작뮤지컬의 신화', 'No.1 창작뮤지컬'의 상징적 포지셔닝을 통해서 지난 2006년 초연 이후 평균객석점유율 90%가 넘는 꾸준한 인기를 유지하고 있다.

뮤지컬 〈명성황후〉

이 밖에 뮤지컬 〈명성황후〉, 조수미 독창회, 장영주 독주회 등은 최고, 최다, 가장 유명한 속성을 부여해 작품의 가치를 부여하는 전략을 취하고 있다.

3) 포지셔닝전략의 수행과정

포지셔닝은 기업 또는 제품에 대한 소비자의 지각을 기초로 하여 수행하는 것이다. 따라서 포지셔닝을 마케팅전략으로 활용할 경우 전체시장을 대상으로 하기보다는 규모와 능력에 맞는 세분화된 표적시장을 상대로 하는 것이 효과적이다. 일반적으로 포지셔닝전략 수행과정은 [그림 4-4]와 같이 단계적으로 살펴볼 수 있다.

그림 4-4 포지셔닝전략의 수행과정

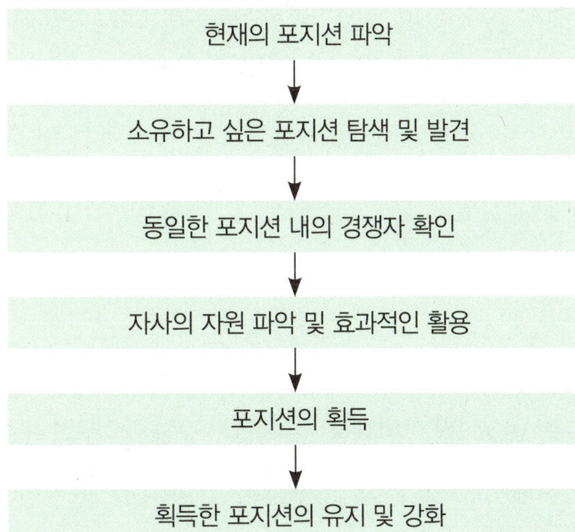

(1) 현재의 포지션 파악

현재의 포지션을 파악하기 위해서는 우선 소비자들의 마음속에서 자신의 기업이 자리 잡고 있는 위치를 알아야 한다. 특히 경쟁기업들과 비교하여 어떻게 인식되고 있는가를 파악하는 것은 자사의 이미지나 제품을 경쟁기업과 차별되게 포지셔닝하기 위하여 필요한 가장 기본적인 작업이다.

소비자의 마음을 파악하기 위해서 마케팅조사를 이용하여 포지셔닝맵이 작성된다. 포지셔닝맵은 지각도(perceptual map)라고도 불리는데, 소비자가 각각의 제품이나 서비스에 대해 지각하고 있는 차원을 선별하여 작성하는 방법이다. 보통 포지셔닝맵 작성방법에는 요인분석법(factor analysis)과 다차원척도법(MDS : multi-demension scale)을 이용한 통계방법 등이 있다.

포지셔닝맵은 현재 경쟁제품이나 자사제품이 소구하지 않는 위치를 확인할 수 있고, 경쟁자와 경쟁강도 파악을 수월하게 할 수 있는 장점이 있다. 따라서 포지셔닝맵은 신제품개발이나 재포지셔닝전략 수립에 유용하게 사용할 수 있다.

(2) 소유하고 싶은 포지션 탐색 및 발견

장기적인 관점에서 소유하고 싶은 포지션을 탐색하고 발견하는 과정이다. 일반적으로 경쟁관계가 치열한 경우에는 가능한 한 소비자가 중요하게 생각하는 부분 중에서 빈 공간을 찾아낼 수 있어야 한다. 마케터는 표적시장 내에서 고객들이 추구하는 혜택을 이해하고 기존 제품에 대한 불만족과 원인을 찾아내는 것이 중요하다.

(3) 경쟁자의 확인

동일한 포지션을 놓고 경쟁한다면 누구와 경쟁할 것인가를 결정해야 한다. 경쟁자의 확인을 위해서는 동일속성 제품뿐만 아니라 동일한 효익을 갖는 다른 속성의 제품도 고려해야 한다. 언뜻 보기에는 전혀 다른 제품속성으로 인해 경쟁관계가 없는 것으로 보이지만 효익 측면에서는 분명한 경쟁관계에 있는 경우가 많다. 마케터는 보다 넓은 안목으로 경쟁의 범위를 설정해야 하고, 차원을 제품속성뿐만이 아니라 효익이나 사용상황에까지 확대해야만 한다.

(4) 자사의 자원 파악 및 효과적인 활용

목표로 하는 포지션 획득 및 유지를 위한 자사의 가용자원을 파악한다. 고객 홍보활동에는 많은 비용과 노력이 필수적이다. 따라서 처음부터 전국규모의 전체시장에 어필하기보다는 기업의 목표, 규모와 성장률, 자원 등을 고려하여 평가한 뒤 진출할 만한 가치가 있고 가장 효과적으로 공략할 수 있는 한두 개의 세분화된 표적시장을 선정하여 집중하는 것이 바람직하다.

(5) 포지션 획득

목표로 하는 포지션을 획득하는 단계이다. 치밀하고 신속한 마케팅계획과 실행으로 소유하고 싶은 포지션을 획득한다. 이 단계는 소비자의 욕구를 더 잘 충족시킬 수 있는 적합한 자사제품의 포지션을 결정하는 과정이다. 마케터는 자사제품의 경쟁적 우위 확보가능한 포지션을 결정하고 획득하는 것이 중요하다.

(6) 획득한 포지션의 유지 및 강화

일단 획득한 포지션은 지속적으로 차별화될 수 있도록 유지해야 한다. 이를 위해서 기본적인 포지션의 차별성을 중도에 바꾸지 말고 일관성을 유지하는 것이 중요하다. 일단 구축한 포지션은 목표한 위치에 포지셔닝되었는지를 확인하고, 획득된 현재의 포지션이 목표하는 포지션과 일치하는가를 수시로 점검해야 한다.

그러나 초기에는 적절한 포지셔닝이었다 하더라도 환경변화에 따라 적절치 않은 포지션으로 변화하는 경우도 발생한다. 이럴 경우 마케터는 포지셔닝전략의 절차를 반복 시행하여 자사제품의 목표포지션을 다시 설정하고 적절한 포지션으로 이동시키는 재포지셔닝(repositioning)이 필요하다.

5 마케팅믹스(4P)

STP가 결정되면 실행전략에 들어간다. 이 단계는 전통적으로 4P를 중심으로 전개되어 왔다. 제품(product), 가격(price), 유통(place), 촉진(promotion)의 4P를 마케팅전략의 핵심요소로 규정하고, 이들의 조합(mix)을 통해 최상의 마케팅 효과를 얻고자 하는 단계이다. 서비스상품인 공연예술이나 영화 등에 4P 전략을 적용해볼 수 있다.

영화에서의 제품요인은 영화 자체가 가지는 객관적 정보와 관련성이 있는 것으로 영화줄거리, 감독, 장르, 출연배우, 제작비 등의 정보를 포괄한다. 가격은 소비자인 관객이 지불하는 관람료(입장료)를 의미한다. 유통요인은 관람장소인 영화관과 그와 관련된 시설에 대한 것이다. 촉진요인은 광고, 비평, 구전, 예고편 등 다양한 요인들이 있는데, 영화정보를 얻을 수 있는 광고나 홍보, PR과 같은 커뮤니케이션 수단을 말한다. 즉, 영화의 마케팅믹스 4요소라면 ① 영화라는 상품(product), ② 관람요금(price)과 연령등급, ③ 배급과 상영(place), ④ 광고홍보전략(퍼블리시티, 광고, 판촉)의 프로모션(promotion)이라 할 수 있다.

[표 4-6]에서는 지금까지 언급한 내용을 응용하여 영화마케팅의 4P를 제시하고 있다.

▮ 표 4-6 ▮ 마케팅믹스 원리에 입각한 영화마케팅의 4P

4P	마케팅전략	세부사항
제품 (product)	상품으로서의 영화를 콘텐츠 측면에서 접근	영화내용, 장르, 배우, 감독, 등급, 흥행요소 분석
유통 (place)	배급 및 유통 차원에서 분석	영화관 및 시설, 배급사 결정, 개봉시기, 극장 스크린수 확보
가격 (price)	관람요금과 할인제	관람요금 결정 및 연령제한등급
촉진 (promotion)	광고홍보 마케팅전략 수립(PR, 광고, 판촉, 홍보)	홍보대행사 결정, 광고회사 및 포스터 제작업체 선정, 구전, 비평, 예고편

실제로 마케팅 수단들인 '마케팅믹스(marketing mix)'가 어떻게 적용되는지 영화 〈기생충〉의 사례를 들어 분석해보았다.

영화 〈기생충〉은 사회적 불평등 문제를 고발한 블랙코미디 영화다. 이 작품은 한국의 반지하 방에 거주하는 기택(송강호 분)의 가족들이 살아남기 위해 상류층 가정(이선균 분)에 기생하게 되면서 계급갈등, 빈부격차 등의 부조리로 인해 결국 두 가정의 비극적 결말을 초래하는 내용이다. 〈기생충〉을 통하여 불평등 문제의 심각성이 해외에서도 공감을 불러일으킴으로써 영화가 표현하는 시대성은 세계적으로 공통적인 사회현상임을 확인시켜주었다. 사회적 불평등 문제는 현대시대 세계적으로 공통된 문제이기에 동서양을 막론하고 해외 여러 국가에서도 높은 인기와 호평을 받으며 한국영화의 전성기 시대를 열었다고 볼 수 있다.

〈기생충(Parasite), 2019〉의 포스터

봉준호 감독의 〈기생충〉은 영화 비수기인 5월 말에 개봉하여 할리우드 영화 〈고질라 : 킹 오브 몬스터〉와 맞붙었지만 예상을 깨고 큰 흥행을 거뒀다.

결국 영화 〈기생충〉은 빈부격차, 사회적 불평등이라는 시대성을 반영한 주제의식이 관객들의 관심을 끌었으며, 강력한 배급사의 유통구조와 10~60대까지 전 연층의 추격 관람 등이 영화 성공의 요인으로 작용하였다.

표 4-7 영화 〈기생충(Parasite)〉의 개요

장르	블랙 코믹 스릴러
감독	봉준호
출연배우	송강호, 이선균, 조여정, 최우식, 박소담, 이정은, 장혜진, 박명훈
제작/배급	제작 : (주)바른손이앤에이 배급 : CJ ENM
개봉	2019년 5월 30일
줄거리	한국의 반지하 방(하류층)에 거주하는 가족들이 살아남기 위해 상류층 가정에 기생하게 되면서 계급갈등, 빈부격차 등의 부조리로 인해 결국 두 가정의 비극적 결말을 초래하는 사회적 불평등을 고발한 영화다.
포지셔닝	빈부격차, 불평등이라는 보편적 주제를 반영한 블랙코미디 장르 영화
타깃설정	18~39세 주 관객층을 타깃, 특정 배우들이 연령대별 흡수
전국 관객수	10,313,519명(국내 상영영화 역대 26위)
전국 매출액	875억 원

표 4-8 〈기생충(Parasite), 2019〉의 포스터

배우	출연자 소개	등장인물	등장인물 소개
 송강호	연기파 배우, 〈쉬리〉, 〈살인의 추억〉, 〈괴물〉, 〈밀정〉과 같은 완성도 높은 영화에 출연	기택 역	사업실패로 무직자이나 지략이 풍부하고 교활하며 가족의 상황 개선을 위해서 모든 것을 기꺼이 희생하는 김씨 집안의 가장 역할
 이선균	1975년생, 〈하얀거탑〉의 최도영 역으로 주목을 받았고, 〈커피프린스 1호점〉, 〈화차〉, 〈내 아내의 모든 것〉에서 상당한 흥행을 거뒀다.	동익 역	부유하고 성공한 사업가로서 하층민들의 투쟁에 대해 무시하고 몰상식한 박씨 집안의 가장 역할이다.

 조여정	패션지 모델로 데뷔, 영화는 〈흡혈형사 나도열〉 주연으로 데뷔하여, 〈방자전〉, 〈후궁 : 제왕의 첩〉, 〈인간중독〉 등으로 인지도를 높였다.	연교 역	외모 가꾸기에 집착하는 부유한 주부로서 친절하고 호의적이며 순진한 동익의 아내 역할
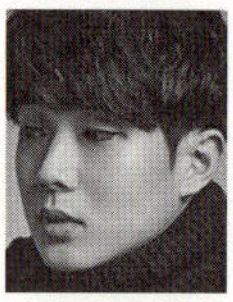 최우식	1990년생, 〈썸남〉, 〈옥탑방 왕세자〉, 〈호구의 사랑〉, 〈더 패키지〉 등에 출연했으며, 코믹연기를 잘하는 것으로 알려짐	기우 역	기택의 아들로 총명하고 야망이 있으며 4수생으로 언젠가 대학에 진학하는 것을 꿈꾸면서 학력을 속이고 박동익 사장 딸의 가정교사가 된다.
 박소담	한예종을 나와 조연과 단역을 거쳐 배우의 커리어를 쌓았으며, 영화 〈베테랑〉, 〈사도〉, 〈검은사제들〉에 출연하여 무서운 신예로 등극함	기정 역	미대 진학을 준비하는 기우의 동생으로 제시카라는 미술치료 선생으로 위장하여 박사장의 아들 다송의 미술 선생이 된다.
 이정은	연극과 뮤지컬 무대를 돌며 경력을 쌓아왔으며, 〈기생충〉으로 청룡영화상에서 여우조연상을 거머쥐며 연기를 인정받음	문광 역	부잣집 가사도우미로 박사장 집에서 남편과 오래 살고 싶고, 빚을 탕감할 능력이 없어 버티고 있는데, 어느날 기택의 가족들에게 지하실 공간을 빼앗긴다.
 장혜진	한예종 출신, 〈밀양〉을 통해 연기 활동을 재개했고 〈기생충〉 출연으로 유명세를 얻으며 배우로서 전성기를 맞이함	충숙 역	기택의 아내로 가족 부양을 위해 최선을 다하는 강인하고 근면한 여성이다. 그녀는 박동익 사장의 가정부로 고용되어 그들의 가정에 관여한다.

1) 제품전략(product planning)

영화에서의 제품요인은 영화 자체가 가지는 객관적인 정보와 관련성이 높다. 제품은 영화줄거리, 감독, 장르, 출연배우, 제작비 등을 포괄하고 있다. 특히 스타의 유무는 영화흥행과 직접적인 상관관계가 있는 중요한 영화의 상품속성이다.

개봉 전 〈기생충〉은 내용을 철저하게 관객들에게 비밀로 했다. 포스터의 배우들은 검은 띠로 눈을 가렸고 예고편 역시 내용을 알 수 없는 '비밀주의 마케팅'을 활용하였다. 심지어 중요한 반전의 역할을 맡은 배우들을 공개하지 않고 각서까지 받는 등 철저한 비밀주의를 선택하였다. 이러한 비밀주의 마케팅은 대중의 자연스러운 영화 관람으로 이어졌고 영화의 스포일러를 주의하자는 관람 문화까지 만들기도 했다.

국내에서 〈기생충〉이 개봉된 날은 2019년 5월 30일이지만 그 이전인 5월 26일 한국 영화 최초로 칸 영화제 '황금종려상'을 수상하면서 미디어와 관객들에게 관심을 유도하였다.

블랙코미디 영화인 〈기생충(Parasite)〉은 봉준호 감독의 연출력과 주연 및 조연 배우들의 연기력이 빛을 발휘한 흥행 1,031만 명의 관객을 동원하였다. 영화 〈기생충〉이 역대 한국영화 스물 여섯 번째로 천만클럽에 가입했다. 주연인 송강호 배우는 〈괴물〉, 〈변호사〉, 〈택시운전사〉 등에서 깊은 인상을 남긴 연기파 명배우이며, 이선균 배우도 대표적인 연기파 배우 중의 한 명이다. 젊은 배우인 최우식과 박소담 역시 조연과 단역을 거쳐 탄탄한 연기 커리어를 쌓았다. 조연을 맡은 이정은, 장혜진, 박명훈은 탄탄한 연기력을 인정받아 전성기를 누리고 있다.

또한 〈살인의 추억〉, 〈괴물〉, 〈마더〉, 〈설국열차〉, 〈옥자〉 등으로 검증받은 봉준호 감독도 〈기생충〉을 연출하여 예술성이나 흥행성을 높이는 데 공헌하였다. 결국 관객들은 사전에 영화의 품질을 파악할 수 없기 때문에 스타 감독이 연출한 작품과 연기력을 검증받은 배우들이 출연하는 작품을 선택하였다.

영화 〈기생충〉은 2019년 제72회 칸 영화제의 황금종려상과 아카데미 시상식에서 4관왕(작품상, 감독상, 각본상, 외국어 영화상)을 차지하며 한국영화의 위상을 보여주었다. 그 외에도 영국 아카데미, 세자르상, 국내 청룡영화제 등 많은 나라에서 수상실적을 기록하여 흥행 측면에서 도움이 되었다.

2) 가격전략(price planning)

영화에 대해 소비자인 관객이 지불하는 관람료(입장료)는 동일하다. 일반적인 멀티플렉스관에서 보통 1편당 만원에서 2만 2천 원의 관람료를 받고 있다. 영화진흥위원회에 따르면 2022년 국내 영화관 평균 관람료는 1만285원으로,

전년(9656원) 대비 6.5% 증가했다. 따라서 관객이 영화를 선택할 때 고려할 수 있는 가격요인은 영화관에서 책정하는 영화관람료 한 가지만을 들 수 있다. 영화관의 관람료 정책은 할인에 따라 가격차별화가 가능하다. 예전에는 조조상영 할인이 유일했지만 최근에는 영화관 할인, 신용카드 및 이동통신사 카드할인, 영화관 마일리지 할인 등 다양한 할인정책이 실시되고 있다. 관객들이 신용카드나 이동통신사 카드 가입을 통해 무료예매서비스를 받을 수 있다는 점도 유의해야 한다.

우리나라 영화관은 좌석가격 차등제와 프리미엄관 도입으로 평균티켓가격(ATP)을 올리는 효과도 누리고 있다. CGV는 2016년 3월부터 좌석을 스크린과의 거리에 따라 가장 가까운 앞 3줄을 이코노미존으로 설정하고 이후 스탠다드존, 프라임존의 총 3구역으로 나눴다.

스크린에 너무 가까워 선호도가 떨어지는 이코노미존은 스탠다드존보다 1,000원 저렴하게 받고, 관람이 유리한 프라임존은 스탠다드존보다 1,000원 더 비싸게 받고 있다.

또한 일부 프리미엄관은 편안하고 넓은 좌석에서 여유로운 관람을 즐길 수 있는 기회를 주는 대신에 비싼 가격을 받고 있다. 영화관의 좌석가격 차등제와 프리미엄관 도입은 결국 가격차별화에 따른 영화 가격을 상승시켜 매출을 높이는 수단이 되고 있다.

3) 유통전략(place planning)

유통경로는 영화라는 제품이 상영되는 장소를 의미한다. 최근 멀티플렉스 및 다양한 형태의 극장 출현과 함께, 영화흥행을 위해 절대 빼놓을 수 없는 주요한 요인으로 영화관이 급부상하고 있다. 유통요인은 바로 영화관람장소인 영화관과 그와 관련된 시설이다. 유통요인에 중점을 두는 관객은 영화를 선택할 때 그 영화가 상영되는 영화관의 시설(스크린의 크기, 음향, 화질, 의자, 주차장, 이벤트 개최 등), 더 나아가 영화관과 연계해 생각할 수 있는 시설(교통시설, 영화관 근처 편의시설 등)을 중요하게 고려한다.

우리나라의 첫 천만 영화가 나오기 시작한 2000년대 초반은 멀티플렉스가 자리 잡기 시작한 시기였다. 멀티플렉스를 가진 강력한 배급사가 영화흥행의 성공요인으로 작용하고 있다. 영화 〈기생충〉은 멀티플렉스를 갖고 있는 CJ ENM이라는 투자배급사가 흥행을 뒷받침하였다. CJ ENM은 CGV 1,948개관을 확보하여 천 3백만 명 정도의 관객을 동원할 수 있는 원동력이 되었다. 〈기생충〉은 2019년 5월 30일 개봉 이후 53일 만에 천만 관객을 넘었다. 영화 〈기생충〉은 계급갈등, 빈부격차 등 사회적 이슈에 대한 관심도가 높았고 강력한 배급사의 유통구조와 흥행 성공작에 대한 전 연령층의 추격 관람 등으로 천만 영화의 흥행기록을 달성할 수 있었다.

영화 성공에는 개봉일을 언제로 하는가, 또 어떤 영화들과 맞붙는가 하는 점들도 중요한 변수로 작용한다. 기생충은 5월 말에 개봉하여 할리우드 영화인 〈고질라 : 킹 오브 몬스터〉와 맞붙었지만 예상을 깨고 큰 흥행을 거뒀다. 경쟁 영화가 강력한 고질라를 등장시켜 괴수들과 대결한다는 액션, 모험영화였지만 과도한 CG효과에 스토리 라인 부족으로 불과 36만 명의 관객을 동원하여 흥행에 실패했다. 반면, 기생충은 15세 관람가 영화이자 대중성과 예술성을 갖춘 반전 있는 코믹 스릴러로 전 연령대의 관객층을 흡수했다.

영화 박스오피스 매출의 60~70%가 보통 개봉 3주 안에 이루어진다. 할리우드의 대작 영화와 함께 걸렸지만, 개봉 3일 만에 237만, 6일 만에 409만, 13일 만에 702만, 53일 만에 1,000만 명을 돌파했다. 〈기생충〉의 개봉 첫 주 흥행 기록은 할리우드 블록버스터에 맞먹는 기록이다.

영화 〈기생충〉은 한마디로 예술성과 오락성을 부각하는 대비효과와 황금종려상 시상과 제92회 아카데미 시상식 주요 부분에 노미네이트된 유일한 아시아 작품으로 주목받아 흥행에 성공할 수 있었다.

〈기생충〉의 제작비는 170억 원으로 칸 영화제 수상 직후인 2019년 5월 30일 우리나라에서 먼저 개봉, 전국 누적관객수 1,031만 명을 기록하며 26번째 천만 영화에 등극하였다. 〈기생충〉은 북미에서도 아카데미 시상식 전에 이미 2,500만 달러(약 298억 원) 이상 매출을 올리는 등 외국어 영화로는 역대급 기록을 세웠다. 이어 아시아, 유럽, 중동, 남미 등 전 세계 40여 개국에 수출하여 2억 6,300만 달러(3,454억 원)라는 전례 없는 흥행 기록을 세웠다.

4) 촉진전략(promotion planning)

촉진은 관객들의 의견에 영향을 주거나 반응을 유도해내기 위하여 잠재적 소비자에게 알리고 설득하고 환기시키는 과정에서 마케터가 내보내는 커뮤니케이션 요소이다. 이 과정에서 영화는 광고, PR, 판매촉진, 이벤트와 캠페인 홍보, 웹사이트 이용, 구전, 전문가비평, 예고편 등을 결정한다.

광고는 영화관객의 부족한 사전지식을 채워주는 외부정보의 원천으로 영화에 대한 인지도를 제고시키고 관객의 영화선택에 영향을 미친다. 예고편은 영화관객을 설득하기 위해 관객의 긍정적인 구전과 흥미를 유발시킬 목적으로 제작된다. 또한 웹사이트 이용은 제작계획단계부터 상영에 이르기까지 영화와 관련된 내용을 잠재영화관객에게 알림으로써 제작사 혹은 마케팅사와 고객 간의 쌍방향 커뮤니케이션이 가능케 하며, 잠재영화관객을 유인하는 커뮤니케이션 도구이기도 하다. 영화관객, 특히 소비자가 영화를 선택할 때는 영화의 객관적인 속성보다 주위 사람들의 구전(buzz marketing)에 영향을 크게 받는다. 구전정보(입소문)는 전문적인 평론가의 추천이냐, 친구로부터의 추천이냐, 그저 알고 있는 정도의 사람으로부터의 추천이냐에 따라 그 무게가 서로 다르다.

〈기생충〉은 관객들을 유인하기 위하여 개봉 전 제작발표회 행사를 개최하고, 영화관에서 '라이브톡'으로 관객들과의 접촉면을 넓혔다. 또한 관객들의 입소문을 전파하기 위한 수단으로 영화메인 홈페이지 및 포털사이트, SNS 활용 등 온라인 홍보에 중점을 두었다.

개봉 한 달 전인 2019년 4월 22일 〈기생충〉 제작발표회를 가진 데 이어 5월 22일 제72회 칸 영화제 공식 상영회와 황금종려상 수상으로 대중들의 관심을 유도하였다.

또한 봉준호 감독을 비롯한 배우들이 CGV 영등포와 압구정에서 대담형식의 '라이브톡'을 개최하여 관객들과의 만남을 가졌다. 5월 29일에는 CGV 영등포에서 봉준호 감독을 비롯한 배우들이 중앙일보 이은선 기자 진행으로 '스타라이브톡'이 열렸고 30일에는 CGV 압구정에서 이동진의 진행으로 봉준호와의 대담형식의 라이브톡이 개최되었다.

정식 무대인사는 6월 6일을 마지막으로 수도권만 돌고 종료되었다. 900만 관객 돌파 기념행사는 6월 23일에 무대인사 겸 GV 행사로 개최되었다.

영화 〈기생충〉을 대상으로 빅데이터 분석기법이 적용되어 영화의 흥행요인을 살펴보는 연구가 진행되었다. 김진욱(2020)은 페이스북, 트위터 등 SNS의 활용지수와 구글 트렌드 데이터, 네이버 트렌드 데이터, 네이버 뉴스 검색 결과 데이터 및 영화 네티즌 평점 데이터를 토픽 키워드를 추출하여 관객들의 관심 데이터 변화량(버즈량)과 오피니언 마이닝을 통해 영화 흥행을 예측하였다.[10]

〈기생충〉에 대한 빅데이터 트렌드 분석 결과는 2019년 5월 10일부터 약 한 달간 분석하였는데, 5월 30일에 개봉하는 영화 〈기생충〉은 '봉준호'라는 버즈량과 함께 매우 높은 버즈량을 기록했다. 또 하나의 특징은 〈기생충〉의 개봉일은 5월 30일인데, 그 이전에도 부정글보다는 긍정글이 높았고, 개봉 이후로 〈기생충〉에 대한 긍정적 버즈량이 급증한 것을 볼 수 있었다. 또한 SNS의 댓글 분석 결과, 긍정 감성어 1위는 2만 50회의 버즈량을 보인 '인정받다'였고, 부정 감성어 1위는 6,300여 건의 '국뽕'(배타적 국수주의)이었다.

이처럼 빅데이터를 활용한 영화흥행 요인분석은 해당 영화의 흥행예측이 가능해지면 영화제작 과정에서 홍보나 마케팅의 효율성을 극대화하면서 제작비용과 영화실패에 따른 리스크를 최소화할 수 있을 것이다.

이와 함께 〈기생충〉 포스터를 이용한 밈(meme)이 온라인에서 유행하였다. 주인공이 기생충처럼 검은 띠로 눈을 가린 채 서 있는 모습이 화제가 되면서 패러디 영상들이 꾸준히 올라와 부가적인 측면에서 화제성을 이끌었다.

박사장 저택에 동반 출근하는 기우 남매가 현관문에서 자신들이 만든 허구의 인물 '제시카(기정)'의 프로필을 외우기 위해 '독도는 우리땅'을 개사해 노래를 흥얼거렸고, 단 6초에 불과한 일명 '제시카송'은 해외 인터넷시장에서 소위 '밈(meme)'이 되며 영화를 본 관객들 사이에서 이 노래에 대한 심각한 중독증세를 보였다(경향신문, 2019. 11. 11).

결국 〈기생충〉은 몰입도 높은 스토리텔링, 배우들의 강렬한 연기, 계급갈등을 주제로 한 영화라는 점에서 관객들에게 큰 반향을 일으켰다. 또한 블랙코미

10 김진욱, 빅데이터를 활용한 영화흥행 요인 분석 : 영화 〈기생충〉의 SNS 활용지수와 토픽키워드 중심으로, 한국엔터테인먼트산업학회논문지 14호, 2020.

디, 스릴러, 드라마를 포함한 다양한 장르의 응집력과 감독의 디테일한 연출능력이 돋보이는 작품이었다.

그림 4-5 영화 〈기생충〉 빅데이터 분석 결과, '기생충'과 '봉준호'의 버즈량 비교

표 4-9 영화 〈기생충〉의 단계별 프로모션전략

기간	1차 마케팅 (4.22~5.29)	2차 마케팅 (5.30~6.22)	3차 마케팅 (6.23~8.21)
셀링포인트	비밀주의	감독, 배우	예술성, 오락성
위상정립	시대성을 반영한 영화	블랙코미디, 스릴러	최고의 흥행영화
프로모션 수단	• 시사회, 제작발표회 • 티저 예고 및 티저포스터 화제 • '제시카송' 파급 효과 • 영화프로, 주간지 기사 • SNS 입소문 • 감독 및 배우 라이브톡 • 서포터즈 온라인 모임 • 칸 영화제 공식 상영회 및 수상	• 본 예고, 본 포스터 • 대통령 VIP 관람 • 서포터즈 모임 • 기생충 퀴즈 이벤트 • 극장, 케이블 스팟광고 • 정식 무대인사 진행 • 영화관람권 이벤트 • 해외개봉 시작 : 홍콩	• 900만 관객 돌파 행사 • VOD 공개 • 4대 매체 흥행홍보 • 각본집 & 스토리보드북 단행본 예약 판매 • 페이스북 및 트위터 이벤트 • 해외 수출 계약 및 프로모션(40개국 수출)

표 4-10 영화 〈기생충〉의 마케팅믹스전략

마케팅전략 4P	전통적 마케팅
Product (제품)	• 블랙코미디와 스릴러를 앞세워 메인타깃(18~35세)과 함께 40대 이상 중장년층까지 흡수하는 전략에 초점 • 불평등 문제 등 시대성을 반영한 영화 • 황금종려상, 아카데미상 등 국제영화제 수상효과 • 타깃 : 10~60대까지 전 연령을 소구하는 대중적인 장르
Price (가격)	• 티켓 가격(최소 1만원~최대 2만 2천원) • 경로 및 우대 할인(7천원~ 1만원), 문화의 날 할인(7천원) • 청소년 할인(8천~1만 5천원)
Place (유통)	• 투자배급사인 CJ ENM이 영화관 체인 CGV 1,948개관 확보 • 편의시설이 뛰어난 멀티플렉스관 중심 개관 • 극장 비수기(5월)에 개봉했지만 경쟁작이 없었던 타이밍이 주효
Promotion (추진)	• 입소문 전략 활용(영화 메인홈피 및 인터넷 포털사이트, 페이스북, 트위터 등 온라인 홍보 중점) • 감독 및 배우들이 출연하는 라이브톡 행사 : CGV 영등포, CGV 압구정 • 영화와 관련된 물품들(포스터의 검은 상자, 복숭아) 관객 배포 • 영화 홍보사의 직접 홍보 및 예고편 홍보 • 이색적인 비밀주의 마케팅 : 스포일러 차단 • 해외 수출 및 프로모션 : 은행, 정유회사, 의류회사, 여행사

5) 새로운 마케팅믹스 4C

마케팅믹스는 기본적으로 4P, 즉 상품(Product), 가격(Price), 유통(Place), 촉진(Promotion) 등 네 가지로 이루어진다. 현재에도 4P는 충분히 효과적인 프레임워크이지만 이것은 어디까지나 판매자의 시점에서 생각한 것이다. 마케팅의 4P는 전적으로 기업 입장에서 접근한 방식이다. 이것을 소비자 입장에서 재해석한 사람이 현대 마케팅의 대부 필립 코틀러(Philip Kotler)이다. 코틀러는 마케팅의 4P를 소비자 혜택(Customer Benefits=Product), 소비자 비용부담(Cost to customer=Price), 편리성(Convenience=Place), 커뮤니케이션(Communication=Promotion)의 4C로 새롭게 해석하였다. 인터넷 등 온라인 시장이 커지고 트위터, 페이스북 등 소셜네트워크를 포함한 소비자의 능동적인 소비활동이 커지면서 4C가 등장하게 된 것이다.

필립 코틀러는 2017년 저서 『마켓 4.0』에서 디지털경제로 연결된 세상에서 마케팅믹스 4C를 Co-creation(공동창조), Currency(통화), Communal activation(공동체 활성화), Conversation(대화)로 재정의하고, 더 많은 고객의 참여를 강조하였다.

공동창조는 구상단계 초기부터 고객을 참여시켜 제품과 서비스의 맞춤화와 개인화를 할 수 있게 해준다는 것이다. 통화는 시장수요와 생산시설 가동률에 따라서 가격을 유연하게 책정함으로써 수익성을 극대화하는 것을 의미한다. 공동체 활성화는 P2P, 즉 개인과 개인 간의 유통의 촉진을 말하는 것이며, 대화는 소셜미디어의 확산으로 고객의 메시지에 적극 대응하고, 그 메시지에 대해서 다른 고객들과 대화할 수 있게 만들자는 것이다.[11]

그림 4-6 마케팅믹스 4P에서 4C로의 전환

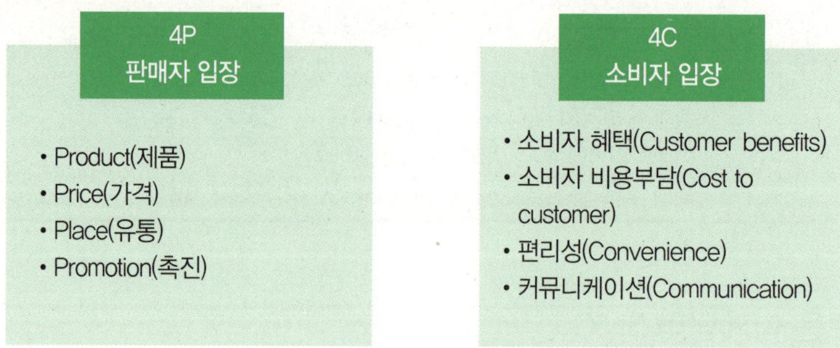

6) 4P 측면에서 문화마케팅과 전통적 마케팅의 차이

[표 4-11]에서 보듯이 마케팅의 주요 구성요소인 4P 측면에서도 문화마케팅과 합리적 소비를 전제로 하는 전통적 마케팅과는 차이가 있다.[12]

11 필립 코틀러, 필립 코틀러의 마켓 4.0, 더퀘스트, 2017, pp.96~99.
12 문화마케팅의 부상과 성공전략, 삼성경제연구소 CEO Information, 2002, 10. 30.

표 4-11 문화마케팅과 전통적 마케팅의 비교

마케팅전략의 4P	문화마케팅	전통적 마케팅
Product(제품)	이미지, 판타지, 느낌 강조	편익과 기능을 강조
Price(가격)	문화적 프리미엄 부가	합리적 가격 또는 할인가 적용
Place(유통)	문화공간 등으로 유통	대형, 전문 유통매장
Promotion(촉진)	문화이벤트, 직접체험 등	미디어광고, 입소문 등

즉, 기존의 전통적 마케팅에서는 제품의 편익과 기능을 강조하는 반면 문화마케팅에서는 제품과 연관되는 이미지, 판타지, 느낌 등이 강조된다. 가격의 경우 합리적인 가격이나 할인가를 강조하는 전통적 마케팅과 달리 문화마케팅은 문화적 프리미엄이 부가된다. 유통의 경우 유통업체 매장을 통해 판매를 하는 전통적인 마케팅에 비해 문화마케팅은 기존의 전문 유통매장을 탈피하여 문화공간에서 이루어진다. 전통적 마케팅의 촉진은 주로 미디어광고나 소비자의 입소문 등으로 이루어지나 문화마케팅은 문화적 이벤트나 직접적인 체험 등을 통해 이루어진다.

문화마케팅 따라잡기

한국영화 100년, 문화의 힘을 보여주다

2020년 2월 10일(한국시간 기준) 미국 아카데미 시상식에 영화 〈기생충〉의 영문 제목인 'Parasite'가 네 번이나 불렸다. 이날 봉준호 감독은 작품상을 제외한 각본상, 국제 장편영화상, 감독상의 수상 소감을 위해서 세 번이나 무대에 올랐다. 기생충의 아카데미 수상은 한국 영화계의 경사로 받아들여졌다.

국내 최초의 영화는 1919년에 김도산 감독이 제작한 〈의리적 구토〉였다. 연극과 영화가 결합한 연쇄극(영화를 섞어 상영하는 특수극) 형태의 작품이었다. 이후 영화는 순식간에 대중의 눈과 귀를 사로잡았다.

영화제작자들은 대중의 감성에 호소하는 힘에 주목하였다. 특히 나운규가 1926년에 발표한 〈아리랑〉은 항일 정서를 주제로 하여 저항적 민족주의를 대표하는 작품이었다. 지주와 소작인, 가난과 성희롱에 시달리는 여성 등 식민지 한국의 현실에 뿌리를 둔 인물들을 전면에 내세우면서 열광적인 대중의 반응을 이끌어냈다.

해방 이후 열악한 환경 속에서도 한국 영화는 충무로를 중심으로 끊임없이 성장해왔다. 감정선을 건드리는 신파극의 요소는 영화에 스며들면서 진화하였고 독재정권 아래에서도 사회의 부조리를 교묘하게 고발하는 특유의 비판 의식이 더욱 강화되었다. 산업화의 성과는 영화산업 또한 성장시켰으며, 민주주의의 진전으로 자유롭게 주제를 선택하고 표현이 가능해졌다.

1990년대 이후 한국 영화는 질적 · 양적으로 성장하였다. 1993년에는 임권택 감독의 〈서편제〉가 최초로 100만 관객을 동원하였고, 2003년 개봉된 강우석 감독의 〈실미도〉가 천만 관객 시대를 연 이래 2019년까지 모두 19편의 천만 관객 영화가 탄생하였다.

2000년대 들어서 한국 영화이 작품성은 국내뿐만 아니라 세계무대에서 인정받기 시작하였다. 2002년 임권택 감독이 〈취화선〉으로 칸 영화제에서 감독상을 받은 이후, 연이어 세계 3대 영화제(칸, 베니스, 베를린)의 수상 소식이 전해졌다. 2019년에는 봉준호 감독의 〈기생충〉이 칸 영화제 최고상인 황금종려상을 받았다. 베를린 영화제에서는 아직 최고상인 황금곰상을 받지는 못하고 있지만 이창동, 박찬욱, 홍상수 감독이 은곰상을 받았다.

한때 국내에서는 할리우드와 홍콩 영화를 부러워하였던 분위기가 있었다. 하지만 지금은 한국 영화가 세계로부터 작품성과 흥행성을 인정받으며 기세를 올리고 있다. 개항기에 한국을 방문한 외국인들은 한국인을 가리켜 '이야기를 즐기는 민족'이라 하였다. 한국 영화의 힘은 이런 한국인의 정서와 격동의 현대사를 지나오며 생산된 비판 의식이 표현의 자유를 만나 생긴 것은 아닐까?

자료 : 조한경 외, 한컷한국사, 해냄에듀, 2022 참조

이 장의 요약

환경분석이 끝나면 이를 토대로 시장세분화(segmentation), 표적시장 선정(targeting), 포지셔닝(positioning) 단계를 거친다. 이와 같은 표적시장 마케팅의 과정을 STP전략이라고 부른다.

고객세분화(segmentation)란 다양한 방법으로 획득한 고객관련 데이터를 분석하여 공통적인 특성을 갖는 여러 개의 집단으로 분할하는 것을 말한다. 고객 및 시장세분화가 완료되면 표적시장(targeting)을 선정해야 한다. 몇 개의 세분시장에 진출할 것인지, 어떤 세분시장에 중점적으로 공략할 것인지를 결정해야 한다. 세분시장에 대한 목표가 결정되었다면 다음은 그 세분시장에서 어떤 위치를 확보할 것인가를 포지셔닝(positioning)해야 한다. 포지셔닝은 경쟁제품이나 서비스와 비교하여 해당 제품 또는 서비스의 중요한 속성이 소비자의 마음속에 자리 잡는 위치를 말한다. 문화예술기관이나 기업이 상품을 성공적으로 포지셔닝하는 전략에는 속성-효익에 의한 포지셔닝, 사용상황에 의한 포지셔닝, 사용자에 의한 포지셔닝, 경쟁에 의한 포지셔닝, 상징적 속성에 의한 포지셔닝 등이 있다.

STP가 결정되면 실행전략에 들어가야 하는데, 이 단계는 전통적으로 4P를 중심으로 전개되어 왔다. 제품(product), 가격(price), 유통(place), 촉진(promotion)의 4P를 마케팅전략의 핵심요소로 규정하고, 이들의 조합(mix)을 통해 최상의 마케팅 효과를 얻고자 하는 단계이다. 즉, 어떠한 제품을, 어느 가격으로, 어떠한 유통채널을 통해, 어떤 광고 및 홍보전략으로 마케팅할 것인지를 결정해야 한다.

영화와 같은 경험재를 판매할 때는 그 특징과 품질에 대한 정보가 소비자에게 전달되는 과정을 관리하는 것이 중요하다. 영화의 강력한 마케팅 무기는 관객의 평판이나 개봉시기, 입소문 등에 따라 흥행을 좌우한다. 영화의 제품요인은 영화 자체가 가지는 영화 줄거리, 감독, 장르, 출연배우 등 객관적인 정보와 관련성이 높다. 특히 스타의 유무는 영화 흥행과 직접적인 상관관계가 있는 중요한 영화의 상품 속성이다. 유통 차원에서 영화 배급사가 결정해야 하는 핵심 결정으로 배포시기를 들 수 있다. 영화 수요에서 가장 큰 비중을 차지하는 학생들의 방학(12~1월, 7~8월)이나 추석연휴 기간에 흥행 영화가 집중적으로 개봉하는 시기이다. 무엇보다 영화관객인 소비자가 영화를 선택하는데 있어서는 영화의 객관적인 속성보다 주위 사람들의 구전(buzz marketing)에 영향을 크게 받는다.

영화의 경우 대중적 스토리, 강력한 배급사, 여름 · 겨울방학 개봉, 사회적 이슈, 시대적 상황, 마케팅의 힘 등이 흥행성과를 좌우한다.

주요용어

시장세분화(segmentation)
표적시장 선정(targeting)
포지셔닝(positioning)
STP전략
요인분석법(factor analysis)
다차원척도법(MDS)
재포지셔닝(repositioning)
4C
마켓 4.0

참고문헌

- 김만석, 공연예술경영, 북코리아, 2006.
- 김승미, 만원사례 예술경영학, 늘봄, 2008.
- 김윤지, 박스오피스 경제학, 어크로스, 2016.
- 김종의 외, 특수마케팅의 이론과 사례, 형설출판사, 2006.
- 김주호 · 용호성, 예술경영, 김영사, 2002.
- 김진욱, 빅데이터를 활용한 영화흥행 요인 분석 : 영화 〈기생충〉의 SNS 활용지수와 토픽키워드 중심으로, 한국엔터테인먼트산업학회논문지 14호, 2020.
- 김현정 · 박영은, 한국 영화관객의 관람구매 결정요인과 마케팅 방안연구, 영화진흥위원회, 2005.
- 문숙재 · 여윤경, 소비 트렌드와 마케팅, 신정, 2005.
- 문화마케팅의 부상과 성공전략, 삼성경제연구소 CEO Information, 2002. 10. 30.
- 백승국, 문화기호학과 문화콘텐츠, 다할미디어, 2004.
- 보니타 M. 콜브 저, 이보아 · 안성아 역, 문화예술기관의 마케팅, 김영사, 2004.
- 시사IN, 2013. 3. 23.
- 안길상 외, 문화마케팅, 한경사, 2008.
- 양윤, 소비자 심리학, 학지사, 2008.
- 용호성, 예술경영, 김영사, 2011.
- 윤홍근, 문화마케팅 입문, 지식의날개, 2015.
- 이영우, 예술경영, 세종출판사, 2003.
- 이유재, 서비스마케팅 2판, 학현사, 2001.
- 이인권, 21세기 아트센터의 예술경영 리더십, 어드북스, 2006.
- 이흥재, 문화정책, 논형, 2006.
- 제일기획, 2011 대한민국 라이프스타일 조사 보고서, 2011.
- 조한경 외, 한컷한국사, 해냄에듀, 2022.
- 채서일, Marketing 4판, 비앤엠북스, 2007.
- 채지영, 클래식음악 공연 소비자 특성이 재구매에 미치는 영향 연구, 한국예술경영학회, 2011.

- 한순호, 영화마케팅의 모든 것, 루비박스, 2015.
- 홍영준, 소비자 지형적 문화산업 정책, 집문당, 2003.
- Abercrombie, N. and Longhurst, B., *Audiences: A Sociological Theory of Performance and Imagination*, Sage, 1998.
- Holbrook, M. and Hirschman, E., The experiential aspects of consumption: Consumer fantasies, feelings, and fun, *Journal of Consumer Research*, 9, 1982.
- Keith Diggle, *Arts Marketing*, Rhinegold Publishing, London, 1994.
- Kotler, P, *Markering Management*, 7th.ed, Prentice-Hall, 1996.
- Rolf Jensen, *The Dream Society: How the coming shift from information to imagination will transform your business*, New York: McGraw-Hill, 1999.

CHAPTER 05

상품관리 및 브랜드관리

1. 문화상품의 개념과 유형
2. 새로운 문화상품 개발
3. 제품수명주기의 전략
4. 브랜드관리
5. 4대 엔터테인먼트회사의 성공요인 분석

1 문화상품의 개념과 유형

1) 문화상품의 개념

문화상품은 유형적인 상품, 서비스, 아이디어의 결합이다. 문화예술의 생산자인 문화산업주체는 연극, 영화, 콘서트, 미술관 전시, 스포츠관람을 제시할 때 서비스를 제공한다. 여기에는 상품의 유형, 형태, 브랜드, 특성 등이 포함된다. 어떤 소비자들은 클래식음악, 발레, 연극, 영화라고 불리는 문화상품이 존재한다고 알고 있다. 좀 더 많은 정보를 가진 소비자의 경우 연극에는 셰익스피어의 연극, 현대 실험극, 뮤지컬 등 다양한 형태가 있고, 영화도 블록버스터를 비롯해 다양한 장르가 있다는 사실을 알고 있다. 또한 관람하는 소비자들은 문화산업주체로부터 음료수, 프로그램, 기념품과 같은 유형적인 상품을 구매하기도 한다. 문화적 산물에 대한 수요와 공급이 이루어지는 시장에서 교환되고 소비되는 대상은 어느 것이라도 문화상품이라고 할 수 있다.

문화산업진흥기본법에 의하면 '문화상품'은 문화적 요소가 체화되어 경제적 부가가치를 창출하는 유 · 무형의 재화와 서비스 및 이들의 복합체를 의미한다고 정의하고 있다. 이런 개념으로 보았을 때 문화상품은 미술품이나 공예품과 같은 물리적 제품뿐 아니라 인터넷에서 제공되는 MP3 파일이나 전자책과 같은 디지털제품, 그리고 공연, 전시 등과 같은 문화서비스를 포함하고, 음악가, 연예인과 같은 문화기획 등의 아이디어까지도 포함한다.

문화상품은 협의의 문화상품과 광의의 문화상품을 구분하여 정의할 수 있다. '협의의 문화상품'은 문화상품의 활용이 오프라인 콘텐츠로 한정되어 있을 뿐만 아니라 전통적인 부분에 국한되어 있다. 예를 들어 전통문화에 기반을 둔 차, 다기, 식품, 장식용품, 자연화장품, 생활 및 주방용품, 도자기 등 실용성이 강한 전통문화상품 내지 관광 등과 연관된 문화관광상품을 지칭한다.

반면 '광의의 문화상품'은 기존 문화산업진흥기본법 등에서 명시하고 있는 '문화상품'처럼 문화관련 콘텐츠 및 디지털 문화콘텐츠를 포함한 유 · 무형의 재화와 서비스 및 이들의 복합체로 규정함으로써 매우 넓은 개념으로 정의하고 있다. 따라서 전통적인 예술에 기반을 둔 협의의 문화상품 개념에서 벗어나, 문화상품을 창출하는 콘텐츠의 생산부터 소비에 이르는 전 가치사슬에 참여하는 사업자들의 생산활동, 산업과 관련된 모든 결과물을 의미한다. 다시 말해 문화유산, 생활양식, 창의적 아이디어, 가치관 등 문화적 요소들이 콘텐츠로 재구성, 유통되면서 고부가가치를 갖는 문화상품으로 전환된다.

2) 문화상품의 특성

문화인류학자인 스로스비(David Throsby)는 문화상품(cultural goods)의 특성을 창작과정에서 창의성이 있고, 지적재산권의 형태를 구현할 수 있으며, 상징적 의미를 전달하고, 경제적 가치뿐 아니라 문화적 가치를 동시에 지니고 있다고 설명한다.[01]

스로스비는 문화를 '시장에서 거래대상이 될 수 없는 문화'와 '시장에서 거래대상이 될 수 있는 문화'로 구분하였다. 그는 시장에서 거래대상이 될 수 있는 문화를 '기능적 의미의 문화'로서 규정하고 있는데, 이것은 인간의 여가생활을 구성하는 상품으로서 문화를 말한다. 우리가 일상생활에서 소비하는 공연상품, 미술품, 문화상품 등은 모두 여기에 해당한다.[02]

보통 상품이 지닌 속성들을 소비자가 얼마나 쉽게 파악할 수 있는지를 기준으로 상품을 탐색재,[03] 경험재, 신용재로 구분한다. 문화상품은 소비자가 제품을 사용한 뒤 효용을 평가하는 경험재의 특성과 동시에 품질을 정확하게 평가하기 어려운 신용재의 특성을 동시에 갖고 있다.

제품을 사용한 소비자가 제품을 사용하고 난 뒤에도 해당 제품에 대한 품질을 정확하게 평가하기 어려운 제품들을 신용재(credence goods)라 부른다. 공연예술(클래식, 발레, 오페라), 영화, 음악 등 제품서비스를 평가하는 데 전문성이 필요한 상품들이 해당된다.

이런 문화상품은 관람객들이 품질을 평가할 수 있는 수준까지 훈련되지 못한 경우가 많기 때문에 정확한 평가가 이루어지기 어렵다. 또한 관람객들 중 상당

01 Throsby, *Economics and Culture*, Cambridge, 2001.
02 한국경제학회, 문화경제학 만나기, 김영사, 2001, p.538.
03 구매 이전이라도 소비자가 소비해 얻을 수 있는 효용을 쉽게 추정할 수 있는 상품이다.

수가 처음이거나 두세 차례 공연을 관람하기 때문에 해당 공연내용에 대해 정확한 평가를 내리기 힘들다.[04]

이러한 신용재의 평가는 해당 제품이나 서비스의 브랜드에 따라 평가가 이루어지는 것이 보통이다. 하지만 신용재는 소비자들이 품질을 평가하기 힘들기 때문에 브랜드이미지 구축 기반을 마련하기 어렵다. 따라서 신용재의 브랜드를 쌓는 데에는 시간이 걸리게 된다.

이와 달리 경험재는 소비한 이후에야 효용을 제대로 평가할 수 있는 상품이다. 재미있을 것으로 예상하고 영화를 관람한 다음에 크게 실망한 경험을 사람들은 대부분 가지고 있을 것이다. 신용재는 경험재에서 더 나아가 소비한 이후에도 효용을 평가하기 어려운 상품이다. 가수가 소속사와 계약한 이후에도 계속 성공하지 못한다면 이것이 본인의 재능부족인지 아니면 소속사의 지원부족인지 분간하기 쉽지 않다.[05]

문화상품은 일반적으로 경험재로 분류된다. 따라서 경험재에 필요한 마케팅 전략을 문화기업들은 적극적으로 활용한다. 공연, 영화와 같은 경험재를 판매할 때 무엇보다 콘텐츠 관련 정보를 적극적으로 제공하여 소비를 통해 얻을 수 있는 효용을 증대시키고자 한다. 공연, 영화상품을 홍보할 때 SNS를 활용한 마케팅이 활발한 이유가 여기에 있다. 경험재와 관련해서 잠재고객에게 객관적인 정보를 제공하는 평가업체(홍보대행사)가 평판을 제공하기도 한다.

때로는 콘텐츠에 정보를 첨부하는 방법도 사용한다. 속편을 활용하는 것이 대표적이다. 기존 작품에서 얻은 효용을 통해 속편에서 얻을 수 있는 효용을 소비자가 추정할 수 있기 때문이다. 이러한 전략을 브랜드확장(brand extension) 전략이라고 한다. 시사회는 참석한 소비자의 입을 통해 간접적인 방식으로 콘텐츠에 대한 정보를 잠재적 소비자에게 전달하는 방식이다.

3) 문화상품의 유형

문화산업주체나 기업이 소비자들에게 제시하는 상품은 제품의 개념을 어디

04 박정호, 경제학자의 인문학 서재 2, 한빛비즈, 2013.
05 장병희, 미디어 경제학, 커뮤니케이션북스, 2015.

까지로 볼 것인가에 따라 핵심제품, 실제제품, 확장제품의 세 가지 차원으로 나눌 수 있다.

[그림 5-1]은 영화라는 문화상품의 세 가지 차원을 보여주고 있다. 가장 기본적인 차원이 핵심제품(core product)이며, 핵심적 개념이 형상화되어 있는 차원이 실제제품(actual product), 그리고 핵심제품과 실제제품에 추가적으로 고객의 이점을 제공해주는 것이 확장제품(augmented product)의 차원이다.

(1) 핵심제품

핵심제품(core product)은 소비자가 구매할 때 궁극적으로 얻고자 하는 핵심적인 이익이나 혜택을 의미한다. 영화를 보러 오는 소비자는 영화관람 자체만을 구매하는 것이 아니라 즐거움과 오락, 기분전환, 사교적 만남 등을 추구한다. 따라서 제품을 개발할 때 먼저 소비자들에게 그 제품을 통해 어떤 핵심적 혜택을 제공하고, 어떤 경험을 줄 수 있는지를 분명히 하는 것이 중요하다.

(2) 실제제품

실제제품(actual product)은 소비자가 그 제품으로부터 추구하는 편익을 구체적인 물리적 속성들의 집합으로 유형화시킨 것을 말한다. 이런 실제제품은 핵심제품의 개념이 형상화되어 구체적인 모습으로 만들어진 것으로 영화줄거

그림 5-1 문화상품의 유형(영화제품)

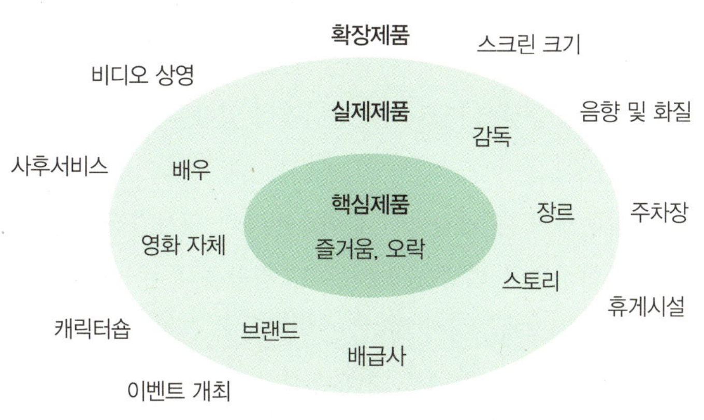

자료 : 김종의 외, 특수마케팅의 이론과 사례, 2006, p.30 재구성

리, 출연배우, 감독, 스토리, 장르처럼 소비자가 실제로 느낄 수 있는 물리적 형태의 차원을 의미한다. 즉, 영화 자체뿐만 아니라 영화관람을 위해서 하는 모든 일련의 행위에 기대하는 것을 말한다. 영화제품의 구체적 속성과 제공된 서비스 실체가 실제제품으로서 소비자에게 물리적 형태로 구현될 수 있다.

(3) 확장제품

확장제품(augmented product)은 앞의 두 가지 차원이 주는 것 이상으로 지원되는 서비스를 말한다. 부가서비스인 확장제품은 영화를 관람할 수 있는 공간, 영화관 로비에서의 예고편 상영, 휴게시설, 주차시설, 기념품 판매, 캐릭터 숍, 이벤트 개최, 종업원의 친절도 등이 포함된다. 이런 확장제품은 영화를 보는 것 못지않게 관객에게 다양한 볼거리 및 부가적인 감성이벤트 제공을 통해서 고객의 마음을 사로잡을 수 있다는 차원에서 중요하다.

〈슈렉 3〉 홍보

예를 들어, 초등학생을 대상으로 〈슈렉 3〉 그림 그리기 대회를 개최하여 상품을 주거나 영화 속 배경에서 즉석사진 찍어주기 행사 등을 열어 관람을 유도한다. 또는 스파이더맨이나 배트맨 등 영화 속 캐릭터 상품을 판매하거나 캐릭터가 그려진 티셔츠를 판매하기도 한다. 각종 이벤트와 사후서비스 등 확장제품은 영화에 대한 입소문효과를 크게 일으켜 소비자들의 관람을 유도할 수 있는 부가적 기능을 한다. 이런 입체적인 차원으로 문화상품을 기획하는 그 중심에 바로 마케팅전략이 있다.

반면, 문화산업주체 또는 기업들이 문화소비자의 의사결정에 영향을 미치려면 소비자에게 문화상품의 특성을 알려주고, 관람을 통해 얻게 될 편익(만족, 상징)이 무엇인지 확신시켜주어야 한다. 소비자들이 문화상품을 구매하는 행동과 관점을 기준으로 편의품, 선매품, 전문품으로 분류할 수 있다. 그 내용을 살펴보면, 편의품은 식료품처럼 단가가 싸고 빈번히 구매하고 주거지로부터 가까운 점포에서 구입하는 제품이다. 선매품은 소비자가 여러 점포를 방문하여 품질, 가격 등을 비교한 후 구매하는 제품으로 의류가 대표적이다. 전문품은 상대적으로 고가이고 브랜드선호도가 높아 소비자가 특별히 집착하는 제품으로 미술품이나 고급 자동차가 전형적이다.

공연이나 영화와 같은 문화상품의 경우 소비자는 원하는 서비스를 얻기 위해 경쟁상품과 효용, 가격, 품질 등을 비교하고 정보를 탐색하는 등 구매노력을 들인 뒤에 구매를 한다.

고가의 공연상품은 전문상품으로 분류할 수 있는데, 〈오페라의 유령〉과 같은 공연상품은 대체할 만한 서비스가 존재하지 않으며 브랜드충성도가 매우 높다. 이런 상품은 소비자들이 인식하는 위험이 매우 크고, 구매노력을 많이 들이며, 고객이 관여하는 정도가 매우 높다. 대표적인 예로 특정하게 좋아하는 가수(아이유, 싸이, 조용필 등)의 콘서트관람이나 서울 재즈페스티벌 등을 들 수 있다.

공연장, 특히 20대 초반의 대학생층을 대상으로 하는 연극이나 뮤지컬 공연의 경우 영화관의 입장권 가격을 많이 고려한다. 이들 젊은 관객층에게 있어서 공연은 친구들과 만나 즐거운 저녁시간을 보낼 수 있는 놀이방법의 하나로서 영화의 대체재 성격을 지니기 때문이다. 최근에는 뮤지컬 등 공연장 입장권 가격이 상당한 비율로 상승하고 있지만, 얼마 전까지만 해도 연극 공연의 경우 영화관 입장료의 가격과 큰 차이가 없었다. 좀 더 넓게 보면 프로야구 경기, 노래방, 비디오방 등의 엔터테인먼트 분야는 마니아층을 제외하면 상호 대체재적인 여가상품으로서의 성격이 강하기 때문에 가격설정에서도 상호영향을 받게 된다. 클래식음악 실황공연의 경우 공연자, 콘서트일정, 음악 프로그램(연주곡), 장소의 특성, 부가서비스와 같은 정보 등이 제품에 포함된다.

4) 문화상품의 제공편익

바리에띠(Bariletti)와 코지(Causi)는 문화상품이 제공하는 편익을 사용편익, 지역적 경제효과, 비사용편익으로 구분하여 설명하고 있다.[06]

06 이영우, 예술경영, 세종출판사, 2003, pp.511~512.

(1) 사용편익(use benefits)

사용편익은 문화의 소비자에게 효용의 증대를 제공하며 인지능력과 표현능력을 높여준다. 사용편익으로부터 개인이 문화적으로 향상되면 공동체의 정체성을 높이고 도덕적이고 교육적인 사회를 만드는 공동체 편익이 향상된다. 따라서 기술이 경험학습(learning by doing)으로 축적되는 것처럼 문화상품은 소비학습으로 축적되는 특성을 가지고 있다.

(2) 지역적 경제효과(territorial economic impact)

지역적 경제효과는 특정 문화활동이 전개되는 지역의 거주자 및 여행객이 얻는 문화적 혜택으로부터 나온다. 문화활동과 무관한 사람들에게까지도 고용과 소득효과를 제공할 뿐만 아니라 생활의 질을 높이는 문화적 환경은 다른 산업분야의 생산시설을 증대시켜 지역개발의 효과를 수행한다.

(3) 비사용편익(non-use benefits)

비사용편익은 비록 현재 문화를 소비하지 않지만 미래에 소비할 수 있다는 가능성을 제공하며, 훌륭한 문화가 있다는 생각만으로 높은 위신과 자부심을 느끼는 것이다. 과거에는 문화상품이 최종소비재로서의 효용을 증대시켜 주는 정도의 존재로 간주되어 경제에 미치는 파급효과를 무시했으나 문화상품이 갖는 비사용편익이 고려되면서 문화산업은 경제발전을 촉진할 수 있는 산업으로 그 영역이 확대되고 있다.

5) 문화상품의 성공사례(〈별에서 온 그대〉)

문화산업은 하나의 성공한 원작이 다양한 장르로 재창조되는 원소스 멀티유즈를 통한 고부가가치 창출이 가능한 산업이다.

드라마 〈별에서 온 그대〉(별그대)가 주춤했던 한류에 새바람을 일으키며 제2의 한류열풍을 일으켰다. 한국 드라마가 중국에서 이처럼 큰 인기를 모은 것은 2005년 드라마 〈대장금〉 이후 거의 10여 년 만이다. 〈별에서 온 그대〉는 2014년 2월 중순 '한국인이 가장 좋아하는 프로그램'을 묻는 한국갤럽 설문조사에서

11개월간 독주하던 MBC 〈무한도전〉을 제치고 당당히 1위를 차지했다. 별그대의 평균 시청률이 20%를 넘었고 2014년 2월 27일 마지막 회에서는 전국기준 28.1%(닐슨코리아)를 기록했다.

SBS 드라마 〈별에서 온 그대〉는 중국에서 정식 방송되지 않았지만 인터넷을 통해 젊은 세대를 중심으로 화제를 모으면서 중국 대륙에 제2 한류를 일으켰다. 드라마에 등장한 대사가 중국인 사이에서 유행하고, 드라마에 라면이 등장했다는 이유만으로 국내 식품업체 농심이 중국에서 사상 최대 매출을 올렸다. "눈 오는 날에는 치맥(치킨과 맥주)을 먹어야 한다"는 주인공의 대사 한 마디로 '치맥' 열풍이 인 것도 이 드라마 때문이다.

드라마의 인기로 인해 남자주인공인 김수현(도민준 역할)은 중국에서 30편 이상의 광고를 찍어 광고비로 5억 위안(한화 909억 원)의 수입을 올렸다. 여자주인공 전지현(천송이 역할)은 〈별에서 온 그대〉가 히트한 이후 2004년 한해 가전, 소셜커머스, 식품, 음료, 의류, 주류, 통신사, 화장품 등 무려 10여 개 브랜드 광고에 출연하며 'CF 퀸'으로 등극했다.

또한 여주인공인 전지현이 입고 나온 옷과 가방, 선글라스, 구두, 작은 액세서리 브랜드 등이 빠른 시간에 완판되면서 '천송이노믹스'란 용어까지 만들어졌다.

중국 언론은 하루가 멀다 하고 왜 자신들은 〈별그대〉 같은 트렌디 드라마를 만들 수 없는지를 분석했다. 중국의 CCTV 한 시사 프로그램에서 중국 내 〈별그대〉 열풍을 "도교수, 별에서 왔나?"라는 타이틀로 9분 정도로 다루며 〈별그대〉 열풍을 실감케 했다. 북경 제2외국어 대학교 모 교수는 "별그대의 도민준이 가져온 것은 한국 문화에 대한 단순한 호기심을 넘어 한국의 문화, 습관, 유행 등을 중국에 가져왔고, 단순한 사회적 현상을 넘는다는 평가를 받고 있다"고 밝혔다.

또한 중국 최대 인터넷 쇼핑몰 타오바오에는 〈별그대〉 관련 상품이 270만 건이 등록되어 있고 극중 등장하는 의류, 화장품 등을 구매 대행하는 업체들도 등장했다. 중국에 진출한 우리 기업들도 〈별그대〉 특수를 누렸다. 김수현이 광고모델로 활동하는 CJ푸드빌의 뚜레쥬르 베이징 지역 매장 매출은 28%, 상하이 지역 매장 매출은 40% 올랐다. 〈별그대〉를 이용한 관련 상품, 여행상품, 모바일 게임과 공연까지 개발되고 있다. 전문가들은 〈별그대〉 경제효과가 3조 원에 달할 것으로 추산한다.

드라마의 인기에 힘입어 촬영지들이 새로운 관광코스로 부각되고 있다. 〈별그대〉 배경으로 나온 N서울타워 루프테라스를 비롯해 경기도 가평군 쁘띠프랑스, 인천시립박물관, 인천대 송도캠퍼스 등을 찾는 중국인 관광객이 크게 증가했다. 프랑스 문화 마을인 경기도 가평군 쁘띠프랑스는 드라마에서 남녀 주인공이 사랑을 확인하는 장면이 촬영돼 관심을 끌었으며, 드라마 속 소품 '비녀'가 전시됐던 인천시립박물관과 남녀 주인공의 만남을 촬영한 인천대학교 송도캠퍼스가 관광코스로 인기를 모았다. 특히, 송도석산은 드라마 전개 과정에서 가장 극적인 배경이 된 곳(남자주인공이 여자주인공을 두 번이나 구출한 명장면 '절벽씬'이 촬영된 장소)으로 인천의 새로운 관광상품으로 개발되었다. 드라마 〈별에서 온 그대〉 속 도민준의 서재와 천송이의 침실이 새로운 웨딩촬영의 명소로 떠오르는 등 드라마 촬영배경이 장소마케팅의 공간으로 자리 잡고 있다.

그림 5-2 드라마 〈별에서 온 그대〉의 경제효과

'별 그대 노믹스' 효과

- 경제효과 총 3조 원
- 중국인 관광객 34% 증가
- 한 · 중 합작 콘텐츠펀드 2,000억 원 조성
- 식음료업계 경제효과 3,000억 원
- 김수현 모델 뚜레쥬르 중국 매출 30% 증가
- BBQ 중국 치킨 판매 30% 증가
- 장소 관광 명소화 : N서울타워, 쁘띠프랑스 등

2 새로운 문화상품 개발

치열한 경쟁에서 문화기업이 유지되거나 성장하기 위해서는 새로운 상품개발이 절실하다. 문화기업은 시장점유율 확보나 확대를 위해 끊임없이 새로운

상품을 개발해야 하며, 이는 궁극적으로 소비자의 삶을 풍요롭게 하고 문화가치를 제공하여 기업의 이미지 제고에도 도움을 줄 수 있다. 일반적으로 신제품 개발 프로세스는 아이디어 창출을 시작으로 아이디어 평가(screening), 문화상품 콘셉트의 개발, 사업성 분석, 문화상품 개발 및 테스트, 상업화(시장도입)의 단계를 거친다.

1) 아이디어 창출

새로운 문화상품 개발은 조직 내외에서 아이디어를 수집하고 동시에 브레인스토밍(brainstroming)을 통해 적극적으로 아이디어를 개발하는 과정에서 시작된다. 성공적인 신상품을 얻기 위해서는 많은 아이디어들을 창출해내야 하며 상품 아이디어에 대한 탐색과정은 체계적이어야 한다. 문화예술기관이나 기업은 회사 내부나 고객, 경쟁자, 유통업자 등 다양한 원천을 통해 새로운 상품 아이디어를 얻을 수 있다. 특히, 문화예술기관이나 기업은 기획개발을 통해 새로운 아이디어를 찾아내고 경영층이나 종업원들이 신제품 아이디어를 브레인스토밍 방식을 통해 발견한다. 이와 함께 고객의 욕구와 필요 등 소비자 조사를 통해서 고객의 아아이디어를 수집, 파악할 수도 있다.

2) 아이디어 평가(스크리닝)

아이디어 창출이 가능한 한 많은 아이디어를 찾아내는 것이라면 아이디어 평가의 목적은 아이디어의 수를 좁혀가는 데 있다. 즉, 아이디어 평가를 통해서 좋은 아이디어를 채택하고 그렇지 못한 아이디어를 버리는 작업이다, 문화기업은 체크리스트를 만들어 조직의 방향성, 시장성, 작품성(예술성) 등을 고려해 아이디어 평가과정에서 부적절한 아이디어를 제거하는 것이 필요하다.

3) 문화상품 콘셉트의 개발

문화상품 콘셉트는 상품 아이디어를 소비자가 사용하는 단어로 전환시킨 것이다. 즉, 추상적인 콘셉트를 실제 문화상품으로 구현할 수 있는가가 콘셉트 개발단계이다. 문화기업은 개발된 상품개념들이 소비자들에게 어떻게 인식되는지를 조사할 필요가 있는데, 이를 위해 포지셔닝맵을 작성해볼 수 있다. 제품이 미치는 현재적 · 잠재적 소비자가 어떻게 생각해서 떠올리는가를 알아냄으로써 직접적인 경쟁관계의 파악과 효과적인 마케팅전략의 수립에 활용할 수 있다.

문화상품은 불확실성과 경험재의 속성이 강한 상품으로서 명확한 개념을 설정하는 것이 어렵다. 따라서 새로운 문화상품의 콘셉트가 무엇인지에 대해서 상품개발 관계자 모두의 동의를 얻어내는 것이 성공적인 상품개발을 위해 무엇보다 중요하다.

4) 사업성 분석

사업성 분석은 새로운 상품의 매출액, 비용, 이익 등에 대한 추정치를 토대로 이 상품이 기업목적과 현금흐름에 기여하는지 사업매력도를 판단하는 것이다. 사업성 분석에서는 유사상품의 과거 판매기록을 살펴보거나 시장조사를 통해서 수요를 예측하고, 매출액을 추정하여 새로운 상품의 위험수준을 분석해야 한다. 또한 기획개발비(작가료, 작곡료), 제작비, 마케팅비용 등의 예상원가를 추정하고 추정매출액과 비용을 토대로 예상이익을 산정해야 한다.

5) 문화상품 개발 및 테스트

문화상품 개발 및 테스트는 문화상품을 구체화하고, 시장테스트(market testing)를 통해서 현실의 시장상황을 평가하는 단계이다. 보통 시장테스트 결과는 흥행예측과 매출예측 정도를 높이기 위해 사용된다. 시장테스트는 광범위한 시장에 판매하여 실패할 경우 큰 손해를 입기 때문에 그 전에 한정된 시장에서 시험적인 판매를 하는 것이다.

영화에서 시장테스트는 보통 프로모션 목적의 공개된 일반 시사와 제한적인 내부 모니터링 시사로 구분된다. 전자의 경우 영상물등급위원회의 심의필증을 받은 뒤 온 · 오프라인에서 일반인을 모집하여 프로모션 목적으로 시사를 하는 것이며, 내부 모니터링 시사(블라인드 시사)는 현상소, 편집실, 녹음실 또는 극장을 대관하여 소수의 내부인원(100~200명)을 대상으로 홍보마케팅의 방향설정이나 관객의 반응을 미리 예측하기 위해 진행한다.

6) 상업화

상업화는 개발된 문화상품이 실제로 시장에 진입하는 과정이며 종업원들에게 개발된 상품의 존재를 각인시키고, 개발된 상품의 모든 국면을 모니터링할 목적으로 실시한다. 소비자들이 문화상품을 경험하는 동안 지속적이고 세심한 모니터링이 수행되어야 한다. 전화나 면접, 이메일 등을 이용해서 서비스 제공과 관련된 문제점, 불편사항 등이 세밀하게 평가되어야 하며, 영업의 효율성 및 비용에 대한 평가도 이루어져야 한다. 영화의 경우 시나리오 개발과 촬영단계를 거쳐 완성된 작품이 시사와 상영을 통해 관객에게 소개되고, 그 평가에 따라 흥행 등에 들어간다.

3 제품수명주기의 전략

1) 제품수명주기의 단계

인간에게 수명이 있듯이 제품에도 탄생에서부터 소멸까지의 일생이 있다. 그것을 제품수명주기(product life cycle)라고 하는데, 매출액수준이나 경쟁상태의 차이를 기반으로 도입기, 성장기, 성숙기, 쇠퇴기의 4단계로 나눌 수 있다.

어떤 시장의 매출액이 수명주기상 어떤 단계에 있는가에 따라서 매력도가 달라진다. 도입기에는 시장의 규모가 작고 성장률도 낮기 때문에 매력도가 낮다. 성장기에는 시장이 빠르게 성장하면서 규모가 커지기 때문에 매력도가 가장 높다. 성숙기에는 수요가 포화상태에 도달하여 매출액 자체는 높지만 성장률이 둔화되어 매력도가 성장기보다는 점차 낮아지는 단계이다. 마지막 쇠퇴기에는 제품에 대한 니즈가 없어지고 매출액도 이익도 하락선을 타는 단계로 매력도가 가장 낮아지는 단계이다.

일반적으로 제품수명주기(PLC)는 제품범주(product class), 제품유형

(product form), 개별상표(brand)를 대상으로 사용할 수 있다. 제품범주는 소비자의 기본적인 욕구를 만족시켜 주는 제품군을 의미하며, 영화, 공연, 게임, 방송, 전통문화 등이 여기에 해당된다. 제품유형은 제품범주 내에서의 분화된 제품의 형태를 의미하며, 공연의 경우 클래식, 뮤지컬, 연극, 콘서트 등으로 구분될 수 있다.

제품수명주기(PLC)가 마케팅전략의 분석도구로서의 의미를 가지려면 제품유형에 의한 분석이 가장 유용할 수 있다. 왜냐하면 제품범주에 의한 수명주기는 개별기업 입장에 따른 구체적 마케팅전략의 시사점을 제공하기가 매우 어렵기 때문이다.

그림 5-3 제품수명주기(PLC) 곡선

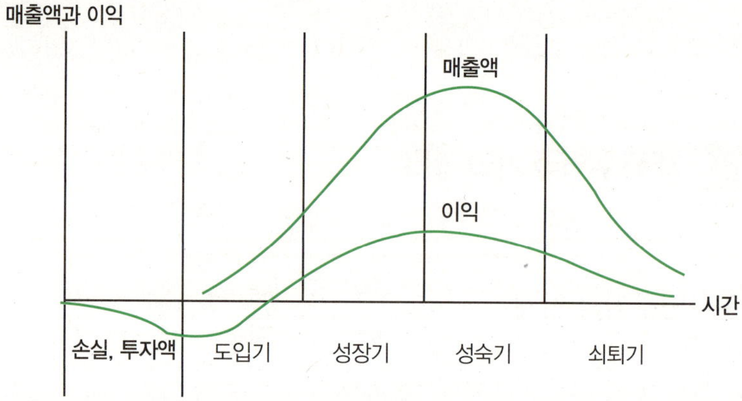

2) 문화산업에서 제품수명주기상의 단계

제품수명주기에서 각 단계마다의 길이는 제품의 성격이나 시장의 특성에 따라 길어지거나 짧아지게 된다. 즉, 소비자의 변화, 경쟁, 그리고 마케팅전략에 의해 변화할 수 있다.

제품범주 차원에서 우리나라 문화산업 시장의 제품수명주기를 분석해보면 스마트폰과 PDA, 무선인터넷 등 통신망을 이용한 신기술이 나오면서 모바일이나 게임 분야도 도입기에 접어들었고, 뮤지컬과 클래식 공연의 활성화로 공연은 성장기에, 방송 및 광고 · 영화는 성숙기 단계에 있으며, 전통문화는 이미 쇠퇴기 단계에 있다고 할 수 있다.

또한 제품유형에 따른 제품수명주기를 분석할 경우 공연의 경우 뮤지컬과 클래식은 성장기에 접어들었다면 대중가수들의 콘서트는 성장 후기 내지 성숙기 단계에, 연극은 쇠퇴기 단계에 있다고 할 수 있다.

하지만 문화산업에서 제품수명주기이론은 마케터나 문화기획자가 각 수명주기단계를 세부적으로 분석하여 수명주기 각 단계로의 변화를 예측할 수 있다. 수명주기이론은 이러한 환경변화에 가능한 한 효과적으로 문화예술기관이나 기업에 적용시킬 수 있다는 장점이 있다.

다시 말해 문화산업 분야의 성장과 쇠퇴과정은 제품수명주기이론이 설명하고 있는 것처럼 필연적인 진화과정이 아니라 사업환경 변화에 대한 경영자의 지원 및 대처능력에 기인하는 것으로 볼 수 있다.

3) 제품수명주기의 단계별 전략

일반적으로 제품수명주기 단계에서 도입기에는 혁신층, 성장기에는 조기수용층과 초기다수층의 일부, 성숙기에는 초기다수층과 후기다수층, 쇠퇴기에는 최종수용층의 순으로 제품을 구매하게 된다.

도입기에 제품을 구매하는 사람은 소수혁신층으로 기본형태의 제품을 제공하여 인지도를 높여나가는 것이 중요하다. 성장기에 제품을 구매하는 소비층은 조기수용층이라고 하는데 이들에 의한 호의적인 구전효과는 시장확대의 성공요인이 된다. 즉 신제품을 구매한 조기수용층이 좋은 평가를 내리면 이는 다른 소비자들의 구매를 촉진하는 것이다.

성숙기에는 초기다수층과 후기다수층이 주요 구매자로 활동하며 이들은 다양화된 브랜드와 모델을 사용할 수 있는 혜택을 받고 제품편익을 강조하는 광고에 반응하게 된다. 쇠퇴기에는 최종수용층이 구매자로 활동하면서 특정 제품에 대해 경쟁력이 없어져 단계적 철수를 고려하는 단계이다.

제품수명주기는 각 단계별로 마케팅믹스에 관한 전략을 제공해주므로 이를 적절하게 활용하면 효율적인 마케팅전략 수립의 지침으로 활용할 수 있다.

새로운 연극단체를 만들었다면 도입기 단계의 마케팅전략은 단체와 상품의 인식을 소비자에게 형성시키고 새로운 단체의 PR과 저가의 프로모션 접근, 지역주민이나 학교 등의 특별행사, 교육 프로그램 유치 등에 집중해야 할 것이다.

성장기 단계에는 급격하게 시장이 성장하여 티켓판매가 증가하면서 단골의 충성도를 만들고, 단일티켓 구매자를 정기회원 구매자로 전환, 공연 품질수준의 향상, 새로운 상품 추가, 새로운 유통경로 등을 고려해야 한다.

성숙기 단계에는 티켓판매 성장률이 점차 줄어들면서 재정적으로 그 자리를 유지하거나 감소하여 상품을 수정하거나 마케팅믹스를 수정하는 노력이 필요하다. 이 단계에서는 유명 극장을 대관하여 공연하거나 유명 연극상을 받거나 배우가 TV에 출연하여 연극단체의 인식을 바꾸는 등 상품수정이 필요하다. 또

표 5-1 제품수명주기의 단계별 특징과 전략적 시사점

특징	도입기	성장기	성숙기	쇠퇴기
판매량	낮음	급속성장	판매의 정점 도달	감소
고객당 비용	높음	평균	낮음	낮음
이익	적자	증대	높음	감소
고객	혁신층	조기수용층 중간다수층	중간다수층 후기수용층	후기수용층
경쟁업자	소수	점차 증대	많은 경쟁자	점차 감소
마케팅목표	제품인지와 사용의 증대	시장점유율의 확대	이익의 극대화, 시장점유율 방어	비용절감 투자회수, 독점적 지위 추구
마케팅 노력 초점	1차 수요의 자극, 성장기의 빠른 진입	선택적 수요의 자극, 빠른 성장률의 유지	브랜드 경쟁우위 확보, 성숙기의 유지	1차 수요의 유지, 쇠퇴속도의 감축
시장세분화	무차별	시장세분화 시작	시장세분화의 극대화	역세분화
제품	기초제품의 제공	제품확대, 서비스보증의 제공	상표와 모델의 다양화	취약제품 폐지
가격	고가전략	시장침투가격	경쟁대응가격	가격인하
유통	좁은 유통 커버리지	유통 커버리지 확대	유통 커버리지 최대화	수익성 적은 경로폐쇄
광고	조기수용층과 판매상 의 제품인지 형성	상표차이와 이점의 강조	상표이해도 높은 고객유지에 필요한 수준으로 감소	핵심고객의 유지만을 위한 최소한의 광고
판매촉진	시용확보를 위한 강력한 판촉 전개	수요확대에 따른 판촉의 감소	상표전환을 유도하기 위한 판촉증대	최저수준으로 감소

자료 : George S. Day, *Analysis for Strategic Market Decisions*, West Publishing company, 1980, p.90.

한 이벤트를 통해 연극단체의 이미지를 새롭게 만들고, 단체의 로고나 프로그램을 재디자인하는 스타일 개선이 요구된다.

마지막 쇠퇴기 단계는 새로운 연극단체가 생기고, 국립단체의 지역 순회공연으로 인하여 쇠퇴기를 맞이하면 미리 준비된 단계의 철수로 재정적인 손실을 줄이는 것이 필요하다.

이상의 제품수명주기단계별 특징과 전략적 시사점은 [표 5-1]에서 살펴볼 수 있다.

4) 제품수명주기의 유용성 및 한계

제품수명주기는 거시적으로 제품과 시장의 움직임을 이해하고 해석하기 위한 도구로 마케팅관리자들에 의하여 널리 사용되고 있다. 예측도구로서 제품수명주기는 현재 어떤 단계에 속하는가를 알면 제품의 판매량, 이익, 전략선택 등의 예측이 가능하고 특히 신제품 성과예측에 유용하게 활용할 수 있다.

하지만 제품수명주기는 몇 가지 한계점들을 가지고 있다. 일반적으로 제품수명주기를 독립변수로 보아 수명주기단계에 따라 사용할 수 있는 마케팅전략이 제시되고 있으나, 실제적으로는 기업의 마케팅전략에 따라 수명주기단계와 기간이 상이하게 날라신나.

제품수명주기단계상에서 제시되는 마케팅전략은 유일의 최적전략이 아닐 수 있다. 제품수명주기단계상에서 제시되고 있는 전략은 제품특성, 시장상황, 경쟁상황, 기업능력의 차이를 무시하고 있으므로 효율적인 수명주기를 사용하려면 이에 대한 고려가 필수적이다.

제품수명주기에서는 기본가정으로 시장이 동질적이고 구매자의 혁신 정도에 따라 세분화가 가능하다고 보고 있으나 현실적으로는 초기단계에서부터 이질적인 세분시장이 존재할 수 있다. 따라서 제품수명주기는 소비자의 특성에 따라 기업이 시장에 순차적으로 진입하는 가능성을 무시하고 있다고 볼 수 있다.

S곡선 이외의 다양한 제품수명주기(PLC) 유형이 존재하고 있고 모든 제품이 동일한 수명주기단계를 거치는 것은 아니다. 따라서 제품과 시장특성에 대한 고려가 필요하다.

4 브랜드관리

1) 브랜드의 정의와 역할

'Brand(브랜드)'는 노르웨이어의 'Brandr(굽다)'에서 나온 것으로 가축의 등에 소유주를 표시하기 위해 찍던 낙인에서 시작되었다.

미국마케팅학회(American Marketing Association)는 브랜드란 이름, 용어, 기호, 상징, 디자인, 또는 이들의 조합으로서 어느 하나 또는 일군의 판매업자들의 제품이나 서비스임을 나타내주는 수단이며, 경쟁업자들의 제품이나 서비스와 차별화시켜 주는 것이라고 정의하고 있다.

번 슈미트(Bernd Schmitt)에 따르면 브랜드란 소비자 마음속에서 다른 기업, 다른 상품, 서비스, 비즈니스 모델과 차이 나는 독특한 그 무엇이다. 또한 그것은 소비자에게 주는 기업의 이미지, 서비스, 비즈니스 모델의 종합적인 체험과 문화를 의미한다고 설명하였다.[07]

이러한 정의를 종합할 때 브랜드의 핵심은 한 제품을 다른 제품과 구별해주는 네임(name), 로고(logo), 심벌(symbol) 또는 이들의 집합체라고 할 수 있다.

특히, 문화상품은 전형적인 경험재로서 상품이 소비되기 전에 소비자가 그 효용을 가늠하기 어렵고 따라서 브랜드에 따라 좌우될 가능성이 많은 상품유형에 속한다.[08]

대표적인 문화상품인 공연은 경험재적 특성으로 인해 브랜드 의존도가 일반제품보다 크다. 관객은 실제로 공연을 관람하기 전에 공연이 좋은지 나쁜지 알기 힘들다.

그러나 브랜드 공연, 즉 신뢰할 만한 극장이나 단체의 공연에 대한 관객의 신뢰는 높다. 브랜드 제품에는 고객을 '단골'로 만드는 힘이 있다. '예술의 전당 공연은 믿을 만하다', '무용은 국립발레단 공연만 본다'와 같이 마음에 든 브랜드

07 번 슈미트, 알렉스 시몬슨 저, 인피니트그룹 역, 번 슈미트의 미학적 마케팅, 김앤김북스, 2007.

08 Shapiro & Varian, Information Rules: *A Strategic Guide to the Network Economy*, Harvard Business School Press, 1999.

제품을 고객들이 반복해서 구매하는 경향을 보이는 것이다.[09]

브랜드의 역할을 소비와 기업 양쪽의 측면에서 살펴볼 수 있다.

먼저 소비자 측면에서 보면, 첫째 브랜드는 제품의 본질을 규명하는 역할을 한다. 즉, 브랜드 자체만으로 소비자가 그 제품이 무엇인지 알 수 있도록 한다. 둘째, 브랜드는 생산자의 책임을 명확하게 증명함으로써 소비자에게 신뢰감을 주는 역할을 한다. 우리가 커피를 구매할 때 스타벅스 등의 특정 브랜드만을 보고 구매하는 경우가 많다. 그 이유는 이러한 브랜드를 소비자가 신뢰하고 있기 때문이다. 셋째, 브랜드는 구매결정에 있어서 소비자의 위험부담과 선택과정에 따른 노력 · 비용을 덜어줌으로써 구매의 편의를 제공한다. 넷째, 소비자는 특정 브랜드를 선호함으로써 자신의 의사를 간접적으로 표출한다. 예를 들어, 이름이 알려진 공연작품이나 예술단체를 선호하고 자주 관람함으로써 자신의 취향이나 기호가 돋보이기를 원하는 경우가 있다.

한편 기업 측면에서 브랜드의 중요성을 살펴보면 다음과 같다. 첫째, 기업의 입장에서 브랜드는 제품을 법적으로 보호한다. 문화상품을 만들어내고 유통시키는 예술단체나 기관들도 문화상품을 브랜드화하여 창작물에 대한 권리보호에 적극 나서고 있다. 둘째, 브랜드는 기업이미지에 직접적인 영향을 주어 해당 기업 전체의 이미지를 평가하는 잣대로 사용된다. 셋째, 이렇게 형성된 브랜드와 기업이미지는 해당 기업이 새로운 제품을 출시하는 경우에 효과적으로 사용될 수 있으며 기업의 마케팅비용을 절감할 수 있다. 우리나라의 삼성전자, LG전자는 명화나 예술작품을 소재로 한 제품이나 광고로 문화이미지를 체화시켜 기업 이미지를 높이는 데 큰 효과를 거두고 있다.

2) 브랜드의 구성요소

브랜드 구성요소는 브랜드 아이덴티티를 소비자에게 전달하고 표현하는 언어적 · 시각적 요소들을 말한다. 브랜드의 대가인 켈러(Kevin Lane Keller)는 브랜드 아이덴티티를 이루는 구성요소로 브랜드네임, 로고, 심벌, 캐릭터, 슬로

09 김승미, 만원사례 예술경영학, 늘봄, 2008.

건, 징글, 패키지 디자인을 예로 들었다.[10] 이러한 구성요소는 브랜드인지도를 높이고 기업이 목표로 하는 브랜드연상의 형성을 촉진하기 위해 사용된다. 문화예술기관이나 기업들도 공연이나 콘서트, 프로그램 등을 알리기 위해서 브랜드 네임, 로고와 심벌, 캐릭터, 슬로건, 컬러, 서체 등을 사용하여 소비자들의 마음속에 특정 브랜드를 인식시키고자 노력한다.

(1) 브랜드네임(brand name)

공연 대표상품인 〈난타〉 하면 관객들의 기억 속에서 붉은색 'NANTA' 로고, 비언어, 관객참여장치, 코믹한 스토리, 주방기구의 두드림 등의 이미지가 떠오른다. 여기서 'NANTA'는 브랜드네임으로 공연 프로그램의 이름을 의미한다. 브랜드네임은 고객에게 브랜드이미지를 인식시키고 고객과의 커뮤니케이션에서 가장 중요한 역할을 하는 브랜드의 핵심요소이다.

브랜드네임을 만들 때는 친숙성과 차별성, 그리고 독특성을 고려해야 한다. 친숙한 단어로 구성된 브랜드네임은 모든 고객들이 쉽게 연상할 수 있고 기억하기도 쉽다. 문화기업이나 예술단체들도 잠재고객이 특정 브랜드네임을 접했을 때 긍정적인 연상이미지를 심어줄 수 있는 브랜드네이밍에 신경을 써야 할 것

그림 5-4 브랜드 요소

〈난타〉의 로고

〈난타〉의 캐릭터

태권도원 캐릭터 '태랑'과 '진진'

서울시 심볼

전주시 슬로건

10 Kelvin L. Keller, *Strategic Brand Management*, 4th Edition, Prentice-Hall, 1998, pp.1~10.

이다. 공연의 프로그램명, 영화의 타이틀, 지자체의 축제 등 문화상품은 차별화된 브랜드네임으로 소비자에게 강력하게 기억할 수 있는 단서를 제공해야 한다.

기업이 판매하는 상품이나 서비스가 아니라 문화예술지원활동 자체에 브랜드를 도입하는 사례도 등장했다. 현대차그룹은 예술문화사업 브랜드 'H Art'를 발표하고, 향후 현대차의 모든 문화예술 프로모션을 'H Art' 브랜드를 통해 진행하겠다고 밝혔다.

(2) 로고와 심벌(logo & symbol)

로고와 심벌은 브랜드 요소 중 시각적인 요소로서 상품이나 서비스를 알리는 차별화된 표식이다. 문자 혹은 숫자를 브랜드네임이라고 한다면, 기호화된 모양이나 색들의 시각적인 정보를 심벌이라고 한다. 이것들은 브랜드네임을 뒷받침하는 중요한 역할을 하며, 브랜드네임과 동일하게 소비자들에게 브랜드에 대한 회상을 불러일으킴으로써 기억하기 쉽도록 도와준다.

서울시 슬로건은 2002년 처음 '하이 서울'(Hi, Seoul)을 만든 데 이어 2015년 '아이 서울 유'(I.SEOUL.U)로 변경됐으며, 2023년에는 '서울, 마이 소울(Seoul, my soul)'로 교체되는 등 잦은 교체로 비용이 많이 드는 만큼 일관된 브랜딩전략이 필요하다는 지적이다. 이 슬로건은 서울이 마음과 영혼을 끌어당기는 매력적인 도시임을 의미하며 시민들에게 영혼을 채울 수 있는 도시라는 메시지를 전달한다.

미국 뉴욕의 슬로건 '아이 러브 뉴욕'(I♥NY)은 1977년부터 네덜란드 암스테르담의 슬로건 '아이엠스테르담'(I amsterdam)은 2004년부터 유지되고 있다.

대한민국 대표공연인 〈난타〉 로고는 영문자를 사용하는 '문자형' 형태를 띠고 있다. 붉은색 글씨로 영문 대문자를 이용하여 'NANTA'라는 영문형태의 강렬한 로고로 만들었으며, 외국인 관객을 위해서 요리를 소재로 한다는 의미의 영문명 'Cookin'을 덧붙여 사용하고 있다.

(3) 캐릭터(character)

캐릭터는 브랜드가 가지고 있는 개성을 가상의 살아 움직이는 존재를 통하여 표현하는 것을 말한다. 캐릭터는 브랜드를 의인화하여 표현하기 때문에 브랜드를 더욱 친숙하고 편안하게 느끼게 한다.

넌버벌 퍼포먼스 〈난타〉는 공연상품의 무형성을 극복하기 위해 익살스러운 난타 캐릭터를 전용극장의 곳곳에 붙이고, 로비 안내데스크와 의자 표면을 스테인리스 식판으로 처리했으며, 난타 캐릭터를 이용해 무대세트를 제작하고, 난타를 활용한 오락시설, 캐릭터 상품 등 관객들이 눈으로 확인할 수 있는 물적 증거나 유형적 단서를 제공하고 있다.[11]

우리나라 지방자치단체는 그 지역의 대표적인 상징물로 지자체 캐릭터를 만들어 상표로 활용하거나 지역주민들의 일체감을 높이는 데 사용하고 있다. 대표적인 캐릭터 성공사례는 고양시의 고양이, 장성군의 홍길동, 공주시의 고마곰, 화성시의 코리요 등을 들 수 있다.

특히, 공주시를 대표하는 고마곰은 지자체를 대표하는 가장 성공적인 캐릭터로 자리 잡았다. 캐릭터 '고마(GOMA)곰'은 지역설화인 고마곰 설화와 무령왕의 유물, 공산성 등 지역문화유산을 재해석해 2015년 1월 탄생됐으며, 한국콘텐츠진흥원이 주관하는 '우리동네 캐릭터 대상'에서 2018년 특별상, 2019년 우수상, 2020년과 2021년 전문가상을 잇따라 수상하며 지자체 캐릭터 부문 강자로 성장했다. 고마곰과 공주를 형상화해 제작된 고마열차가 2022년 3월 백제문화제 기간에 운행하여 1만 5,118명으로 하루 평균 177명을 태우고 이색적인 볼거리와 체험을 제공하였다.

이들 캐릭터들은 해당 지자체의 상품전략에 대한 인식확대와 지역주민과의 감정적 유대감을 형성하게 해주며 애니메이션, 만화책, 피규어, 마을벽화, 게임, 조형물 등 다양한 형태의 상품으로 개발되었다.

태권도진흥재단은 전북 무주에 조성된 세계 태권도인의 교육 · 수련 · 연수 · 문화체험의 장인 '태권도원'의 BI를 2013년 5월에 공개했다. 주요 캐릭터 '태랑'과 보조 캐릭터 '진진'은 국기(國技) 태권도의 정체성을 강조하기 위해 우리나라의 대표적 향토 동물인 호랑이와 진돗개를 의인화했다.[12]

전주시는 캐릭터의 기본 모티브로 전통부채를 활용하여 캐릭터를 제작하였다. 부채모형의 캐릭터는 전주시의 전통인 태극선과 합죽선을 친근감 있고

11 김종의 · 김소영 외 공저, 특수마케팅의 이론과 사례, 형설출판사, 2006, p.67.
12 경향신문, 2013. 5. 2.

그림 5-5 지자체 캐릭터 성공사례

지역	고양시(2012)	장성군(1998)	공주시(2015)	화성시(2012)
캐릭터	고양이	홍길동	고마곰	코리요
활용	SNS 홍보 활용, 고양시 통합앱 활용, 고양 어린이 박물관 마스코트, 호수공원에 고양이 캐릭터 조형물 설치	3D 애니메이션, 출판 만화 및 모바일게임, OST 음반 및 DVD 발매, 홍길동 축제 활용, 홍길동 테마파크, 문구류 · 완구류 캐릭터 상품	캐릭터 조형물, 고마열차 운행, 브랜드 홍보관, 팬시상품, 지역축제 및 특산품 판매, 캐릭터 판매 매장, 출산축하 동화책 개발, SNS 활용	'코리에이터 티브이' 유튜브 채널 개설, 관광 콘텐츠 및 지역특산품 홍보, 뮤지컬 제작, 굿즈 제작, 캐릭터 상품, BTS 댄스 커버 영상 제작, 송산 공룡마을 축제 활용

정다운 형태의 캐릭터로 의인화해 전주를 알리는 도우미의 역할을 하고 있다.

(4) 슬로건(slogan)

슬로건은 소비자의 구매행동을 이끌어내기 위해 기업이 광고에 사용하는 짧은 어구를 말한다. 슬로건은 브랜드네임에 담기 어려웠던 표현 또는 그림형태인 로고와 심벌, 캐릭터에서 직접 표현하기 어려웠던 내용을 담아 고객에게 전달할 수 있다. 예를 들면, 문화기업 CJ그룹은 2012년 기업광고를 통해 '문화를 만듭니다, CJ'라는 슬로건으로 '글로벌 생활문화기업'임을 강조하는 데 주력하였다. 이처럼 슬로건은 문화기업이 지향하는 목표를 간결한 문구로 나타내는 것으로 소비자들에게 그 기업에 대한 제품특성과 이미지를 부각시키는 수단으로 활용된다.

우리나라 지방자치단체들은 시민공모를 거쳐 슬로건을 제정하고 있지만 지역의 특성이나 정체성, 비전을 제대로 부각시키지 못하고 있다. 대부분의 지차제가 여전히 '역사의 도시', '효의 도시', '예절의 도시', '선비의 도시', '문화관광

의 도시'라는 역사와 전통의존적이거나 포괄적 개념으로 접근한 슬로건을 내세우고 있다.[13]

서울시는 2023년 4월 새 슬로건에 대한 시민 선호도 조사를 실시한 결과 기존 'I SEOUL U' 대신에 'Seoul, my soul(서울, 마이 소울)'로 결정하였다. 슬로건 'Seoul, my Soul' 디자인은 기존 공개안이 아닌 760여 건의 시민 공모작을 중심으로 최종 디자인을 확정했다. 전주시도 2010년 흥과 어울림이란 속성을 살린 새로운 브랜드 슬로건 '한바탕 전주 세계를 비빈다'를 발표했다. 1970년대에 뉴욕시가 만든 'I Love NewYork'이라는 슬로건이 현재까지도 뉴욕의 재방문율을 높이고, 문화상품의 구매를 끊이지 않게 하는 이유는 바로 지역이미지 브랜딩의 성공적인 결과이다.

(5) 타이포그래피(typography)

타이포그래피는 넓은 의미로는 문자를 구성하는 디자인을 일컫는데, 서체의 디자인, 글자의 배열, 레이아웃 등 인쇄를 전제로 하는 문자표현 일체가 포함되며, 좁은 의미로는 활자, 서식 등 기계적인 수법의 서체를 말한다.[14]

타이포그래피의 원칙은 언어의 시각화와 주어진 면적 안에서 시각화할 수 있는 정보량을 명료성, 가독성 정도를 고려하여 결정하면서 동시에 그 서체의 아름다움이나 내용표현의 적절성과 표현성을 갖추어야 한다.

일반적으로 뮤지컬 광고포스터는 주제나 내용에 맞게 이미지 일러스트를 표현하고 특정 서체(typography)를 사용하여 제목을 강조하거나 어떤 형태의 공연인지 시각적으로 정보를 전달하고 있다.

---

13 지자체 슬로건의 문제는 '다이나믹(Dynamic) 부산', '플라이(Fly) 인천', '컬러풀(Colorful) 대구', '잇츠(It's) 대전', 'Happy 수원', 'Fast 천안' 등 무슨 뜻인지도 모를 영어 슬로건이 보편화되고 있다는 점이다. 지방의 특색을 나타내지 못하는 선언적인 슬로건은 아무 의미가 없다는 점을 공무원들이 간과하고 있는 것 같다.

14 조영제 · 권명상 · 안상수 · 이순종, 디자인사전, 안그래픽스, 2000, p.323.

뮤지컬 〈영웅〉 포스터

뮤지컬 〈캣츠비〉 포스터

3) 문화상품의 브랜드화

과거에는 브랜드라고 생각되지 않았던 것들이 이제는 브랜드로 취급되고 이것이 브랜딩의 대상이 된다. 개인의 이름을 브랜드화해 널리 알려진 기업들이 많은 서구와는 달리 우리나라에서는 유교문화의 영향으로 성명을 상호나 브랜드에 잘 사용하지 않는다. 그러나 최근 자영업을 하는 소규모 점포단위에서는 자신의 이름을 내걸고 최선의 서비스를 하겠다는 구호를 내걸면서 개인 브랜드까지 부각되고 있다. 예를 들면 〈난타〉, 〈점프〉와 같은 공연 프로그램은 물론 함평 나비축제, 무주 반딧불축제 등 지방자치단체들의 축제 브랜드, 심지어 싸이(Psy), 조용필, 아이유 등 유명연예인까지 브랜드화되고 있다.

이렇듯 문화상품 브랜드화의 대상이 되는 것은 유형의 제품부터 서비스, 개인, 예술공연 브랜드, 조직 브랜드, 장소 브랜드, 문화유산 브랜드 등 다양하다.[15]

(1) 제품 브랜드

문화상품은 대부분 무형의 경험재, 서비스 형태로 나타난다. 문화관련 제품

15 김재영, Brand & Branding, 비앤엠북스, 2007, pp.27~30을 참조하여 재구성

브랜드는 시나리오, 소설, 인쇄물, 전통의상 등과 같이 유형의 상품을 볼 수 있다. 특히 문화산업의 특징인 하나의 소스로 다양한 상품을 만들어내는 OSMU를 통해서 다양한 유형의 문화상품으로 브랜드화되고 있다.

이런 무형의 상품은 유형화되거나 소설이나 전통의상과 같은 문화상품 브랜드로 만들어진다. 소설의 경우 조앤 롤링(J. K. Rowling)과 댄 브라운(Dan Brown)은 『해리포터』 시리즈나 『다빈치코드』와 같은 소설 브랜드로 자신의 유명세를 떨쳤다. 영화, 음반과 같은 문화상품은 DVD나 OST와 같은 패키지 상품으로 제작 · 판매되고 있다.

패션제품도 디자이너의 유명세를 앞세워 브랜드화하고 있다. 우리나라 제1세대 디자이너인 앙드레김은 1966년 주한 프랑스대사관이 주선한 파리 패션쇼를 통해 우리나라 최초로 세계무대에 진출했으며, 실루엣의 하나인 엠파이어라인 드레스에 한국적인 미를 접목시켜 자신의 브랜드를 알리는 데 성공하였다. 또한 이영희 한복 디자이너는 '메종 드 이영희'라는 한복 브랜드를 만들어 우리 문화의 아름다움을 재해석해 한복의 세계화에 앞장서고 있다.

(2) 서비스 브랜드

본질적으로 서비스는 경험에 바탕을 두고 있기 때문에 제품과 다르게 고유한 특성을 가진다. 따라서 서비스적 측면에서 소비자는 단순히 제조업체의 제품을 사는 것이 아니라 소비를 통한 일련의 경험을 동시에 구입하는 것이다. 서비스의 특성상 소비자의 경험에 의해 이루어지는 신뢰와 가치가 중요하고 제품에 비해 모방이 쉽기 때문에 서비스 브랜드는 더욱 중요한 가치를 갖는다.

우리나라 공연상품 중 〈11시 콘서트〉는 주부들의 라이프스타일을 배려한 공연으로 성공을 거뒀다. 〈11시 콘서트〉가 큰 인기를 누린 것은 주부들에게 비교적 한가한 시간대인 오전 11시에 공연을 시작한다는 발상의 전환 때문이다. 입장료가 20만 원을 넘나드는 고급공연과 달리 2만 원 정도로 부담이 덜한 입장료를 받는데다 친절한 해설을 곁들여 클래식음악의 초심자라도 쉽게 접근할 수 있게 배려한 것도 성공요인으로 꼽힌다.

(3) 개인 브랜드

예능인, 정치인, 스포츠선수 등 유명인도 브랜드화의 대상이 된다. 예를 들면, 유명한 연예인과 같이 히트제품을 창출해내는 힘이 있는 사람들은 매우 강력한 브랜드가치를 지니고 있다고 할 수 있다.

영화업계에서는 배우와 감독들의 브랜드화를 볼 수 있다. 한국 영화에서는 스타배우들의 출연에 따라 흥행이 좌우된다. 송강호와 설경구, 이병헌, 장동건, 원빈 등의 스타들이 흥행보증수표로 꼽힌다. 영화라는 상품에 있어 스타감독은 영화의 완성도, 스타일, 예술성, 재미까지 보장해주기 때문에 영화를 브랜드화시키는 요소로서 작용하고 있다. 우리나라에서도 강우석 감독, 강제규 감독, 박찬욱 감독 등이 흥행력 높은 감독으로 인정을 받으면서 스타감독이 관객들의 영화관람 결정에 결정적인 역할을 하고 있다.[16]

이와 같이 유명인들의 개인 브랜드가 스타마케팅이나 퍼스널 브랜드와 밀접히 연결되고 있다. 스타마케팅이 스타를 활용한 마케팅 전개를 하는 것이라면 퍼스널 마케팅은 특정 개인이 '이름값'을 높이고 유지하는 마케팅전략을 의미한다.

1990년대 초반 '서태지와 아이들'이라는 거물 스타가 탄생하면서 스타마케팅이란 말이 떠오르게 되었다. 서태지 이후로 가수들을 중심으로 활발하게 전개된 스타마케팅은 서서히 탤런트, 배우, 개그맨 등 전 분야의 연예인을 대상으로 확산되었다. 기업들도 '브랜드=스타'라는 동일시효과를 통해 스타의 매력이나 장점을 브랜드 특성으로 전이시킬 수 있기 때문에 자사의 제품홍보나 광고에 스타마케팅을 철저히 활용하고 있다.

(4) 예술공연 브랜드

예술공연의 이벤트도 브랜드화의 대상이다. 〈난타〉, 〈점프〉와 같은 공연 브랜드는 넌버벌 공연으로 관객들로부터 꾸준한 사랑을 받고 있다. 〈난타〉는 대한민국을 대표하는 공연상품으로 브랜드가치를 인정받고 있으며 기획자인 송승환 대표도 〈난타〉라는 브랜드를 연상시키는 긍정적 이미지로 작용하고 있다.

16 강승구 · 장일, 영화보다 재미있는 영화마케팅, 한국방송통신대학교출판부, 2009, pp.159~160.

뮤지컬 〈김종욱 찾기〉 포스터

〈점프〉는 한국의 전통무예인 태권도와 택견을 중심으로 동양무술의 신체적 아름다움을 극대화한 고난이도의 아크로바틱과 유쾌한 코미디를 혼합하여 화려하면서도 짜릿한 무술을 선보이는 코믹퍼포먼스로 각광받고 있다.

〈김종욱 찾기〉는 2006년 6월 초연 뒤 12년 만인 2019년 국내 창작 뮤지컬 역사상 100만 관객을 돌파했다. 세계적인 가수 싸이는 '올나잇 스탠드'라는 공연을 브랜드화하여 대대적인 성공을 거둔 바 있다.

서울 정동극장의 최대 히트상품인 '전통국악 상설무대'는 외국인 관광객을 겨냥해 문화상품의 브랜드화를 추구했다. 극장 측은 관광객 유치를 위해 여행사나 시내 특급호텔과 제휴하고, 모범택시기사까지 홍보요원으로 위촉하는 등 적극적인 마케팅전략을 펼쳐 외국인 관광객이 자주 찾는 공연장을 만들었다.[17]

(5) 조직 브랜드

영리조직인 문화기업은 말할 것도 없고, 국립극장, 세종문화회관, 예술의 전당과 같은 비영리조직 중에도 독자의 마크나 브랜드를 가지고 활동하는 사례가 많이 있다.

그러나 조직 브랜드를 너무 강하게 드러내면 개별제품이나 개인 브랜드에게 혼란을 줄 수 있으므로 문화상품 브랜드에서 조직 브랜드의 영향력은 미약한 편이다. 단지 문화관련 기업이나 단체들은 내부조직의 효율적인 운영을 위해서 회사 브랜드를 체계적으로 관리하고 있다.

17 김승미, 만원사례 예술경영학, 늘봄, 2008, p.16.

싸이, 빅뱅, 2NE1 등 개성 강한 스타들을 보유한 연예기획사 YG엔터테인먼트는 회사의 정체성도 살리고 스타들의 이미지도 망가뜨리지 않는 브랜드전략을 수립했다. 2012년 YG는 브랜드 경험 컨설팅사인 플러스엑스(PlusX)에 브랜드 리뉴얼을 의뢰하여 디자인 에센스(로고, 컬러, 서체, 그래픽모티브, 소재 등)와 브랜드 가이드북을 제작하였다.[18]

YG엔터테인먼트 간판인 빅뱅, 싸이, 2NE1, 이하이 등은 '강남스타일'의 가사처럼 울퉁불퉁한 개성을 강조한다. 외모도 노래도 제각각 튀는 스타일이다. 이렇게 YG에서 생산되는 개별제품들이 '진화, 독창적 정체성, 창의적 사고, 뛰어난 품질' 등 브랜드의 개성을 담아내어 '서로의 개성과 능력을 존중하는 기획사'라는 핵심 아이덴티티(core identity)를 구축하였다. YG는 브랜딩과정을 통해서 통일성 있는 YG 로고 서체를 개발하고 무채색(회색, 검정색)의 컬러를 사용하여 사원증, 명함, 수첩, 볼펜 등 다양한 아이템에 적용하였다.

그림 5-6 YG엔터테인먼트의 브랜드 정신과 키워드

YG엔터테인먼트 브랜드 정신	YG엔터테인먼트 브랜드 키워드	YG엔터테인먼트 브랜드 디자인 키워드
끊임없이 진화를 추구하는	Evolving	Flexible/Expandable 유연하게 확장가능한
서로의 생각과 방식을 존중하는	Unique Identity	Neutral/Minimal 중립적이고 최소한의
세상에 새로운 가치를 창출하는	Creative Thinking	Creative 독창적이고 참신하여 기대감을 주는
완벽한 결과물로 승부하는	Excellent Quality	Charismatic/Bold 강렬하고 압도적인

자료 : DBR Case Study : YG엔터테인먼트, DBR(Dong-A Business Review), 2013년 5월

(6) 장소 브랜드

원산지의 브랜드화는 소비자 구매에 있어 매우 중요한 역할을 수행한다. 라이선스 뮤지컬의 경우 브로드웨이나 웨스트앤드와 같은 뮤지컬 본고장에서 히

18 주재우, 싸이 · 빅뱅 같은 스타가 이미지 좌우? 'YG다움'은 뭘까, 고민을 디자인하다, DBR(Dong-A Business Review), 2013년 5월

트한 작품이 우리나라에 들어와서 성공하는 경우가 많다면 원산지효과가 있는 것이다.

1990년대 중반 이후 우리나라에서도 유명한 관광지나 특정 지역의 특산물을 주제로 한 이벤트 등이 브랜드화의 대상이 되고 있다. 지역 브랜드나 도시 브랜드가 각광을 받고 있다.

예를 들면 함평 나비축제, 무주 반딧불축제, 대관령 눈꽃축제, 전주 한지문화축제 등 전국 지방자치단체들이 축제 브랜드를 통한 지역 고유의 문화와 특산품을 알리는 비즈니스를 경쟁적으로 펼치고 있다. 지역축제가 주민들의 공동체의식을 높이고 관광수익에도 큰 보탬이 되면서 지역특산품과 문화상품 판매에 축제 브랜드를 적극 활용하고 있는 것이다.

뉴욕시는 'I LOVE NY'라는 캠페인을 통해 쇼핑과 관광의 도시로서의 브랜드를 강화시켰다. 9 · 11 테러 이후 뉴욕시는 '뉴욕의 기적(New York City Miracle)'이라는 캠페인을 진행하면서 뉴욕을 상징하는 유명인사들을 출연시켜 뉴욕을 상징할 수 있는 요소들을 배경으로 뉴욕의 자부심을 유머러스하게 표현하였다.

(7) 문화유산 브랜드

국보 1호 숭례문은 현존하는 서울의 목조건축 중에서도 최고(最古), 최대(最大)의 상징적 문화유산 브랜드이다. 태조 7년(1398년)에 완성된 숭례문은 가장 오래된 성문 중 하나이자 서울에 남아 있는 목조건축물 가운데 가장 오래된 유산이다. 2008년 2월 소실됐던 숭례문은 5년에 걸쳐 전통기법에 따라 원형대로 복구된 것은 물론 일제에 의해 헐렸던 좌우성벽도 조선후기 모습으로 복원됐다.

숭례문처럼 한국 고유문화를 대표하는 한글, 한식, 한복, 한옥, 한지, 한국음악 등이 문화유산 브랜드로 육성되고 있다. 문화관광부는 2007년 '한스타일 육성 종합계획'에 따라 한국 고유문화의 6대 분야(한글, 한식, 한복, 한옥, 한지, 한국음악)를 브랜드화하고, 이들 분야를 생활화 · 산업화하여 세계적인 문화명품으로 육성하기 위한 사업을 진행하였다.

태권도[19]는 한국을 대표하는 브랜드이자 문화상품으로 자리를 잡았다. 태권도는 세계 곳곳에서 '코리아 열풍'을 불러일으키며 '민간외교관' 역할을 톡톡히 하며 한국의 이미지를 높이고 있다. 최근 한국관광공사가 프랑스인 2,300명을 대상으로 설문조사를 한 결과, 응답자의 21%가 '한국 하면 태권도가 떠오른다'고 말했다. 이는 태권도가 한국을 대표하는 문화상품으로 자리를 잡았다는 증거이다. 정부도 태권도의 문화적 가치를 인정하여 단순히 무술 또는 스포츠로 인식하던 시각에서 벗어나 1997년 김치, 한복, 불국사 등과 함께 한국을 대표하는 문화상징물로 발표하였다.[20]

숭례문 복원

숭례문 복원완료 일반공개

한국 최고의 문화유산인 안동 하회탈은 국제사회에서 한국과 한국인을 상징하는 캐릭터와 아이콘으로 민족문화의 전통을 상징하는 대표 탈놀이 가면이다.

우리나라의 무형문화재들이 만든 전통공예품도 문화유산 브랜드로 상품화되고 있다. 전주시는 전통문화정신이 담긴 명품공예(반상기세트와 서랍장)를 'ONN' 브랜드로 상품화하여 백화점에 진출시켰다. 온(ONN)은 2007년 첫선을 보인 전주시의 명품공예 브랜드로, 전주의 무형문화재 9명과 아트디렉터 이상철, 김백선의 공동작업을 통해 가구, 부채, 악기 등 다양한 공예명품과 이를 적용한 한국적 생활공간을 제안해 왔다. 전주시는 2010년 2월 전주시공예품전시관 기획관에서 조석진(소목장), 고수환(악기장), 유배근(한지발장) 등 3명의 무형문화재와 도자, 침선, 합죽선, 소목 등 분야에 걸쳐 공모를 통해 선정된 6명

19 태권도는 한국의 대표적인 전통문화 아이콘으로서 2000년 시드니올림픽에서 정식종목으로 채택된 이후 현재 전 세계 200개국 이상 약 12만 개의 태권도장이 있으며, 수련인구는 7,700만 명에 달하는 글로벌 네트워크를 형성하고 있다.

20 서성원, 태권도 현대사와 길동무하다, 상아기획, 2012, p.316.

의 공예작가가 제안하는 가구, 조명 등 생활용품과 가야금 등 공예명품 100여 점이 선보였다.[21]

4) 브랜드확장

엔터테인먼트 기업 CJ와 같이 가족 브랜드로 확장하거나 홈쇼핑에서 식당까지 그들의 브랜드를 무한복제하려는 기업들이 있다. 브랜드확장은 원래 의도한 상품이나 서비스를 넘어서서 기존의 확립된 브랜드이름을 적용하는 것이다.

CJ그룹은 자체 브랜드를 CJ 미디어, CJ CGV, CJ 인터넷 등 엔터테인먼트 사업분야로 확장하였고, 패밀리레스토랑 빕스(VIPS), 베이커리 뚜레쥬르, 커피전문점 투썸플레이스 등 외식산업으로 브랜드를 확장했다.

어린이 공연 최초로 상설 전용관 공연을 진행한 〈어린이 난타〉는 (주)PMC프로덕션의 대표적인 브랜드확장 성공사례다.

타악 중심의 어린이뮤지컬 〈어린이 난타-요리사편〉은 브랜드 〈난타〉의 인지도를 활용한 '브랜드연상'을 통해 브랜드인지를 용이하게 진행하였으며, 성공한 기획자 송승환의 품질에 대한 연상을 확장된 브랜드에 전이시키는 데 성공하였다. 이러한 브랜드확장은 브랜드를 알리는 비용을 감소시켰으며, 높은 인지도를 빠른 시간 안에 얻을 수 있게 하였다. 또한 〈어린이 난타〉의 성공적인 브랜드확장은 〈난타〉의 모 브랜드를 강화하는 브랜드확장의 성공적인 사례를 보여주고 있다.[22]

반면, 〈어린이 난타-오즈의 마법사편〉은 〈어린이 난타-요리사편〉을 이미 관람한 고객의 재관람을 유도하기 위해 동화 〈오즈의 마법사〉의 드라마를 차용하여 제작되었다. 하지만 〈어린이 난타-오즈의 마법사편〉은 〈어린이 난타〉라는 모 브랜드의 인지도를 활용하였으나 확장된 상품이 고객의 기대를 만족시키지 못해 오히려 모 브랜드의 인지도에 부정적 영향을 가져왔다. 관람객들은 무대부분이나 음악적 요소는 한층 세련돼졌으나 난타적 요소의 기대욕구를 충족시키지는 못했다는 평가를 하였다.

21 데일리전북, 2010. 2. 12.

22 이동운, 공연예술산업의 '흥행' 불확실성 감소를 위한 마케팅 기법 연구, 성균관대학교 대학원, 2009, p.99.

공연상품의 브랜드관리 측면에서 ㈜PMC프로덕션은 1998년 〈난타〉로 상표등록을 한 이래 경제적 자산으로 많은 부가가치를 창출하고 있다. 〈난타〉의 브랜드가치는 입장수입, CF, 캐릭터, 게임, 해외파급된 인지도, 해외공연 매출액, 전용극장의 효과 등을 감안해 현재 350억 원으로 자체평가되었으며, 미국 브로드웨이 무대를 중심으로 앞으로 유럽시장을 개척하고, 지속적인 브랜드관리와 브랜드확장을 위한 다양한 문화상품들을 만들어낼 것으로 보인다.[23]

그리고 〈어린이 난타〉에 이어 〈주부 난타〉 등 공연상품의 속성을 마케팅 대상에 따라 계속 확장시켰으며, 이러한 공연상품의 확장을 통해서 특정 공연소비계층인 주부의 관객개발에까지 성공하였다.

5 4대 엔터테인먼트회사의 성공요인 분석

우리나라는 1990년대 중반 이후 연예매니지먼트 산업의 규모가 커지면서 SM, YG, JYP 3대 연예매니지먼트 회사들이 등장하였다. 1995년 가수 이수만에 의해 설립된 SM엔터테인먼트가 2004년 4월에 코스닥시장에 상장하면 본격인 성장세에 돌입했고, 그 뒤를 이어 박진영과 양현석에 의해 설립된 JYP엔터테인먼트(1996년), YG엔터테인먼트(1998년)가 SM의 대항마로 나서면서 성장세를 이어가고 있다. 여기에 후발주자인 빅히트엔터테인먼트(현, 하이브)가 2020년 10월 코스피에 상장하면서 국내 엔터기업은 4개 기업으로 재편되었다. 하이브는 기존 그룹과 차별점을 두어 독자적인 유통채널 운영과 틈새시장 전략을 효과적으로 구사함으로써 단기간에 선발 기업(SM, YG, JYP)들을 추격하는데 성공할 수 있었다.

이들 4대 엔터테인먼트 기업들은 다수의 연습생을 모집하여 훈련하고 전문적인 프로듀싱을 통해 음악콘텐츠를 생산, 아티스트를 체계적으로 관리하는 시스템을 도입하였으며, 글로벌 진출 전략과 음악콘텐츠 유통 플랫폼 구축, 지적재

23 김수형, 뮤지컬 공연시장의 브랜드 포지셔닝전략 연구, 단국대학교 경영대학원, 2008, p.15.

산권을 활용한 비즈니스에 중점을 두면서 발전하였다.

선발주자인 SM엔터테인먼트는 창업자 이수만이 음악 프로듀싱과 경영을 분리하고 아티스트 개발을 위해 공개오디션과 길거리 캐스팅을 통해 수많은 아티스트를 발굴하고 육성하는 시스템을 도입하였다. SM은 아시아시장 진출을 목표로 우선 가수의 인지도를 국내에서 높인 뒤 해외에 진출하는 방법을 선택하였다. SM엔터테인먼트는 프로듀서 이수만의 프로듀싱 역량과 체계적인 인재개발 시스템, 해외진출과 매니지먼트 대상 연예인의 다변화, 팬덤 마케팅전략 등이 성공의 요인으로 분석된다.

SM엔터테인먼트는 주력기업인 에스엠컬처앤콘텐츠(영상콘텐츠 및 배우, MC 매니지먼트 회사), SM Brand Marketing(온라인 플랫폼과 메타버스, 커머스 사업 담당), 공연기획사인 Dream Maker Entertainment, 드라마와 영화를 제작하는 KEYEAST, SM Life Design Group(영화판권, 물류) 콘텐츠 회사인 MYSTIC STORY. SM Japan, SM USA 등으로 사업영역을 확장하였다. SM은 'Asia's No.1 Entertainment Group'을 목표로 아시아를 대표하는 종합 엔터테인먼트 그룹으로 성장하기 위해서 음악과 연예 매니지먼트, 메타버스, 커머스 사업까지 확장하였다.

하지만 2023년 2월 카카오가 SM과 사업협력 계약을 하고 지분 약 9%를 매입하겠다는 계획을 발표한 이후 SM 경영권 분쟁이 발생했다. SM 경영권 인수 금액이 천정부지로 치솟자 경쟁업체인 하이브가 인수를 중단하고 플랫폼 협력을 하는 방향을 선회하였다. 결국 SM엔터테인먼트 인수전이 카카오가 경영권을 갖고 하이브는 플랫폼 협력으로 마무리됐다(국민일보, 2023. 3. 12).

1996년 출범함 JYP엔터테인먼트는 창업자 박진영의 몰입과 집중력, 위험평가와 대응능력을 발휘하여 기업 성장에 영향을 미친 것으로 분석된다. JYP는 JYP USA를 설립하여 원더걸스의 미국시장 진출의 계기로 삼은 이후 JYP China, JYP Japan 등을 잇따라 설립하여 해외진출에 나섰으나 큰 성과를 거두지는 못했다. 박진영은 프로듀서로서 원더걸스 미국 진출을 위한 프로모션 활동에 집중했는데, 2010년부터 2013년까지 JYP엔터테인먼트는 영업손실을 기록하며 결국 미국시장에서 철수하였다.

이후 박진영이라는 프로듀서의 프로듀싱 의존도를 줄이고, 1인 중심체제에서 벗어나기 위해 회사 조직 변경을 시도했다. 이러한 노력으로 JYP엔터테인먼트는 2014년 결산 기준 영업이익 흑자전환에 성공했다. JYP는 자회사 JYP 360 설립 및 자사몰 오픈 이후 비공연 굿즈의 상설판매 확장이 이루어지고 있으며, JYP픽처스, JYP USA, JYP Publishing 등 사업다각화를 통한 기업 외형 성장을 꾀하였다. 배우, 개그맨 등 매니지먼트 대상 연예인의 다변화를 통해 사업다각화를 시도한 SM엔터테인먼트와 달리 JYP는 확장했던 사업부문을 점차 분리하고, 음악콘텐츠 및 음반 제작(레이블)에 집중하는 경향이 있다.

YG엔터테인먼트의 경우 서태지와 아이들로 데뷔한 창업자 양현석이 1990년대 중반 지누션, 원타임 등이 당시 국내에서는 대중적인 인기는 없었던 힙합 장르를 중심으로 제작되었고, 상당한 인기를 누리게 되었다. 음반 제작을 전문 음악 프로듀서와 아티스트에게 맡기는 등 양현석 개인의 제작 역량으로 성공했기 때문에 이후에도 YG엔터테인먼트의 아티스트 제작에 있어 양현석의 비중은 매우 컸다.

싸이, 빅뱅, 2NE1 등 개성 강한 스타들을 보유한 YG는 회사의 정체성도 살리고 스타들의 이미지도 망가뜨리지 않는 독창적인 문화콘텐츠 기업으로 변모하였다. YG는 'VIBE THE NEW FLOW, 새로운 흐름이 되어라'라는 슬로건을 표방하며 잠재력 있는 신인 캐스팅과 독보적이고 체계적인 트레이닝, 인하우스 프로듀싱 시스템을 통하여 글로벌 시장을 선도하는 기업으로 성장하였다. 최근에는 2PM을 비롯해 트와이스, 데이6, 엔믹스(NMIXX), 있지(ITZY), 스트레이 키즈 등 아티스트를 양성하며 2007년 YG JAPAN, 2012년 YG AISA를 설립하여 대만, 중국 본토를 아우르는 아시아시장을 적극 개척하였다.

그러나 2019년 설립자 양현석 대표가 불법도박과 성매매 의혹 속에서 불명예스럽게 대표직에서 물러났다. 이런 위기에도 YG는 2016년 결성한 걸그룹 블랙핑크를 내세워 K-Pop에서 가장 인기 있는 영향력 있는 걸그룹으로 육성하여 재건의 기회를 마련하였다.

블랙핑크는 2022년에 K-Pop팝 걸그룹 최대 규모 월드투어를 진행하면서 7개 도시 14회차의 북미 공연과 7개 도시 10회차 유럽 투어를 마쳤고, 2023년 3월 대만 가오슝을 시작으로 블랙핑크 월드투어 콘서트를 진행하였다.

2005년 빅히트엔터테인먼트를 설립한 방시혁[24]은 독자적인 유통채널 운영과 틈새시장 전략을 효과적으로 구사함으로써 단기간에 선발 기업(SM, YG, JYP)들을 추격하는 데 성공하였다.

그는 글로벌 트렌드를 이끄는 '콘텐츠'와 우리의 고객인 '팬'을 최우선 가치로 두고 방탄소년단의 동영상 제작으로 팬덤 형성에 기여했고, SNS를 활용한 경험은 팬덤 플랫폼인 위버스의 기획과 운영으로 이어졌는데, '위버스'라는 콘텐츠 유통채널을 확보함으로써 새로운 수익원을 창출했다.

이후 사명을 하이브(HYBE)로 변경하여 'We believe in music'이라는 미션 아래 음악 산업의 비즈니스 모델을 혁신하는 기업으로 성장하였다. 하이브 소속의 아이돌그룹은 고유의 세계관을 담은 음악과 관련 콘텐츠를 만들어냈고, 장르별로 톱 티어 레이블과 매니지먼트 회사를 연결하고 프로듀서들이 크리에이터(창작자)를 데리고 있는 매니지먼트사를 회사 안(이너 컴퍼니 · Inner Company)으로 들이는 전략을 선택하였다.

하이브의 성공은 창업자인 방시혁의 능력과 방탄소년단(BTS)이라는 아티스트, 단 두 가지 요인만으로 성공을 논할 수 없다. 후발주자인 하이브는 차별화된 콘텐츠 개발로 틈새시장에 진입하는 전략을 구사하고, 독자적인 유통채널을 운영함으로써 시장 진입장벽을 낮추고 레이블 분리, 다른 레이블 흡수를 통하여 새로운 아티스트를 확보하고자 노력하였다. 하이브는 국내 연계기획사 중에서도 가장 선도적으로 멀티 레이블 체제를 구축하여 빅히트뮤직을 비롯해 빌리프랩(엔하이픈), 쏘스뮤직(르세라핌), 플레디스(세븐틴), KOZ(지코), 어도어(뉴진스) 등을 통해 무수히 많은 히트곡과 히트메이커를 쏟아냈다. 또한 하이브는 다른 엔터테인먼트 기업들과 마찬가지로 글로벌 진출에 적극 나섰다. 빅히트 시절 일본, 미국에 현지법인을 두고 해외진출을 본격화했다. 2021년에는 저스틴 비버와 아리아나 그란데가 속한 미국의 이타카홀딩스를 인수합병하여 국내 엔터테인먼트 기업으로서는 처음으로 팝음악시장의 메이저 엔터테인먼트 기업

24 ㈜하이브의 변경 전 기업명 빅히트엔터테인먼트를 창립한 방시혁은 1972년생으로 서울대학교 미학과에 재학하던 중 유재하 음악경연대회에서 동상을 받으며 대중음악계에 이름을 알리기 시작했다. 1997년 JYP엔터테인먼트의 박진영 대표 프로듀서에게 발탁되어, 2005년까지 JYP엔터테인먼트 소속의 프로듀서로서 대중적인 인기곡들을 작곡했다.

을 자회사로 두는 사례가 만들어졌다.[25]

이러한 기반을 토대로 하이브는 음악에 기반한 '세계 최고의 엔터테인먼트 라이프스타일 플랫폼 기업'을 목표로 팬 커뮤니티 플랫폼 '위버스'와 아티스트 지적재산권을 활용한 비즈니스에 중점을 두고 있다. 하이브는 '위버스'에 YG 소속 아티스트 콘텐츠를 확대 기회로 영향력을 강화하고, YG PLUS에 빅히트가 700억 원 규모를 투자하여 YG와의 전략적 파트너십을 구축하였다. 이로써 가요계 빅4(SM, YG, JYP, 하이브) 중 후발주자였던 하이브는 이제 명실상부 K-Pop을 이끄는 리더가 됐다.

하이브의 주축인 방탄소년단은 순차적 입대로 자리를 비우지만, 하이브는 더 큰 무대를 향해가는 미래 전략을 세웠다. 방 의장은 2005년 하이브의 전신인 빅히트엔터테인먼트를 설립 이후, 2013년 방탄소년단이 데뷔하며 세계적인 그룹으로 키웠다. 현재 하이브는 글로벌 진출과 디지털 미디어 집중 전략으로 놀라운 성장을 기록한 회사가 됐다.

표 5-2 4대 엔터테인먼트 기업의 경영전략 비교

회사명	설립 연도	경영 실적 및 전략
SM엔터테인먼트	1995년	• 창업자 이수만의 음악 프로듀싱과 경영을 분리 • 아시아시장 진출을 목표로 가수의 인지도 확보 후 해외진출하는 방법 선택 • 체계적인 인재개발 시스템, 매니지먼트 대상 연예인의 다변화, 팬덤 마케팅전략 • 2023년 3월 SM 경영권 카카오 인수 : 제작시스템과 IT 기술 결합
JYP엔터테인먼트	1996년	• 창업자 박진영의 몰입과 집중력, 위험평가와 대응능력을 발휘 • 음반 제작을 전문 음악 프로듀서와 아티스트에게 위탁 • 하이브와 협업을 통해 보유한 자원 역량(YG 플러스 MD 제작, 음반유통)을 활용
YG엔터테인먼트	1998년	• 1990년대 중반 지누션, 원타임 등이 힙합 장르를 중심으로 제작 • 양현석의 프로듀싱 의존도를 줄이고, 회사 조직 변경 • 배우, 개그맨 등 매니지먼트 대상 연예인의 다변화를 통해 사업다각화

25 김설, 국내 엔터테인먼트 기업의 성장전략 연구 : ㈜하이브를 중심으로, 한양대 융합산업대학원, 2022.

하이브 (전 빅히트 엔터테인먼트)	2005년	• 창업자인 방시혁의 능력과 방탄소년단(BTS)이라는 아티스트를 중심으로 단기간 선발주자 추격 • 독자적 유통채널 플랫폼 '위버스'와 아티스트 지적재산권을 활용(위버스가 팬 커뮤니티 관리) • 멀티 레이블 체제 구축 : 레이블 분리와 흡수를 통한 새로운 아티스트 확보

그림 5-7 4대 엔터테인먼트 기업의 브랜드 특징

SM ENTERTAINMENT

Aska's No. 1 Entertainment Group
브랜드 개성 : 세련미, 스타성
슬로건 : Culture first, Economy next

YG ENTERTAINMENT

독창적 문화콘텐츠를 창조하는 기업
브랜드 개성 : 창조성, 개성, Familism
슬로건 : VIBE THE NEW FLOW '새로운 흐름이 되어라'

JYP ENTERTAINMENT LEADER IN ENTERTAINMENT

글로벌 트렌드를 선도하는 엔터테인먼트 기업
브랜드 개성 : 박진영 색깔, 혁신성, 글로벌
슬로건 : Leader in Entertainment

HYBE WE BELIEVE IN MUSIC

음악에 기반한 세계 최고 엔터테인먼트 라이프스타일 기업
브랜드 개성 : 유연성, 열정, 신뢰
슬로건 : We believe in muisc

이처럼 4대 엔터테인먼트 기업은 글로벌 팬덤을 노리고 사업을 다각화하면서 오프라인 공연재개를 통해 티켓 파워를 확보하고 미국 대형 레이블사와 협력하여 아티스트의 현지 진출과 함께 위버스, 디어유 등 K-Pop 팬 플랫폼을 성장시키는 전략으로 성공 가도를 구축하였다.

문화마케팅 따라잡기

공주시, "고마열차 타고 백제의 고도, 공주를 즐겨보아요!"

충남 공주시 마스코트인 고마곰과 공주를 형상화해 제작된 고마열차가 2023년 3월 시범운영을 시작으로 11월까지 본격적으로 운행에 돌입한다.

공주시에 따르면, 매주 토 · 일요일, 공휴일, 백제문화제 기간에 운영되는 고마열차는 오전 10시부터 오후 6시까지 1시간 간격으로 하루 7회 운행하며 왕복 40분가량 소요된다.

공주시 마스코트인 고마곰을 형상화한 '고마열차'의 모습

주요 코스는 세계유산인 공산성에서 출발해 공주 무령왕릉과 왕릉원, 공주한옥마을, 국립공주박물관, 고마나루 솔밭을 둘러보는 구간으로 운영된다.

운행 중에는 주요 관광지에 대한 해설이 좌석마다 비치된 오디오시스템을 통해 한국어와 영어, 중국어, 일본어 등으로 이루어진다.

이용 요금은 성인 3,000원, 군인 · 청소년 2,000원, 어린이는 1,000원이며, 공산성 앞에 위치한 매표소에서 운행 당일 오전 9시부터 오후 5시까지 구입가능하다.

공주시는 4월 본격적인 운행에 앞서 3월 시범운영에 들어갔으며 코로나19 예방을 위해 운행일 하루 2회 방역소독을 실시하고 손세정제 비치와 개인위생수칙 준수를 홍보하는 등 예방 활동에도 주력할 계획이다.

한편, 2022년 고마열차 탑승인원은 총 1만 5,118명으로 하루 평균 177명을 태우고 이색적인 볼거리와 체험을 제공한 것으로 나타났다.

자료 : 서울경제TV, 2023. 3. 6.

이 장의 요약

문화상품을 세 개의 차원으로 구분하면 가장 기본적인 차원인 핵심제품(core product)과 핵심적 개념이 형상화되어 있는 실제제품(expected product), 그리고 핵심제품과 실제제품에 추가적으로 고객의 이점을 제공해주는 것을 포함하는 확장제품(augmented product)의 차원으로 구분할 수 있다.

제품수명주기(product life cycle)는 사람의 수명처럼 제품 탄생에서부터 소멸까지의 일생을 의미하는데, 매출액수준이나 경쟁상태의 차이를 기반으로 도입기, 성장기, 성숙기, 쇠퇴기 등 4단계로 나눌 수 있다. 제품수명주기는 각 단계별로 마케팅믹스에 관한 전략을 제공해주므로 이를 적절하게 활용하면 효율적인 마케팅전략 수립의 지침으로 활용할 수 있다.

문화상품 브랜드화의 대상이 되는 것은 유형의 제품에서부터 서비스, 개인, 예술공연 브랜드, 조직 브랜드, 장소 브랜드, 문화유산 브랜드 등 다양하다. 〈난타〉, 〈점프〉와 같은 예술공연 및 유명한 관광지나 지역축제가 브랜드화의 대상이 되고 있다. 태권도나 숭례문처럼 한국을 대표하는 문화유산도 브랜드화의 대상이 된다.

우리나라 대표 4대 엔터테인먼트 기업은 차별적인 브랜드 특징을 가지고 있는 것으로 나타났다. SM은 재능 있는 아티스트 발굴 및 시장성 있는 음악으로 선도적 위치를 차지하며, 세련미와 스타성의 브랜드 개성이 강한 것으로 드러났다. YG는 간판인 빅뱅, 싸이, 2NE1, 이하이 등을 내세워 창조성과 가족주의를 바탕으로 울퉁불퉁한 개성을 강조한다. JYP는 가수출신이자 프로듀서인 박진영이 설립한 회사로 박진영 자신의 브랜드를 부각하면서 소속 아티스트의 패션과 팀플레이를 강조하는 것이 특징이다. 후발주자인 하이브(HYBE)는 멀티 레이블전략으로 다양한 색깔의 아티스트를 발굴하고 독자적 유통채널 플랫폼 '위버스'와 아티스트 지적재산권을 활용하는 등 선발기업을 추격하는 데 성공하였다.

4대 엔터테인먼트 기업은 위버스와 디어유 등 팬 커뮤니티 플랫폼 사업에 집중하고 아티스트들의 활동을 메타버스 세계와 접목하거나 아티스트들의 IP를 활용한 NFT 제작으로 부가 콘텐츠 사업을 창출하고 있다.

주요용어

핵심제품 / 실제제품 / 확장제품
제공편익 / 제품수명주기(PLC) / 브랜드네임
로고, 심벌 / 캐릭터 / 예술공연 브랜드
조직 브랜드 / 장소 브랜드 / 문화유산 브랜드
브랜드확장 / 스타마케팅 / 스타시스템

참고문헌

- 강승구 · 장일, 영화보다 재미있는 영화마케팅, 한국방송통신대학교출판부, 2009.
- 강준만, 대중문화의 겉과 속, 인물과 사상사, 1999.
- 경향신문, 2013. 5. 2.
- 김난도 · 이준영 외, 트렌드 코리아 2012, 미래의 창, 2011.
- 김수형, 뮤지컬 공연시장의 브랜드 포지셔닝 전략 연구, 단국대학교 경영대학원 석사학위논문, 2008.
- 김승미, 만원사례 예술경영학, 늘봄, 2008.
- 김종의 외, 특수마케팅의 이론과 사례, 형설출판사, 2006.
- 김설, 국내 엔터테인먼트 기업의 성장전략 연구 : ㈜하이브를 중심으로, 한양대 융합산업대 학원, 2022.
- 김평수 외, 문화콘텐츠산업론, 커뮤니케이션북스, 2012.
- 김희경, 지역문화 활성화를 위한 지역브랜드개발에 관한 연구, 문화정책논총 제18집, 2006.
- 난타 홈페이지(www.nanta.i-pmc.co.kr)
- 노웅래, 대한민국 연예산업의 현주소와 미래, 2005.
- 박정호, 경제학자의 인문학 서재 2, 한빛비즈, 2013.
- 번 슈미트, 알렉스 시몬슨 저, 인피니트그룹 역, 번 슈미트의 미학적 마케팅, 김앤김북스, 2007.
- 서성원, 태권도 현대사와 길동무하다, 상아기획, 2012.
- 서울시 홈페이지(http://www.seoul.go.kr).
- 아이티뉴스, 2013. 4. 14.
- 이동운, 공연예술산업의 '흥행' 불확실성 감소를 위한 마케팅 기법 연구, 성균관대학교 대학원 석사학위논문, 2009.
- 이영우, 예술경영, 세종출판사, 2003.
- 장병희, 미디어 경제학, 커뮤니케이션북스, 2015.
- 전병준 · 윤민정, 흥행 불확실성에 따른 국내 뮤지컬 산업의 흥행전략, 예술경영연구 제17집, 2010.
- 조영제 · 권명상 · 안상수 · 이순종, 디자인사전, 안그래픽스, 2000.

- 주재우, 싸이 · 빅뱅 같은 스타가 이미지 좌우? 'YG다움'은 뭘까, 고민을 디자인하다, DBR(Dong-A Business Review), 2013년 5월.
- 한국경제학회, 문화경제학 만들기, 김영사, 2001.
- Kelvin, L. Keller, *Strategic Brand Management*, 4th Edition, Prentice-Hall, 1998.
- Paul McDonald, *The Star System: Hollywood's Production of Popular Identities(Short Cuts)*, Wallflower Press, 2001.
- Richard Dyer & Paul McDonald, *Stars*, London: British Film Institute, 1988.
- Shapiro & Varian, Information Rules: *A Strategic Guide to the Network Economy*, Harvard Business School Press, 1999.
- Throsby, *Economics and Culture*, Cambridge, 2001.

CHAPTER 06

가격관리

1. 가격의 정의와 특징
2. 문화상품의 가격특성
3. 가격결정의 고려요인
4. 가격결정방법
5. 가격전략

1 가격의 정의와 특징

가격(price)이란 제품을 소유하거나 사용하는 대가로 지불하는 화폐나 교환매체로 표시된 가치이다. 가격은 구매자의 구매의사결정에 가장 큰 영향을 미치는 요소이자 마케팅 효과를 위해 경우에 따라서 쉽게 조정될 수 있는 가변적인 특징을 갖고 있다.

공연상품의 경우 문화예술기관이나 고객의 관점에 따라 가격은 다르게 해석된다. 문화예술기관 입장에서 가격은 비용이나 투자와 관련되어 있는 다른 마케팅믹스 요소들과 다르게 이익을 창출하는 요소이다. 이러한 중요성 때문에 마케팅관리자는 가격결정이 가장 중요한 의사결정이라고 믿고 있다.

다른 한편인 고객 입장에서 가격은 자신이 얻는 가치와 관련되어 있다. 고객은 자신이 지불한 가격으로 얼마만큼의 효용(인식)가치를 얻을 수 있느냐에 관심을 갖고 있기 때문이다. 가격이 비슷할 경우 고객은 인식된 가치의 비교를 통해 구매를 결정한다.

가격은 수요가 탄력적인 시장상황에서 매우 쉽게 변경될 수 있는 요인으로 다음과 같은 특성을 갖고 있다. 가격은 시장상황에 즉각 대응할 수 있는 마케팅믹스 중에서 가장 강력한 경쟁도구이지만 동시에 경쟁사도 쉽게 모방하기 쉬운 마케팅전략이며 기업의 이윤과 소비자의 지불능력을 모두 고려해야 하는 이중구조의 특징을 가지고 있다. 가격이 낮으면 판매량은 늘지만 이익감소를 초래하기 때문에 가격 측면에서의 경쟁우위는 대개 단기간에 그치며, 가능한 가격경쟁은 회피하는 것이 바람직하다.

2 문화상품의 가격특성

1) 문화상품의 가치와 가격

문화상품은 일반적인 상품과 달리 서비스 측면이 강한 상품이다. 즉, 문화상품은 예술적 가치와 정신적 가치가 높은 서비스상품이다. 문화상품의 가치는 소비자의 심리적 요인에 영향을 받는다. 소비자가 심리적으로 느끼는 효용가치, 인식가치에 의해 영향을 받는 것이다. 해외의 유명오페라단 초청공연은 일반공연의 입장권 가격보다 매우 비싸다. 일반 사람들은 초청공연단체의 명성 때문에 비싼 비용을 지불하고라도 공연을 관람하고, 공연단체도 제품의 차별성을 인정받고자 하는 욕구가 있어 고가의 입장권 가격을 설정하고자 한다.

공연 분야에서는 비싼 VIP석 입장권이 가장 먼저 매진되는 기이한 현상이 발생한다. 실제로 베를린 필이나 빈 필 내한공연에서 비싼 좌석이 먼저 매진됐는데, 고가의 공연 관람이 관객들에게 신분이나 계층을 구별하는 기준이 되면서 특정 공연을 선호하는 허위의식 때문이다. 반면에 가격을 낮게 책정하였을 때 누구나 관람하는 공연이라고 생각하고 수요가 줄어드는 현상이 발생하기도 한다.

2) 문화상품의 편익과 가격

문화상품에도 일반적인 상품과 같이 편익이 존재한다. 공연이나 야구관람, 영화관람을 보기 좋은 자리에서 보는 것은 그만큼 편안하게 관람할 수 있는 편익을 주기 때문에 좋은 자리를 이용하는 비용을 지불해야 한다. 또한 소극장에서 공연을 보는 것과 대극장에서 보는 것에도 편리성의 차이가 있고, 영화관람객이 일반극장보다 편의시설이 좋은 멀티플렉스 상영관을 선호하는 것도 편익 때문이다.

3) 문화상품의 대체재와 가격

공연상품을 오락의 하나로 생각한다면 문학작품, 신문, 잡지, 영화, 텔레비전, 음악, 스포츠관람 등 많은 대체재들이 있다. 일반적으로 특정 문화상품의 가격을 높게 설정한다면 소비자들은 높은 가격을 지불하지 않고 대체할 수 있는 다른 서비스를 구매하려 할 것이다. 공연상품에 대한 대체재가 풍부하다는 사실 때문에 공연상품이 가격에 대해서 매우 탄력적일 것이라고 생각하기 쉽지만 실제로는 그렇지 않다. 공연예술에 대한 기호는 후천적으로 개발되는 것이기 때문에 그것을 접할 기회가 많을수록 기호가 커진다. 후천적 경험과 심리적 요인으로 인해 공연예술은 한 번 흥미를 갖기 시작하면 이들에 점차 사로잡혀 가격에 대해 무감각해지는 경향이 있다.

일부 문화 마니아층들은 보고 싶은 공연이나 전시, 영화는 꼭 봐야 직성이 풀린다며 수십만 원이 웃도는 공연티켓을 구입하는 경향을 보이고 있다. 이 경우 다른 대체상품을 쉽게 찾기 어려우므로 수요는 비탄력적이 된다.

4) 문화상품의 공공성과 가격

공연이나 행사의 목적을 공공성으로 하는 경우 공연제작원가 또는 공연의 가치와 상관없이 아주 저렴하게 또는 무료로 공연을 해야 한다. 그러나 정부 또는 지방자치단체의 지원을 받는 공공극장이라도 공연제작원가보다 낮은 가격이 책정되면 결국 실패하고 만다.

공공예술기관의 경우 비용과 수익을 연계하여 고려하지 않는다. 공공극장은 공공성을 위해 시민을 위한 공연을 기획하여 입장권 가격을 저렴하게 책정하고 많은 관객을 확보하기도 한다. 예를 들어, 정동극장의 '청소년문화 특별활동'으로 기획된 전통공연은 일반적인 전통예술무대의 공연입장권의 5분의 1 가격으로 청소년들이 우리 전통문화를 체험할 수 있는 프로그램을 운영하기도 하였다.

5) 소비자의 성향과 가격

문화상품에 대한 소비자의 개인적 성향에 따라 가격변화에 반응 정도가 달라진다. 예를 들어보자. 수현, 수지 씨는 둘 다 주말에 영화를 관람하는 것을 즐긴다. 그러나 갑자기 영화관람료가 올랐을 때 주말에 영화보기를 필수적으로 여기는 수현 씨는 가격변화에 비탄력적으로 대응하여 소비패턴을 바꾸지 않지만, 주말 영화보기를 필수적으로 생각하지 않는 수지 씨는 영화를 보는 대신에 값싸게 영화 다운로드 사이트를 이용하는 등 소비패턴의 변화를 가져올 수 있다.

이 밖에도 개인의 수입 정도에 따라 가격탄력성은 차이가 난다. 고소득인 사람과 저소득인 사람의 경우 같은 가격의 변화에 대해 다른 영향을 받는다. 영화관람료가 8천 원에서 2만 원으로 올랐을 때 고소득인 관객은 비탄력적으로 반응하고, 저소득인 관객은 탄력적으로 반응하게 되는 것이 그 예이다.

3 가격결정의 고려요인

마케팅관리자가 가격을 결정하고 전략을 수립하고 실행하기 위해서는 가격에 영향을 미치는 요인들에 대해 먼저 이해해야 한다.

가격의사결정에 영향을 미치는 주요 요인은 마케팅목표, 마케팅믹스전략, 원가 등 내부요인과 경쟁제품의 가격, 사회적 분위기, 가격과 수요관계, 가격과 고객의 가치인식 등 외부의 여러 요인들을 고려하여 가격을 결정해야 한다.

1) 내부요인

(1) 마케팅목표(marketing objective)

가격을 결정하는 데 있어 가장 먼저 고려해야 할 사항은 마케팅목표가 무엇인가 하는 것이다. 기업이 시장에서 생존이나 현상유지를 마케팅목표로 하느냐와 수익증대나 시장선도를 마케팅목표로 하느냐에 따라 제품가격결정에 차이가 있다.

세종문화회관 '천원의 행복' 〈풍덩! 춤 세상〉 공연

세종문화회관 '천원의 행복' 〈비보이 리버스크루〉

목표가 명확하면 할수록 가격결정은 쉬워진다. 표적시장에서 포지셔닝이 정확하게 결정되면 가격을 포함한 마케팅믹스전략을 정확하게 수립할 수 있다. 예를 들어, 세종문화회관은 공연장의 문턱을 낮추고 시민들의 문화향수 기회를 주기 위해서 2007년부터 '천원의 행복' 프로젝트를 추진하여 공연입장료를 1,000원에 제공하고 있다. 세종문화회관의 '천원의 행복'은 누적관람객 20만 명이 넘어설 정도로 인기를 끌고 있으며, 일정비율의 객석을 시민들이 추천한 장애우, 다문화가정 등 문화소외계층에게 선물하는 사회공헌 프로그램으로 눈길을 끌고 있다.

(2) 마케팅믹스전략(marketing mix strategy)

가격은 문화예술기관이 마케팅목표를 달성하기 위한 마케팅믹스 요소들 가운데 하나이다. 특히 수익을 창출하는 유일한 마케팅믹스 요소이고 경쟁에 가장 민감한 요소이며 경쟁자에 대해 우위를 누릴 수 있는 원천적 요소이다. 가격은 제품과 서비스, 촉진, 유통, 프로모션 등 다른 마케팅믹스 요소들의 의사결정에 영향을 받는다. 따라서 문화마케팅 기업이나 문화예술기관이 마케팅목표를 달성하기 위해서는 모든 마케팅믹스 요소들을 고려하여 결정해야 한다.

마케팅믹스 요소 중에서 가격에 직접적인 영향을 미치는 것은 문화상품이다. 예들 들어, 공연상품의 경우 예술가나 예술단체의 고유의 스타성, 화제성, 희소성, 초청공연단체의 명성 등 품격 있는 서비스가 제공될 때 높은 가격이 설정된다. 실제로 오페라 〈아이다〉의 경우 VIP석이 60만 원, 볼쇼이발레 내한공연도 50만 원으로 다른 내한공연보다 비쌌지만 관객들의 호응은 뜨거웠다. 이런 공연상품은 관객들로부터 독자적인 상품가치를 인정받고 공연단체의 명성이나 브랜드 영향력이 있기 때문에 가격을 높게 결정할 수 있었다.

(3) 원가(cost)

제품가격에 있어 출발점을 제시하는 원가는 고정비, 변동비, 예술적 가치를 반영한 불확실한 비용 등을 고려해야 한다.[01]

비용은 매출액의 변화에 따라 변하는 정도를 기준으로 고정비와 변동비로 구분한다. 공연제품의 경우 고정비(fixed cost)는 공연을 하지 않아도 지출되는 비용이다. 사무실 임대비나 연간계약을 맺은 스태프, 예술가, 배우들의 급여 등이 고정비에 해당한다. 변동비(variable cost)는 작품을 만드는 데 들어가는 비용으로 세트비용과 의상비, 비상근배우 및 스태프의 인건비, 공연 로열티, 마케팅비용 등이 해당된다. 변동비는 기획하는 공연의 규모나 성격 등에 따라 크게 달라진다.

작품을 직접 제작하는 데 들어가는 금전적 비용 이외에도 작품이 갖는 예술적 가치가 더해져 가격이 설정된다. 공연제품의 가격은 일반제품처럼 화폐로 교환되는 가치인 상품성에, 예술품을 감상하면서 느끼는 문화적 욕구의 충족감인 예술성이 결합되어 결정된다. 베를린필하모니는 최고의 공연을 들려주기 위해 오랜 기간 쌓은 예술적 수련과 악단의 축적된 명성 및 전통을 감안할 때 지휘자나 단원들 입장에서 45만 원의 티켓가격이 비싸다고 판단할 수는 없다. 따라서 문화상품의 가격은 상품 자체의 사용가치뿐만 아니라 그 작품을 만들어내기 위해 예술가가 투자한 시간과 고뇌에 대한 대가를 함께 치르는 것이라고 볼 수 있다.

공연제작에 들어가는 비용은 작품의 성격이나 규모에 따라 차이가 크지만 큰 틀은 거의 유사하다. 2006년 공연된 대표적인 뮤지컬 공연의 제작비를 분석해 보면, 공연의 손익분기점을 100으로 계산할 때 장치제작, 임대비용의 비중이 37%로 가장 크다. 무대, 조명, 음향, 의상, 분장, 악기 등과 관련된 지출이 여기에 포함된다. 두 번째로 높은 것은 배우들과 스태프들의 인건비로 22%를 차지한다. 배우들의 출연료만 따로 놓고 보면 공연제작비의 8%에 불과하다. 10만 원짜리 표를 사면 8천 원이 배우들에게 돌아간다.

프로덕션비용과 홍보비는 16%를 차지한다, 프로덕션비용이란 해외스태프들

01 김승미, 만원사례 예술경영학, 늘봄, 2008, pp.163~165.

의 항공, 숙박, 인건비 등을 뜻한다. 일반적으로 해외원작자에게 지급되는 로열티는 매출액의 12~16%, 티켓판매 대행수수료는 매출액의 5~6%, 대관료는 매출액의 10% 정도다.[02]

2) 외부요인

(1) 경쟁제품의 가격

영화나 연극과 같은 문화상품의 경우 대부분 같거나 비슷한 수준의 가격을 책정하고 있는데, 제공하는 편익과 할인요소에 따라 가격을 차별화는 마케팅믹스를 개발할 필요가 있다. 일반적으로 혁신적인 제품은 도입기에 고가정책과 시장침투가격정책 중에서 선택하게 된다.

고가정책은 진입장벽이 높아 경쟁제품이 쉽게 진입할 수 없고, 고품질과 강한 제품이미지를 가지고 고소득층을 공략하는 가격결정방법이다. 반면 시장침투가격정책은 저가격으로 시장점유율을 확대하려는 전략으로서 가격에 대한 민감도가 높고, 판매량의 증가가 수익에 큰 영향을 미치며 경쟁자의 시장진입을 어느 정도 봉쇄하려고 할 때 적용된다. 이처럼 경쟁제품의 가격변화에 따라 소비자의 선택권이 넓어지게 되면 문화예술기관이나 문화기업은 가격결정에 예민해질 수밖에 없다.

(2) 사회적 분위기

국가경기에 영향을 미치는 사회적 분위기는 소비자들의 문화상품에 대한 구매력에 영향을 끼치고 결과적으로 문화시장을 위축시키게 된다. 따라서 경제상황과 같은 외부환경조건도 문화제품의 가격결정에 중요한 변수이다.

(3) 가격과 수요관계

가격을 결정하기 전에 마케팅관리자가 제품에 대한 수요와 가격 간의 관계를 이해하면 가격결정에 도움이 된다. 일반적으로 가격이 높아지면 수요량이 감소하고, 가격이 낮아지면 수요량이 증가하는 수요곡선을 나타낸다.

02 조선일보, 2006. 8. 3.

수요의 가격탄력성(price elasticity of demand)은 가격변화에 따른 수요량의 변화율을 의미한다. 이 가격탄력성을 이해하는 것은 가격결정에 있어 필수적이다. 수요의 가격탄력성을 결정하는 요인은 대체재의 존재 여부, 표적시장의 부유 정도, 제품의 가격관계, 그리고 직접비용과 전체비용의 비율 등이 있다.[03]

일반적으로 연극, 오페라, 무용, 음악과 같은 공연에 대한 수요함수는 그 설명변수로서 가격, 대체재의 가격, 소비자의 소득, 공연의 질적 특성 등을 고려할 수 있다. 공연의 다양성으로 인해 이들 상품에 대한 수요를 결정짓는 데 있어 공연의 질적 특성이 가격보다 중요할 수 있고, 공연에 대한 수요가 시간집약적인 특성 때문에 여가에 대한 가격도 수요를 결정하는 데 있어서 큰 영향력을 미치게 된다.

키스디글(1994)은 예술상품은 탄력성이 크게 높지 않기 때문에 가격을 상당수준 높이더라도 수요수준이 크게 변하지 않는다고 주장했다.[04] 이처럼 예술상품에 대한 가격탄력성이 높지 않은 이유는 예술상품이 그 특성상 소비를 결정하는 데 가격이 차지하는 비중이 높지 않으며, 오히려 그 상품의 내적 특징, 주요 내용, 출연예술가, 표현양식 등에 대한 선호가 많은 영향을 주기 때문이다. 아울러 이러한 선호는 오랜 기간에 걸친 경험과 교육으로 형성되기 때문에 설사 가격이 일정부분 변하더라도 즉각적으로 민감하게 반응하지 않는다.

공연상품에 대한 수요결정요인을 파악하는 데 있어서 대중가요나 방송, 오락과 서커스와 같이 접근이 용이한 것에 대한 수요와 오페라, 연극, 고전음악, 재즈, 고전 및 현대무용, 실험극이나 전위예술을 포함하는 소위 고급 공연상품에 대한 수요를 구별할 필요가 있다. 전자의 경우 대체재를 쉽게 찾을 수 있어 자체가격에 대한 수요의 반응이 높은 반면에 후자에 대한 수요는 선천적인 기호의 다양성을 반영하여 가격탄력성이 낮고 공연예술의 질적 성격이 수요에 결정적인 역할을 수행하게 된다. 따라서 공연상품의 경우 소비자의 수요가 입장료에 대해서는 비탄력적이지만 공연의 질적 변화에 대해서는 아주 민감하게 반응

03 이우용 · 정구현, 마케팅원론, 형성출판사, 1989, p.423.

04 Keith Diggle, *Arts Marketing*, London: Rhinegold Publishing Ltd., 1994, pp.69~70.

하는 것으로 확인되었다.[05]

그러나 문화상품을 공급할 수 있는 인프라가 확대되고 시민들의 문화예술 기회가 늘어나 문화상품에 대한 수요자층이 두터워지고 있다. 이러한 경우에는 문화상품의 소비자들이 가격변화에 대해 민감하게 반응할 가능성이 높아지고 있다. 따라서 최근에는 문화상품은 사치품으로서 가격탄력적인 상품으로 취급되고 있다.

(4) 가격과 고객의 가치인식

가치를 이해하기 위해서는 먼저 소비자가 가격에 대해 어떻게 지각하는지 알아야 한다. 간혹 가격을 단순히 제품을 구매하기 위해 지불하는 금액으로 보고 있는데 이는 적절하지 않다. 가격은 비용을 반영할 뿐만 아니라 고객이 지불한 가격으로 받을 수 있는 가치와 관련되어 있다. 이런 이유로 마케팅관리자는 단순히 가격이라는 말보다 가치라는 용어를 더 많이 사용하고 있다.[06]

마케팅관리자는 소비자가 제품을 선택한 이유를 파악하고 제품에서 어떤 가치를 얻고 있는지 발견해야 한다. 문화상품은 소비자가 심리적으로 느끼는 효용가치, 인식가치에 의해 크게 영향을 받는다. 해외의 오리지널 뮤지컬의 방한공연이나 유명 오케스트라단의 공연은 일반공연의 입장권 가격보다 매우 비싸다. 사람들은 초청공연단체의 명성이나 브랜드파워 때문에 비싼 비용을 지불하고라도 공연을 관람하고, 다른 사람과 구별되는 인정받고자 하는 욕구 때문에 고가의 입장료를 지불하게 된다. 뮤지컬과 콘서트의 경우 대부분이 목적성 관객이기 때문에 극장 대비 관람료가 비싼 편이다. 그러므로 문화상품이 다른 경쟁제품보다 더 많은 만족도와 더 높은 가치를 제공하는 경우에는 소비자가 이를 인식하여 가격을 높게 책정해도 고객을 유지할 수 있고, 많은 이익을 얻을 수 있다.

05 구문모 외, 문화산업의 발전방안, 을유문화사, 2000, p.147.
06 이훈영 · 박기용, 외식산업마케팅, 도서출판 청람, 2012, p.261.

4 가격결정방법

문화상품도 공연이나 전시, 영화 등 서비스를 제공하는 데 드는 원가(cost)수준이 어느 정도인지, 경쟁사(competitor)는 얼마 정도의 가격을 설정하고 있는지, 소비자(customer)가 원하는 수요곡선은 어떠한지 등에 따라 적절한 가격을 결정하는 요소로 작용할 수 있다. 보통 영화나 콘서트, 스포츠경기와 같은 문화상품은 입장권의 화폐적 가치를 소비자들이 돈을 주고 관람하는 경우가 많다. 이때 입장권의 가격은 상품을 선택할 때 중요한 결정요인이 된다. 문화상품의 가격결정은 일반적인 상품의 가격결정보다 가격이 탄력적이고 시장상황에 따라 다양한 변수가 존재한다. 상품의 원가, 타 상품과의 가격경쟁력, 상품의 예술적 가치, 상품 자체의 공공성이나 장르 등을 고려하는 가격전략이 필요하다.

일반적으로 가격결정을 할 때는 가격의 하한선이 되는 원가, 가격의 상한선이 되는 제품에 대한 고객의 평가, 경쟁자의 가격 등 가격의 중심을 어디에 두고 있는가에 따라 비용 중심 가격결정, 수요 중심 가격결정, 경쟁 중심 가격결정으로 구분한다.

1) 비용 중심 가격결정

원가 중심의 가격책정은 문화상품의 원가에 일정액의 이윤을 붙여 가격을 결정하는 방식이다. 공연상품의 경우 원가는 공연제작비용과 공연 시 발생하는 모든 비용을 말한다. 공연 프로덕션비용은 작가, 연출, 출연진의 사례비를 포함하여 무대비용(조명, 음향, 무대장치, 소품 등), 공연행정비 등 공연예산편성 때 들어가는 모든 비용이다.

일반적으로 티켓가격을 산출할 때는 '공연횟수×좌석수' 공식을 적용하고 제작비에서 협찬이나 외부지원금을 제외한 금액을 티켓판매수입의 최소목표액으로 산정한다. A기획사가 창작뮤지컬을 제작하면서 제작비용으로 총 3억 원을 투자한다고 가정한다. A기획사는 이 창작뮤지컬을 용인 포은아트홀에서 공연하기로 결정하고 지난해 포은아트홀에서 공연한 유사 뮤지컬의 유료관객점유율을 조사하였다. 이 작품은 1,000석의 대극장에서 평일 1회, 주말 2회 공연으로 11일간 총 15회에 걸쳐 무대에 올릴 계획이다. 이런 조건으로 매출좌석당 비용을 계산하면, 총매출좌석은 1,000석×15회로 15,000석이다. 여기에 유료관객 점유율 60%로 예상하기 때문에 실제 매출좌석은 9,000석이다. 결국 매출좌석당 비용은 300,000,000원/9,000석=33,333원이 된다.

그러나 공연입장권의 단위당 원가는 판매량에 의해 달라지며 판매량은 가격마다 달라지고 단위당 원가가 얼마가 나올지 사전에 파악하기 어렵다. 또한 스타캐스팅을 하는 경우 출연료로 인해 제작비가 상승하면 전체 제작비 부담은 높아질 것이다. 이때 공연상품을 제공하는 공급자의 편의 위주로 산정하면 소비자들의 반응을 고려하지 않으므로 예상판매량이 저조할 때는 이익실현에 큰 차질을 가져올 수 있다. 따라서 입장권을 판매하여 공연상품의 이윤을 회수하지 않는다. 공연상품은 입장권 판매수익뿐 아니라 공공기관의 지원, 협찬이 존재한다. 따라서 원가에 기초하여 가격을 책정하는 데는 무리가 있다.

2) 수요 중심 가격결정

수요자 위주의 가격결정은 소비자들이 상품에 대해 지불하고자 하는 가격을 파악하고 이를 바탕으로 가격을 책정하는 방법이다. 공연상품의 경우 공연소비자의 취향과 공연가치의 평가에 의하여 가격이 결정된다.

공연소비자는 어떤 공연상품에 대한 기대심리와 가치를 금액으로 환산하여 공연을 볼 것인가를 결정한다. 공연소비자는 공연입장권 가격을 비롯하여 공연관람을 위해서 비용을 지출하는 모든 행위(교통비, 주차비, 식음료비)의 비용을 지출하게 된다. 그리고 공연관람을 위한 모든 소비행위를 따져보고 공연관람을 결정하여 공연입장권을 구입하게 된다. 일반적으로 공연상품의 가격이 영화나 스포츠와 같은 문화예술 분야보다 높은 것은 한정된 장소에서 공연이 지속되는 동안 배우들과 스태프가 계속하여 예술활동을 해야 하는 노동집약적인 서비스 상품이기 때문이다.

예를 들어, 영화관람을 좋아하는 사람이 관람료 8,000원을 지불하고 영화관람을 하는 것과 작은 소극장에서 관람료가 2만 원 하는 연극을 보는 것과 비교한다면 영화를 관람할 것이다. 물론 연극을 좋아하는 사람은 2만 원을 내고 반드시 공연을 볼 것이다.

따라서 연극을 좋아하는 사람은 2만 원이라는 입장권 가격에 민감하게 반응하지 않을 것이고, 대체로 다른 연극도 대충 이 가격에 볼 수 있다는 관습가격이 형성될 것이다. 반면 60만 원 이상 하는 오페라 공연가격이 일반 서민들에게는 사회적 거부반응을 일으킬 수 있으나 오페라를 좋아하는 애호가라면 이 정도의 가격에도 불구하고 공연을 관람할 것이다.

3) 경쟁 중심 가격결정

경쟁 중심 가격결정은 비용이나 수요보다 경쟁자 가격책정에 맞추어 자사의 상품가격을 책정하는 것이다. 공연시장에서 몇몇 공연단체가 동일한 공연장르의 작품을 공연한다고 하더라도 비슷한 공연입장권 가격을 형성한다.

그러나 동일한 공연시장 내에서 경쟁관계의 공연단체가 많이 존재할 경우 비슷한 공연입장권의 가격을 형성하기 힘들다. 공연시장에서 동일한 공연장르를 공연하는 신생 공연단체가 진입하게 되면 저가정책으로 시장진입을 시도할 것이다. 반면 단체의 인지도가 높거나 다른 단체보다 경쟁우위에 위치하려고 공연제작에서 중요한 초빙연출자 또는 배우, 그리고 해외의 유명공연단체를 초빙하여 공연입장권의 가격을 고가로 책정하여 마케팅전략을 펼치는 경우도 있다.

따라서 경쟁 중심 가격결정방법은 저가격정책, 고가격정책, 동일가격정책으로 구분해볼 수 있다. 먼저 저가격정책은 후발주자의 핸디캡을 만회하고 시장점유율을 끌어올리기 위해 수익성을 돌보지 않고 값을 경쟁제품보다 월등하게 낮추는 것이다. 실제로 일본극단 '시키'는 2006년 한국 뮤지컬시장에 처음 진입하면서 〈라이온 킹〉 R석의 가격을 9만 원에 책정했다. 이는 국내 경쟁공연의 가격보다 30%나 저렴한 것이었다. 극단 '시키'는 가격우위를 통해 빠른 시일 안에 단체의 이미지를 알리고 관객을 끌어들이는 전략을 편 것이다.

반면, 고가격정책은 자사제품이 월등하다는 것을 강조하려고 경쟁제품보다 값을 높여 고급스런 이미지를 과시한 것이고, 동일가격정책은 경쟁제품과 비슷한 가격을 책정하는 방식이다. 문화상품은 다른 상품과 비교할 때 얼마나 매력 있는지 얼마나 충성도 높은 관객층을 형성하고 있는지가 중요하다. 그런 특별한 매력이 없는 상품이면 시장에서 형성된 경쟁상품의 가격수준으로 따라가는 것이 안전한 선택이 될 수 있다.

보통 후발주자라면 저가격정책을 통한 시장진입을 시도하고 반대로 상대적으로 인지도가 높을수록 고가격정책으로, 그리고 소수의 단체가 시장을 지배하는 상황이면 경쟁상품과 비슷한 가격을 책정하는 것이 좋다.

지금까지 우리는 문화상품의 가격결정방법으로 비용 중심 가격결정과 수요 중심 가격결정, 경쟁 중심 가격결정방법에 대해 살펴보았다. 하지만 문화상품의 가격은 상품의 성격, 장소, 시기, 공연단체의 명성도, 소비자 개인적 성향 등 여러 변수가 고려되기 때문에 일반적인 가격결정방법을 채택하는 데 무리가 따른다.

하지만 문화상품도 수익향상을 위해서 다양한 할인가격정책을 채택하고 있다. 공연상품의 경우 가격차별화의 기준은 좌석 구분이 가장 일반적인 가격차별화이고, 연령 혹은 시간을 기준으로 또는 할인, 할증, 초대권을 활용한 차별화방법이 있다.

5 가격전략

문화예술기관이나 문화기업들은 실제로 장기이익의 극대화를 가격정책의 목표로 삼고 있다. 가격결정은 현재의 가격이 현재의 판매와 이익에만 영향을 끼치는 것이 아니라 미래의 판매와 이익에도 영향을 준다는 것으로 가격을 정하는 것을 의미한다. 문화상품을 처음으로 시장에 내놓을 때 초기고가전략과 시장침투전략을 취할 수가 있다. 또한 문화예술기관은 세분시장의 특성과 상황에 따라서 할인과 가격차별화 등의 가격조정전략을 사용할 수도 있다.

1) 신제품가격전략

새로운 제품으로 시장에 진출할 때 사용하는 세 가지 방법의 가격전략이 있다. 먼저 높은 이윤마진으로 전체시장의 낮은 비율을 차지할 것인가 하는 이윤극대화를 목표로 한 초기고가전략이 있다. 다른 하나는 낮은 이윤마진으로 전체시장에 높은 비율을 차지할 것인가 하는 매출증대와 시장점유율 확대를 목표로 한 시장침투전략이 있다. 이와 함께 소비자가 지불할 수 있는 가장 높은 가격을 설정하는 전략으로써 프리미엄가격전략이 있다. 프리미엄가격전략은 콘텐츠 시장에서 일부를 공짜로 제공하고 나머지는 비싼 가격에 판매하여 유료화를 실현하는 것을 의미한다.

(1) 초기고가전략(market-skimming pricing)

초기고가전략은 높은 이익을 창출하기 위해 초기에 높은 가격을 설정하는 것이다. 이 전략은 가격을 높게 매겨도 경쟁자들이 들어올 가능성이 낮을 때나 잠재구매자들이 가격 대비 품질연상을 강하게 갖고 있을 때 적용가능하다.

스타성, 화제성, 희소성, 초청공연단체의 명성 등 품격 있는 서비스가 제공될 때 유명 뮤지컬, 오케스트라는 권위상품에 해당되기 때문에 초기고가전략 채택에 유리하다. 이른바 세계 4대 뮤지컬인 〈오페라의 유령〉, 〈미스 사이공〉, 〈캣츠〉, 〈레미제라블〉 등은 다른 뮤지컬상품에 비해 차별화된 매력과 충성도 높은 고객층을 갖고 있기 때문에 초기고가전략을 채택할 수 있다.

4대 뮤지컬 타이틀

초기고가전략은 '베블런효과'[07]처럼 고소득층이 높은 가격을 설정하여도 자신이 원하는 것이라며 기쁘게 돈을 지불하는 명품소비를 의미한다. 이 가격설정에서 문화상품의 매출이 순조롭게 늘어나면 문화예술단체나 기업이 단기간에 투자를 회수할 수 있고, 비싼 이미지를 지속할 수 있으며 최종적으로 높은 이익을 획득할 수 있게 된다.

초기고가전략은 커다란 잠재시장에서 낮은 비율의 고객이 기꺼이 높은 가격을 지불할 수 있어야 하고, 경쟁자는 동일하거나 유사한 제품을 위해 설정된 가격 이하로 낮추지 않을 때 효과적이다.

(2) 시장침투전략(market-penetration pricing)

시장침투전략은 초기고가전략과 반대로 고정비용과 변동비용을 토대로 가능한 가장 낮은 수준에서 가격을 결정하는 것이다. 초반에는 낮은 가격을 설정하여 시장점유율을 획득하고 이를 통해 점차 판매량을 증가시켜 이익을 확보하는 것이다. 이러한 시장침투전략은 표적시장이 가격에 극도로 민감하고 시장성장률이 높다고 판단되거나 경쟁자가 시장에 진입하는 것을 방해하고자 할 때 효과적이다.

창작뮤지컬 〈영웅〉[08]이 관람료를 전석 5만 원 이하로 책정하는 티켓의 저가정책을 시도하였다. 공연기획사 에이콤은 2012년 9월 〈영웅〉을 공연할 당시 1, 2층 전석을 5만 원이라는 파격적인 가격에 티켓판매를 실시했다. 결과는 대성공이었다. 당시 〈영웅〉은 유료관객점유율에 있어 79%라는 호조를 보였다. 2009년 〈영웅〉 초연 당시 정성화, 김선영 등의 호화캐스팅에도 유료관객점유율이 71%였다는 걸 감안하면 놀라운 수치임에 분명하다.[09]

시장침투전략을 위해서는 지나치게 스타에 의존하는 캐스팅 관행을 바꿔 제

---

07 베블런효과(Veblen effect)는 가격이 오르는데도 일부 계층의 과시욕이나 허영심 등으로 인해 수요가 줄어들지 않는 현상을 의미한다. 미국 사회학자 베블런이 1899년 출간한 『유한계급론』에서 "상층계급의 두드러진 소비는 사회적 지위를 과시하기 위해 자각 없이 행해진다"고 말한 데서 유래하였다.

08 〈영웅〉은 2012년 문화체육관광부 창작뮤지컬육성지원사업 재공연부문에 선정된 것을 기념하여 관객 환원방안으로 에이콤인터내셔날이 지속적인 티켓가격 정가책정을 선언하였다.

09 오마이뉴스, 2012. 12. 29.

작비를 낮추는 한편, 완성도 높은 작품의 힘으로 관객을 끌어모아야 한다. 〈영웅〉의 기획사는 앞으로 스타캐스팅을 하지 않고, 소셜 커머스 등을 통해 지나친 할인정책을 펴지 않겠다고 밝혔다.

(3) 프리미엄가격전략(premium pricing)

프리머엄가격전략은 미디어 콘텐츠시장에서 이용자 기반부터 확대하고 그것을 기반으로 수익을 실현하는 비즈니스 모델이다. 즉 95%의 범용서비스는 공짜로 제공하고, 나머지 5%의 차별화 · 개인화된 서비스를 소수에게 비싸게 판매하는 전략이다. 프리미엄 가격은 유료의 고부가가치를 제공하는 프리미엄과 소비자를 유인하는 공짜가 공존하는 전략이다.[10]

이런 프리미엄가격전략은 유료화에 어려움을 겪고 있는 온라인게임, 가입모델을 채택하는 신문사, 웹툰서비스 등이 무료상품을 미끼로 유료화로 수익을 창출하고 있다. 실제로 게임업체 넥슨은 서비스 자체는 무료지만 게임 안에서 쓰이는 아이템들은 유료로 판매하는 '인-앱 퍼처스(In-app purchase)'전략을 수익모델로 도입하였다.

2) 가격조정전략

문화예술기관은 세분시장의 특성과 상황에 따라 가격을 조정한다, 가격조정전략에는 할인, 가격차별화 등이 있다.

(1) 할인(discounting)

할인은 고객들이 대량으로 구매하거나 비수기에 구매하는 경우 가격을 조정하여 판매하는 것을 말한다. 영화나 공연 등 문화상품을 할인받았을 경우 가격으로 인한 경제적 혜택뿐만 아니라 할인을 받는 행위 자체에서 오는 즐거움, 즉 자신이 대우를 받고 있다는 심리적 존중감이 함께 작용하고 있기 때문에 관람료 할인이 중요한 것으로 나타난다.

예들 들어, 어린이관람객의 50%를 할인해주거나 어린이와 함께 동반한 성인

10 김대호 외, 콘텐츠, 커뮤니케이션북스, 2013, p.39.

관람객의 경우 어린이는 무료로 입장시키는 방법 등이 있고, 노인이나 단체할인 등의 방법이 있다. 공연의 경우 20인 이상 단체관람객을 위한 단체할인이 적용되거나 영화도 시간, 대상에 따라 기본가격을 조정하는 가격할인을 실시하고 있다.

우리나라도 다수의 공연예술단체들이 다양한 티켓제도를 활용하고 있는데, 여기에서는 학생티켓과 러시티켓을 소개하고자 한다.[11]

학생티켓(students tickets)은 말 그대로 학생들을 위한 티켓가격 할인제도이다. 우리나라의 경우도 대부분의 공연장에서 학생 할인판매를 하고 있으나, 관람하기 좋은 좌석을 학생가로 균일판매하는 것이 아니라 좌석등급에 각각의 할인율을 적용하고 있다. 러시티켓(rush tickets)은 한정된 수량의 티켓을 할인가격으로 선착순 판매하는 티켓제도인데, 최근 몇 년 사이에 많은 극장에서 선착순 판매를 추첨방식으로 대체하고 있다. 이와 유사한 티켓제도로서 국립극단의 '잿이석'이라는 것이 있다. 이 제도는 '공연 당일 2시부터 선착순 10명에게 프로그램을 포함하여 5,000원에 판매하는 티켓(1인 2매까지 구입가능)'이다. [표 6-1]은 티켓가격의 다양한 할인유형을 제시하고 있다.

표 6-1 티켓가격의 할인유형

유형	개념	장 · 단점
특정 대상 할인	청소년이나 65세 이상 노인 등 특정 연령층에 대한 할인판매방식	문화복지 혜택에 의한 홍보효과, 장애인 및 국가유공자 적용
기간, 요일, 시간대별 할인	티켓판매율이 낮은 일요일 공연은 50%, 월~목요일 공연은 30%, 목~토요일 공연은 정가판매하는 형식	비수기 관객수준 유지에 도움
러시티켓	한정된 수량의 티켓을 할인가격으로 선착순으로 판매	학생 판매비중이 높아 정가티켓 구매자가 러시티켓으로 이전
기브티켓	미판매가 예상되는 티켓을 정부에 제공해 특정 계층에게 50~80%에 할인판매	2009년 도입, 판매대상을 기브티켓 참여기관이나 종사자로 한정
제휴마케팅 할인	티켓구매 대행사이트에 유료멤버십을 갖고 있는 회원에게 할인혜택을 제공	특정 신용카드사와의 제휴마케팅을 통한 할인혜택 제공가능

11 김민주 외, 컬덕 시대의 문화마케팅, 서울문화재단, 2005.

단체구매 할인	보통 20매 이상 단체구매를 하면 20~30% 할인혜택을 제공	유치원, 초 · 중 · 고 학생들의 단체 관람 유도, 직장인 문화회식 등 기회
구매시점 할인	사전홍보를 위해 티켓발매 초기에 사전 구매할인을 제공	공연 초기에 관객을 확보하면 구전 마케팅에 도움
이벤트성 할인	화제를 불러일으킬 수 있는 여러 조건과 결합해 프로모션 이벤트로 활용	특정 의상 착용관객, 수능시험 수험표 관객을 대상

자료 : 용호성, 예술경영, 김영사, 2011, pp.522~525.

▮ 표 6-2 ▮ 뮤지컬 〈레미제라블〉 할인정보

할인명	대상	할인율	적용기간
5차 티켓 오픈기념	5월 27일~6월 5일까지 10일간 예매 시 7월 9일~7월 28일 공연 전석 20% 할인	20%	7.9~7.28
장발장 ZENO 할인	5월 28일~6월 3일 예매 시 장발장 ZENO 할인	30%	5.28~6.2
더 뮤지컬 어워즈 11개 부문 최다 노미네이트 기념	더 뮤지컬 어워즈 최다 노미네이트 기념 할인 5월 23일~6월 3일 예매 15% 할인	15%	5.23~6.30
4인 패키지	4인 모이면 20% 할인(VIP석 제외)	20%	
마티네 공연	5월 10일~6월 16일까지 예매 시 마티네 공연 30% 할인	30%	수요일 낮공연

자료 : 뮤지컬 레미제라블(http://www.lesmis.co.kr) 홈페이지

(2) 가격차별화(price discrimination)

가격차별은 일부 고객에게 낮은 가격으로 판매하는 가격전략의 한 형태로서 시간, 장소 또는 표적시장을 기준으로 다른 가격을 적용하는 것이다. 예를 들어, 사용시간대에 따라 가격차별화가 적용된다. 영화관의 조조할인이나 주중이나 주말이냐에 따라, 성수기냐 비수기냐에 따라 다른 가격이 적용된다.

영화관의 경우 좌석을 이코노미존, 스탠다드존, 프라임존으로 구분하는 좌석별 가격차등제를 도입하였다. 스크린에 너무 가까워 선호도가 떨어지는 앞좌석은 이코노미존으로 설정하여 스탠다드존보다 1,000원 저렴하게 받고, 관객들의 선호도와 관람이 유리한 프라임존은 스탠다드존보다 1,000원 더 비싸게 받고 있다.

공연상품의 경우 좌석 구분이 가장 일반적인 가격차별화의 기준으로 제시되고 있으며, 연령에 따른 가격차별화, 공연장소 혹은 시간을 기준으로 가격차별화를 할 수 있다. 예를 들어, 뮤지컬 공연장의 좌석별 가격을 보면 120분 공연 기준으로 VIP석 14만 원, R석 12만 원, S석 8만 원, A석 6만 원으로 책정할 수 있다. 이와 같은 가격차별화는 특정 소비자에게 타깃팅이 쉽고 적용이 용이하며, 소비자가 쉽게 반응한다는 장점을 갖고 있다.

국내 공연장에서도 보편화된 마티네 콘서트(주간 공연)는 저녁시간에 이루어지는 일반적 공연과는 달리 토요일이나 일요일 낮시간에 열린다. 이때는 일반 저녁공연에 비해 티켓가격을 낮게 책정하여 가격부담으로 인해 구매를 망설이던 관객이 추가로 구매에 나설 수 있도록 하고 있다. 반대로 관객들의 수요가 상대적으로 높은 금요일과 토요일 저녁의 공연에 대해서는 평일 저녁에 비해 높은 가격을 책정하기도 한다. 이러한 주말 저녁공연은 가족 나들이나 데이트 수요 등으로 인해 다른 요일에 비해 수요는 많고 탄력도는 상대적으로 낮다는 점을 고려한 것이다.[12]

12 용호성, 예술경영, 김영사, 2011, p.520.

이 장의 요약

가격(price)은 제품을 소유하거나 사용하는 대가로 지불하는 화폐나 교환매체로 표시된 가치이다. 문화예술기관 입장에서 가격은 비용이나 투자와 관련되어 있는 다른 마케팅믹스 요소들과 다르게 이익을 창출하는 요소이다. 문화상품의 가치는 소비자의 심리적 요인에 영향을 받으며, 일반적인 상품과 같이 편익이 존재한다. 문화상품을 오락의 하나로 생각한다면 문학작품, 신문, 잡지, 영화, 텔레비전, 음악, 스포츠관람 등 수많은 대체재가 존재하여 비교적 가격에 대해 비탄력적이다.

문화상품의 가격을 결정할 때는 공연이나 전시, 영화 등 서비스를 제공하는 데 드는 원가(cost)수준이 어느 정도인지, 경쟁사(competitor)는 얼마 정도의 가격을 설정하고 있는지, 소비자(customer)가 원하는 수요곡선은 어떠한지 등에 따라 적절한 가격을 결정하는 요소로 작용할 수 있다.

문화상품을 처음으로 시장에 내놓을 때 초기고가전략과 시장침투전략을 취할 수가 있다. 스타성, 화제성, 희소성, 초청공연단체의 명성 등 품격 있는 서비스가 제공될 때 유명 뮤지컬, 오케스트라는 권위상품에 해당되기 때문에 초기고가전략 채택에 유리하다. 반면 시장침투전략은 초기고가전략과 반대로 많은 사람들에게 판매하기 위하여 가장 낮은 수준에서 가격을 결정하는 것이다.

문화예술기관은 세분시장의 특성과 상황에 따라 가격을 조정한다. 가격조정전략에는 할인, 가격차별화 등이 있다. 티켓가격의 할인유형은 특정 대상 할인, 기간 · 요일 · 시간대별 할인, 러시티켓, 기브티켓, 제휴마케팅 할인, 단체구매 할인, 구매시점 할인, 이벤트성 할인 등 다양하다. 문화상품도 사용시간대에 따라 가격차별화가 적용된다.

주요용어

비용 중심 가격결정
수요 중심 가격결정
경쟁 중심 가격결정
초기고가전략
시장침투전략
수요의 가격탄력성
러시티켓
기브티켓
제휴마케팅 할인
마티네 콘서트
좌석별 가격차등제
인-앱 퍼처스(In-app purchase)

참고문헌

- 구문모 외, 문화산업의 발전방안, 을유문화사, 2000.
- 김대호 외, 콘텐츠, 커뮤케이션북스, 2013.
- 김민주 외, 컬덕 시대의 문화마케팅, 서울문화재단, 2005.
- 김승미, 만원사례 예술경영학, 늘봄, 2008.
- 김영신, 2010년 티켓매니지먼트-마케팅전략 수립부터 매표소 운영까지, 예술경영지원센터, 2011.
- 김평수 · 윤홍근 · 장규수, 문화콘텐츠산업론, 커뮤니케이션북스, 2012.
- 뮤지컬 레미제라블 홈페이지(http://www.lesmis.co.kr)
- 오마이뉴스, 2012. 12. 29.
- 용호성, 예술경영, 김영사, 2011.
- 이우용 · 정구현, 마케팅원론, 형성출판사, 1989.
- 이훈영 · 박기용, 외식산업마케팅, 도서출판 청람, 2012.
- 조선일보, 2006. 8. 3.
- Keith Diggle, Arts Marketing, London: Rhinegold Publishing Ltd., 1994.

CHAPTER 07

유통관리

1. 문화상품의 유통경로
2. 가치사슬의 체계
3. 유통기관의 파워
4. 창구효과
5. 웹툰의 유통다각화(OSMU)
6. OTT서비스의 활성화
7. 1인 미디어 플랫폼의 부상

1 문화상품의 유통경로

문화시장은 생산자와 소비자가 문화를 상품으로 거래하는 장소이다. 전통적인 '문화공간'인 미술관, 박물관, 공연장처럼 문화상품을 접할 수 있는 공간을 의미할 수도 있고, 그런 공간에 접근하기 위한 권리인 티켓을 구입할 수 있는 인터넷공간일 수도 있다. 문화시장은 문화라는 상품이 생산자인 제작자(예술가)로부터 소비자인 관객, 관람객, 수용자 등에게 전달되는 개념적인 공간을 의미한다.

결국 문화상품의 유통경로는 상품이나 서비스가 생산자로부터 최종소비자에게로 흐르는 과정에서 소유권 이전을 용이하게 해주는 독립적인 조직이다. 여기서 핵심적인 역할을 수행하는 유통경로 구성원은 배급업자, 서비스제공업자 등이다. 이와 같은 유통경로를 어떻게 설계하느냐가 중요한 과제인데 최근에는 공급사슬의 이익을 극대화하기 위한 아웃소싱이나 전략적 제휴가 성행하고 있다.

문화산업에서 가치사슬(value chain) 체계는 크게 제작, 배급(유통 1), 서비스제공(유통 2)의 3단계로 구성된다. 하지만 배급과 서비스 제공단계에서 콘텐츠를 생산하는 방식에 따라 통신·방송형, 극장형, 휴대형 등으로 구분된다.

또한 문화상품은 소프트웨어의 형태에 따라 눈에 보이는 상품의 패키지 형식의 유통(출판, 음반), 지상파를 이용한 네트워크 형식의 유통(TV, 라디오방송), 공간 형식의 유통(영화, 공연) 등으로 구분할 수도 있다.[01]

여기에서는 문화상품의 대표적인 유통경로의 패턴을 알아보기 위해서 극장형인 영화와 공연상품의 유통경로 및 휴대형인 음악산업의 유통경로에 대해 살펴보기로 한다.

1) 영화의 유통경로

영화산업의 가치사슬은 제작, 유통, 소비의 일반적인 단계를 거친다. 제작은

01 김창남, 대중문화의 이해, 한울아카데미, 2007, p.221.

영화제작사가 담당하여 영화를 제작하여 배급기관에 이동시킨다. 유통은 도매상 역할을 하는 배급업자와 소매상에 해당하는 극장이 담당한다. 영화배급사는 전통적인 유통경로의 도매상에 해당되는데 영화제작사로부터 제작된 영화를 구입하여 극장에 배급하는 개인이나 조직을 말한다.

국내 배급사들은 배급수수료로 흥행수입의 10%를 받는 것이 기본이지만 근래에는 배급사가 투자자의 역할 혹은 상영관의 역할까지 맡는 경우가 늘고 있는 추세이다. 즉, 배급사는 영화상품을 유통하는 회사로 전국 극장을 중심으로 유통을 하며 판권을 확보하기 위해 투자를 함께하면서 투자배급사로 통칭하기도 한다. 우리나라 배급사는 CJ엔터테인먼트, 쇼박스, 롯데엔터테인먼트 등의 브랜드파워가 증가하면서 거대 배급사로서 영향력을 행사하고 있다. 2019년 한국 4대 배급사의 점유율을 보면 CJ ENM, 롯데컬처웍스, 넥스트엔터테인먼트월드 (NEW), 쇼박스 등이 전체 영화시장 점유율의 52%를 장악하고 있다. 그러나 이렇게 대기업이 제작-배급-상영이라는 단계를 계열화하여 거대기업으로 성장하면서 이런 배급회사를 통하지 않은 영화는 상영의 기회를 얻기 어려울 수밖에 없다.

전통적인 유통경로로 볼 때 소매상에 해당되는 극장은 잠재영화관객과 직접적으로 만나는 지점이다. 최근 멀티플렉스 건설로 상영관은 적정규모 이상의 객석을 확보하는 등의 기간시설 및 설비에 대한 투자를 더 많이 해야 한다는 특징을 가지고 있다. 그러나 극장이 복합화 · 대형화되면서 수익성이 창출되지 않는 영화들은 과감히 상영중단을 결정하는 일이 잦아져 영화제작사와 배급기관 및 잠재영화관객들의 원성의 대상이 되기도 한다. 상영관과 더불어 텔레비전이나 비디오, DVD, 인터넷, 케이블 시장 등도 소비자가 영화상품을 소비할 수 있는 최종적인 창구라고 할 수 있다.

미국의 투자배급사

2) 공연의 유통경로

공연의 가치사슬체계는 공연기획사가 제작한 공연상품을 관객들에게 어떤 분배경로를 통하여 관람권을 구입하여 관람할 수 있는지에 대한 관리활동으로 판매대행사나 인터넷 예매에 의해 티켓을 구입하여 관람하는 것이 기본적인 과정이다. 공연상품의 유통은 도매상 역할을 하는 공연배급사와 소매상 역할의 공연장이 주로 담당하게 된다.

공연배급사는 영화배급사와 비슷한 역할을 하면서 관객과 공연단체를 연결하는 네트워크를 구축하고, 검증된 콘텐츠를 공급한다. 뮤지컬이나 대형 콘서트와 같은 경우 제작사가 공연판권을 갖고 배급사 역할까지 맡게 된다. 실제로 공연배급사인 CJ엔터테인먼트는 2004년 뮤지컬 〈맘마미아〉 영국 투어팀의 베이징공연을 공동주최했으며, 2011년 〈맘마미아〉의 중국어 라이선스 공연을 추진하였다.

극장처럼 소매상 역할을 하는 공연장은 공연상품의 유통을 담당하는 물리적 공간으로 상품의 공급과 수요를 직접 연결시켜준다. 그러나 실질적인 공연상품의 매개체 역할은 물리적인 공간이 아니라 그 안에서 일하는 예술경영인 혹은 기획자로 통칭되는 사람들이 맡는다. 이들은 자신이 속한 문화공간이나 예술단체의 인적 · 물적 자원을 활용해 다양한 프로그램을 문화상품으로 만들고 이를 문화시장에 공급하여 관객들과 만나게 하는 매개자 역할을 한다.[02]

3) 음악의 유통경로

국내 음악산업의 구조는 1980년대 이후 현재와 같은 구조의 체계를 잡기 시작했는데 기획사와 음반사가 음악을 기획 · 제작 · 생산하는 제작의 이원성이라는 특성을 띠고 있다.

현재 국내 음반산업은 기획사, 음반사(제작사), 해외 음반사, 도매상이 주축이 되고 있다. 즉 기획사의 경우 국내 가요와 라이선스 기획사로 구분되고, 음반사의 경우 국내 제작사와 해외 음반사로 나누어지는 이원적 구조를 지니고

02 용호성, 예술경영, 김영사, 2011, p.34.

있다. 기획사는 가수 발굴, 트레이닝, 음반기획, 녹음, 매니지먼트를 진행하고 제작사는 음반투자, 제작, 유통을 맡는 것이 일반적이다. 유통구조는 제작사, 도매상, 소매상, 소비자의 경로를 통해 판매되는 도매상 중심의 유통구조로 이루어져 있다.[03]

유통단계는 일반적으로 두 가지 흐름을 거치는데 유통회사→소매→소비자로 연결되고 유통회사→도매→소매→소비자로 이어지는 구조를 갖는다. 주요 음반사는 자체 유통시스템을 갖추고 있어 직접 도매상이나 소매상으로 음반을 유통한다.

그러나 최근 디지털 음악산업이 커지면서 통신회사(1차 도매상)의 참여로 인하여 규모가 확대되고 있으며, 제작사에서 기획, 매니지먼트를 직접 진행하기도 하고 이동통신사(2차 도매상)가 제작사, 유통사를 인수 · 합병하여 직접 콘텐츠의 제작과 매니지먼트에 참여하기도 한다. 음악산업 유통에서 유 · 무선 플랫폼이 소매상 역할을 맡고 있다.

과거와 달리 음악을 소비하는 방식이 CD에서 MP3로 바뀐 최근에는 MP3 음원을 구입하고 다운로드할 수 있는 음원사이트가 과거 레코드가게와 같은 소매상 역할을 담당하고 있다. 유 · 무선 음원유통 플랫폼인 멜론, 엠넷, 벅스, 올레뮤직, 소리바다 등 5개 음원사이트들이 국내에서 정식발매된 음반과 노래를

그림 7-1 음악산업 가치사슬

오프라인	작곡/작사가, 가수, 연주가	기획사	음반사	1차 도매	2차 도매	소매
디지털	작곡/작사가, 가수, 연주가	권리사 • 개별기획사 • 음반사	디지털유통사 • 개별기획사 • 유통사 • 디지털유통사 • 직배사	디지털 음원 대리중계 Agency	Gateway Portal System • 이통사 정산시스템 • 포털 MCP 등	무선 플랫폼 유선 플랫폼

자료 : 문화관광부, 2006 문화산업백서, 2007, p.255.

03 정대용, 문화산업 벤처경영론, 도서출판 청람, 2006, pp.95~96.

유통시키고 있다.[04] 이들 음원사이트들은 MP3 30곡 다운로드 상품의 경우 3,000~5,000원 수준에서 판매하고 있다. 특히 SK텔레콤의 자회사인 SK플래닛의 유·무선 음원유통 플랫폼인 멜론이 50% 이상의 음원유통시장을 점유하고 있다.

2 가치사슬의 체계

가치사슬(value chain)이란 고객에게 가치를 제공함에 있어서 부가가치 창출에 직간접적으로 관련된 일련의 활동-기능-프로세스의 연계를 의미한다. 마이클 포터 교수에 의해 일반화된 가치사슬의 개념은 개별기업 차원을 뛰어넘어 특정 산업이나 기업에 필요한 활동을 결합하는 방식을 이해하는 일반적인 틀로 활용되고 있다.

가치사슬에서 가장 중요한 핵심은 다른 경쟁사들보다 경쟁우위를 이뤄 가치를 높이는 것인데, 고부가가치산업 중에서 지식에 기반을 둔 콘텐츠산업이 가치사슬체계를 적용하기에 가장 적합하다.

콘텐츠산업의 가치사슬은 제작, 배급(유통 1), 서비스 제공(유통 2)으로 크게 3단계로 구성된다. 하지만 배급과 서비스 제공단계에서 하나의 기업들이 이 두 단계에 관여할 수 있고, IPTV와 DMB 등 통신방송형 매체의 발달로 배급과 서비스를 모두 제공하기도 한다. 이에 따라 가치사슬은 한 산업을 가장 빨리 이해할 수 있는 도구이지만 가치사슬의 각 단계마다 관여하는 업체들이 많기 때문에 훨씬 복잡하고 다양한 양상을 띠고 있다.

콘텐츠산업의 가치사슬은 크게 세 가지로 나누어져 있다. 첫째 단계는 제작, 둘째 단계는 배급(제1유통 : aggregation, 패키징, 배급, 도매), 셋째 단계는 서비스 제공(제2유통 : 소매, 서비스 제공, 전송)이다. 가치사슬 단계별로 기업이

---

04 주요 음원사이트는 멜론(로엔엔터테인먼트), 엠넷(CJ ENM), 벅스(네오위즈인터넷), 올레뮤직(KT뮤직), 소리바다(소리바다) 등 기획사, 음반사, 디지털유통사가 장악하고 있다.

포진되어 있는데, 하나의 기업이 하나의 가치사슬단계에 속해 있는 경우가 있는가 하면 두 개 이상의 가치사슬단계에 속해 있는 경우도 있다.[05]

1단계인 제작은 작품을 제작하는 단계로서 기획(preproduction), 제작(production), 후반작업(postproduction)으로 구성된다. 통신방송형 중에서 지상파방송의 제작에는 독립프로덕션이나 방송사가 있고, 케이블방송의 제작에는 독립프로덕션, 영화사, 음악제작사, 케이블사 등이 존재한다.

통신방송형 중에서 인터넷은 CP(Contents Provider)가 제작의 역할을 담당한다. 현재 국내 디지털콘텐츠 시장의 CP는 크게 두 가지 축으로 구성되어 있다. 첫째는 경쟁력 있는 콘텐츠를 생산하는 업체들이 직접 시장에 참여하는 경우다. 주로 방송, 게임 등의 원작 콘텐츠와 저작권을 소유한 이들 업체들은 강한 시장지배력을 지니고 있고 사업규모 또한 크다. 다른 한편에는 원작 콘텐츠의 판권을 확보하거나 저작권료를 지불하고 이를 디지털콘텐츠로 변환시켜 온라인에서 유통시키는 CP들이 있다. 영화, 음악, 만화 등 현재 시장이 활성화되어 있는 콘텐츠의 경우 소규모 기업에서 디지털콘텐츠를 생산하고 있다.

극장형의 경우 영화사나 공연기획사가 제작의 기능을 하고 있고 패키지형의 경우에는 음반은 음악제작사, 게임은 게임제작사, 출판은 출판사 등이 가치사슬상 제작기업에 해당한다.

배급단계(제1유통)는 도매에 해당하는 것으로 제작된 콘텐츠를 모아서 소매상에게 제공한다. 지상파방송의 경우 제1유통은 제작한 프로그램을 전국에 전송하는 지상파방송사가 담당하고 있다. 케이블방송의 제1유통은 프로그램 공급업자인 케이블 PP(Program Provider)로서, 이들 기업은 영화, 음악, 드라마, 스포츠, 교양 등의 프로그램을 구입하거나 직접 제작한 프로그램으로 채널을 구성하여 SO(System Operator) 사업자에게 제공한다. 인터넷의 경우에는 신디케이터와 인터넷 포털[06] 등이 콘텐츠를 모아 배급하는 역할을 한다.

극장형의 경우 제작한 영화를 극장에 배급하는 배급사들이 여기에 속한다. 현재 우리나라 영화배급사 시장은 쇼박스와 CJ엔터테인먼트 등 2강 체제로 되어 있다. 패키지형의 경우 음반도매상, 게임도매상, 서적도매상 등이 제1유통

05 고정민, 문화콘텐츠 경영전략, 커뮤니케이션북스, 2007, pp.11~17.
06 인터넷 포털은 가치사슬상 '서비스 제공'의 역할을 주로 한다.

의 역할을 하고 있다.

서비스 제공(제2유통)단계는 제1유통에서 받은 콘텐츠를 최종소비자에게 제공하고 서비스하는 기능을 담당한다. 통신방송형의 경우 제2유통에는 네트워크를 가진 사업자와 소비자에게 서비스를 제공하는 서비스 제공사업자가 존재한다. 하지만 무선망을 확보하고 있는 SKT가 모바일콘텐츠 포털서비스도 동시에 하고 있듯이 하나의 업체가 이 둘의 기능을 동시에 담당하는 경우가 많다. 지상파방송의 경우에는 지상파방송사가 시청자에게 방송 프로그램을 제공하는 반면, 케이블방송은 SO가 PP로부터 프로그램을 받아 시청자에게 제공한다. 극장형의 경우 극장주가 배급자로부터 영화필름을 받아 관객에게 영화를 상영하는 2차 유통의 기능을 담당하고, 패키지형은 오프라인상의 소매상들이 2차 유통인 소매유통 기능을 담당한다.

이와 같이 콘텐츠 유통의 경우에는 가치사슬의 유형에 따라 크게 다르다는 것을 알 수 있다. 즉, 통신방송형은 유선이나 무선망을 통해 콘텐츠가 전달되기 때문에 프로그램의 유통도 이들 망을 통해 전달되지만 극장형은 극장을 통해 서비스가 제공되기 때문에 배급이라는 형태가 나타났고, 패키지형은 물건을 이동시켜 유통을 하므로 일반 제조상품과 마찬가지로 도매와 소매의 형식으로 유통된다. 이들 각 유형의 콘텐츠산업의 가치사슬은 [그림 7-2]에서 볼 수 있다.

콘텐츠산업 전체를 하나의 가치사슬로 표현했으나, 실제는 이보다 훨씬 복잡하다. 작품의 원가에 해당하는 각종 기기, 인력(감독, 배우 등) 등은 제작 이전 단계의 창작요소로 분리할 수도 있으나 일반적으로 제작과 밀접하게 연관되어 있으므로 제작에 포함시키기도 한다. 또한 제작 이전의 기획단계가 제작단계와 별도로 분류될 수도 있다.

콘텐츠 제작단계를 콘텐츠의 원작을 제작하는 단계와 이들 원작을 구입하여 플랫폼에 적합한 콘텐츠로 가공하는 단계(재가공)로 구분할 수 있다. 콘텐츠 원작을 DMB, 모바일콘텐츠 등 다양한 플랫폼에 맞게 가공하는 경우가 여기에 속할 수 있다. 실제로 지상파방송은 DMB 사업을 하면서 재가공 콘텐츠를 DMB라는 모바일서비스에도 병행함으로써 유 · 무선 통합의 시너지효과를 기대할 수 있었다. 콘텐츠를 재가공할 경우 단순히 같은 콘텐츠를 지상파방송 채널과

DMB 채널을 이용하여 제공하는 것이 아니라 각 채널의 특성에 맞게 재가공하여 제공하는 것이다. 즉, 지상파방송사들이 프로그램을 상품성 있는 단위로 분절하는 '콘텐츠 분할(contents segment)'을 통해서 매체환경에 맞춘 다양한 창구로의 진출가능성을 보여주고 있다.

이와 같이 가치사슬을 세분할 경우에는 제작단계에서 가공단계를 별도로 구분하기도 한다. 원작 콘텐츠의 가공은 원작자가 직접 하거나 1차 유통업체가 한다. 1차 유통업체가 원작 콘텐츠를 가공하는 것은 한 업체가 가치사슬상 제작과 유통을 동시에 하는 경우이다.

유통 1에는 콘텐츠 신디케이터(contents syndicator)나 중개업자가 있다. 콘텐츠 신디케이터는 유 · 무선 인터넷에 존재하는 다양한 콘텐츠 공급자의 콘텐츠를 모아 콘텐츠를 필요로 하는 사이트나 서비스업체에게 공급한다. 신디케

그림 7-2 콘텐츠산업의 가치사슬

이터의 역할은 단순한 콘텐츠 수집가(aggregator)에 국한된 것이 아니라 고객사의 요구에 맞게 다양한 플랫폼 형태와 스타일로 콘텐츠를 재가공하기도 한다.

마지막 단계인 유통 2에서는 극장형이나 패키지형은 단순하지만 통신방송형은 좀 복잡하다. 통신방송형의 2차 유통은 콘텐츠서비스를 통신사업자의 네트워크를 사용하여 소비자에게 제공하는 역할이다. 따라서 이 단계에는 소비자에게 서비스하는 기능과 이 서비스를 위해 네트워크를 운영하는 기능이 필요하다. 즉, 통신방송형의 경우 최종소비자에게 콘텐츠를 제공하는 유통기능뿐만 아니라 콘텐츠를 전송하는 통신망 등의 네트워크 운영기능까지 포함되어 있다. 따라서 유통 2에는 네트워크사업자와 콘텐츠서비스 제공자가 존재한다. 가치사슬을 세분화하여 구분할 때에는 통신망을 제공하는 네트워크사업을 별도로 구분하기도 한다.

지상파방송의 경우에는 네트워크사업자와 콘텐츠서비스 제공사업자가 대체로 동일하지만, 케이블사업자의 경우 NO(Network Operator)의 네트워크사업자,[07] 위성방송에서도 위성체를 운영하는 사업자 등이 별도로 존재한다. 모바일사업의 경우 대체로 네트워크사업자와 콘텐츠서비스 제공사업자가 동일하지만, 무선인터넷 개방으로 인해 외부의 무선포털사업자가 무선서비스사업에 진입하기도 한다. 이는 네트워크사업자와 콘텐츠서비스사업자가 별개로 존재하는 경우이다.

그러나 극장형의 유통 2에서는 연극이나 무용, 전시, 공연 등이 노동집약적 콘텐츠산업으로 극장, 공연장에서 유통과 소비가 동시에 진행되기 때문에 배급과 서비스 제공단계를 동시에 진행한다고 볼 수 있다.

지금까지 설명한 바와 같이 과거에는 단순했던 가치사슬이 점차 복잡해지고 있다. 과거에는 제작과 유통을 동시에 행하는 기업들이 많았다. 그러나 최근에는 기업 인터넷, 모바일기술의 도입으로 가치사슬이 분화되고 분절되는 현상들이 벌어지고 있다. 콘텐츠 유통을 담당하는 플랫폼업체(유튜브)가 콘텐츠 생산에 관여하거나 AOL-타임워너와 같은 기업은 콘텐츠와 플랫폼의 균형을 맞춤

07 케이블방송의 NO와 SO 모두 네트워크사업자라 할 수 있다. NO는 PP에서 SO까지의 네트워크를 소유하고, SO는 SO에서 가정까지의 네트워크를 운영하고 있다.

으로써 시너지효과를 노리기도 한다. 대부분의 콘텐츠기업들은 OSMU와 N스크린전략을 통해서 자사가 보유한 콘텐츠의 창구를 확대하려는 경향을 보이고 있다. 이와 같이 분화와 분절이 동시에 일어나는 가치사슬의 변화는 산업의 역동적인 변화를 잘 반영하는 것이다.

3 유통기관의 파워

문화산업의 유통망은 콘텐츠 공급망이자 가치제공의 수단이며 연결망으로 이해할 필요가 있다. 문화산업 가치사슬체계는 콘텐츠의 생산과 유통체계에 따라 달라지고 있으며, 디지털화의 진전으로 보다 자유로운 오픈 플랫폼 패러다임 체제로 변화하고 있다.

방송의 유통구조를 살펴보면, 지상파방송은 강력한 브랜드파워와 킬러콘텐츠를 보유하여 다양한 유통창구를 통해서 콘텐츠를 확산시키고 있고, 케이블TV도 몇몇 대기업들이 MPP와 MSO 등 수직적 · 수평적 계열화를 통하여 콘텐츠와 유통망을 장악하고 있다.

우리나라 지상파방송은 KBS와 MBC, SBS, EBS 등 4개 방송사업자들이 과점시장구조를 형성하고 있다. 이들 지상파방송사는 자체 방송망과 유료방송, 모바일TV 등의 플랫폼을 통해서 콘텐츠를 유통하는 동시에 자사 온라인 플랫폼을 강화하면서 지상파 연합으로 N스크린 서비스인 OTT(wavve, 웨이브) 사업을 추진하고 있다.

OTT(Over-the-Top)서비스는 온라인 동영상서비스 또는 인터넷 VOD서비스와 유사한 개념이다. 지상파 4개 방송사가 연합하여 만든 웨이브(wavve)와 CJ ENM의 계열의 티빙(tving)이 대표적이 사례이다. 이 같은 OTT서비스는 지상파와 케이블방송의 콘텐츠를 TV, PC, 스마트폰, 모바일 등에서 제공하는 것으로 유료방송시장의 규모를 확장시켰다.

케이블방송시장에서도 CJ는 핵심계열사인 CJ ENM을 중심으로 콘텐츠와 플랫폼을 장악하면서 강자의 위상을 확고히 하였다. PP시장에서는 tvN, M.net, CGV, 투니버스 등을 앞세워 시장점유율 1위를 차지했고, 케이블을 송출하는 종합유선방송(SO)시장에서도 가입자점유율 23%로 1위를 유지하였다. 이로써 케이블TV 시장에서 CJ는 계열 PP 22개와 SO 19개를 보유하는 등 좋은 채널과 배급망을 독과점하고 있다.

극장에서 내린 영화는 CJ 종합유선방송(SO)을 통해 CJ가 소유한 영화, 엔터테인먼트 채널에서 다시 방영된다. 즉, CJ는 자사가 보유한 플랫폼을 활용하여 방송과 영화콘텐츠를 유통하고 있다. CJ는 콘텐츠사업 진출 초기부터 콘텐츠와 플랫폼의 비중을 동등하게 유지하는 가운데 올드미디어에서 뉴미디어로 진화하는 과정에 있다.

케이블 방송시장은 방송채널사용사업자(PP : Program Provider), 종합유선방송국(SO : System Operator), 전송망사업자(NO : Network Operator)의 3분할 체제로 운영된다.

방송채널사용사업자(PP)는 채널을 소유하면서 프로그램을 제작하여 공급업자로 CJ ENM이 해당된다. CJ ENM은 PP시장에서는 tvN, M.net, OCN, 캐치온, 투니버스, 중화TV 등 다양한 장르의 14개 방송 채널을 보유한 국내 최대의 콘텐츠사업자다. 케이블TV를 송출하는 종합유선방송(SO)에서는 LG헬로비전,[08] SK브로드밴드, HCN, 딜라이브, CMB 등 5개 MSO가 권역별로 시장을 지배하고 있다.

영화산업의 유통망도 CJ와 롯데그룹 등 대기업이 투자부터 상영까지 장악하면서 영화판을 좌지우지하고 있다. 이들 두 기업은 영화를 소비자들이 접할 수 있도록 상영창구인 극장에 유통시키는 배급업(유통 1)과 영화를 상영하여 관객들에게 판매하는 극장상영업(유통 2)을 장악하였다.

CJ는 영화제작-투자-배급을 담당하는 CJ엔터테인먼트와 900여 개의 스크린을 가진 CGV를 소유하여 영화산업의 수직계열화를 구축하였다. 영화시장에서 CJ가 투자, 제작, 배급, 상영이란 전체 가치사슬을 장악하여 수년째 시장 1위를 지키고 있다. 배급사인 CJ ENM 관객수는 2021년 기준으로 전년 대비 60%(633

08 원래 CJ그룹에 소속된 (주)CJ헬로비전이란 회사명으로 서비스를 진행하다, 2019년 12월 LG그룹에 인수되어 사명을 다시 'LG헬로비전'으로 변경했다.

만 명) 감소한 415만 명으로 6.9%의 관객 점유율을 기록했다. 우리나라 전체 스크린 3,254개 가운데 CJ CGV는 2021년 기준 1,312개로 40%의 스크린을 보유하여 롯데시네마(982개), 메가박스(706개)를 넘어섰다.[09]

영화산업의 유통망도 CJ와 롯데그룹 등 대기업이 배급부터 상영까지 수직계열화로 영화판을 독과점하고 있다. 국내에서 영화 유통을 담당하는 영화배급사의 시장점유율은 2019년 기준 〈어벤저스〉 등의 외화를 유통하는 월트디즈니컴퍼니코리아가 27%, CJ ENM이 23%, 롯데컬처웍스가 8%를 차지했다.

배급사를 통해 영화가 영화관으로 유통되면 비로소 우리가 영화를 관람할 수 있게 된다. 2020년 국내 멀티플렉스 시장점유율은 CGV가 50%, 롯데시네마가 30%, 메가박스 17% 순이다. CJ의 경우 영화산업의 기획, 마케팅, 판권 판매, 배급까지 모든 과정을 맡고 있다. 투자 유치뿐 아니라 다른 영화에 직접 투자하기도 한다. 이후 CJ계열의 CGV를 통해 영화를 상영한다. 극장 상영이 끝나면 IPTV나 OTT에 판권을 판매하는데 OCN, OCN Movies, 캐치온 등 영화를 상영하는 채널도 CJ계열이다. 따라서 CJ는 우리나라 영화산업을 수직 계열화함으로써 내수시장 대부분을 독점하고 있다.

2021년 기준으로 스크린의 경우 CGV(40%), 롯데시네마(30%), 메가박스(22%) 3개 영화관이 전체 스크린의 92%를 점유하는 등 대기업 독과점의 폐해가 심각하다. 이러한 영화의 상영관 독점은 오히려 다른 영화를 볼 수 있는 관객들의 선택권을 줄이고, 한국 영화의 다양성을 훼손한다는 비판이 제기되고 있다. 결국 영화배급사와 극장의 시장지배력은 투입되는 자본과 관객의 움직임에 따라 유동적으로 변할 수밖에 없고, 흥행성적에 따라 배급사와 극장 사이의 영향력 차이가 발생한다.

09 영화진흥위원회, 2022년도판 한국영화연감, 2022.10. 21.

표 7-1 각 분야별 유통 가치사슬 체계

구분	유통 1 : 배급	유통 2 : 서비스 제공	수익배분 및 기타
방송	지상파 (KBS, MBC, SBS)	지상파 (KBS, MBC, SBS)	• KBS 수신료 및 광고수익 • 1.5차 플랫폼 : 지상파 연합 Pooq 서비스 • OTT서비스 wavve(웨이브)
	케이블 PP (tvN, M.net, CGV)	케이블 SO (LG헬로비전, 딜라이브, HCN)	• PP, SO 수신료 배분 : 개별계약 • 배분기준 : 균등배분, 방송시간, 시청률 SO 의견 등 반영
영화	영화배급사 (쇼박스, 넥스트 엔터테인먼트월드, CJ ENM, 롯데엔터테인먼트)	극장 (CJ CGV, 롯데시네마, 메가박스)	• 배급사가 통상 극장매출 10%의 배급수수료를 받음 • 한국 영화 상영비율 50 : 50 • 멀티플렉스 점유율 97% (스크린수 3,254개)
공연	공연배급사 (뮤지컬서비스, ㈜PMC네트웍스, CJ ENM)	공연장 (세종문화회관, 예술의 전당, 성남아트센터)	• 예매사이트 중계수수료 6% • 할부 대관료 5~20%
음악	음원도매상 (음원중계업체, 이통사, 포털)	음원소매상 (멜론, 엠넷, 벅스, 올레뮤직, 소리바다)	• 도 · 소매상이 35~40% 유통수수료 배분
출판	대형 도서유통사 (KG북플러스, 수송사 : 부도)	서점 (인터넷서점, 단말기 제조사, 통신사, 대기업, 포털사이트, 전자책 전문몰)	• 바로북 : 국내 최초의 전자책 전문서점 • 디지털 교보문고 : 7만 종의 국내에서 가장 많은 전자책 보유

공연업계의 경우는 영화산업과 비슷하게 일부 공연배급사(뮤지컬서비스, ㈜PMC네트웍스, CJ ENM)들이 콘서트나 뮤지컬 등을 기획 · 배급하고, 대부분 영세사업자들이 소규모 공연을 배급하고 있다. 국공립 공연기관과 지자체 등 대관기관이 대형규모의 공연장을 소유하여 장소를 빌려주면서 영향력을 행사하고 있다.

우리나라 등록공연장은 공연법에 따라 지자체에 등록한 객석수 100석 이상인 곳이 2014년 기준으로 992개에 달한다. 그러나 공연횟수가 증가하면서 치열한 대관경쟁으로 일부 공연의 경우 적당한 공연장을 찾지 못해 공연을 취소하는 사례까지 발생하고 있다. 특히 예술인들의 특정 공연장 선호현상과 공연배급사의 흥행을 위한 공연장 선점 등으로 배급망인 공연장을 계약하기 힘든 실정이다.

더욱이 대관기관은 장소를 빌려주면서 공연을 무대에 올리는 기획사에 공짜 초대권을 요구하는 이른바 '갑(甲)의 횡포'로 인해 공연배급사를 어렵게 만들었다. 이에 문화체육관광부는 2013년 6월 대관기관과 공연기획사가 체결하는 계약서에 초대권 요구 및 제공 금지 관련 내용이 명시될 수 있도록 공문을 통해 관련 기관과 지자체에 지침을 전달하였다.[10]

공연배급사의 경우 할부 대관료[11](공연장 사용료)와 예매사이트 수수료, 부가세 등을 제외하면 실제 티켓가격의 60% 정도의 수익을 가져가고 있다. 특히 장소를 대여해준 공연장이 이른바 '할부 대관료'의 개념으로 5~20%를 적용하면서 할부 대관료가 티켓가격 인상의 원인이 되고 있다.

태양의 서커스 〈알레그리아〉

최근 대중음악의 디지털화에 따라 음악산업이 몰락하고 대신 음원을 서비스하는 음원산업이 성장하고 있다. 음악산업의 디지털화로 인해서 유통단계가 간소화되었고 비용도 절감되었다. 과거 제작된 음반을 도매점과 소매점을 통해 수용자에게 배급할 때 이제는 음원중계업체, 이통사, 포털 등이 음원도매상 역할을 하고 있고, 멜론이나 벅스 같은 음원사이트가 음원소매상을 담당하고 있다. 음원배급부문은 대기업인 SK텔레콤의 계열사인 로엔엔터테인먼트가 주

10 한국경제, 2013. 6. 26.

11 공연장 운영주체(대관기관)가 공연장을 대여하면서 요구하는 '지분'을 뜻한다. 기본 대관료를 낮춰주는 대신 지분참여를 요구하는 것이 관행이다.

도하고 있다. 특히 멜론은 로엔엔터테인먼트의 음원유통 브랜드로서 국내 최다 음원수 1천만 곡을 확보하여 국내 최대의 음원을 보유하고 있다. 로엔엔터테인먼트는 SK텔레콤의 계열사로서 결국 국내 음원유통은 SK텔레콤이 주도권을 잡고 있다. 우리나라 음악콘텐츠 시장도 음반 구입과 다운로드에서 디지털 음원 스트리밍서비스로 변화하고 있고, 현재 음악콘텐츠 소비의 중심에 스트리밍서비스가 주류를 차지하고 있다.

멜론이 전체의 50%가 넘는 시장점유율을 보이고 있으며 Mnet, KT지니, 벅스, 소리바다 등 5개 스트리밍 업체가 국내시장을 과점하고 있다. 여기에 2016년 애플뮤직과 유튜브 레드(유튜브뮤직)가 국내에 진출하면서 국내 서비스업체와의 경쟁이 가시화되고 있다.

국내 음악산업은 5대 스트리밍 업체가 견고하게 국내시장을 분할하고 있는 상황에서 차별화 전략을 앞세운 해외 서비스가 국내에 성공적으로 안착할 수 있느냐가 관심이다.[12]

출판의 경우에도 전자책 테크놀로지의 발전에 따라 전자책 유통시장이 활성화되고 있다. 과거 출판 유통경로는 작가－출판사－서점－독자였다. '종이책의 논리' 속에서 전자책 시대로 이동하면서 전자책 유통경로는 작가－출판사(CP : Contents Provider)－전자책 제작사－전자책 하드웨어/소프트웨어 제조사－콘텐츠수급사(CA : Contents Aggregator)－전자책 유통사－통신사－플랫폼기업－독자로 세분화할 수 있다. 여기서 전자책 제작사 및 하드웨어/소프트웨어 제조사, 콘텐츠수급사(CA)는 콘텐츠 가공을 담당하고, 전자책 유통몰, 통신사, 플랫폼기업 등이 일반서점처럼 콘텐츠 유통의 역할을 맡고 있다.[13]

현재 전자책 유통시장에 진출한 업체는 인터넷서점, 단말기 제조사, 통신사, 대기업, 포털사이트, 전자책 전문몰 등 그야말로 춘추전국시대이며, e-pub이든 app-book이든 전자책 제작기술력도 상당히 수준급이다. 국내 전자책 유통플랫폼은 전문판매사이트(모비북, 바로북), 기존 서점의 전자책 판매사이트(디지털 교보문고, 한국이퍼브), 하드웨어 제조사의 전자책 판매(북큐브, 러더스허

12 성미경, "보고, 듣고, 부르고, 노는" 음악콘텐츠 온-오프 전략, 한국콘텐츠진흥원 코카포커스, 2017. 1. 3.

13 구모니카, 한국 전자책 현황 분석과 정착 방안 모색을 위한 소고, 문화+콘텐츠 창간호, 2012.

브), 대기업 진출 플랫폼(네이버 북스, 텍스토어) 등으로 구분할 수 있다.

최근 유통창구의 증가로 파워의 무게 중심이 유통에서 제작으로 변화하고 있다. 가치사슬상 유통이 다양화되면서 소비자는 콘텐츠의 선택폭을 넓히고 시청 시기의 조절이 가능해졌기 때문이다. 즉, 과거에 비해 새로운 제작물을 활용할 수 있는 유통창구가 증가하고 있다. 새로운 영상 유통창구가 나타나면서 유통업자들의 교섭력이 약해지고, 힘의 무게 중심은 콘텐츠 제공업자로 이동하고 있다.

현재 콘텐츠제작자와 유통업자 간의 힘의 균형이 맞춰지고 있는 상황이다. 콘텐츠사업자와 플랫폼사업자의 전방 · 후방결합이나 제휴가 두드러지면서 각 사업자의 핵심사업 영역(제작 또는 유통)이 수렴선에 가까워지는 경향이 있다. 콘텐츠 생태계에서는 플랫폼사업자들이 주도권을 갖고 있지만 향후에 콘텐츠사업자들이 OSMU전략과 N스크린전략을 적절하게 구사한다면 콘텐츠가 진정으로 생태계의 왕에 가깝게 되는 시나리오도 조만간 가능할 것으로 예상된다.

4 창구효과

문화산업은 일반적으로 산업연관효과(전 · 후방효과)가 다른 산업에 비해 매우 큰 것으로 알려져 있다. 이를 문화산업에서는 '창구효과(window effect)'라고 한다. '창구효과'란 용어를 처음 사용하기 시작한 사람은 오웬(Bruce M. Owen)과 와일드먼(Steven S. Wildman)이다.

창구효과란 하나의 문화상품이 기술변화와 매체의 전환을 거쳐 문화산업 영역 내부 혹은 다른 상품으로서 활용이 지속되면서 그 가치가 증대되는 효과를 말한다. 한마디로 원소스 멀티유즈(One Source Multi Use)[14]이고, 다른 말로는 눈덩이효과(snowball effect), 시너지(synergy), 브랜드확장(brand extension),

14 외국에선 OSMU보다 COPE(Create Once Publish Everywhere)란 용어를 많이 사용하고 있다.

다단계촉진(cross-promotion), 승수효과(multiplier effect)라고도 한다.[15]

하나의 원천 콘텐츠가 게임, 만화, 영화, 캐릭터, 소설, 음반 등의 여러 가지 2차 문화상품으로 파급되어 원소스의 흥행이 2차 상품의 수익으로까지 이어지는 문화상품만이 가지는 연쇄적인 마케팅효과를 거두게 된다. 하지만 원소스의 흥행 여부에 따라 파생상품의 흥행이 결정되기도 하는 단점이 있다.

창구화(windowing)란 하나의 프로그램을 서로 다른 시기에 다른 배급채널을 통하여 배포하는 배급방식이다. 우리나라와 미국 영화의 창구화 순서가 [표 7-2]와 같이 다르게 나타나고 있다. 우리나라 영화의 경우 극장→비디오/DVD→비행기 판권→VOD/Pay per View→유료케이블→지상파TV→무료케이블 등 순차적으로 배급되고 있다.

표 7-2 한국과 미국의 창구화 순서

한국	창구	극장	비디오, DVD	비행기 판권	VOD, Pay per View	유료 케이블	지상파	무료 케이블
	기간(개월)	0~3	극장종영 후 0.5~4	극장종영 후 2~3	극장종영 후 1~5	비디오출시 후 3~8	비디오 출시 3~8, 3~4년	지상파 첫 방영 후 1~3
	비중	75%	9%	11%(수출 8% 포함)			3%	2%
미국	창구	극장	비행기, 호텔 유료채널	비디오, DVD	VOD, Pay per View	유료 케이블	지상파	지방 방송에 대한 신디 케이션
	기간(개월)	0~3	2~4	4~6	6~9	12~15	18~24	36~42
	비중	25%	1%	56%	2.5%	10%	3%	2.5%

자료 : Forrester Research(1997. 1); 최용배 외, 온라인 영화시장의 유통현황과 수익구조 개선을 위한 연구, 영화인회의, 2005, p.10을 재구성

반면, 미국은 극장→비행기, 호텔 유료채널→비디오/DVD→VOD/Pay per View→유료케이블→지상파TV→지방방송 신디케이션 순으로 정해진다.

15 Simone Murray, Brand loyalties: rethinking content within global corporate media, *Media Culture & Society*, SAGE Publication, 2005.

창구화 체계와 각 매체별 유통기간 질서가 체계적으로 정립된 미국은 비교적 홀드백(holdback : 부가판권 유예기간) 기간이 명료하고 잘 지켜지고 있는 데 비해, 우리나라는 인터넷과 DMB, IPTV, 와이브로 등 뉴미디어가 등장하면서 창구화 순서가 잘 지켜지지 않고 홀드백 기간도 짧아지는 등 창구화 체제가 크게 변화하고 있다.

우리나라 영화의 창구화도 극장→비디오/DVD→유료케이블/위성→지상파→무료케이블 채널 순으로 이루어져 왔다. 2000년 이후에는 인터넷과 VOD 창구, DMB와 IPTV 등에서도 영화콘텐츠가 일부 유통되고 있다. 새로운 미디어가 등장하면서 창구화의 순서에 변화가 나타나고 홀드백 기간도 짧아지는 등 창구화 체계가 크게 변화하고 있다.

하지만 방송콘텐츠의 창구화 체계는 영화의 창구화 체계와 다른 패턴을 보이고 있다. 1990년대 중반부터 불붙기 시작한 한류열풍을 타고 우리나라 방송콘텐츠가 본격적으로 수출되면서 방송사들도 글로벌 시장개척과 창구화에 대한 관심을 갖기 시작했다.

지상파 프로그램의 경우 영화와는 달리 첫 유통창구 이후는 배급순서가 분명하지 않고 거의 동시다발적인 유통구조의 특징을 보인다.[16]

보통 드라마의 창구화 순서는 지상파→계열 인터넷 VOD→June/Fimm→타사 인터넷 VOD→계열 PP→DVD 순으로 이루어지고 있다. 홀드백 기간은 지상파 유통 이후 30일(1달) 정도 걸린다.[17]

후속창구 중에서 가장 빠른 것은 지상파 인터넷방송사를 통해 제공되는 인터넷 VOD로서 본방 종료 후 30분(홀드백은 30분)이면 자사의 홈페이지를 통해 서비스가 개시된다. 두 번째 빠른 창구는 June과 Fimm을 통해 제공되는 3G VOD서비스인데, 방영개시 시점은 본방 방영 익일 정오가 되므로 홀드백은 만 하루가 되지 않는다. 여기서 DMB를 하나의 창구로 볼 때 June, Fimm과 성격이 비슷하게 모바일로 콘텐츠를 제공한다는 측면에서 비슷한 창구에 위치한다고 볼 수 있다. 다음으로는 다음(Daum)이나 네이버(Naver) 등의 인터넷 포털

16 박소라, 지상파방송 프로그램 유통전략의 특성에 관한 연구, 방송과 커뮤니케이션, 2007.

17 지상파 N스크린 서비스인 '푹(Pooq)'의 등장 이후 실제 창구화의 순서는 지상파→Pooq→계열 인터넷 VOD→타사 인터넷 VOD→계열 PP→IPTV→DVD 순으로 변경되었다.

에 드라마가 제공되어 VOD로 서비스되는데, 홀드백은 24시간으로 하고 있다. 지상파의 본방 종료 후 1주일이 지나면 자사의 계열 케이블 PP를 통해서 드라마를 방영하고 있다. 그 다음 창구는 DVD 판매가 해당하는데, 드라마별로 차이는 있으나 빠른 드라마는 종영 이후 한 달 남짓이면 DVD로 출시된다. 일반적으로 드라마와 영화의 홀드백 기간이 점차 짧아지고 있으며, 일부 영화는 DVD 발매나 영화개봉과 동시에 온라인서비스를 제공하는 추세이다.

영화 〈해리포터와 불사조 기사단〉 포스터

영화산업에서 창구화가 성공한 사례는 〈매트릭스〉와 〈해리포터〉라 할 수 있다. 〈매트릭스〉는 영화에 기초하여 애니메이션과 게임 등 다양한 파생상품을 제작하여 부가수익을 얻었다. 또한 영화 〈해리포터〉는 세계 200개국에서 약 1억 9,200만 부가 팔린 조앤 롤링(J. K. Rowling)의 소설『해리포터』시리즈를 원작으로 하여 게임, 애니메이션, 각종 캐릭터로 총수익이 2002년까지 20억 달러(약 2조 6,000억 원)를 넘어섰다.『해리포터』는 온라인게임으로 제작되었고, 호그와트학교 문장, 퀴디치게임, 마법가게, 사탕주머니, 마술책 등의 캐릭터를 취급하는 전문상점이 등장하기도 하였다.

문화콘텐츠산업 내에서 OSMU를 가장 많이 활용하는 분야가 바로 애니메이션이다. 애니메이션의 주인공을 캐릭터 상품화하고 이를 완구 등으로 연결시키거나 테마파크에서 이용하기도 한다. 대부분의 애니메이션업체들은 애니메이션의 방영이나 상영으로 수익을 확보하기보다는 캐릭터 등 2차 상품에 더 기대를 하고 있다. 애니메이션의 OSMU를 가장 적절하게 사용하고 있는 기업은 디즈니라고 할 수 있다. 디즈니가 애니메이션으로 만든 〈미녀와 야수〉, 〈라이언 킹〉 등 대부분의 애니메이션 작품은 캐릭터, 테마파크, 공연물 등에 활용되고 있다. 디즈니는 애니메이션으로 성공한 작품을 항상 타 분야에 활용하여 애니메이션에서 올린 것보다 훨씬 많은 수익을 거둬들이고 있다.

우리나라 드라마 〈대장금〉의 경우 중국, 대만 등 해외에 수출되고, 애니메이션과 뮤지컬 등으로 만들어졌으며 심지어 거기에 담긴 한국 음식을 세계에 알리는 촉매제가 되기도 했다. 즉, 드라마 수출이라는 1차 수익 이외에 한국 음식이라는 2차 수익원을 창출하기도 했다. 이러한 사례는 원소스 멀티유즈(OSMU : One Source Multi Use)전략에 따라 하나의 소스가 문화산업 전반에 걸쳐 기반산업이 될 수 있는 가능성을 보여주고 있다.

콘텐츠사업은 '창조산업(creative industry)'이기 때문에 전문인력을 양성해야 한다. 미디어와 콘텐츠의 특성을 고려한 스토리텔링 분석과 개발, 적용 분야의 전문인력을 양성하고, 방송콘텐츠를 상업화할 수 있는 마케터를 집중육성해야 한다. 또한 방송사업자와 대학, 프로덕션 등이 공동기획 · 협력하여 제작하는 산학협동시스템이 구축되어야 한다. 이와 함께 방송콘텐츠가 다른 미디어 플랫폼에서 유통될 수 있도록 'OSMU 공동기획위원회'를 만들어 공동기획과 투자, 제작 등이 이루어져야 할 것으로 보인다.

5 웹툰의 유통다각화(OSMU)

웹툰(webtoon)은 웹(web), 카툰(cartoon : 만화)의 합성어로, 인터넷에 출판되는 형식의 만화를 의미한다. 온라인, 모바일 생태계의 변화로 인해 웹툰은 만화의 디지털화 과정에서 일반 네티즌, 아마추어 작가들의 표현욕구 실현을 위한 활동에 힘입어 등장하게 되었다.

〈파페포포〉의 심승현, 〈순정만화〉의 강풀 등 1세대 온라인 만화작가들이 온라인 만화의 장르적 양식을 완성하였다. 최근에는 윤태호, 이충호, 양영순, 강도하 등 오프라인 출판만화작가들이 웹툰시장에 진출하여 온라인 만화의 지평을 넓혔다.

네이버, 다음 등 포털에서 다수 작가들에 의해 다양한 작품들이 연재되면서 웹툰은 기존 출판만화에서 정립된 페이지넘김 형식과 인터넷환경에서 발전된 세로흐름 형식을 포괄하는 개념으로 자리 잡게 되었다.

만화의 가치사슬은 크게 출판시장인 1차 시장, 콘텐츠서비스 및 상품시장인 2차 시장, 완구와 캐릭터 등 파생상품을 만드는 라이선스사업, 즉 3차 시장으로 분류된다. 웹툰의 등장은 이러한 만화의 가치사슬구조상 1차 시장에 변화를 가져왔다.

1차 시장은 출판시장으로서 만화콘텐츠가 제작되어 가장 먼저 유통되는 시장이며 대부분의 경우 이 시장에서 형성된 만화콘텐츠의 지명도나 인기를 기반으로 타 장르의 문화콘텐츠로 재활용된다. 그러나 웹툰(webtoon)의 등장으로 디지털 만화나 모바일 만화가 기존의 만화 1차 유통시장인 출판만화와 동시에 제공되는 사례가 증가하고 있으며 최근에는 만화콘텐츠의 새로운 1차 유통시장으로도 주목을 받고 있다.

2차 시장은 영화, 게임, 애니메이션, 드라마 등 다양한 분야로 소스를 활용한다. TV, 극장 등의 매체를 통해 해당 콘텐츠에 대한 인지도를 확대하고 이러한 매스미디어의 힘을 빌어 만화 등장인물의 캐릭터 이미지를 상품에 적용하여 소비자의 제품에 대한 구매의욕을 높이는 역할을 한다.

3차 시장은 웹툰의 라이선스 사업으로 등장인물의 캐릭터 이미지를 완구, 문구, 팬시, 캐릭터 등 상품으로 제작하여 추가적인 수익을 올린다. 라이선스시장은 만화 주인공들의 이미지를 완구, 게임, 의류, 식품, 가구, 침구, 문구와 같은 다양한 상품에 적용하고 이들 캐릭터의 인지도와 인기를 기반으로 '상품판매량 확대'라는 시너지효과를 창출하는 것을 목적으로 한다.

2차, 3차 시장으로의 진출은 만화콘텐츠의 원소스 멀티유즈(One Source Multi Use)적 성격을 보여주며, 웹툰은 출판만화, 영화, 게임, 애니메이션, 연극, 뮤지컬, 브랜드툰(광고만화), 캐릭터 상품, SNS 이모티콘, 제조업 라이선스 등의 다양한 장르에 원작으로 쓰이고 있다.

이와 같이 웹툰은 '네이버 만화'와 '다음 만화속세상'처럼 포털에서 정기적으로 연재되면서 존재감을 발휘하기 시작하였다.[18] 2003년 10월부터 2004년 4월까지 연재된 강풀 작가의 〈순정만화〉는 웹툰에 기반한 OSMU의 가능성을 확인한 효시적인 성격의 작품이었다. 〈순정만화〉는 최초의 장편 서사형 웹툰으로서

18 2012년 1월부터 7월까지 매달 순방문자수가 네이버 만화는 700만 명 수준이고, 다음 만화속세상은 300만 명 수준을 유지하고 있다.

그림 7-3 웹툰의 유통다각화 과정

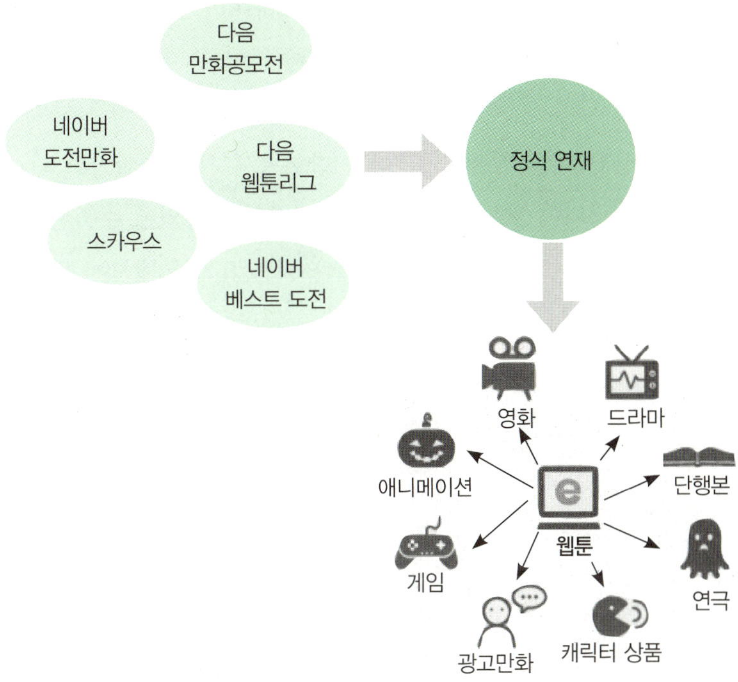

기존 출판만화와는 상이한 연출, 만화 내에서의 영화적 기법 실험 등으로 인해 인터넷 만화의 새로운 형식으로 작가와 작품 모두가 큰 화제를 불러일으켰다. 또한 이 작품은 출판만화, 영화, 연극, 무빙카툰 등으로 재가공되어 당시 단일 웹툰으로는 가장 많은 OSMU에 성공하며 원천 콘텐츠로서의 가능성을 보여줬다.[19]

출판만화 단행본은 웹툰에서 가장 빈번하게 생산을 시도하는 파생상품이다. 웹툰과 출판만화는 만화의 기본적인 문법을 공유하고 있어 OSMU를 위한 수고가 가장 적기 때문이다. 초기 웹툰은 세로흐름이라는 새로운 기법의 적용에 중점을 두면서 웹툰이 단행본으로 제작되는 경우가 적었다. 그러나 웹툰의 포털 유통으로 가치가 높아지고, 2차 저작물을 통한 수익을 원하는 웹툰작가가 늘면서 인기웹툰의 단행본화가 활성화되고 있다. 강풀 작가의 웹툰은 대부분 단행

19 송요셉, 웹툰의 현황 및 특성과 웹툰 기반 OSMU 활성화 방안, 한국콘텐츠진흥원 코카포커스, 2012년 9호, p.5.

본으로 제작됐으며, 강도하 작가의 〈위대한 캣츠비〉, 〈로맨스 킬러〉, 윤태호 작가의 〈이끼〉, 〈미생〉, 캐러멜 · 네온비 작가의 〈다이어터〉, 〈셔틀맨〉, HUN 작가의 〈은밀하게 위대하게〉, 정연식 작가의 〈더 파이브〉 등 다수의 웹툰이 책으로 출간됐다.

특히 〈다이어터〉(네온비/캐러멜, 다음 만화속세상)는 출판만화 단행본으로 전체 3권으로 출판되어 웹툰 단행본 중에서 최초로 해외에 수출된 작품이다. 〈다이어터〉는 2012년 7월 현재 대만, 태국, 베트남, 인도네시아 4개국에 출판 계약을 맺고 제작작업을 진행하였다.

JTBC 〈재벌집 막내아들〉

웹툰은 드라마와 영화 등 다양한 형태의 영상콘텐츠로서 확장가능성이 높다.

웹툰을 원작으로 한 드라마가 잇따라 흥행하면서 웹기반 콘텐츠들이 한류의 원동력이 되고 있다. 웹툰 드라마의 흥행은 2014년 〈미생〉을 시작으로 〈닥터 프로스트〉, 〈하이드 지킬, 나〉, 〈냄새를 보는 소녀〉, 〈밤을 걷는 선비〉, 〈치즈 인 더 트랩〉, 2019년 〈쌉니다 천리마마트〉, 2020년 〈이태원 클라쓰〉, 2021년 〈유미의 세포들〉, 〈술꾼도시여자들〉, 〈모범택시〉, 2022년 〈사내맞선〉, 〈가우스전자〉, 〈재벌집 막내아들〉 등이 제작되었다.

웹툰이 드라마로 전환될 때 동일한 정체성을 유지하면서 차별적인 즐거움을 구현하기 위해 어떤 전략을 구사하는지 JTBC 〈이태원 클라쓰〉의 사례를 통해 살펴볼 수 있다.[20] 이 작품은 비인간적이고 부당한 자본을 대표하는 장가그룹에 상처 입은 청년 세대들의 저항과 복수이라는 판타지적 요소를 통해 주시청자인 청년 세대의 공감을 확보했다. 주인공 박새로이 중심 서사에 개성과 능력을 겸비한 조이서의 조력과 러브스토리 전개를 통하여 중심 캐릭터의 역할을 분할함으로써 매력적인 소구 요소를 복수화했다. 〈이태원 클라쓰〉는 웹툰 원작자가

20 박기수, 동일성과 차별성의 즐거운 긴장–웹툰 원작 드라마, 한국콘텐츠진흥원 방송트렌드 & 인사이트, 2020년 8월.

작가로 참여함으로써 전환의 새로운 양상을 보여주었다. 원천콘텐츠를 얼마나 충실하게 전환하느냐를 넘어서 웹툰에서 미처 하지 못했던 캐릭터와 주제적 울림을 한층 강화함으로써 차별적인 체험을 구현하고 있기 때문이다. 웹툰 소비자가 웹툰의 어떤 요소에 공감하고 환호했는지를 정확하게 파악하고, 드라마의 미디어 문법에 최적화된 캐스팅을 통하여 상황의 공감을 극대화하면서 현실성을 소환하는 전략을 구사한 것이다.

JTBC 〈이태원 클라쓰〉와 〈이태원 클라쓰〉의 동명 원작 만화 비교

2006년 강풀 작가의 〈아파트〉를 시작으로 〈바보〉, 〈이웃사람〉, 〈이끼〉, 〈은밀하게 위대하게〉, 〈내부자들〉 등 흥행에 성공한 웹툰 원작 영화가 속속 등장하였다.

배우 김수현이 주인공을 맡은 영화 〈은밀하게 위대하게〉(HUN 작가)는 7백만 명의 관객을 동원하며 흥행에 성공하여 웹툰 영화의 제작화에 커다란 영향력을 보여주었다. 윤태호 작가의 웹툰 〈내부자들〉을 각색해 만든 영화 〈내부자들〉도 707만 명의 관객을 동원하는 등 웹툰의 영화화가 확대될 전망이다.

웹툰을 통한 부가산업(3차 시장)도 확대되고 있다.[21] 웹툰과 문구류, 캐릭터 상품이 만나 부가적인 라이선스사업을 개척하고 있다. 다음 웹툰 〈다이어터〉는 다이어리, 텀블러로, 웹툰 〈풍뎅이뎅이〉는 노트, 텀블러로, 웹툰 〈미생〉과 〈결혼해도 똑같네〉는 플래너 등으로 제작됐다.

웹툰의 인기를 알아보고 웹툰 캐릭터를 이모티콘으로 상품화해 호황을 누리는 곳도 있다. 카카오톡은 웹툰 작가들과 손잡고 3,000여 종의 웹툰 캐릭터 이

21 백예리, 웹툰의 장르 다각화, 이코노미조선, 2013년 6월, pp.92~93.

모티콘을 제공하고 있다. 2011년 11월 카카오톡에 이모티콘을 처음 도입한 이후 5년간 1,400만 명이 이모티콘을 구매했다.

웹툰은 포털 업체와 레진코믹스 등을 중심으로 해외시장에 진출하고 있다. 웹툰 서비스는 2012년 부분 유료화(포털의 '유료 보기')를 시작으로 2013년 레진코믹스의 등장으로 유료화에 대한 인식이 확산되어 안정적으로 시장에 정착하고 있다.

네이버의 경우 2014년부터 모바일 메신저 라인을 유통경로로 활용하여 미국과 일본을 비롯한 다양한 나라에서 웹툰을 무료로 배포하고 있으며, 다음 카카오는 '만화속세상'의 웹툰 번역서비스를 하거나 중국 포털사이트와 같은 현지 플랫폼을 활용하여 해외진출을 시도하고 있다.

레진코믹스는 전문 번역가들과 협력하여 유럽 언어를 비롯해 영어, 중국어,

그림 7-4 웹툰산업의 생태계 흐름도

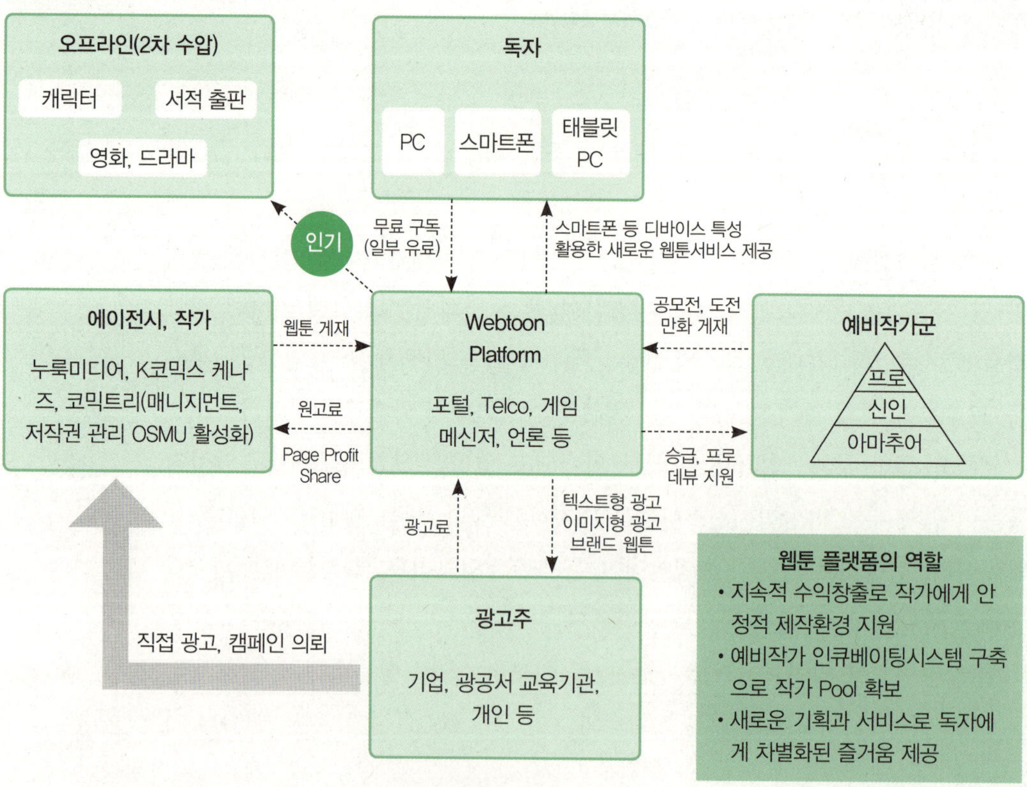

자료 : 웹툰 플랫폼의 진화와 한국 웹툰의 미래, KT경제경영연구소(2013)

일본어, 한국어 등 다양한 언어로 번역된 웹툰을 제공하고 있다. 이를 통해 전 세계 사용자들이 레진코믹스에서 다양한 언어의 만화를 손쉽게 즐길 수 있다.

웹툰의 창작과 유통, 소비 측면에서 산업 전반을 이해하기 위해서는 웹툰산업 생태계의 개념을 파악할 필요가 있다([그림 7-4] 참조).

웹툰은 웹툰 플랫폼을 통하여 작품이 노출되어 독자에게 전달되고, 플랫폼을 통해서 광고주의 광고도 제시하는 생태계 구조를 갖추고 있다. 웹툰산업은 유통사인 포털사이트를 중심으로 창작자(에이전시 소속 작가, 예비작가)와 광고주, 사용자(독자)라는 관계로 구조가 발전하고 있다.

유통사는 네이버와 다음과 같은 포털형 플랫폼과 레진코믹스의 웹툰전문 플랫폼으로 구분된다. 유통사는 작가가 창작한 웹툰을 디지털 파일로 제작 · 편집하여 포털이나 통신사, 신문사 기반의 사이트 등에 게재한다.

웹툰의 창작자는 에이전시에 소속된 전문작가와 예비작가로 나눌 수 있다. 웹툰작가는 공모전이나 도전만화 게재 등을 통하여 발굴되어진다. 웹툰 예비작가들은 아마추어 리그인 '도전만화'에 연재하여 주목을 받아 승급하여 '베스트도전'에 연재하거나 '네이버 웹툰'에 입성하여 프로작가로 데뷔하게 된다. 에이전시작가는 누룩미디어, 와이랩, 재담미디어 등에 전문 에이전시에 소속되어 기획자와 연계활동으로 공동기획이나 마케팅 전개로 상호 이익을 추구한다. 작가는 원고료, 유료 결제를 통한 수익배분, 2차 저작권 라이선싱 수익, 광고주를 통한 광고 수익 등으로 다양한 수익을 확보할 수 있다.

웹툰산업이 광고 및 홍보의 주요한 채널로 주목받게 되면서 브랜드 웹툰,[22] 캐릭터 활용 광고 등 다양한 광고주가 등장하게 되었다. 광고주는 웹툰 플랫폼을 통하여 PPL, 브랜드 웹툰, 텍스트형 웹툰, 캐릭터 결합형 광고를 작품에 자연스럽게 노출시켜 상품판매 효과를 높일 수 있었다. 사용자인 독자는 웹툰 플랫폼에서 제공하는 웹툰작품을 미리보기나 완결보기 등의 방식으로 콘텐츠를 유료로 구매하게 된다.

최근 포털사이트는 사용자도 직접 콘텐츠를 창작하고 웹툰 영역에 업로드할 수 있는 이른바 '승격시스템'을 도입하여 웹툰서비스를 이용하는 소비자들도 직

22 브랜드 웹툰은 브랜드 메시지를 웹툰 속에 자연스럽게 노출함으로써 거부감 없이 사용자로부터 긍정적인 반응을 유도하는 광고수익 모델이다.

접 콘텐츠 창작에 참여하도록 유도하고 있다.

이를 통해 웹툰 생태계는 '창작자↔매체자(유통사)↔사용자↔광고주'의 관계로 구조가 발전하고 있다. 웹툰은 스마트폰 확대를 통해 모바일에 최적화된 서비스로 확대되어 국내 및 해외시장에서 활성화되고 있다.

그러나 대형 포털에 의한 시장과점, 낮은 수준의 저작권 체계, 불완전한 저작권 보호체계 등의 부정적 요소들이 해결이 안 될 경우 시장의 안정적 성장에 큰 장애요인으로 작용할 것으로 보인다.

웹툰은 한국을 대표하는 콘텐츠로 자리매김한 지 오래지만, 무료서비스가 일반화되면서 작가들로서는 포털에서 지급하는 적은 원고료와 영화화되는 극소수 작품에 대한 저작권료, 단행본수입 이외에는 이렇다 할 수익모델이 없다. 작가들은 수입의 안정을 통해 더 나은 창작물의 생산을, 포털은 웹툰을 활용한 수익모델 확립을 기대하고 있으나 웹툰은 무료라고 인식하고 있는 독자들의 거부감을 해결하는 것이 과제로 남아 있다.[23]

이에 웹툰산업에 있어서 양대 포털 중심의 유통체제가 견고화됨에 따라 경쟁력 제고를 위하여 전문형 웹툰 플랫폼의 운영이 필요하다. 웹툰 1세대 및 중견작가를 중심으로 한 웹툰주도형 우수 콘텐츠 프로젝트 지원을 통해 전문형 웹툰 플랫폼의 경쟁력을 강화하고, 기획개발 에이전시의 지원으로 우수 콘텐츠 발굴이 요구된다.

6 OTT서비스의 활성화

1) OTT 지형변화

OTT서비스는 특정 시간과 장소에 구애받지 않고, 사용자가 원하는 시간과 장소에서 손쉽게 콘텐츠를 이용할 수 있는 장점이 있다. 인터넷과 모바일의 기술 발달은 시청자들의 미디어 소비에 대한 접근성과 편리성을 향상시켰다. 반

23 한국콘텐츠진흥원, 월간 콘텐츠 시장동향, 2013년 1월호

면, 방송과 케이블 텔레비전은 새로운 형태의 미디어 소비와 현재 시청자가 생각하는 텔레비전의 기능을 따라잡는 데 성공하지 못했다.

더욱이 코로나19로 인한 비대면 활동이 중요해지자 OTT서비스에 대한 수요가 늘면서 콘텐츠 수요 패턴이 변화하였다.

글로벌 OTT 넷플릭스가 2016년 1월에 국내에 진입하였고, 애플TV플러스와 디즈니플러스도 2021년 11월 국내시장에 직접 진출하였다.

이에 앞서 국내에서는 티빙이 2010년 5월 OTT 플랫폼을 런칭하였고, 뒤를 이어 2012년 MBC와 SBS 공동으로 Pooq을 런칭하였다. 2019년 지상파 3사 연합 OTT서비스 사업자였던 '푹(Pooq)'과 SK텔레콤의 '옥수수(Oksusu)'가 결합해 웨이브가 탄생했다. 웨이브에 대항하기 위하여 CJ ENM과 JTBC 스튜디오(현, SLL)가 합작하여 법인화를 통해 지금의 티빙이 만들어졌다.

국내 7개 OTT서비스의 2022년 6월 월간 이용자수를 보면 약 2,751만 명으로 대한민국 인구(약 5,162만 명)의 절반이 넘는 것으로 집계되었다. 이제 OTT가 레거시 미디어를 대체하는 콘텐츠 소비의 주력 창구라고 해도 과언이 아니다.

국내 OTT의 이용형태를 보면 유료 이용 서비스는 2개가 가장 많은 비율을 차지하고 넷플릭스가 가장 많이 이용하는 서비스로 나타났다. 한국리서치 조사결과에 따르면, 2022년 9월 기준 국내 OTT 이용자는 평균 2.1개의 유료 OTT를 이용하고 있다. 주요 OTT 이용자수를 보면, 넷플릭스가 1,212만 명으로 1위를 차지하고 있으며, 이어 티빙이 562만 명으로 2위, 웨이브는 432만 명, 쿠팡플레이가 380만 명 순이다(중기이코노미, 2023. 1. 17).

그림 7-5 OTT 플랫폼사업자들 로고

그림 7-6 국내 OTT 플랫폼 월간 활성 사용자수(MAU)(2022년 9월 기준)

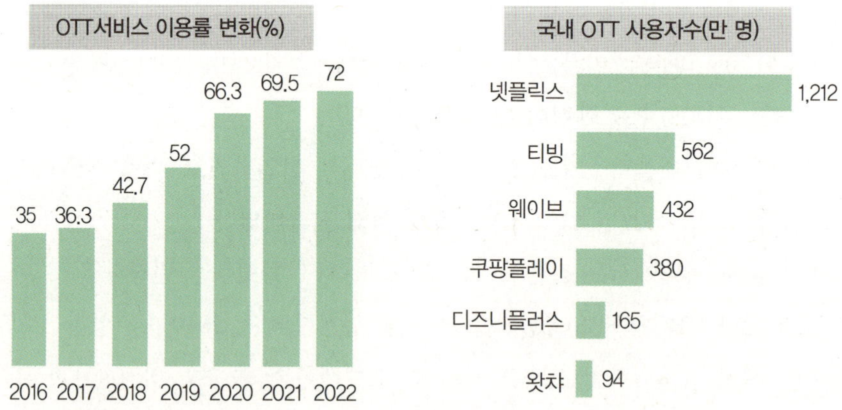

자료: 한국리서치, 2022년 9월

현재 국내 OTT시장은 넷플릭스가 1위 자리를 굳건히 수성하고 있는 가운데 웨이브, 티빙, 쿠팡플레이와 같은 국내 사업자들이 추격하고 있는 상황이고, 디즈니플러스와 애플TV플러스와 같은 사업자들은 여전히 고전을 면치 못하고 있는 상황이다. 국내 OTT 사업자들의 약진과 디즈니플러스의 고전 속에서 HBO와 파라마운트와 같은 글로벌 사업자들은 국내 사업자와의 제휴를 통해 우리나라에 진출하는 방식을 선택했다.[24]

넷플릭스는 심화된 경쟁에 대응하고자 2023년 콘텐츠 시청 시 광고를 포함하는 저가 요금제인 FAST(Free-ad supported streming TV) 채널을 출시했다. 넷플릭스의 광고 삽입형 요금제 도입은 현재 구독 기반 OTT인 SVOD시장이 레드오션시장 상황으로 변화하고 있음을 시사한다.

국내 OTT시장이 성숙기에 도달하면서 가입자 증가세는 둔화됐고 플랫폼사업자들의 가입자를 유치하고 유지하기 위한 콘텐츠 경쟁은 더욱 격화될 가능성이 크다.

〈오징어 게임〉, 〈킹덤〉, 〈우리 학교는〉, 〈카지노〉 등과 같이 K-콘텐츠가 글로벌 경쟁력을 키우기 위해서는 인력과 재원, 제도와 인프라 확충 등 제작여건의 개선이 필요하다. 콘텐츠 향유, 이용자 맞춤형 서비스 제공, 편의성 제고, 콘

24 유건식 · 한정훈 · 노창희(2022), OTT 트렌드 2023, 형설이엠제이, p.27.

텐츠 연관 서비스 확장 등을 통한 시장의 확대와 산업 발전을 모색해야 한다.

현재 글로벌 대형 OTT로의 쏠림현상 때문에 토종 OTT(티빙, 웨이브, 왓챠, 쿠팡플레이) 사업자들이 밀리는 상황에서 국내 제작 생태계의 상생구조 확립을 위해서는 글로벌 OTT 수익의 일정부분(4~5%)을 콘텐츠 제작에 투자할 수 있는 법제도의 마련이 시급히 요구된다.

넷플릭스 드라마 〈오징어게임〉

2) OTT 사업자의 현황

넷플릭스는 최초로 DVD 판매 및 대여사업을 시작으로 스마트폰이 활성화되자 스트리밍서비스로 전환하고 경쟁 OTT들의 견제가 심해지자 영화제작사업으로 확장하고 있는 혁신적인 미디어 기업이다. 넷플릭스는 전 세계 1억 3천만 명이 넘는 가입자를 보유한 글로벌 온라인 동영상서비스(OTT) 기업으로 '세계 1위 동영상 스트리밍서비스' 업체로 포지셔닝하고 있다.

2016년 국내에 직접 진출한 넷플릭스는 2021년에만 5,500억 원을 국내에 투자하는 등 지금까지 1조 원이 넘는 금액을 국내 콘텐츠에 투자한 것으로 알려졌다. 넷플릭스는 2022년에만 우리나라에서 제작된 오리지널 25편을 공개하여 국내 진출 이후 가장 많은 오리지널 콘텐츠를 제작했다.

넷플릭스는 2017년 봉준호 감독이 연출한 〈옥자〉를 통해 오리지널 콘텐츠를 제작하기 시작해서 드라마 오리지널 〈좋아하면 울리는〉, 〈킹덤〉, 〈나홀로 그대〉, 〈인간수업〉, 〈지옥〉, 〈DP〉, 〈오징어 게임〉, 〈지금 우리 학교는〉, 〈종이의 집 : 공동경제구역〉, 〈길복순〉 등이 제작되어 많은 작품이 큰 성공을 거두었다.

넷플릭스의 흥행 성공은 국내 방송사가 넷플릭스의 제작비 투자를 받고 방영권을 파는 구조로 협력관계를 구축하고 있다. 국내 방송사들이 넷플릭스와 동시 방영을 허용하는 가장 큰 이유는 콘텐츠 제작비 확보 때문이다.[25]

25 국내 방송국이 글로벌 OTT들에게 자사 콘텐츠를 공급하는 이유는 레거시 미디어의 수익력을

블록버스트급 콘텐츠를 자주 접한 한국 시청자들의 눈높이가 높아지면서 수준에 맞는 고품질의 작품에 막대한 제작비가 들어간다. 경쟁자로서 넷플릭스가 위협적이지만 제작비를 조달하는 창구로서의 넷플릭스는 막대한 자금력을 지닌 매력적인 동반자이다. 예를 들면, 넷플릭스는 430억 원의 제작비가 든 tvN의 대작 〈미스터 션사인〉의 동시 방영권을 280억 원에 사들이면서 업계의 화제가 됐다. 마찬가지로 〈이상한 변호사 우영우〉도 방송은 ENA, 글로벌 OTT는 넷플릭스를 선택했다.

넷플릭스가 오리지널 작품의 제작뿐 아니라 기존 혹은 신규 국내 콘텐츠를 공격적으로 매입하고 있는 이유는 국내 주요 OTT서비스에서 인기를 끄는 작품 중 국내 방송사 콘텐츠가 많은 비중을 차지하고 있기 때문이다. 또한 아시아시장을 효과적으로 공략하기 위해서도 인기가 높은 한국 콘텐츠가 중요하다.[26]

국내 OTT 사업자인 웨이브는 2012년 MBC와 SBS 공동으로 Pooq을 런칭하고 유료서비스를 시작하여 2014년 KBS가 지분참여를 하면서 지상파 3사가 운영하는 OTT 플랫폼이 되었다. 2019년에 SKT가 유상증자를 통해 참여하고 브랜드명을 '웨이브'로 변경하면서부터 현재의 서비스 형태를 갖추게 되었다.

웨이브는 기본적으로 KBS, MBC, SBS 등 지상파의 콘텐츠를 제공하며, 종편채널인 채널A, TV조선, MBN의 콘텐츠를 제공하고 있다. 웨이브는 지상파 3사의 콘텐츠를 보유하고 있다는 것과 SKT라는 국내 1위의 이동통신사업자가 가지고 있는 가입자 기반이 가장 큰 장점이다.[27]

주요 작품으로는 2019년에 공개된 〈조선로코 녹두전〉, 2021년 공개된 〈이렇게 된 이상 청와대로 간다〉, 2022년 작품으로 〈트레이서 1,2〉, 〈일당백집사〉, 〈유 레이즈 미 업〉, 〈위기의 X〉, 〈약한영웅〉, 2023년에는 〈피의 게임2〉, 〈백설공주에게 죽음을〉 등이 주목을 받았다.

웨이브는 2022년 7월 HBO와 대규모 콘텐츠 독점 공급계약을 맺어 콘텐츠 경쟁력을 강화했다. 웨이브는 출범 이후 3년간 1조 원의 비용을 들여 콘텐츠에

유지하려는 전략인데, 이는 완전히 공급선을 차단하고 자사 OTT의 독점성을 만들어가고 있는 미국의 레거시 미디어들과 다른 전략이다.

26 이호수(2020), 넷플릭스 인사이트, 21세기북스, pp.282~283.

27 유건식 · 한정훈 · 노창희(2022), OTT 트렌드 2023, 형설이엠제이, pp.243~244.

투자하여 47개의 오리지널 콘텐츠를 제작하였다.

〈약한 영웅〉 웹툰 원작과 드라마 포스터

티빙은 2010년 5월 CJ헬로비전에서 런칭한 OTT 플랫폼으로 출발했다. 이후 2020년 JTBC를 포함한 다자간 합작구도로 CJ ENM은 TVING 사업본부를 분할시켜 '주식회사 티빙'을 출범시킨다.

티빙의 큰 장점은 CJ ENM과 JTBC가 가지고 있는 콘텐츠 경쟁력이다. CJ ENM은 스튜디오 드래곤을 소유한 회사로 드라마, 영화를 포함해 국내에서 가장 경쟁력 있는 콘텐츠를 보유한 회사이다.

티빙은 오리지널 콘텐츠 제작 · 확보 단계로 2021년부터 티빙 오리지널 〈여고추리반〉, 〈백종원의 사계〉, 〈환승연애〉, 〈골신강림〉, 〈서울체크인〉, 〈전체관람가+ : 숏버스터〉, 〈마녀사냥 2022〉, 〈아일랜드〉 등을 제작했다. 예능 프로그램보다 제작비 부담이 큰 드라마의 경우 티빙이 먼저 편성한 후에 인기 있는 드라마는 CJ ENM 채널에 후속 편성하는 전략을 취하고 있다. 대표적인 콘텐츠로는 〈술꾼도시여자들〉, 〈마녀식당으로 오세요〉, 〈내과 박원장〉, 〈돼지의 왕〉 등이 있다.

티빙은 국내 사업자 네이버와 해외 사업자 파라마운트플러스와 협력하며, 가입자 확대(네이버 멤버십 결합)와 콘텐츠 확대를 통해 국내 1위 OTT 자리를 호시탐탐 노리고 있다.

국내 최대의 온라인 유통 플랫폼 중 하나인 쿠팡은 2020년 12월 쿠팡플레이를 출시했다. 쿠팡 와우 멤버십에 가입하면 월 4,990원에 로켓배송과 쿠팡플레이를 이용할 수 있는 패키징 상품을 선보였다. 특히 쿠팡의 가장 큰 경쟁력 중 하나가 바로 저렴한 요금이다.

쿠팡은 아마존 모델을 답습하여 쇼핑(무료배송)과 OTT(콘텐츠)를 결합하여 고객을 최대한 자사 서비스에 묶어두는 전략을 구사하고 있다.

무엇보다 쿠팡플레이는 스포츠중계권 확보에 적극적이다. 쿠팡플레이는 축구 월드컵 예선 리그, 손흥민 경기를 포함한 EPL 중계, 메이저리그 중계, 독점 오락 및 드라마 오리지널 콘텐츠 등에 투자하여 월 방문자 300만 명 이상을 달성하였다. 쿠팡플레이는 넷플릭스와 겹치는 콘텐츠가 거의 없다는 것이 특징이다.

쿠팡플레이는 런칭 초기 화제를 모았던 예능 〈SNL 코리아〉를 비롯해 2021년 김수현과 차승원이 출연한 〈어느 날〉, 2022년 수지 주연의 〈안나〉, 사기꾼 이야기를 엮은 〈미끼〉가 화제를 모았다.

이와 함께 2021년 11월 뒤늦게 국내시장에 후발주자로 뛰어든 디즈니플러스가 경쟁력을 확보할 것인지도 큰 관심사다. 최민식과 손석구가 출연한 〈카지노〉가 성공을 거두면서 디즈니플러스 입장에서 가입자 확보의 발판을 마련하였다.

국내 OTT 사업자는 생존전략 차원에서 IP 확보와 콘텐츠 수급 경쟁력이 있는 일부 대형 사업자 위주로 재편될 것이란 전망이 우세하다. 국내시장은 글로벌 OTT 넷플릭스와 디즈니플러스 2개, 국내 OTT는 티빙, 웨이브, 쿠팡플레이 등 3개, 총 5개가 정도가 주도권을 갖고 치열한 경쟁을 벌일 것으로 예측된다.

결국 웨이브, 티빙, 쿠팡플레이 등 토종 OTT들은 넷플릭스와 같은 글로벌 OTT에 도전하기 위해서는 이전과 다른 오리지널 콘텐츠 경쟁은 물론 효과적인 마케팅과 전략적 제휴 등을 통해 차별화된 전략을 펼칠 필요가 있다.[28]

문화마케팅 따라잡기

〈약한영웅〉, K액션의 가능성을 보이다

웨이브 오리지널 드라마 〈약한영웅 Class 1〉이 OTT 통합차트 사이트에서 1위를 할 정도로 인기를 끌었다. 〈약한영웅〉은 상위 1% 모범생 연시은(박지훈)이 처음으로 친구가 된 안수호(최현욱), 오범석(홍경)과 함께 수많은 폭력에 맞서 나가는 과정을 그린 '약한' 소년의 '강한' 액션 성장 드라마다.

28 토종 OTT의 생존전략은 속칭 '오 · 예 · 스'로 오리지널 콘텐츠를 강화하고 예능을 제작하며, 스포츠 판권을 확보하여 경쟁력을 강화하는 것이다.

〈약한영웅〉 드라마 포스터(웨이브 제공)

부산국제영화제에서 소개되면서 화제가 됐고, 2022년 11월 18일 공개와 동시에 웨이브의 2022년 유료 가입자 1위를 기록했다.

〈약한영웅〉의 성공은 사실 갑자기 생겨난 우연적인 일이 아니다. 이미 학원을 배경으로 액션을 다루는 이른바 '학원액션물'이 오래전부터 꾸준히 제작되면서 최근 웹툰에서는 하나의 장르로 자리했기 때문이다. 이 작품의 원작인 〈약한영웅〉은 물론이고 〈외모지상주의〉나 〈진짜사나이〉, 〈최강전설 강해효〉 같은 웹툰들이 그것이다. 물론 유하 감독의 〈말죽거리 잔혹사〉(2004)나, 곽경택 감독의 〈친구〉(2001) 같은 영화에서도 학원액션물의 전조는 이미 존재했고 최근에는 〈샤크 : 더 비기닝〉(2021) 같은 작품이 그 계보를 이었다. 즉, 〈약한영웅〉의 탄생에는 이미 학원액션물이라는 하나의 독특한 장르의 저변이 깔려 있었다는 것이다.

학원액션물이 이렇게 하나의 장르로 자리하게 된 건 학교라는 공간에서 벌어지는 액션이 그 어느 곳보다 더 드라마틱한 서사들을 이끌어내기 때문이다. 학교폭력이나 집단괴롭힘 같은 문제는 물론이고, 부모가 가진 재력과 사회적 지위에 따라 그 자식들의 위계마저 결정되는 학교 사회의 불공평한 구조, 그리고 학교폭력이 학교 밖으로까지 연결되며 범죄화하고 있는 현실 같은 것들이 그 이유다. 〈약한영웅〉은 이 모든 서사가 꾹꾹 채워져 보는 내내 강력한 타격감을 주는 카타르시스와 더불어 '어른 없는 사회'에 내던져진 아이들의 현실을 폭로하는 무게감 있는 비판의식까지 느껴지는 작품이다.

〈약한영웅〉 같은 학원액션물은 액션의 강도가 남다를 수밖에 없는데, 그것은 그저 볼거리로서의 액션 때문이 아니라 하나하나 감정을 쌓아 넣는 액션에서 비롯된다. 드웨인 존슨 같은 근육질의 마초맨들이 등장하는 서구의 액션이 볼거리에 치중돼 있다면, 이른바 K액션의 힘은 주먹 한 방을 날려도 거기 꾹꾹 눌러 담아내는 감정에서 극대화된다.

이제 웹툰, 웹소설은 점점 영상 콘텐츠의 원작 IP로서의 힘을 발휘하고 있다. 그러면서 나타나는 새로운 경향은 이 웹툰과 웹소설이라는 새로운 영역의 특징 속에서 탄생한 서사들이 드라마나 영화 같은 리메이크작 속으로도 들어와 K콘텐츠의 새로운 영역들을 열어주고 있다는 점이다.

〈약한영웅〉은 동명의 웹툰을 기반으로 각색, 2022년 OTT 플랫폼 웨이브(Wavve)의 유료가입자를 가장 크게 증가시킨 오리지널 드라마로 이름을 올렸다. 특히 스토리, 연출, 연기, 액션 등에서 높은 완성도를 자랑해 시청자들에게 큰 호평을 받았다.

자료 : 시사저널 2022. 12. 6. 24~6. No1728, p.88.
http://www.sisajournal.com/news/articleView.html?idxno=251087

7 1인 미디어 플랫폼의 부상

1) 1인 미디어의 개념과 등장

인터넷과 모바일의 확산에 따라 1인 크리에이터가 콘텐츠를 생산하고 온라인 플랫폼을 통해 공유하는 1인 미디어가 각광을 받고 있다. 1인 미디어의 개념은 소셜미디어가 활성화되기 시작한 2010년 이후부터 등장하였다. 콘텐츠의 유연성, 양방향 소통의 특징과 스타 크리에이터의 등장으로 1인 미디어는 국내는 물론 해외시장에서 가파르게 성장하는 추세이다.

일반적으로 1인 미디어란 개인이 다양한 주제의 콘텐츠를 생산하고 이것을 온라인 플랫폼을 통해 다수의 이용자와 공유할 수 있는 커뮤니케이션 플랫폼을 의미한다. 1인 미디어 플랫폼에는 유튜브, 아프리카TV, 페이스북, 인스타그램 등이 있으며, 최근에는 틱톡(TikTok), 인스타그램 릴스(Reels), 유튜브 쇼츠(Shorts) 등 숏폼 콘텐츠가 MZ세대에게 인기 있는 대세 동영상 플랫폼으로 떠오르고 있다. 이들 숏폼 콘텐츠 플랫폼은 쉽게 찍어 간단히 올릴 수 있고 짧은 시간에 많은 콘텐츠를 접할 수 있다는 장점을 내세워 급성장했다.

이런 플랫폼에 채널을 만들고 영상 콘텐츠를 올려 대중과 자유롭게 소통하고 공유하는 영향력 있는 사람을 '크리에이터' 혹은 '인플루언서(Influencer)'라고 통칭하고 있다.

이들 크리에이터(인플루언서)들은 자신의 이미지를 활용하여 콘텐츠 수입 이외에 특정 상품을 홍보하거나 협찬을 받는 등 부가수익을 창출할 수 있는 창구를 확대하게 되었다. 이제 크리에이터들은 유튜브, 페이스북, 인스타그램에서 주는 광고수익은 물론 기업협찬, PPL, 캐릭터 상품판매까지 수익모델을 다각화하였고, 최근에 모바일에서 실시간 방송으로 상품을 소개하고 판매하는 홈쇼핑 형태인 '라이브 커머스(live commerce)'까지 진출하였다.

다음에서는 현재 우리나라에서 가장 주목받고 있는 1인 미디어 플랫폼인 유튜브를 비롯해 틱톡, 릴스, 쇼츠 등 동영상 플랫폼에 대한 동향과 특징을 살펴보기로 한다.

그림 7-7 국내 유튜브 채널 순위

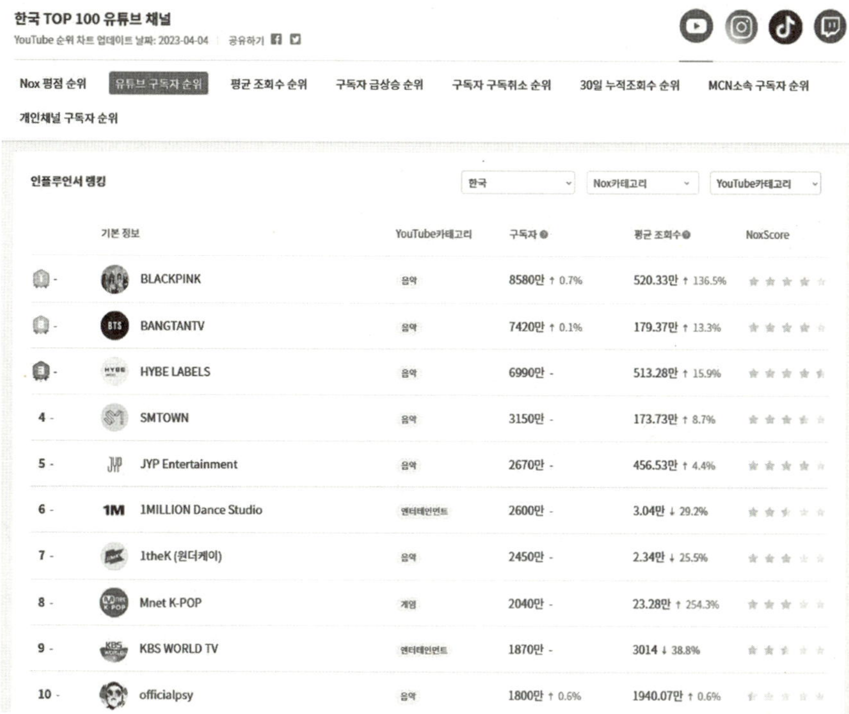

한국 TOP 100 유튜브 채널

YouTube 순위 차트 업데이트 날짜: 2023-04-04 | 공유하기

Nox 평점 순위 | 유튜브 구독자 순위 | 평균 조회수 순위 | 구독자 급상승 순위 | 구독자 구독취소 순위 | 30일 누적조회수 순위 | MCN소속 구독자 순위 | 개인채널 구독자 순위

인플루언서 랭킹 — 한국 / Nox카테고리 / YouTube카테고리

	기본 정보	YouTube카테고리	구독자	평균 조회수	NoxScore
1 -	BLACKPINK	음악	8580만 ↑ 0.7%	520.33만 ↑ 136.5%	
2 -	BANGTANTV	음악	7420만 ↑ 0.1%	179.37만 ↑ 13.3%	
3 -	HYBE LABELS	음악	6990만 -	513.28만 ↑ 15.9%	
4 -	SMTOWN	음악	3150만 -	173.73만 ↑ 8.7%	
5 -	JYP Entertainment	음악	2670만 -	456.53만 ↑ 4.4%	
6 -	1MILLION Dance Studio	엔터테인먼트	2600만 -	3.04만 ↓ 29.2%	
7 -	1theK (원더케이)	음악	2450만 -	2.34만 ↓ 25.5%	
8 -	Mnet K-POP	게임	2040만 -	23.28만 ↑ 254.3%	
9 -	KBS WORLD TV	엔터테인먼트	1870만 -	3014 ↓ 38.8%	
10 -	officialpsy	음악	1800만 ↑ 0.6%	1940.07만 ↑ 0.6%	

자료 : 녹스인플루언서, 2023년 4월 5일 검색

2) 1인 미디어의 유형과 특징

유튜브는 '세계 최대 동영상 공유 플랫폼'으로써 1분당 400시간 이상 분량의 영상이 업로드되고, 하루에 업로드되는 영상 분량만 최소 57만 시간으로 미디어 다양성 측면에서 최고의 기업이다. 최근 유튜브는 아마추어들이 제작하는 UCC 콘텐츠에서 오리지널 콘텐츠로 확충하며 플랫폼의 품격을 높이는 전략을 구사하고 있다.

현재 유튜브는 '온라인 시대의 TV'로 포지셔닝을 진행하고 있다. 구글이 유튜브의 이른바 '오리지널 프리미엄 콘텐츠' 확충 전략을 통하여 경쟁력 강화를 위하여 막대한 수준의 자금 공세를 추진하고 있다.

최근 유튜브는 일부 유료서비스 도입을 통해 수익모델의 다각화에 나서고 있다. 2015년 10월에 유료 영상 구독서비스 'YouTube Red'를 출시했으며, 가입자는 월 9.99달러를 지불하면 유튜브 동영상을 광고 없이 즐길 수 있고 오프라인에서도 영상을 볼 수 있도록 저장기능을 제공하였다. 이제 사람들은 광고를 안 보는 대가로 돈을 내기 시작했다.

또한 기존 유튜브에서 볼 수 없었던 신작 영화나 시리즈 드라마, 유튜브와 크리에이터가 함께 제작한 영상 등 유튜브만의 '오리지널 콘텐츠'도 별도로 제공하고 있다.

그러나 유튜브는 2019년부터 자체 제작 콘텐츠(오리지널 콘텐츠)를 일반 사용자들에게 무료로 제공하고 있는데, 이는 유튜브가 오지지널 콘텐츠를 무상 제공하는 것은 광고효과를 높이는 동시에 넷플릭스 등 새로운 경쟁자를 견제하려는 의도로 해석된다.

유튜브를 기반으로 한 1인 방송 채널들은 보다 전문화 장르에 특정 이용자들을 위한 틈새시장을 공략하며 자신만의 개인 브랜드로 분화를 계속함으로써 시청자들의 대한 관심을 대두시켰다.

보통 유튜브의 카테고리는 영화/애니메이션, 자동차/교통, 음악, 애완동물/동물, 스포츠, 여행/이벤트, 게임, 인물/블로그, 코미디, 엔터테인먼트, 뉴스/정치, 노하우/스타일, 교육, 과학기술, 비영리/사회운동 등 15가지 유형으로 구분된다. 우리나라에서 인기 카테고리는 음악, 게임, 먹방, 뷰티, 키즈, 여행 등을 손꼽을 수 있다.

[그림 7-7]에서 국내 유튜브 채널 순위를 살펴볼 수 있는데, 2023년 4월 기준으로 블랙핑크가 구독자수 8,580만 명으로 1위를 차지했고 그 뒤를 이어 BTS가 7,420만 명으로 2위를 기록했다. TOP 10위 안에는 대부분 음악 장르로 엔터테인먼트 회사인 하이브 레이블, SM타운, JYP 등이 3~5위에 올랐으며, 방송사 채널은 KBS 월드TV가 유일하게 포함되어 있다.

숏폼 콘텐츠 플랫폼인 틱톡(TikTok)은 중국의 바이트댄스사가 개발하여 2016년 9월 중국에서 서비스를 시작한 이래 2017년 전 세계로 서비스가 확장되었다. 2020년에 인스타그램 릴스(Reels), 유튜브 쇼츠(Shorts)가 뒤늦게 숏폼 대열에 합류했다.

우리나라에서는 2020년 가수 지코가 틱톡에서 15초짜리 안무영상 올리기로 '아무노래' 챌린지를 진행하면서 인기를 끌었다. 이후 MZ세대들 사이에 관심이 집중되어 숏폼 콘텐츠는 빠르게 성장하고 있다.[29] 틱톡은 밈(meme)을 만들어내기에 최적화된 챌린지 기능이 사용자에게 큰 인기를 얻고 있다.

현재 틱톡은 중국 틱톡과 글로벌 틱톡으로 분리되어 운영되고 있으며, Z세대를 중심으로 콘텐츠를 업로드하고 있고 150여 개 국가에서 10억 명이 사용하고 있다. 또한 틱톡은 세로 풀 스크린에서 영상을 시청할 수 있고 틱톡 앱에서 효과와 음악까지 제공하여 누구나 쉽게 만들 수 있는 특징이 있다. 이처럼 틱톡이 10대를 중심으로 비약적인 성장을 할 수 있던 이유는 "나도 크리에이터가 되고 싶다는 10대의 욕망을 정확히 파고든 틱톡의 알고리즘을 꼽는다. 구독자 중심 매체인 유튜브 등에 입지를 다진 파워 인플루언서 사이에 10대들이 진입하기는 어렵다. 하지만 틱톡은 추천을 기반으로 한 '포유(For You) 페이지'가 첫 화면이어서 일단 노출되기만 하면 단시간에 많은 사람들에게 알려질 수 있다. 이런 추천 구조가 무명의 틱톡커가 '벼락스타'가 될 확률이 높고 이는 셀러브리티가 되고 싶은 10대들에게 큰 매력으로 작용한다.

인스타그램 릴스(Reels)는 2020년 8월에 처음으로 출시되었고 국내는 2021년 2월부터 서비스하기 시작하였다. 릴스는 처음에 15초부터 시작하여 60초까지 콘텐츠를 업로딩할 수 있다.

인플루언서들은 릴스를 활용하여 콘텐츠를 기반으로 충성도 높은 팬층을 끌어모은 뒤 특정 상품에 대한 리뷰 체험단을 모집하는 인플루언서 마케팅을 진행하기도 한다. 최근에 인스타그램은 커머스 기능도 강화되어 인플루언서나 기업들도 릴스를 이용하여 다양한 연령층에게 효과적으로 제품을 홍보하고 구매전환을 이끌 수 있다.

유튜브가 2020년 9월 인도에서 처음으로 쇼츠(Shorts)를 런칭을 한 후 쇼츠는 하루 35억 회 조회수를 기록하고 있을 정도로 파급력이 크다.

쇼츠에도 2023년 2월부터 광고를 본격적으로 도입해 이를 통한 수입을 쇼츠 크리에이터와 나누는 사업을 본격화했다. 쇼츠의 유튜브 파트너 프로그램 최소 가입 조건은 구독자 수 1,000명, 지난 12개월간 공개 동영상의 시청시간 4,000시간 모두를 충족한 크리에이터다. 쇼츠 수익 공유는 쇼츠 피드 동영상 사이 게

29 대한민국 10대 사용자를 대상으로 표본 조사한 결과, 틱톡의 총 사용시간은 19억 4,000만 시간으로 카카오톡(18억 6,000만 시간), 네이버(11억 4,000만 시간) 등을 넘어선 것으로 나타났다.

재된 광고에 발생한 광고수익을 월별로 합산해 크리에이터에게 음악 라이선스 비용 충당 또는 보상 제공 차원으로 지원된다. 매달 쇼츠 광고로 발생한 수익 중 음악 라이선스 비용을 차감한 나머지 금액의 45%를 크리에이터들에게 돌려준다(파이낸셜뉴스, 2023. 2. 1).

쇼츠 광고는 쇼츠 영상 사이에 삽입하고 외부 링크버튼 방식으로 진행하고 있다. 이와 함께 라이브 스트림 채팅으로 제공되던 슈퍼 탱스와 수퍼 챗 기능을 적용하여 구독자로부터 부가 수익을 얻을 수 있는 방법도 적용되고 있다.

유튜브가 발표한 '2022년 국내 최고 인기 쇼츠 TOP10'에 따르면 요리 채널 '1분요리 뚝딱이형'에 게재된 1분 분량의 영상으로 '한국에서 10년 산 외국인도 보고 기겁한 한국음식 1위'가 1위를 차지했다. 2위에는 채널 '디글 :Diggle'의 '우리 부대에 있으면 안 되는 식판 빌런', 3위는 채널 'tvN D ENT'의 '유재석 수난시대ㅋㅋㅋㅋ'가 차지했다. 인기 쇼츠는 대부분 높은 화제성을 기록한 콘텐츠이거나 속도감 있게 편집한 동영상들이 차지한 것으로 나타났다.

[표 7-2]는 1인 미디어 플랫폼의 서비스 특징을 간단히 비교한 것이다.

표 7-2 1인 미디어 플랫폼의 서비스 특징 비교

기업, 서비스명	주요 특징
유튜브	• 전 세계 최대 동영상 공유 플랫폼(정체성), 월간 순 방문자수는 19억 명으로 분당 400시간 이상 분량 업로드 • 2019년부터 오리지널 콘텐츠를 일반 사용자에게 무료 제공 • 구독형 경제모델 확산 플랫폼으로 브랜드의 유지 · 성장에 도움
틱톡(TikTok)	• Z세대를 중심으로 콘텐츠 업로드, 150여 개 국가에서 10억 명이 사용 • 2020년 가수 지코가 15초짜리 안무영상 '아무노래' 챌린지를 진행 • 밈(meme)에 최적화된 챌린지 기능이 사용자에게 큰 인기
릴스(Reels)	• 릴스는 2020년 8월에 처음으로 출시, 국내는 2021년 2월부터 서비스 시작(15초부터 60초까지 업로딩 가능) • 짧은 동영상 이미지로 시청자를 끌어모으는 마케팅 수단으로 적극 활용 • 리뷰 체험단을 모집하는 인플루언서 마케팅 진행 및 커머스 기능 강화
쇼츠(Shorts)	• 2020년 9월 인도에서 처음으로 쇼츠를 런칭, 쇼츠는 하루 35억 회 조회수를 기록 • 2023년부터 광고를 도입해 수입을 쇼츠 크리에이터와 배분하는 사업 • 쇼츠는 높은 화제성 콘텐츠와 속도감 있게 편집한 동영상이 인기

이 장의 요약

콘텐츠산업의 가치사슬은 제작, 배급(유통 1), 서비스 제공(유통 2)으로 크게 3단계로 구성된다. 하지만 배급과 서비스 제공단계에서 하나의 기업들이 이 두 단계에 관여할 수 있고, 통신방송형 매체의 발달로 배급과 서비스를 모두 제공하기도 한다. 이에 따라 가치사슬(value chain)의 각 단계마다 관여하는 업체들이 많기 때문에 훨씬 복잡하고 다양한 양상을 띠고 있다. 배급단계(제1유통)는 도매에 해당하는 것으로 제작된 콘텐츠를 모아서 소매상에게 제공한다. 지상파방송의 경우 제1유통은 지상파방송사가 담당하고 있으며, 극장형의 경우 제작한 영화를 극장에 배급하는 배급사들이 유통의 도매상 역할을 한다. 소매상인 극장, 공연장은 유통과 동시에 소비가 동시에 진행되기 때문에 배급과 서비스가 동시에 진행된다.

창구효과란 하나의 문화상품이 기술변화와 매체의 전환을 거쳐 문화산업 영역 내부 혹은 다른 상품으로서 활용이 지속되면서 그 가치가 증대되는 효과를 말한다.

영화의 경우 극장→비디오/DVD→비행기 판권→VOD/Pay per View→유료케이블→지상파TV→무료케이블 등으로 순차적으로 배급되고 있다. 하나의 영화가 만들어지면 영화는 다양한 부가가치를 창출하게 된다. 특히 영화에서 비디오로, 비디오에서 케이블TV로, 또 공중파시장으로 단계에 따라 매체별로 독립성을 지켜주고 각 시장의 규모를 보존하기 위한 홀드백이 있는데 그 기간이 붕괴되고 있는 추세이다.

문화콘텐츠산업 내에서 OSMU를 많이 활용하는 분야가 바로 웹툰이다. 웹툰은 대중적 인지도에 기반하여 영화, 드라마, OST, 팬시 등 원작의 2차적 활용이 활발하게 이루어지고 있는 대표적인 콘텐츠로 성장해 나가고 있다. 웹툰산업은 유통사인 포털사이트를 중심으로 창작자와 광고주, 사용자(독자)라는 관계로 구조가 발전하고 있다.

국내 OTT시장은 넷플릭스, 웨이브, 티빙, 쿠팡플레이가 4강 구도를 형성하면서 M&A와 전략적 제휴 구도에 따라 시장의 판도가 변화할 것으로 보인다. 토종 OTT인 웨이브, 티빙은 오리지널 콘텐츠 전략을 선보이고 있지만 가입자 상승폭의 한계로 넷플릭스와의 경쟁에서 밀리고 있다. 반면, 구팡플레이는 축구 월드컵 예선 리그, 독점 오락 및 드라마 오리지널 콘텐츠 등에 투자하여 월 방문자 300만 명 이상을 달성하였다.

이밖에 1인 미디어 플랫폼에는 유튜브, 아프리카TV, 페이스북, 인스타그램 등이 있으며, 최근에는 틱톡(TikTok), 인스타그램 릴스(Reels), 유튜브 쇼츠(Shorts) 등 숏폼 콘텐츠가 MZ세대에게 인기 있는 대세 동영상 플랫폼으로 떠오르고 있다.

주요용어

콘텐츠 신디케이터
콘텐츠 분할
홀드백
웨이브(Wavve)
티빙
통신방송형
번들(Bundle)
창구효과(window effect)
N스크린 전략
유튜브
극장형
가치사슬
OTT(Over-the-Top)
웹툰전문 플랫폼
틱톡(TikTok)

참고문헌

- 고정민, 문화콘텐츠 경영전략, 커뮤니케이션북스, 2007.
- 구모니카, 한국 전자책 현황 분석과 정착 방안 모색을 위한 소고, 문화+콘텐츠 창간호, 2012.
- 김창남, 대중문화의 이해, 한울아카데미, 2007.
- 만화 유통환경 개선방안-웹툰산업을 중심으로, KOCCA 연구보고서, 2016. 9. 1.
- 무비스트, 2013. 6. 3.
- 박기수, 동일성과 차별성의 즐거운 긴장-웹툰 원작 드라마, 한국콘텐츠진흥원 방송트렌드 & 인사이트, 2020. 8.
- 박소라, 지상파방송 프로그램 유통전략의 특성에 관한 연구, 방송과 커뮤니케이션, 2007.
- 박석환 · 박현아, 웹툰산업의 구조적 문제점과 개선방안, 한국콘텐츠진흥원 코카포커스, 2014. 6. 30.
- 백예리, 웹툰의 장르 다각화, 이코노미조선, 2013년 6월.
- 송요셉, 웹툰의 현황 및 특성과 웹툰 기반 OSMU 활성화 방안, 한국콘텐츠진흥원 코카포커스, 2012년 9호.
- 이승희, OTT서비스 변화와 콘텐츠 이용전망 분석, KOCCA 포커스, 2022. 9. 20.
- 이호수, 넷플릭스 인사이트, 21세기북스, 2020.
- 양수영 · 이성민, 한류의 발전과정과 향후 전망, KOCCA 포커스, 2022. 3. 22.
- 양영철, 영화산업, 집문당, 2006.
- 용호성, 예술경영, 김영사, 2011, p.34.
- 영화진흥위원회 산업정책연구팀, 2016년 한국영화산업 결산보고서, 2017년 2월.
- 영화진흥위원회, 2022년도판 한국영화연감, 2022.10. 21.
- 유건식 · 한정훈 · 노창희, OTT 트렌드 2023, 형설이엠제이, 2022.
- 정대용, 문화산업 벤처경영론, 도서출판 청람, 2006.
- 정현준, 영화콘텐츠의 디지털 유통동향, 정보통신정책, 제19권 3호, 정보통신부, 2007.
- 최건용, 비즈니스로 보는 한국영화산업, 형설출판사, 2012.
- 최용배 외, 온라인 영화시장의 유통현황과 수익구조 개선을 위한 연구, 영화인회의, 2005.

- 하재근, TV가 내보내는 드라마만 수동적으로 보는 시대는 끝났다, 시사저널, 2017. 1. 10.
- 한국경제, 2013. 6. 26.
- 한국문화산업교류재단, 2015 대한민국 한류백서, 2016. 2. 19.
- Simone Murray, Brand loyalties: rethinking content within global corporate media, *Media Culture & Society*, SAGE Publication, 2005.

CHAPTER 08

마케팅 커뮤니케이션

1. 마케팅 커뮤니케이션의 개요
2. 광고
3. PR
4. PPL
5. 판매촉진
6. 소셜미디어(SNS)의 활용

1 마케팅 커뮤니케이션의 개요

마케팅믹스의 네 번째 변수인 마케팅 커뮤니케이션은 모든 기업의 마케팅전략의 필수요소이다. 마케팅 커뮤니케이션(marketing communication)이란 기업의 제품이나 서비스를 고객들이 구매하도록 유도할 목적으로 해당 제품이나 서비스의 성능에 대해서 고객을 대상으로 정보를 제공하거나 설득하려는 마케팅 노력의 일체를 말한다. 마케팅 커뮤니케이션은 사업과 시장을 연결해주는 실질적인 연결통로의 역할을 하며 광고와 PR 등이 수단으로 활용된다. 여기에서는 먼저 마케팅 커뮤니케이션을 지칭하는 프로모션의 정의, 목적에 대해 살펴볼 것이다.

1) 프로모션의 정의

마케팅, 광고, 그리고 프로모션은 일반적으로 혼동되어 사용되는 경우가 많다. 그러나 이들 사이의 관계를 보면 이러한 혼동을 막아준다. 광고는 실질적으로 프로모션의 한 도구이며 프로모션은 마케팅믹스의 한 변수이다. 또한 마케팅믹스는 전체 마케팅 모델의 한 부분이다.

프로모션은 제품이나 서비스를 판매하는 도구로서 문화상품의 인지 및 일차적 시장진출을 돕는다. 조직이 적극적으로 매출을 올리기 위해서 행하는 촉진활동인 프로모션은 광고, PR, PPL, 인적판매, 판매촉진 등을 포함하고 있다.

프로모션은 공식적인 기업메시지와 이미지를 전달하는 첫 번째 도구이다. 기업은 조직 전반의 의사소통에 직접적인 통제가 가능하며 기업의 이미지와 내용을 어떻게 관리할 것인가를 결정할 수 있다.

문화예술단체나 기업은 특정의 고객뿐만 아니라 일반대중에게까지 이미지를 전달할 수 있다. 그들의 이미지는 타인의 의견, 비평가들의 평가, 경험, 촉진활동 등에 의해 형성된 소비자들의 인식에 의해 만들어진다. 비록 기업이 다른 마케팅믹스 변수로 만들어진 메시지에 의해 형성된 소비자의 인식을 통제하기 어려워도 이는 대중의 인식에 영향을 줄 수 있다.

또한 프로모션은 특정 기업에 대한 지각이나 태도, 인식, 의식을 변화시키는 수단으로 자사의 상품을 소비자에게 교육시키는 역할을 담당한다. 또한 프로모션 활동을 통해 무관심을 관심으로, 부정적인 인식을 긍정적으로 바꿈으로써 소비자의 태도를 변화시킬 수 있다.

2) 프로모션의 목적

프로모션의 주요 목적은 표적고객을 대상으로 정보를 전달 · 설득 · 교육하여 우리가 기대하는 방법이나 행동을 하도록 이끌어내는 것을 의미한다. 프로모션의 목표는 세 가지로 볼 수 있는데 정보의 전달, 설득, 소비자의 교육이다.

첫째, 정보(information)의 전달은 고객이 제품을 소비할 것인지의 여부를 결정하기 위해 필요한 해당 날짜, 장소, 기간, 시간, 티켓구매, 가격, 가입방법 등의 정보를 전달하는 것을 말한다. 적극적인 소비자로서 상품의 정보를 계속적으로 탐색하는 소비자에 대해서는 별다른 프로모션이 없이 이 정보전달 자체만으로도 구매(선택)를 이끌 수 있다.

둘째, 설득(persuasion)으로 대부분의 잠재고객의 경우 미디어 상품소비를 유도하는 부가적인 혜택을 제공하면 효과적이다. 프로그램(콘텐츠)의 질이나 독특함, 출연진의 명성과 실력, 티켓가격의 차별화, 관람장소의 편리함 등을 강조하여 참여동기를 불러일으킨다.

셋째, 교육(education)으로 대부분의 고객들은 시간이 지나면서 해당 문화상품에 대해 배우게 되는데, 더 많은 고객을 유도하기 위해서는 해당 상품에 대한 이해, 판단, 즐거움을 통해 고객이 제품을 소비하고 싶도록 자극해야 한다. 체험교육과 기회를 확대하여 보다 쉽게 문화상품과 접촉할 수 있도록 해야 한다. 문화예술회관이나 사회적 문화기업, 구청 등 지역의 공공기관과 학교를 연계한 프로그램이 대표적인 사례이다.

프로모션은 일반적으로 광고, 인적판매, PR, 판매촉진의 네 가지 주요한 수단이 사용된다. 이 장에서는 문화기업과 밀접한 관련이 있는 PR, PPL, 판매촉진 등을 중심으로 살펴보기로 한다.

2 광고

한국광고학회에서는 광고(adverting)를 "광고주가 청중을 설득하거나 영향력을 미치기 위해 대중미디어를 이용하는 유료의 비대면적인 의사전달 형태"라고 정의하고 있다. 흔히 광고는 개인소비자 또는 사회, 정부기관에 대해서 판매증가를 최종목적으로 하여 특정의 상품, 서비스, 기회에 대한 정보를 제공하는 수단을 말한다. 광고는 상품판매를 위한 제품광고(product advertising)와 경영방침 등을 판매하는 PR광고인 아이디어광고(idea advertising)로 나눌 수 있다.

일반적으로 기업은 광고를 통해 다음과 같은 세 가지 결과를 얻을 수 있다. 첫째는 소비심리를 이끌어낸다. 둘째는 소비심리의 긍정적 판단을 가지게 한다. 셋째는 지속적인 고객유치, 소비에 따른 브랜드충성도를 확립시킨다.[01]

최근 들어 문화예술이 각종 광고의 소재로 등장하고 있다. 이 같은 현상은 문화예술을 통해 기업이 의도하는 이미지나 메시지를 좀 더 명확하게 전달하겠다는 의미로 해석된다.

문화를 디자인이나 광고에 도입하는 기법은 예술작품을 제품 디자인이나 광고 등에 직접 이용하는 단계로 삼성전자의 하우젠 광고에서 몬드리안의 추상화를 배경으로 작품 속에 가전제품을 포함시킨 광고를 하는 경우나 LG전자에서 예술작품을 소재로 한 광고를 제작하는 경우이다.[02]

예술작품을 소재로 한 광고제작

삼성전자 통합브랜드인 하우젠 런칭광고의 경우에는 예술작품 · 공간이 브랜드 이미지로 동원되기도 했

01 이훈영 · 박기용, 외식산업마케팅, 도서출판 청람, 2012, p.324.

02 추계예술대 안성아 교수는 명화활용 광고방식을 예술활용 마케팅에서 'Art in Brand'라는 유형으로 구분하고, 기존 인지도가 높은 예술작품을 브랜드마케팅의 일부로 삽입하여 예술작품의 이미지를 브랜드에 전이시키는 방식이라고 설명하고 있다.

는데, 선과 면으로 비례와 균형의 미를 표현한 몬드리안의 추상화를 사용해, 역시 고급스러움을 나타내는 심벌로 사용한 것이라 볼 수 있다. 또한 LG전자의 광고를 보면 다양한 명화 속에서 LG그룹의 제품을 절묘하게 배치시켰다. 미켈란젤로의 프레스코 벽화 '아담의 창조'에서는 하나님과 아담의 매개체로 LG전자 휴대폰인 싸이언을 찾을 수 있고, 드가의 '오페라의 극장 대기실'에서는 LG 에어컨 휘센의 모습이 보인다.

기업들이 제품 속에 명화를 배치시켜 세련되고 고급스러운 문화예술 분위기를 해당 브랜드 이미지로 전이시키는 수단으로 적극 활용하고 있다.

3 PR

보통 PR(Public Relation)은 '홍보'라는 용어로 많이 사용하는데, 실제로 PR은 홍보보다 더 광범위한 목표를 가진다. 홍보는 보통 공중에게 어떤 메시지를 알리는 행위를 말하는 반면, PR은 메시지를 알리는 것 외에도 다양한 공중들 사이에서 개인이나 조직에 대한 긍정적 이미지, 즉 호의(goodwill)를 형성시키고 유지하는 활동을 의미한다.

PR에서 공중은 문화예술주체나 기업의 고객, 내부구성원, 경쟁자와 입법자를 포함하여 어떤 형태로든 문화에 관여하는 집단 또는 개인을 의미한다. PR의 공중은 외부공중(external public)과 내부공중(internal public)으로 구분된다. 외부공중은 조직 밖의 공중으로서 조직의 일부는 아니지만 조직과 관련을 맺고 있으며 조직에 영향을 미칠 수 있는 집단이다.

문화예술주체의 외부공중으로는 정부, 재계, 업계를 비롯해서 교육기관, 시민단체, 지역주민, 팬(fan) 등이 포함된다. 반면 내부공중은 문화예술주체가 가장 긴밀한 관계를 맺고 있는 집단으로서 경영진, 내부구성원(예술인), 투자자 등과 같이 조직의 실체를 공유하는 사람 또는 단체를 말한다. 따라서 문화산업에서의 PR은 팬과 소비자, 공중과 관계하고 서로 호의를 느끼게 하면 다양한 미디어를 통해서 소통을 시작하는 것이 중요하다. 특히 문화상품의 홍보에서 매체홍보는 가장 중요한 역할을 한다. 매체홍보는 신문, 라디오, 텔레비전, 인터넷 등의 언론매체에 뉴스 혹은 기타 기사의 소재로 다루어질 만한 정보와 자료를 배포해 비용을 들이지 않고 실릴 수 있기 때문에 가장 효과적인 수단이 되고 있다.

가수 싸이는 2013년 '젠틀맨'을 발표하면서 철저한 PR전략을 구사하여 팬들과 소통에 성공할 수 있었다. 젠틀맨의 PR전략은 MBC 뉴스데스크에서 곡명공개를 시작으로 무한도전 멤버의 뮤직비디오 출연공개, 미투데이를 통한 시건방춤 사전티징, 2013년 4월 12일 전 세계 119개국 음원 동시공개, 싸이와 미국연예기획자 스쿠더 브라운(Scooter Braun)의 인터뷰, 상암 월드컵경기장 공식 콘서트, 뮤직비디오 공개, 신곡 최초공연 등 팬과의 소통과정이 주도면밀하게 진행되었다. 다양한 티저로 글로벌 네티즌의 관심을 유도하고 전 세계 동시 음원공개로 공감대를 만들고 국내 공연으로 폭발력을 확인했다. 즉, 공연을 해외에 온라인 중계하고 뮤직비디오를 유튜브에 업로드하여 확산을 유도하였다.

가수 싸이 신곡 '젠틀맨' 발표

가수 싸이 신곡 '젠틀맨' 발표 기자회견

'강남스타일'의 히트는 우연요소가 강하지만 '젠틀맨'은 전략 PR을 통해 글로벌 팬들과 소통하고 음원과 뮤직비디오를 확산하는 데 큰 효과를 거두었다.

PR은 기업의 마케팅믹스 중 프로모션에 포함되어 있어 마케팅의 하위요소로서 역할을 하고 있지만 기업 전체의 이미지를 고양하는 수단으로 보고 있다. PR이나 마케팅 모두 기업의 입장에서 중요한 요소이므로 기업에 대한 공중의 호의적 관계형성과 특정 브랜드의 매출증대를 그대로 반영하면서 프로모션 도구로서 PR을 이해하는 것은 'MPR(Marketing Public Relation)'이라는 개념을 통해 가능해졌다.

일반적으로 광의의 개념으로서의 PR을 '기업 PR(CPR)'이라고 하고, 소비자에 초점을 맞춰 마케팅활동을 지원할 목적으로 수행되는 PR을 'MPR'이라고 한다. MPR이 처음 등장한 것은 1980년대이고, 1980년대와 1990년대를 거쳐 빠른 환경변화 속에서 마케팅과 PR은 전략적 결합을 계속하여 오늘날 중요한 마케팅믹스의 하나로 자리를 잡고 있다.[03]

MPR에서 채택할 수 있는 수단들은 퍼블리시티, 이벤트, 구두 PR, 사보나 견학, 팬클럽, 동호회 등 다양하다. 문화마케팅에서 사용되는 MPR의 유형은 다음과 같다.

1) MPR의 유형

(1) 퍼블리시티

퍼블리시티란 기업(개인)이 언론에 보도자료를 보냈을 때 그것이 뉴스가치가 있다고 판단되어 언론에서 뉴스나 기사로 보도되는 것을 말한다. 즉, 다른 매체의 지면이나 시간을 할애해서 행해지는 프로모션의 일종이다.

영화 〈은밀하게 위대하게〉 쇼케이스

뮤직쇼 〈웨딩〉 프레스콜

퍼블리시티는 영화에서 프레스 정킷, 공연에서 프레스콜(press call), 드라마나 영화, 뮤지컬의 제작발표회나 기자간담회와 같이 언론홍보를 적극 활용하는 것이다.

프레스 정킷(press junket)은 영화와 관련해서 해외촬영이나 특수촬영 시에 각 매체담당기자를 초대하여 촬영현장이나 작업현장을 공개하고 기사화되도록 하는 것이다, 일반적으로 대작 영화를 개봉할 때 미국의 배급사들은 전 세계의

03 이수범, 영화 마케팅PR론, 나남, 2005, pp.45~49.

뮤지컬 〈캣츠〉 프레스콜

넌버벌 퍼포먼스 〈비밥(Bibap)〉 프레스콜

뮤지컬 〈오페라의 유령〉 기자간담회

기자들을 불러 영화를 미리 보여주고 주연배우, 감독과 인터뷰를 하는 프레스 정킷을 개최한다. 이 같은 방식은 기자를 동원해 특정 영화사가 배급하려는 영화에 대한 홍보를 노린다는 점에서 할리우드 영화사가 활용하고 있는 현지 영화기자들에 대한 고도의 홍보전략의 일환이다.

프레스 정킷처럼 기자들을 동원해 홍보를 노리는 기자간담회, 쇼케이스, 프레스콜(press call)도 비슷한 유형에 해당된다.

기자간담회는 감독, 프로듀서, 연출가, 주요 연출진, 제작자 대표, 배우 등 작품에 대해 비중 있는 관계자들이 직접 나서서 작품을 설명하는 자리다. 그러므로 간담회의 주인공은 뉴스의 포커스가 조명되는 인물에 맞춰야 한다. 드라마의 경우 주연급 배우, 조연배우들, 연출가 등이 스포트라이트를 받으며 연극이나 뮤지컬은 연출가나 주요 출연진, 제작자가 간담회의 주인공이다. 장르나 간담회에 참여하는 관계자들의 일정에 따라 다를 수 있지만 대개 첫 공연일(방영일) 기준으로 2주 전에 간담회를 개최하는 것이 바람직하다. 기자간담회에는 최종 보도자료를 제공하고 작품을 설명하고 인터뷰에 응할 주인공들에 대한 자세한 프로필을 준비해야 한다. 현장에서 인물사진을 촬영하여 배포할 수 있다면 참석한 언론사의 환영을 받을 수 있다.

쇼케이스(Showcase)는 기자간담회와 유사하지만, 음반과 영화를 직접 시연하면서 홍보한다는 점에서 기자간담회와는 성격이 다르다. 쇼케이스는 어떤 물건을 시험하는 것으로 음반 혹은 영화가 많은 사람들에게 어떻게 보이거나 들릴지를 판단해보는 것을 말한다. 즉, 음반과 영화를 쇼케이스라는 파티를 통해서 프로모션하는 것이다. 웬만한 영화들은 쇼케이스 파티를 통해 기존의 제작보고회, 팬미팅과 차별화되는 홍보마케팅을 하게 되었다. 음반시장의 불황이 지속되면서 가수들이 자신들의 신곡 홍보수단으로 2000년대 이후 쇼케이스를 널리 활용하고 있다.

프레스콜은 공연작품을 개최하는 공연장에 기자들을 초청해 작품의 하이라이트를 선보이는 것으로 현장감을 살릴 수 있는 장점이 있다.

(2) 문화이벤트

이벤트는 사전적 의미로 사건, 소동, 시합, 큰 경기 등을 뜻하는 말이다. 이벤트는 '발생되는 어떤 좋은 일'로 생일이나 결혼식, 시상식, 선발대회, 스포츠경기 등을 의미한다.

일반적으로 문화이벤트는 음악, 연극, 미술 등과 같은 예술이나 문예활동을 비롯해 세미나와 심포지엄, 콘테스트, 문화전시회, 문화교실, 영화제 등 폭넓은 영역을 대상으로 한다. 문화이벤트를 실시함으로써 문화에 관한 기업의 관심과 열정을 알릴 수 있다. 또한 고객에게 기업활동의 내용을 더 잘 이해시키거나 기업에 대한 호감도를 형성할 수 있도록 한다. 예를 들어 문화이벤트로는 영화제나 시상식(연기대상, 가요대상), 지역이벤트, 공연이벤트, 콘서트, 거리축제 등 다양하다.

① 영화제

영화제 하면 흔히 많은 나라가 참가하는 국제영화제를 가리키지만, 한 나라가 수출진흥과 문화교류를 위해 자국 영화를 외국에서 상영하는 모임을 가리키는 경우도 있다. 국제영화제의 역사는 1932년 이탈리아의 베니스에서 개최된 것이 효시이며, 제2차 세계대전 중 한때 중단되었다가 전후에 베니스, 프랑스의 칸 등지에서 재개되었으며, 이어 베를린, 모스크바 등 세계 여러 곳에서 잇달아 개최되어 해마다 성황을 이루고 있다.

국제영화제는 영화예술의 국제콩쿠르 성격을 가지지만, 다수의 영화를 상영함으로써 영화무역의 장을 제공하는 견본시로서의 성격도 가지며 영화인의 교류, 합작의 촉진, 연구회의 개최 등 다양한 용도의 기능을 한다. 즉 기획단계에 있는 신선한 콘텐츠정보와 신작정보, 투자정보, 제작사나 배급사, 퍼블리셔의 최근 동향정보, 구매사들이 찾고 있는 콘텐츠에 관한 정보 등 다양한 정보를 수집할 수 있다.

현재 세계 도처에서 열리는 영화제만 해도 연간 100여 개가 넘으며, 국내에서도 부산국제영화제, 전주국제영화제, 부천국제판타스틱영화제 등이 개최되고 있다.

부산국제영화제는 한국 영화의 발상지인 부산을 문화예술의 고장으로 발전시키고자 기획된 영화제로서 짧은 역사에도 불구하고 아시아 영화인의 연대를 실현했다는 평가를 받고 있다. 전주국제영화제(JIFF)는 자유, 독립, 소통을 슬로건으로 영화미학이나 영상기술 면에서 주류영화와 다른 대안영화제, 디지털 영화제라는 특성을 살려 성공적인 영화제로 자리매김하고 있다.

② 시상식

영화제 외에 다양한 시상식도 이벤트에 포함된다. 국내에서는 방송콘텐츠의 경우 방송마다 연기대상, 코미디대상, 가요대상과 같은 여러 부분과 관련된 시상식이 연말에 열려 방송되고 있다. 영화의 경우도 '대종상시상식'을 비롯해 유력언론사에서 실시하는 시상식들이 있다. 그리고 연극과 뮤지컬의 경우 한국뮤지컬대상시상식 등 각종 시상식이 열리고 있다.

TV, 영화, 공연, 출판은 관심산업(attention industries)에 해당하는 분야로 고객(소비자)의 관심을 붙잡을 수 있는 쪽으로 시상식을 이용한다. 이렇듯 관심에 대한 요구가 증대됨에 따라 거의 모든 미디어회사 경영자들은 관객들을 확보하기 위해 다른 미디어를 활용해야 하는 상황에 이르렀다. 지상파방송사가 대종상시상식이나 뮤지컬대상시상식, 각종 영화제를 중계방송하는 것이 이 같은 이유이다.

③ 시사회

영화를 제작하고 편집하는 과정에서 표적관객층의 반응을 얻어내는 일은 매우 중요하다. 이를 위해 효과적으로 사용되는 방법이 '테스트 스크리닝(test screening)'이다. 전형적인 테스크 스크리닝 방법은 무료관람권을 영화관 앞에서 무작위로 나누어주어 아직 완성되지 않은 영화를 볼 수 있게 하는 것이다. 영화를 본 관객은 영화의 캐릭터나 플롯, 장면 등에 대해 여러 가지 상세한 질문을 담은 설문지에 답해야 한다. 테스트 스크리닝은 일반인을 무작위로 영화를 보게 한다는 점에서 기자나 영화관계자, 조기수용자 위주의 시사회와는 차이가 있다. 우리나라에서는 이 방법의 사용은 그리 흔치 않으며 어떤 영화에 있어서는 큰 부담감을 갖는 방법이다.[04]

독특하고 기발한 이벤트 시사회도 등장하는데, 영화 〈마린보이〉 일반시사회에서 주연배우 김강우와 박시연 등과 나란히 영화를 볼 수 있는 기회를 마련하여 관객들에게 좋은 반응을 얻었다. 공연의 시사회의 경우 '프레스콜'이라는 카메라 촬영만 허용되는 기자시사회가 있으며, 뮤지컬시사회는 저작권 문제로 외부노출에 대한 한계 때문에 하이라이트만 공개하기도 한다.

④ 공연이벤트

기업들이 콘서트, 거리축제 등 다양한 공연이벤트 활동으로 제품 및 서비스를 판촉하거나 이미지 개선 등에 문화마케팅을 활용하고 있다.

2012 현대카드 슈퍼콘서트 16 레이디 가가 티저편

현대카드는 카드업계 후발주자로 처음 저조한 카드점유율을 보였으나 슈퍼콘서트라는 문화마케팅을 통하여 카드점유율 2위라는 성과를 거뒀다.

현대카드는 2007년 1월을 시작으로 세계적으로 사랑받는 아티스트들을 슈퍼콘서트 형식으로 초청하였다. 현대카드 슈퍼콘서트에는 '팝페라계의 미남 비틀즈' 일 디보를 첫 시작으로 최고의 디바 비욘세, 피아노맨 빌리 조엘, 테너 플라시도 도밍고, 조수미, 그린데이, 휘트니 휴스

---

04 안길상 외, 문화마케팅, 한경사, 2008, pp.172~173.

턴, 안드레아 보첼리, 어셔, 스티비 원더, 바이올리니스트 이차크 펄만, 스팅, 레이디 가가 등 초대형 아티스트들을 초대하여 차별화된 문화마케팅의 일환으로 초대형 공연이벤트를 선보였다.

이 같은 콘서트 개최로 현대카드의 시장점유율은 2009년 13.1%에서 2011년 14.3%로 상승했고, 브랜드인지도도 80%에서 88%로 끌어올렸다.

현대백화점은 2013년 4월 9일 훌리오 이글레시아스 콘서트를 개최하여 기업이미지 개선에 큰 효과를 거뒀다. 현대백화점은 2011년부터 NE-YO, YANNI, 일 디보, 마이클 볼튼 등 다양한 장르의 거장들과 함께 공연을 주최하였고, 그 명성을 이어 훌리오 이글레시아스를 선택하였다.

표 8-1 신용카드사별 문화마케팅 사례

카드회사	이벤트 내용
현대카드	• 총 16회 슈퍼콘서트 개최(비욘세, 스티비 원더, 레이디 가가 등 초청)
삼성카드	• 2011년 12월 조용필과 위대한 탄생 콘서트 • 2012년 2월 이승환 콘서트 • 2012년 3월 21~22일 뮤지컬 엘리자벳
롯데카드	• 2012년 4월 20일 뮤직으로 무브 in 광주축제 개최, 무브 in 공연 전국 확대 • 유명가수 콘서트를 저렴한 가격에 제공하는 '롯데멤버스 빅플레저 스테이지' 행사
신한카드	• 2009년부터 러브콘서트 개최, 이승환, 김범수 등 유명가수 초청
KB국민카드	• 2011년 6월 24일 KB국민카드 록페스티벌 1차 • 2011년 10월 7일 KB국민카드 록페스티벌 2차 • 2011년 12월 4일 KB국민카드 록페스티벌 3차

자료 : 개별 카드회사

따라서 이벤트는 살아서 움직이는 사람을 포착하는 감각, 즉 예술을 하는 마음과 논리적 분석을 필요로 하는 과학적 자세가 요구되는 살아 있는 커뮤니케이션 미디어라는 점을 인식해야 한다.

⑤ 지역이벤트

최근 들어 여러 이벤트 방법 중에서 지역이벤트가 급속한 성장을 보이고 있다. 지역이벤트는 지역주민들과 함께 자신들의 지역을 재인식하고, 지역의 이익기회를 창출하며, 지역 외부사람들에게 자신들의 지역을 홍보하여 이미지를 제고시키기 위해서 시행되고 있다. 사회구조의 급격한 변화와 지역주민의 가치관이 다양해짐에 따라 문화행정, 여가행정, 쾌적한 행정의 요구에 부응하기 위해 지역이벤트를 실시한다.

특히 지방자치단체가 실시된 이후 지역이벤트는 각 지자체의 핵심행정이 되었다. 지방자치단체가 이벤트를 전략적으로 이용하기 위해서는 지역주민과 일체가 되어 그 지역행정과 주민의 공통목적과 목표를 달성하고 이를 위해 지역의 정체성 인식과 활성화를 위한 노력이 선행되어야 한다. 국내에서는 문화와 관련된 대표적인 지역이벤트로는 해당 지역에서 열리는 축제를 들 수 있다.

국내 지역마다 각 지역문화를 기반으로 하는 축제를 개최하고 각 문화시설이나 기관, 지자체들이 지역문화유산을 활용한 다양한 문화상품 개발 및 관광객 유치 등을 위한 문화마케팅을 하는 노력들을 보이고 있다.

(3) 구전마케팅(buzz marketing)

구전이란 특정 제품이나 서비스에 관하여 소비자들 간에 개인적인 직 · 간접 경험에 대해 긍정적 혹은 부정적인 정보를 비공식적으로 교환하는 자발적인 의사소통행위 또는 과정을 말한다. 구전은 자발적으로 일어나는 인간 고유의 본능적 현상으로 발신주체가 같은 소비자이기 때문에 커뮤니케이션 시 피드백과 추가설명이 가능하고, 사회적으로도 지지와 격려를 받을 수 있기 때문에 신뢰도가 높아 설득효과가 높다.[05]

특히 구전이 인터넷상에서 새로운 커뮤니케이션 요소로서 각광을 받는 것은 소비자가 게시판이나 채팅, 이메일, 메신저, 블로그, 트위터, 페이스북 등의 다양한 수단을 통해 자신의 의사를 적극적으로 표현할 수 있는 장점이 있기 때문이다. 그렇기 때문에 인터넷상의 구전은 그 파급효과나 속도의 측면에서 기존의 오프라인의 경우보다 훨씬 강력하고 빠르다.

영화나 공연상품은 특정 계층을 통해서 입을 타고 번져나가기 시작하는 것이 중요하다. 이런 이유 때문에 영화사나 제작사는 시사회나 제작발표회를 열어

05 이두희, 통합적 인터넷 마케팅, 박영사, 2003, p.359.

사전에 제작한 영화나 뮤지컬 등을 관객에게 선보이면서 사전에 수용자들의 반응을 살펴본다. 수용자들이 인터넷 포털사이트에 올리는 관람후기나 영화평점은 온라인 홍보에서 중요한 역할을 한다. 이 같은 구전마케팅의 핵심은 일단 '구전단'을 사로잡는 일이다. 연령이나 직업대로 보면 20대 후반에서 40대 초반까지의 여성층이 구전단 역할을 하는 데 가장 적합하다. 학교 자모회와 아파트 부녀회, 동창회, 남편과 자녀 등 한 명의 여성을 중심으로 엄청난 인적 네트워크가 형성되기 때문이다.

(4) 펀마케팅(fun marketing)

최근 사람들의 관심을 모으고 있는 영화들을 가만히 들여다보면 재미 혹은 웃음이라는 요소가 빠지지 않는다. 필요에 의한 관람이 아닌 즐거움을 위한 관람, 한마디로 '펀(fun) 관람'이 새로운 영화관람 코드로 부상하고 있는 것이다. 이렇게 재미를 추구하는 성향은 영화, 공연관람뿐만 아니라 사회 · 문화적으로도 두드러지고 있는데, 최근 들어 사회적 코드로 '펀'이 부상하는 이유는 다음과 같다.

첫째, 변화하는 사회풍토 때문이다. 언제부터인가 칙칙하고 무겁고 심각한 것을 회피하는 대신, 가볍고 오락적인 것을 추구하는 성향이 짙어지고 있다. 물론 이런 경향은 젊은 신세대층에서 두드러지지만 이들을 보고 겪으면서 기성세대들도 조금씩 변하고 있는 것이 현실이다. 가벼움을 부끄러워하지 않고, 즐거움과 재미, 웃음을 권하는 사회분위기가 형성되고 있다. 둘째, 인터넷 사용도 펀에 대한 관심을 높이고, 펀 소비의 확산에 일조하고 있다. 만약 인터넷이 없었다면 영화관람평이 그렇게 많은 사람들에게 순식간에 알려지기는 어려웠을 것이다. 재미있는 이슈나 영화가 하루아침에 뉴스가 되는 세상, 바로 인터넷이 있었기 때문에 펀 바이러스의 빠른 확산이 가능했다.[06]

이렇게 재미추구 성향이 높아지면서 기업들은 광고뿐 아니라 다양한 프로모션, 이벤트 등에 펀마케팅을 활용하고 있다. 한 백화점에서 싸이의 강남스타일 말춤 경연대회를 여는가 하면, 어느 홈쇼핑에서는 개그맨들이 실제 게스트로

06 김현정 · 박영은 외, 한국 영화관객의 관람구매 결정요인과 마케팅 방안 연구, 영화진흥위원회, 2005, pp.136~137.

출연해 쇼핑콘서트 형식의 코미디로 소비자의 시선을 끌었다.[07]

이런 트렌드에 대응하여 기업들도 프로모션이나 이벤트에 펀마케팅을 적극 활용하고 있다.

(5) UCC 영상 활용

영화 예고편은 영어로 '트레일러(trailer)'라고 하는데, 영화를 표적관객에게 알리는 가장 효율적인 수단이다. 드라마에서도 다음 후속드라마에 대한 예고편으로 1분 정도의 '티저예고편'을 제작하여 전편 드라마의 최종회 때 방송하거나 홈페이지에 VOD서비스로 제공한다.

예고편은 특정 영화나 드라마의 일부분과 실제 상호작용이며 사전홍보의 성격으로 간주된다. 예고편의 중요성은 사전경험을 할 수 있는 시용(trial)의 성격을 가지고 있으므로 잠재시청자들을 설득할 목적으로 방송사들에 의해 준비된다. 특히 예고편은 혁신자나 조기수용자들의 영화선택에 있어 광고 다음으로 영향력을 미치는 것으로 보아 이는 중요하다.[08]

1921년 처음 등장한 트레일러는 원래 '다른 차에 끌리는 차'라는 단어의 뜻 그대로 본 영화상영 뒤에 붙던 것이었다. 그러다가 1968년부터 현대적인 트레일러들이 제작되기 시작했으며, 이제 트레일러가 아니라 '트랙터(tractor : 견인차)'라 불러도 좋을 만큼 영화 히트의 견인차가 됐다. 미국에서는 〈스타워즈〉의 트레일러를 보기 위해 영화관에 관객이 몰렸던 것처럼 트레일러의 상영 그 자체가 하나의 거대한 이벤트가 되기도 한다.

할리우드에서 트레일러는 본 영화만큼이나 신중하게 테스트되고 다듬어진다. 트레일러 제작비는 평균 50만 달러이지만, 〈스파이더맨〉의 트레일러는 200만 달러까지 치솟았다. 대작 영화일 경우 영화사들이 3~5개의 제작사에 동시에 트레일러 제작을 맡긴 뒤 엑기스만 골라 다시 편집하는 '프랑켄슈타인 트레일러'를 만들기도 한다.

07 조선일보, 2012. 7. 15.
08 이종철, 영화마케팅이론과 실제, 일문사, 2006.

(6) 모바일 활용[09]

스마트폰의 등장으로 문화계에도 지각변동이 일어나고 있다. 각종 뮤지컬제작사들이 스마트폰을 활용한 QR코드(Quick Response code) 마케팅에 나서고, 미술관들이 전시정보를 담은 어플리케이션을 출시하는 등 스마트폰으로 인한 변화의 움직임이 크다.

QR코드란 정사각형 모양의 기호로, 스마트폰으로 네이버의 검색앱을 다운받은 후 바코드로 찍으면 모바일 홈페이지로 연결되는 방식이다. 스마트폰을 이용해 QR코드를 찍으면 뮤지컬 작품의 모바일 웹페이지로 자동접속되며, 뮤지컬 정보와 캐스팅 스케줄 확인, 트위터 접속, 사진 다운로드 서비스뿐만 아니라 최근에는 바로 공연예매까지 가능하다.

QR코드 활용사례로는 뮤지컬 〈키스 미 케이트〉가 뮤지컬업계에서 국내 최초로 QR코드를 도입하여 마케팅에 활용하였다. 또한 뮤지컬 〈오페라의 유령〉은 최초로 옴니아2와 안드로이드폰을 통해 〈오페라의 유령〉 어플리케이션 서비스를 시작해 작품정보와 사진, 뮤직비디오는 물론 게임, 최신뉴스 등 다양한 콘텐츠를 제공하였다.

최근 모 예매처는 아이폰에 실시간 공연티켓 예매기능이 추가된 아이폰 어플리케이션 서비스를 제공하기 시작하였다. 이 아이폰앱은 뮤지컬, 콘서트, 연극, 클래식, 무용과 같은 공연 및 스포츠, 전시 등 다양한 티켓 예매기능이 추가됐는데, 특히 해당 공연장의 좌석배치도를 지원해 원하는 좌석을 직접 선택할 수 있도록 하였다.

(7) 견학

많은 문화예술기관들은 문화상품을 생산하는 제작현장을 일반인들이 견학할 수 있도록 공개하기도 한다. 최근에는 인터넷관련 기술의 발전으로 사이버공간에서 문화예술기관을 둘러보는 사이버견학실을 운영하는 업체들도 많이 있다.

세종문화회관은 공연예술에 대한 이해를 높이고자 세종문화회관 산하 예술단들이 학교를 찾아가 공연예술을 펼치는 문화예술체험교실, 생생한 공연현장

09 김영신, 2010년 티켓매니지먼트-마케팅전략 수립부터 매표소 운영까지, 예술경영지원센터, 2011, pp.88~89.

을 둘러볼 수 있는 공연장견학 프로그램을 운영하였다.

문화예술체험교실은 서울시뮤지컬단과 서울시국악관현악단 등 산하예술단이 직접 초·중·고등학교를 방문하여 청소년들에게 공연예술 감상을 통해 상상력을 발휘할 수 있도록 마련된 현장교육 프로그램이다.

문화예술체험교실과 더불어 생생한 공연현장을 둘러볼 수 있는 공연장견학 프로그램도 운영하였다. 공연장견학 프로그램은 대극장 무대와 백스테이지, 분장실, 대기실 등 쉽게 접근할 수 없는 공연장의 뒤편을 살펴보고, 공연역사가 담긴 역사자료관, 공연장 예절 등도 익힐 수 있는 체험학습현장으로 각광을 받고 있다.

(8) 팬클럽, 동호회

인기연예인이나 스포츠스타뿐만 아니라 특정 제품, 인기드라마, 영화, 연극, 뮤지컬 등에 대해서도 이를 좋아하는 사람들이 모여 팬클럽이나 동호회를 결성한다. 이러한 팬클럽이나 동호회는 마니아들이 인터넷 카페 등을 통해 자연발생적으로 모여서 조직되는 경우가 많다. 특히 문화예술기관들은 팬클럽이나 동호회의 도움이 필요하다. 이 열광적인 팬들은 특정 콘텐츠로 인해 긍정적인 체험을 경험했고, 이들의 이러한 긍정적인 경험은 타인들에게 입소문으로 전달되기 때문이다.

과거 영화배우나 탤런트들의 전유물처럼 여겨졌던 팬클럽은 뮤지컬시장이 급성장하면서 뮤지컬배우들에게도 자연스러운 것처럼 되었다. 〈헤드윅〉의 주인공인 조승우 외에도 '남바다' 남경주, '쿨' 이건명, '주전자' 주원성과 전수경 등 뮤지컬스타의 팬클럽활동도 활발하다. 2만 명이 넘는 뮤지컬 〈헤드윅〉의 팬클럽 '헤드헤즈'들은 수동적인 팬클럽의 활동범위를 넓혀 〈헤드윅〉 시사회와 자체모임, 트리뷰트 밴드활동을 활발히 진행하면서 뮤지컬을 향한 끝없는 관심과 애정을 보이고 있다.

최근 인터넷을 통해 다양한 형태의 동호회집단이 형성되어 중요한 이해관계집단의 역할을 하고 있다. 이러한 동호회집단은 적게는 수십 명 정도로 출발하지만 활성화되면서 수만 명에 이르는 대규모집단으로 발전하기도 한다. 인터넷상에서 서로 정보와 의견을 교환하는데 이른바 입소문(mouth to mouth)마케

팅의 핵심진원지로 작용하게 된다.[10]

2) PR의 역할

문화경영 분야의 PR에서 다루는 부분을 살펴보면 문화예술단체나 공연장 등 기관의 전체적 이미지를 형성하는 이미지 PR과 관객을 유치하기 위해 기획한 작품을 소개하는 일반적 PR로 구분할 수 있다.[11]

(1) 이미지 PR

예술의 전당, 서울시립미술관, 금호아트홀 등을 생각할 때 우리에게 떠오르는 이미지가 바로 이미지 PR이다. 이미지를 형성하는 것은 의도적으로 만들어 낼 수도 있고, 아니면 사람들이 경험을 통해 자연적으로 형성되기도 한다. 만약 잘못된 이미지를 가지고 있는 단체라면 이미지 PR에 집중하여 긍정적으로 전환시켜야 하고 새로 생긴 기관이나 단체의 경우도 신경을 써야 한다.

이미지 PR은 문화예술단체나 기관(공연장, 미술관, 박물관)의 전체적 이미지를 형성하기 위해 노력하는 PR로, 만들어나가고자 하는 이미지를 먼저 기획하고 이에 따라 기관이나 단체에서 하고 있는 대표적 프로그램과 역할을 홍보와 광고를 통해 부각시킨다. 성공하면 관객에게 신뢰를 형성시킬 수 있어 지속적인 프로그램 구성과 성과에 긍정적 영향을 미친다.

(2) 일반적 PR

기획하고 있는 문화예술작품의 개최일정, 출연자 혹은 참여예술가 소개, 작품 소개 등 일반적인 홍보로 관객유치가 목적일 경우 다양한 매체를 활용하여 적극적으로 홍보한다.

① 새로운 작품을 소개

앞으로 개최될 문화예술작품을 미리 기사화하여 관심을 유발시키거나 공연

10 용호성, 예술경영, 김영사, 2011, p.569.

11 이은미, 예술경영학 공연기획실무, 도서출판 청람, 2013, pp.146~147.

리뷰를 통해 입소문을 유발시켜 수요를 자극한다.

② 새로운 혜택과 이벤트를 알리기 위한 홍보

문화예술작품을 개최하면서 제공되는 혜택이나 관련 이벤트를 설명하는 홍보이다.

③ 출연자나 관련 예술가를 부각시킨 홍보

참여작가, 주연배우, 연주자, 연출가, 작곡가 등을 부각시켜 관객들에게 흥미를 유발하여 홍보하는 것으로 보통 기사화하여 신뢰를 형성하고 관객들에게 친숙한 느낌을 주는 것이 목적이다.

④ 명확한 목표관객을 위한 홍보

목표관객의 라이프스타일 분석내용을 활용하여 홍보하는 것으로 특정 목표관객을 대상으로 작품을 기획하고 이를 홍보한다. 예를 들어 숙명여대가야금합주단의 태교음악회, 영유아를 위한 클래식음악회, 〈어린이 난타〉 등이 이에 해당한다.

4 PPL

1) PPL의 정의 및 성장배경

PPL(Product Placement)은 원래 영화를 제작할 때 영화 내에서 사용할 소품을 각 장면에 맞추어 적절한 장소에 배치하는 것을 의미한다. 따라서 영화가 만들어진 이후부터 PPL은 계속 사용되어 왔던 개념이다. 그러나 영화 속에 등장했던 제품이나 특정 브랜드에 대해 소비자가 반응을 나타내고, 그에 따라 시장에서 각 제품의 매출도 영향을 받게 되자 하나의 마케팅 수단으로 이용되기 시작하였다.

이런 PPL을 학문적으로 정의하려는 시도 역시 꾸준히 진행되어 왔다. 스테르츠(Steorts)는 PPL을 영화, TV, 쇼, 뮤직비디오 등에 제품의 브랜드명이나 포장, 로고, 트레이드마크 등이 포함된 것이라고 했다. 발라서브라마니언(Balasubramanian)은 여기에 PPL을 유료광고로 이용한다는 마케팅적 관점과 시각 외의 자극도 포함하는 확장된 의미에서 영화 및 TV 프로그램에 제품을 계획적이고 조심성 있게 배치하여 수용자에게 영향을 미치는 유료의 메시지로, 베이커와 크로포우드(Baker & Crawford)는 광고주로부터 제작비 일부를 보상받는 대가로 TV 혹은 영화에 상업적인 제품이나 서비스를 포함시키는 것이라고 정의하였다.[12]

즉, PPL 기법은 영화나 드라마 등에 제품을 끼워넣어 브랜드를 인지시키는 간접광고의 형태로 자리 잡고 있다. 현재 PPL이란 개념은 초기의 단순한 제품배치를 넘어서 하나의 마케팅 수단을 의미하는 것으로 확장되었다. 마케팅 수단으로서의 PPL은 주로 영화에서 제작비의 일부나 주요 소품을 제공해주는 대가로 영화 내에서 기업명이나 브랜드를 노출시키는 것을 말한다.

미국의 경우 1970년대 영화제작사와 기업들이 PPL을 마케팅 프로그램으로 인식하기 시작하였고, 이를 보다 효율적으로 시행하기 위해 PPL 전문대행사들이 등장하기도 했다. 이후 영화에서 꾸준히 PPL의 사용이 증가되어 오다가 영화 〈ET〉에 이르러 많은 마케팅담당자들이 PPL의 효과에 높은 관심을 기울이게 되었다.

PPL의 고전으로 불리는 영화 〈ET〉에서 주인공 엘리엇이 ET를 유인하기 위해 사용한 리스(Reese's Pieces)사의 m&m 초코볼 판매가 영화개봉 전과 비교하여 개봉 후 1개월 만에 65% 이상 증가했다는 사실은 PPL이 단순한 이미지 제고차원을 넘어 매출에도 긍정적인 영향을 끼친 대표적인 사례라 할 수 있다.

PPL이 성장할 수 있었던 가장 큰 이유는 무엇보다 높은 마케팅 효과를 원하는 기업의 목적에 부합했기 때문이다. 브랜드의 증가와 매체환경의 변화로 인해 소비자가 접하는 광고의 양은 기하급수적으로 증가하였으나, 그에 따라 광고에 대한 부정적인 인식도 늘어나고 티보(Tivo) 등 여러 기기의 발달로 광고회

12 김충현, 제품배치와 브랜드 배치의 효과와 문제점, 제일기획사보, 2003년 3월호, p.10.

피도 증가하였다. 따라서 과거 전통적인 방식의 광고기법으로는 변화된 소비자의 이목을 끌기가 매우 어려워졌다.

반면, PPL은 무엇보다 광고라는 인식을 주지 않으면서도 충분한 브랜드 노출 및 그 이상의 효과를 거둘 수 있다는 장점이 있다. PPL의 효과를 분석한 대부분의 연구에서 PPL이 브랜드 회상에 긍정적인 영향을 미치는 것으로 나타났다. 즉각적인 회상을 측정했다든지, 영화의 전체가 아닌 일부만을 보여주었다는 단점이 있기는 하지만, 볼머스(Vollmers)와 미제르스키(Mizerski)의 연구에서는 PPL이 된 제품의 브랜드 회상률이 95.8%로 매우 높게 나타났다. 미국의 AFP(Associated Film Promotion)도 영화 PPL의 효과에 대해 조사한 바 있는데, 〈록키 3〉를 관람한 관객 1,600명에게 관람 후 3~5일 사이에 전화인터뷰를 한 결과, 응답자의 60%가 주임공이 먹는 제너럴밀스사의 휘티스 시리얼을 회상한 것으로 나타났다. 이러한 브랜드 회상 외에도 PPL은 직접적인 매출향상에도 긍정적인 영향을 미치는 것으로 나타났다.

영화 〈007 시리즈〉는 브랜드로 도배한 PPL의 경연장 같다. 본드는 영화에서 로터스나 BMW 등 여러 차량을 몰고 다니면서 퍼솔 선글라스를 걸치고 소니 바이오 휴대용컴퓨터를 가지고 다니며 소니 엑린손 휴대폰을 사용한다. 〈007〉 영화에서 어떤 브랜드를 인정한다는 것은 판매가 늘고 돈을 번다는 이야기이다. 〈007〉과 같이 소설을 영화로 만들면서 PPL의 타깃이 된다는 것은 불보듯 뻔한 사실이다.

2) 국내 PPL 적용사례

국내 영화에서는 1991년 개봉한 〈결혼이야기〉에서 삼성전자가 가전제품을 제공하여 노출시키고 영화티켓 5만 장을 구입한 것이 본격적인 PPL의 시작으로 알려져 있다.[13] 그 이후 한국의 첫 블록버스터라고 할 수 있는 1999년 삼성영상사업단이 투자했던 영화 〈쉬리〉에서 삼성물산, 삼성전자, 포카리스웨트, LG칼텍스정유, 동서식품 등 30개가 넘는 PPL이 등장하여 높은 효과를 거두자 PPL에 대한 기업들의 관심이 높아졌다. 수많은 제품이 등장했던 영화 〈쉬리〉에서

13 김창아, 영화 속 PPL 마케팅 매력과 효과, 제일기획사보, 2003년 3월호, p.24.

주인공 한석규가 핸드폰에 남겨진 김윤진의 음성메시지를 확인할 때 흘러나온 "SK텔레콤 소리샘입니다"라는 음성노출을 통해 큰 광고효과를 거뒀다. 그 결과 제작비지원액 3,000만 원 이상의 효과를 거두었다는 평가를 받았다.

비록 국내에서 본격적으로 PPL이 시작된 것은 불과 몇 년밖에 지나지 않았으나, 최근에는 대부분의 영화에서 PPL이 사용되고 있다. 국내에서 가장 성공적인 PPL을 수행한 사례로 〈공동경비구역 JSA〉에서 북한 병사역으로 출연한 송강호가 오리온 초코파이를 먹는 장면을 등장시켜 실제 초코파이 매출이 5~10% 가량 증가되었다. 현대정유가 적극적으로 지원한 〈주유소 습격사건〉은 가장 모범적인 사례로 손꼽히고 있는데, 현대는 경기도 분당의 직영주유소를 촬영 당시 무대로 제공하고 약 5천만 원을 협찬했다. 이 영화는 총상영시간 120분 중에서 60분이나 주유소가 집중부각되었고, 회사 로고가 선명하게 노출된 시간만도 40분을 넘어 산술적으로 10억 4천만 원에 달하는 광고효과를 보았다. 영화 〈접속〉에서도 주인공이 채팅할 당시 컴퓨터 화면상의 유니텔 로고를 삽입하면서 영화흥행 이후 신규가입자가 30% 이상 상승효과를 보아 큰 이익을 남겼다. 또한 〈친절한 금자씨〉에서 주인공 이영애가 화장하는 장면에서 등장하는 아이오페 제품이 눈길을 끌면서 화장품회사 측에서 많은 홍보효과를 얻었다.

이처럼 PPL의 가장 효과적인 방법은 영화나 드라마의 주제가 부각되거나 반전을 이루는 중요한 포인트에서 제품이 주인공으로 등장할 때이다. 만약 영화 전체의 구조 속에 녹일 수 없을 경우 제품이 아이콘이 될 정도로 비중을 높여주어야 한다. 〈탑건〉에서 톰 크루즈가 늘 끼고 다니던 레이밴 선글라스, 〈백투더퓨처〉의 나이키, 〈캐스트어웨이〉에 등장하는 페덱스, 〈007 시리즈〉의 BMW, 〈포레스트 검프〉의 애플컴퓨터 매킨토시 정도는 되어야 효과적인 PPL이라고 할 수 있다.[14]

반면, 협찬사들의 지나친 브랜드 노출로 인해 PPL이 실패한 사례들도 나타나고 있다. 예를 들어, 2016년 4월에 방송된 KBS 드라마 〈태양의 후예〉에 등장한 오쿠 중탕기에 시청자들이 개연성 없는 장면으로 어색했다고 평가했다. 남자주인공 송중기와 진구가 우르크에서 중탕기로 삼계탕을 끓여 먹는 장면이 나

14 김홍탁, 잠재의식에 침투제품 각인시키는 광고기법 PPL, 방송21, 2002년 6월호, p.123.

표 8-2 국내 영화 PPL 사례

영화	브랜드	PPL 방법
결혼이야기	삼성전자	주인공 집의 가전제품
은행나무침대	하이트맥주	지나가던 자동차 위에 대형로고 노출
접속	유니텔 39쇼핑	영화 속 주요 소재 여주인공의 직장
쉬리	SK텔레콤 포카리스웨트, 베니건스	주요 메시지로 등장 주요 배경 등장
주유소 습격사건	오일뱅크 세콤, BC카드, 펩시콜라	영화 속 주배경 대사 등장
텔미썸씽	클럽모나코	주인공의 주요 의상
나도 아내가 있었으면 좋겠다	한미은행	주인공의 직장
달마야 놀자	현대택배	브랜드 노출
예스터데이	LG텔레콤 카이 타이레놀	대사 및 제품노출 주인공이 잦은 두통 시 사용
해적 디스코왕 되다	서울우유	주요 인물의 애용 음료
좋은 사람 있으면 소개시켜줘	듀오	메인소재 및 주인공의 직장
가문의 영광	현대카드	벤처기업의 협약장면, 결제장면
엽기적인 그녀	라이코스코리아	이메일 교환 및 간판
올드보이	네이트온	주인공의 채팅 장면
주먹이 운다	에버리스트	주인공의 복싱장면 후원사로 등장
너는 내 운명	산소주	등장인물의 음주신에서 등장
가문의 위기	HP/신라명과	차량외장 래핑, 케이크 사는 장소
미스터 주부퀴즈왕	레고/페리카나	주인공 CF장면, 딸 장난감
친절한 금자씨	아이오페	주인공 화장하는 장면

자료 : 김창아, 영화 속 PPL 마케팅 매력과 효과, 제일기획사보, 2003년 3월호, p.24.

왔다. 이후 혼자 사는 송혜교 집에서 중탕기가 다시 등장했다. 오쿠 중탕기는 드라마에서 노출된 후 중국시장에서 매출이 120% 상승했지만, 시청자들은 과도한 PPL에 분노했다.

PPL은 특정 기업의 협찬을 대가로 프로그램에 해당 기업상품을 끼워넣는 광고기법이다. 기업들은 소비자에게 자연스럽게 제품을 알릴 수 있어서, 외주제작사는 제작비를 지원받을 수 있어서 선호한다. 천문학적으로 올라간 스타 몸값을 충당하기 위해서는 PPL이 절실하다.[15]

따라서 처음부터 작품의 시나리오나 프로그램 성격에 대한 치밀한 검토 후에 PPL 여부를 결정해야 한다. PPL이 시나리오 작성단계부터 검토되어 영화흥행이 예견되는 상황에서 제품이 확실히 부각될 가능성이 있다고 판단되면 광고주가 PPL에 투자하는 것도 좋은 방법이 될 수 있다.

5 판매촉진

판매촉진(sales promotion)은 기업이 판매원, 유통업자 또는 최종소비자에게 추가가치 또는 인센티브를 제공하는 촉진활동이다. 즉, 고객의 구매나 유통업자의 효율성을 자극하는 마케팅활동을 판매촉진으로 정의하고 있다. 판매촉진은 판매보조품, 동기부여용 아이템, 부가상품의 세 부분으로 나누어 살펴볼 수 있다.

첫째, 간단한 로고 또는 문화상품과 관련된 메시지들이 작은 물품(볼펜, 연필, 메모지)에 인쇄되어 있는 판매보조품은 보통 무료로 나누어진다. 보통 '세일즈 키트'(sales kit)는 가장 기본적이면서도 효과적인 판촉도구로 판촉사원이나 문화예술단체, 문화관련 기업에서 사용하는 촉진수단이다. 세일즈 키트는 문화예술단체에 관한 정보를 담고 있으며 관객 판촉을 위해서 유용하게 사용된다. 둘째, 동기부여용 아이템은 구매를 촉진시키기 위한 역할이다. 예들 들어 할인쿠폰, 경품대회, 선물, '하나를 사면 나머지 하나는 공짜'와 같은 특별이벤트가 여기에 해당된다. 마지막으로 부가상품은 판매촉진의 다른 형태라고 할 수 있는데, 문화관련 단체에게는 별도의 수입을 제공해주는 주요 제품이다. 티셔츠, 음반, 포스터, 머그잔, 달력 등이 대표적인 부가상품이다. 우리나라 공연업체들도 관객들의 견학이나 탐방코스로 캐릭터숍을 개장하여 로고를 사용한

15 주간경향, 2013. 3. 5.

티셔츠, 머그잔, 열쇠고리, 수첩, 시계 등을 고객들에게 내놓아 이미지 제고를 위해 노력하고 있다.

1) 판매촉진의 전략

판매촉진은 그 대상에 따라 소비자 판매촉진과 중간상 판매촉진으로 나눌 수 있는데, 소비자 판매촉진은 풀전략(pull strategy)이라 하고, 중간상 판매촉진은 푸쉬전략(push strategy)이라 한다.[16]

소비자를 대상으로 하는 판매촉진은 기업이 최종소비자에게 직접 추가의 가치나 인센티브를 줌으로써 소비자들이 직접 제품을 찾게 만든다. 따라서 소매점과 같은 유통업자들은 소비자들이 많이 찾는 제품을 갖다놓아야 이득을 얻기 때문에 해당 제품의 제조업자에게 제품을 요청하게 된다. 즉, 제품의 유통경로에서 제품을 끌어당기게 되기 때문에 풀전략이라 한다.

예를 들어, 상대적으로 가격이 비싼 뮤지컬의 경우 소비자에게 티켓가격을 할인해주면 기존의 뮤지컬팬들 외에 이전에 한 번도 구매하지 않았던 사람들도 한 번 할인으로 인해 공연장을 찾는다면 유통업자인 공연자 측은 이익을 얻기 위해 그 뮤지컬을 계속 연장상연할 것이다.

반면 중간상 대상 판매촉진은 소매점 등의 유통업자에게 추가의 가치나 인센티브를 주는 것으로 최종소비자는 직접적인 혜택을 받지는 못한다. 그러나 유통업자는 해당 기업이 경쟁기업보다 더 많은 가치를 주기 때문에 그 기업의 제품을 자신의 점포진열대에 더 많이 갖다놓는다.

기업들은 일반적으로 제품을 생산하여 소비자들에게 판매할 때 이 두 가지 유형의 전략을 모두 사용한다. 즉 기업은 광고나 소비자 판매촉진을 통해 소비자로 하여금 직접 제품을 더 구매하도록 유도하고, 극장, 공연장과 같은 유통망의 판매촉진(인센티브, 부가가치 제공)을 통해서 경쟁제품보다 자사제품이 더 유리한 위치를 확보함으로써 판매가능성을 높이고 있다.

16 이명천 · 김요한, 문화콘텐츠 마케팅, 커뮤니케이션북스, 2006, pp.439~440.

2) 판매촉진의 수단

판매촉진은 기존고객들의 재방문을 증가시키거나 신규고객을 창출하기 위한 활동으로 풀전략(pull strategy)의 대표적인 방법이다. 문화산업에서 사용하고 있는 판매촉진수단은 가장 전형적인 가격할인을 비롯해 쿠폰, 프리미엄, 회원제카드, 경품이벤트, 환불과 리베이트, 캐릭터숍 운영 등 다양하다.

(1) 가격할인

가격할인은 콘텐츠 상품을 비롯해 다양한 제품 및 서비스군에서 가장 손쉽게 가장 효과적으로 사용할 수 있는 판촉수단이다. 공연업체들은 특정 기간 동안 공연의 가격을 할인함으로써 관객들이 그 기간 동안 제품을 구매하도록 유인한다.

티켓가격 할인은 가장 전형적인 가격차별화전략으로서 다양한 조건에 따라 할인혜택을 제공함으로써 티켓가격에 대한 탄력성이 높은 계층에 대해 티켓 판매규모를 늘리려는 것이다. 이는 모든 종류의 예술조직에서 마케팅을 할 때 가장 쉽게 취할 수 있는 전략 중의 하나이다.

현재 많은 문화콘텐츠 상품들도 가격할인을 통해 소비자의 구매욕구를 자극하고 있다. 특히 영화나 연극, 뮤지컬 등은 여러 카드사들과 공동마케팅을 통해 구매가격을 할인해주고 있는데, 제작사나 배급사는 관객수를 증가시키고, 카드사들은 신규고객 유치 및 기존고객의 충성도 증가효과를 거둘 수 있다.

(2) 쿠폰

쿠폰(coupon)은 일정기간 동안 고객이 특정 서비스를 받을 때마다 할인혜택을 받을 수 있도록 제공되는 일종의 증서를 말한다. 쿠폰을 소지한 고객이 특정 서비스를 이용하는 경우 소지한 쿠폰의 내용에 따라 할인 및 서비스 혜택을 받을 수 있다.

할인쿠폰은 고객들이 사용할 때 할인된 가격만큼의 혜택이 돌아오는 것으로 생각하기 때문에 고객이 집중되지 않는 주중이나 비수기에 판촉방법으로 많이 활용된다.

할인쿠폰전략은 영화, 연극공연 및 자녀들과의 체험학습, 놀이공원 등 문화콘텐츠 관련 행사에서 자주 사용된다. PMC는 키즈카페나 공연장에서 50% 할인쿠폰을 배포하여 가족뮤지컬 〈보물섬〉 고객에 대한 할인혜택을 제공하였다. CGV의 프리미엄 영화관 '골드클래스'와 '시네드쉐프'[17]는 회원들에게 최대 20% 할인에 무이자 3개월의 할인서비스를 제공하여 반복구매를 유도하였다.

(3) 프리미엄

프리미엄은 인센티브(incentive)와 동일하게 사용하는 개념으로 가시적인 보상을 제안함으로써 소비자, 판매원, 종업원 또는 유통업자가 구매 또는 어떤 행위를 일으키도록 유발하는 판촉수단을 말한다. 예를 들어, 프리미엄은 특정 구매에 대해 무료로 상품이나 서비스를 제공하는 것으로 처음 공연하는 공연에 대해 선착순으로 티셔츠를 제공하는 경우를 말한다.

프리미엄은 광고의 특별한 형태로서 무료선물이나 해당 제품을 구매할 수 있는 할인쿠폰과 병행하여 활용되며, 자사의 로고가 새겨진 컵, 펜, 마우스패드, 가방과 같은 상품의 형태로도 제공된다.

뮤지컬 〈노트르담 드 파리〉의 티켓예매처 중 하나인 네이버에서는 4인가족권 티켓 예매 시 가격할인과 함께 2만 원 상당의 영어교재 DVD를 제공하였는데, 소비자 입장에서는 영어교재가 부가적인 가치, 즉 프리미엄이라고 할 수 있다.

(4) 회원제카드

판매촉진에 대한 경쟁이 심화되면서 기존고객을 유지하기 위해 카드를 이용한 회원제가 많이 활용되고 있다. 이 방법은 고객이 문화시설(영화관, 공연장)을 방문한 횟수와 지불한 금액에 따라 포인트를 적립하여 별도의 서비스와 할인혜택을 제공함으로써 고객충성도를 높이는 데 목적이 있다. 무료제공이나 할인에 비하면 소극적이지만 단골고객에게는 확실하게 구매를 자극하는 유용한 방법이다.

17 프랑스어로 'cine de chef,' 즉 요리사가 있는 영화관이란 뜻으로 영화관과 레스토랑을 결합한 복합문화공간을 말한다.

인터넷 예매의 경우 대부분 신용카드를 통해 이루어지기 때문에 특정 신용카드사의 제휴로 이용자에게 할인혜택을 주거나 특정 티켓구매 대행사이트에 유료멤버십을 갖고 있는 회원들은 일정한 할인혜택을 받을 수 있다.

국내 공연장은 무료회원제와 함께 유료회원제로 운영되는 멤버십회원제를 운영하고 있다. 세종문화회관의 유료회원은 청소년회원(1만 원, 1년), 골드회원(5만 원, 1년), 프리미엄회원(10만 원, 1년), 법인회원, 특별회원(2~3만 원, 1년)으로 나누어져 있다. 각 회원제도별 혜택을 보면, 청소년회원의 경우 공연당 1매 할인을 해주고 골드회원은 각각의 공연당 4매 할인, 프리미엄회원을 6매 할인, 특별회원은 4매의 할인을 받을 수 있다.[18]

영화티켓 할인의 경우 이동통신사 멤버십카드를 이용한 포인트 적립이나 영화관(CGV, 메가박스, 롯데시네마) 회원카드를 갖고 있으면 어느 정도 할인을 받을 수 있다.

(5) 경품이벤트

현대는 이른바 '경품의 시대'라고 할 만큼 핸드폰이나 상품권, 컴퓨터, 승용차, 아파트까지 경품으로 나오고 있다. 경품은 기업이 가장 손쉽게 사용할 수 있는 프로모션의 하나로서 판매를 촉진하고 인지도를 제고시키는 데 효과적이라고 할 수 있다.

경품에는 참가자들이 능력에 따라 포상을 받는 콘테스트(contest)와 참가자들의 이름이 당첨되면 포상을 받는 추첨(sweepstakes)이 있다. 즉 추첨은 참가자의 능력과 관계없이 이른바 운에 의해 뽑히는 경품이고, 콘테스트는 참가자의 능력에 따라 순위를 매기고 그에 맞는 상품을 주는 것이다.

음악의 경우 K-Pop 콘테스트를 사용할 수 있다. K-Pop 콘테스트는 실력있는 가수를 발굴하고 전 세계에서 K-Pop(한국가요)을 널리 알리기 위해 각국에서 예선을 거친 뒤 한국에서 국제대회를 개최하고 있다.

18 곽은정, 회원제 운영을 통한 공연관객개발 방안연구, 한남대학교 문화예술학과 석사학위논문, 2008, p.45.

(6) 환불과 리베이트

환불은 소비자가 제품을 구매하거나 서비스를 이용했을 때 일정액을 돌려주거나 또는 할인쿠폰을 발행해주는 것을 말한다. 환불은 보상이 따른다는 점에서 할인쿠폰과 유사하지만, 다음과 같은 이유로 차이가 있다.

첫째, 환불은 구매를 했다거나 서비스를 이용했다는 구매증명이 필요하다. 이는 보통 영수증이 많이 이용되는데, 그 외에도 제품 포장에 인쇄된 로고를 구매증명의 추가부분으로 붙이는 방법, 그리고 별도의 환불신청서를 인쇄하여 포장지에 붙이는 경우도 있다.

둘째, 영수증이나 환불신청서 등의 구매증명을 우편으로 제조회사로 보내야 한다는 점이다. 환불을 받기 위해 소비자는 자신의 이름과 주소, 그리고 제품명을 기재하는데, 이는 회사의 입장에서 정확한 정보를 수집할 수 있는 방법이므로 소비자 데이터베이스 구축에 도움이 된다.

실제로 멀티플렉스 CGV의 환불서비스의 경우 이동통신사 카드와 신용카드를 이용한 가격할인, 멤버십포인트 적립 외에 'OK 캐시백', 'CJMall 적립금' 등을 통해 구매금액의 일부를 환불해주고 있다.

(7) 캐릭터숍

캐릭터숍은 만화, 애니메이션, 영화, 공연, 소설 속 등장인물들을 캐릭터 상품으로 개발하여 부가가치를 높이기 위해 문화관련 업체들이 운영하는 캐릭터 매장을 의미한다. 즉 문화관련 업체들이 만화, 애니메이션의 주인공을 다양한 캐릭터 상품으로 만들어 부가가치를 창출하고 이를 완구 등으로 연결시키거나 테마파크에서 이용하고 있다.

〈스파이더맨〉이나 〈배트맨〉 등 영화 속 캐릭터가 장난감이나 티셔츠로 판매되고, 〈난타〉 공연에

광화문 '큐비드' 매장

북촌 '토캐릭터샵' 매장

국산 캐릭터 유통 전문매장

등장하는 인물들이 캐릭터로 만들어져 머그잔, 티셔츠 등 다양한 캐릭터 상품으로 판매된다. 문화체육관광부와 한국콘텐츠진흥원(KOCCA)은 2010년부터 국산 캐릭터인 〈뽀로로〉를 비롯해 〈구름빵〉, 〈라바〉, 〈로보카폴리〉 등 인기캐릭터를 홍보하기 위하여 전국 6곳에 국산 캐릭터 유통전문매장을 개장하였다.

문화예술단체나 문화관련 기업들은 캐릭터숍을 열어 관객이나 외국 관광객들을 대상으로 특정 콘텐츠의 인물이나 상징물을 소재로 다양한 기념품을 개발 · 판매하고 있다.

캐릭터숍은 소비자의 감성이나 경험을 자극함으로써 특정 문화상품 브랜드 정체성을 각인시키고, 고객에게 경험하지 못한 제품의 브랜드 체험을 전달하여 고객의 장기적인 관계 구축에 이바지한다는 점에서 중요한 역할을 하고 있다. 따라서 캐릭터숍도 고객들이 즐거운 체험을 만드는 매장이자 고객의 감성과 경험을 자극하는 체험하는 장소가 될 수 있어야 한다.

6 소셜미디어(SNS)의 활용

1) 소셜미디어의 개념

소셜미디어란 사람들이 자신의 생각과 의견, 경험, 관점 등을 서로 공유하기 위해 사용하는 온라인 툴과 미디어 플랫폼을 말한다. 소셜미디어마케팅은 스마폰의 등장과 함께 시작된 트위터, 페이스북 등의 소셜네트워크서비스(SNS : Social Network Service)와 스마트폰용 응용 프로그램인 어플리케이션(application)을 기반으로 한 마케팅을 말한다. 기존의 블로그나 유튜브를 이용한 마케팅도 소셜미디어를 활용한 마케팅 수단의 하나이지만 최근에는 스마트폰 사용자가 확대되면서 트위터나 페이스북 등 새로운 소셜미디어를 활용한 마케팅이 각광을 받고 있다.[19]

인터넷공간에서 네티즌의 활동이 활발해지면서 네티즌의 참여를 기반으로

19 이훈영 · 박기용, 외식산업마케팅, 도서출판 청람, 2012, pp.479~480.

한 서비스를 제공하는 사이트들은 소셜네트워크사이트(Social Network Site)로 개념화되었다. 이 SNS들은 웹 2.0 패러다임이 확장되면서, 폐쇄형 네트워크에서 콘텐츠 공유를 포함한 공유형 네트워크적인 성격이 강화되었고, 이를 반영한 소셜미디어(social media) 개념이 확산되고 있다. 이 소셜미디어의 특성은 기존의 웹 2.0 패러다임을 토대로 참여, 공개, 대화, 커뮤니티, 연결을 주된 특징으로 하고 있다.

소셜미디어 이용 시 주로 이용하는 플랫폼(1순위)은 유튜브가 절반 가량의 점유율을 차지한 것으로 나타났다. '2022 소셜미디어 이용 행태 및 광고 접촉 태도 분석 보고서'에서 최근 1개월 내 소셜미디어 이용경험이 있는 만 19세 이상 59세 이하의 남녀 1,000명을 대상으로 온라인 조사결과, 전체 응답자의 45.4%가 주 이용 소셜미디어 플랫폼으로 유튜브를 선택했으며, 2순위는 인스타그램(25.3%), 3순위 네이버 블로그(7.5%), 페이스북(6.9%) 순으로 활용하는 것으로 밝혀졌다.

또한 각 플랫폼별 이용 이유를 살펴보면, 주 이용 플랫폼 1위인 유튜브의 경우 콘텐츠 경쟁력(관심도 41.9%, 흥미도 35.3%, 콘텐츠 유형 33.7%)이 주된 인기요인으로 나타났고, 2위인 인스타그램의 경우 대중성(33.7%)과 유행성(20.1%)이 강점으로 분석됐다

현재 소셜미디어는 디지털 커뮤니케이션이라는 본원적 기능에서 벗어나 흥미로운 콘텐츠와 필요한 정보 등을 취득하기 위한 이유가 주된 목적으로 나타나 '콘텐츠 소비채널'로서 소구점이 뚜렷하다는 특징을 갖고 있었다.[20]

소셜미디어별 이용 이유를 살펴보면, 개방형인 페이스북은 빠른 정보획득에 이용되는 반면, 폐쇄형인 카카오스토리는 주변의 이용 정도가 상대적으로 많은 영향을 받았다. 특히, 인스타그램은 이미지 중심의 콘텐츠를 선호하거나 최근 유행하고 있는 소셜미디어이기 때문에 이용한다는 응답이 상대적으로 높았다. 앞에 언급된 2022년 소셜미디어 이용형태 및 광고접촉 보고서에서 인스타그램(25.3%)은 유튜브에 이어 이용경험이 두 번째로 높아 인기가 있는 것으로 드러났다.

20 DMC미디어, 2022 소셜미디어 이용행태 및 광고접촉태도 분석보고서, 2022. 9. 27.

우리나라에서 가장 주목받고 있는 소셜미디어는 트위터와 페이스북, 인스타그램이라고 볼 수 있다. 트위터는 가장 빠른 소식통의 역할을 하며 Z세대에게 '덕후들의 커뮤니티 기능'으로 인기를 끌고 있다. 페이스북은 나이 든 4050사용자들이 인맥을 형성하는 창구로 활용하며 메모장처럼 정보를 공유하는 '아재들의 스크랩북'으로만 유지되고 있다.

10대 및 20대 여성층에 특화된 인스타그램은 일상의 모습을 자랑하는 공간으로 통하기 때문에 홍보 창구로 활용되고 있다. MZ세대는 인스타그램 계정으로 연결되는 QR코드를 공유한다. 인스타그램은 개인의 명함이자 포트폴리오로 활용되는 필수 비즈니스 플랫폼이 되었다.[21]

음악과 영화는 소셜네트워크서비스들의 중요한 무기가 되는데, 이는 쉽게 공유되고 문화의 차이를 좁혀주는 역할을 하기 때문이다. 유튜브, 페이스북과 같은 소셜미디어의 발달은 저렴한 비용을 통해 K-Pop 스타들의 세계적인 홍보를 가능하게 만들고 있다. 미국의 시사주간지 타임은 "K-Pop의 성공요인은 SNS"라고 하였고, 프랑스의 르몽드지는 "페이스북이 K-Pop의 유럽공연을 만들었다"라고 주장하였다. 일부 미국 유명연예인들의 페이스북과 트위터를 통한 '강남스타일'의 감상후기와 평들이 입소문을 타고 유튜브 조회수를 높여준 것이 '강남스타일' 메가히트의 요인이 되었다.[22]

유튜브는 K-Pop 글로벌 확산의 중심 매체로 떠올랐다. 대부분의 엔터테인먼트 회사들은 유튜브에 공식 채널을 마련하여 뮤직비디오를 올렸는데, 빅뱅, 싸이 등이 유튜브 채널에 뮤직비디오를 업로드하면 순식간에 해외 팬들에게 소개되고 추천을 받았다. 싸이의 〈강남스타일〉은 소수 열성팬들이 즐기는 마니아 음악이라는 성격이 강했던 K-Pop의 대중적 인지도를 높이는데 크게 기여하였다. 유튜브 등 소셜미디어의 활용을 통해 해외 팬들과의 접근성이 높아지면서 K-Pop이 북미와 유럽시장까지 확장되었다. 숏폼 콘텐츠 플랫폼인 틱톡(TikTok), 릴스(Reels), 쇼츠(Shorts)가 모바일 플랫폼을 기반으로 15초에서 최대 10분 사이에 짧은 동영상을 공유하면서 MZ세대들 사이에 관심이 집중되고 있으며 빠르게 성장하고 있다.

21 노가영 · 이정훈 · 박정엽, 2022 콘텐츠가 전부다, 미래의 창, 2021, pp.129~145.

22 한국콘텐츠진흥원, 2013년 콘텐츠산업 전망 Ⅱ(세부산업편), 2013. 1, p.54.

2) 소셜미디어의 유형과 기능

SNS의 네트워크 기능에 대한 주목은 웹 2.0 패러다임의 등장과 이를 지원해 줄 수 있는 기술적 지원소스를 토대로 한 '유튜브(YouTube)', '위키피디아(Wikipidea)', '마이스페이스(Myspace)', '세컨드라이프(SecondLife)' 등의 사이트들이 급성장하면서 더욱 주목을 받게 된다. 또한 2009년에는 마이크로 블로그인 '트위터(Twitter)'가 급성장세를 보이면서 주목을 받았다.

이와 같은 SNS의 약진과 더불어 최근에는 기존의 SNS의 네트워크 기능에 콘텐츠 생산과 공유 개념이 강화된 소셜미디어 개념이 확산되고 있다. 즉, 네티즌 간 온라인상의 네트워크 개념에서 출발한 SNS 개념은 아직도 유효하게 사용되고 있지만, 콘텐츠 생산 및 공유 개념이 강화된 '유튜브(utube.com)', '플리커(flickr.com)' 등 콘텐츠 공유서비스와 '위키피디아'와 '소셜북마킹(social bookmarking)' 등 협업모델 서비스, '세컨드라이프(secondlife.com)'의 엔터테인먼트형 서비스 모델들이 강세를 보이면서, 네트워크적 성격과 더불어 콘텐츠 생산과 공유 측면이 강조되면서 미디어적 측면이 부각되고 있다.

이와 같은 소셜미디어는 다양한 형태를 띠는데, 여기에 관한 기준이나 범주 구분은 의견이 분분한 상태다. 소셜미디어에 포함되는 사이트들은 온라인상의 동창회 같은 '페이스북'에서부터 가상세계를 제공하는 '세컨드라이프', 다양한 콘텐츠의 공유가 이루어지는 콘텐츠 공유사이트 등 그 폭이 매우 다양하다.

위키피디아에서는 대분류와 소분류를 제공하고 있는데, 대분류 영역에서는 커뮤니케이션, 협업, 멀티미디어, 리뷰 & 오피니언, 엔터테인먼트, 기타로 분류하고 있다.[23]

이러한 소셜미디어의 유형은 [표 8-3]과 같이 분류할 수 있다.

가장 대표적인 모델은 블로그로 대표되는 커뮤니케이션 모델로 이 범주에는 블로그와 마이크로 블로그, 소셜네트워킹 사이트, 이벤트네트워킹 사이트로 세분화된다. 블로그의 경우 이미 국내에서도 개인미디어를 대표하는 서비스로 활성화되어 있는 상태이고, '트위터(twitter.com)'로 대표되는 마이크로 블로그는

23 최민재, 소셜미디어의 확산과 미디어 콘텐츠에 대한 수용자 인식연구, 한국언론정보학회 가을철 정기학술대회, 2009, p.9.

표 8-3 소셜미디어 유형

모델	서비스 유형	해외 사이트	국내 사이트
커뮤니케이션 모델	Blog	Blogger, LiveJournal, Open Diary Typepad, WordPRESS, Vox	포털 블로그, 이글루스 티스토리
	Micro blog	Twitter, Plurk, Jaiku, Threads	미투데이, 토시, 플레이톡
	Social networking	Bebo, facebook, LinkedIn, Myspace, Otrkut, Skyrock, Hi5, Ning, Elgg, FriendFeed	싸이월드, 아이러브스쿨
	Event networking	Upcoming, Eventful, Meetup.com	
협업 모델	Wikis	Wikipedia, PBwiki, wetpaint	
	Social bookmarking	Delicious, StumbleUpon, Google Reader, CiteULike	마가린, 네이버 북마크
	Social news	Digg, Mixx, Reddit	다음 뷰
	Rewiew & Opinion sites	epinions, Yelp, City-data.com epinions.com	디시인사이드, 아고라
	Community Q&A	Yahoo!, Answers, WikiAnswers, Aakville, Google Answers	네이버 지식IN, 네이트 Q&A
콘텐츠 공유 모델	Photo sharing	Flickr, Zooomr, Photobucket, SmugMug	
	Video sharing	YouTube, Vimeo	판도라TV, 엠군
	Livecasting	Ustream.tv, Justin.tv, Stickam, bizbuzztour.com	아프리카TV
	Audio and Music sharing	imeem, The Hype Machine, Last.fm, ccMixter	벅스뮤직
엔터테인먼트 모델	Virtual worlds	Second Life, The Sims online, Forterra	누리엔
	Game sharing & play	Miniclip, Kongregate	게임덕(GameDuck)

성숙기 단계에 접어들었다. '싸이월드', '페이스북'으로 대표되는 소셜네트워킹 사이트는 개인 간 네트워크 구축형태로 이미 확산되어 있는 형태이다. 2023년 7월 트위터의 대항마로 출시된 '스레드(Threads)'는 닷새 만에 가입자 1억 명을 돌파했다. 인스타그램 운영사인 메타에서 출시한 스레드는 별도의 가입 절차 없이 인스타그램 아이디로 간편하게 로그인할 수 있어 진입장벽이 낮다.

두 번째로는 협업(collaboration) 모델로 위키, 소셜북마킹, 소셜뉴스, 리뷰&오피니언 사이트, 커뮤니티 Q&A 사이트로 분류된다. 위키는 전 세계적으로 활성화된 모델이고, 소셜북마킹 모델은 인터넷공간의 즐겨찾기 기능을 수행하는 모델로 생활정보 중심으로 활성화되어 있다. 또한 뉴스에 기반한 소셜뉴스, 제품에 대한 리뷰와 사회적 의제에 대한 의견을 중심으로 구성되는 리뷰&오피니언 사이트로 구분할 수 있다. 세 번째로는 공유되는 콘텐츠 형태에 따른 콘텐츠 공유모델은 대표적으로 유튜브가 해당된다. 유튜브는 동영상을 검색하고 공유하는 소셜미디어로써 모든 콘텐츠 제작자와 광고주를 위한 유통 플랫폼의 역할을 하고 있다.

이처럼 소셜미디어 개념은 각각의 특성을 중심으로 유형분류를 할 수 있고, 일차적으로 커뮤니케이션 모델, 협업모델, 콘텐츠 공유모델, 엔터테인먼트 모델로 분류할 수 있다.

트위터와 페이스북과 같은 소셜미디어는 개인PR은 물론 공공의 매체로서 전파력을 갖고 있으며 기업의 마케팅 도구로서도 활용되고 있다.[24] 이처럼 소셜미디어를 다양한 방식으로 효율적으로 활용하는 사례들이 늘고 있다

(1) 유명인과 일반인의 개인PR 도구

트위터와 같은 마이크로 블로깅을 가장 활발하게 이용하는 사람들은 연예인과 정치인, 스포츠선수, 기업인들을 들 수 있다. 특히 연예인들은 트위터를 사용하면서 일반인들에게 흥미와 관심을 불러일으키고 개인적인 관계를 맺는 것 같은 환상을 제공하기 때문에 개인PR 마케팅 도구로서 활용한다. 국내 피겨스케이트 스타인 김연아 선수가 트위터를 시작한 이후 급속하게 국내 가입자들이 증가했으며, 동방신기, 원더걸스와 같은 연예인들도 자신의 생활을 팬에게 알리고 마케팅 일환으로 트위터를 활용하고 있다.

정치인들 역시 자신의 신념과 의견을 유권자들에게 즉각적으로 배포함으로써 국민과 소통하는 수단으로 소셜미디어를 이용하기도 한다.

24 설진아, 소셜미디어(Social Media)의 진화양상과 사회적 영향, 한국언론정보학회 가을철 정기학술대회, 2009, pp.43~46.

(2) 기업의 커뮤니케이션 채널

기업들은 자동차업계나 컴퓨터회사, 일반 제품회사에 이르기까지 기업의 이미지나 상품홍보를 위해서 SNS를 가장 먼저 이용하기 시작했으며, 고객들과의 정보교류와 고객서비스 관리에도 마이크로 블로깅 서비스들을 사용하고 있다. 특히 기업의 입장에서 트위터와 페이스북과 같은 SNS는 고객과 좀 더 밀착할 수 있는 특성이 있기 때문에 실제로 애플, IBM, 코카콜라, 펩시, 레고, 네슬레, 구글, 유니클로, 삼성 등과 같은 기업들이 트위터를 통해 고객과의 커뮤니케이션을 늘리고 있다. 특히, 2005년 설립된 유튜브는 수십억 명의 사용자가 독자적으로 제작된 동영상을 검색하고 공유하는 소셜미디어로서 세계 최대의 마케팅 플랫폼으로 각광을 받고 있다. 유튜브는 전 세계 사람들이 서로 만나고 정보를 공유하며 아이디어를 주고받을 수 있는 사이트로서 모든 콘텐츠제작자와 광고주를 위한 유통 플랫폼의 역할을 하고 있다.

(3) 공공채널로서의 시민저널리즘 확장도구

트위터에 대한 사회적 관심이 높아진 이유는 전통적인 미디어를 거치지 않은 가공되지 않은 정보가 개인과 개인 사이에 직접 전달되고 유통될 수 있다는 점이다. 트위터 내의 정보확산 속도는 그야말로 '전광석화(電光石火)'에 비유되고 정보에 대한 통제는 거의 불가능할 정도다. 오사마 빈 라덴의 사망을 가장 먼저 알린 것은 트위터였다. 2011년 5월 1일 버락 오바마 미국 대통령의 담화에 앞서 도널드 럼스펠드 전 국방장관의 보좌관인 케이스 어반이 트위터에 '오사마 빈 라덴이 사망했다'는 글을 올려 트위터의 위력을 보여줬다.

특히 트위터는 산불이나 지진, 허리케인과 같은 천재지변의 재난상황에서 공중이 정보를 제공할 수 있는 후방채널(backchannels)로서 활용되거나 2011년 아프리카와 중동을 달구었던 '아랍의 봄'과 같이 트위터를 통해 세계언론에 확산시킨 경우처럼 언론통제가 심한 국가의 뉴스를 전달하는 국제뉴스의 풀뿌리 민주주의 저널리즘의 도구로서 발전할 가능성도 크다.

3) 소셜미디어를 활용한 홍보마케팅

소셜미디어 활성화는 참여와 공유의 문화력(culture power)의 성장과 문화예술에 대한 접근성과 참여성을 높이고 문화예술의 생산과 소비활동을 활발하게 하는 등 문화예술 환경에 새로운 변화를 불러일으키고 있다.

이런 문화예술 환경변화에 따라 소셜미디어를 활용하여 사회구성원 간 소통을 활성화하고자 하는 움직임이 존재한다. 실제로 예술의 전당에서는 모바일 웹서비스를 도입하여 고객들이 필요한 정보를 언제 어디서나 얻을 수 있도록 제공하고 트위터 개설 및 운영 활성화를 통해 실시간으로 고객들의 목소리를 듣고자 하고 있다. 국립민속박물관에서는 스마트폰 이용자의 다양한 정보접근 수요에 대응하고, 온라인 홍보를 강화하기 위해 홈페이지의 주요 내용을 스마트폰에서도 쉽게 이용할 수 있도록 모바일 홈페이지를 구축하여 운영하고 있다. 소셜미디어 활용목적은 문화예술, 문화산업, 여가별로 크게 '정보의 집약', '홍보수단으로의 활용', '이용자층 확대', '이용자 경험의 질 상승'이라는 활용목적별로 사례들을 묶어낼 수 있다.[25]

소셜미디어 활용목적별로 사례를 구분한 첫 번째 주제는, 정보의 집약을 위한 소셜미디어 활동이다. 예를 들면, '위키피디아'처럼 개인의 지식과 노하우 등 무형사산을 공유하는 콘텐츠 암묵시(tactic market)시장을 형성하는 활동을 의미한다. 미국 의회도서관 사례는 개인이 소장하고 있는 자료나 정보들을 소셜미디어를 통해 업로드함으로써 집단지성을 형성하는 점을 보여주고 있고, 뉴욕 브루클린박물관의 사례는 전시의 기획부터 작품선정, 마케팅 등 일련의 과정들을 사용자에게 전적으로 일임하는 주체의 전환을 보여주고 있다.

구겐하임미술관의 유튜브 동영상 비엔날레와 로열오페라하우스의 오페라 대본 공동창작 사례는 문화예술에서 일반 창작자들의 참여라는 이슈로 문화예술과 문화사업의 경계를 허무는 현상을 이끌기도 한다.

두 번째 주제는 홍보수단으로서 소셜미디어 활용이다. 브로드웨이 뮤지컬 〈넥스트 투 노멀〉의 트위터를 이용한 대본정보 제공사례나, 영화 〈토이스토리 3〉가 페이스북을 통해 상영예정 영화를 미리 공개하고 각각의 캐릭터 등을 유튜

25 김현곤 외, 문화 부문의 소셜미디어 활용 선진사례 연구, 한국정보화진흥원, 2011.

브로 오픈한 사례는 기존 매스미디어를 통한 홍보에서 업그레이드된 양질의 추가정보를 통해 홍보효과를 극대화한 측면을 보여주고 있다.

문화예술의 홍보수단 활용사례는 세계적인 명성을 지닌 뉴욕필하모닉을 들 수 있다. 뉴욕필하모닉오케스트라는 2005년부터 페이스북과 트위터, 유튜브, 플리커 등 총 6개의 소셜미디어 채널을 운영하여 타 공연예술단체에 비해 월등히 높은 커뮤니티를 확보하고 있다. 페이스북을 통합 플랫폼으로 하여 유튜브와 연동하고 영상콘텐츠를 제공하고 있으며, 각종 행사나 이벤트 안내를 제공한다. 또 2008년에 사진 콘테스트를 진행하며 이용하기 시작한 플리커에 뉴욕필하모닉오케스트라 관련 사진을 정기적으로 업데이트하고 페이스북과 연동하여 사진콘텐츠를 제공하고 있으며, 정기적으로 페이스북 내에서 이벤트를 진행하고 Behind the scenes와 같은 비공식 이야기를 팬들과 나누고 있다. 트위터를 통해서는 실시간 공연리허설, 관련 기사, 업데이트 소식 등을 빠르게 전달하고, 뉴욕 문화예술기관과의 네트워크를 위해 활용하고 있다.

세 번째 주제는 이용자층 확대를 위한 소셜미디어 활용이다. 유튜브 심포니오케스트라의 경우 전 세계인을 대상으로 동영상 오디션을 진행하고 네티즌 투표를 통해 최종단원을 선발함으로써 수천만 명의 방문자수를 이끌어 클래식음악의 저변층을 확대하고 있다. 인터렉티브 e북인 '모글루'과 1인 전자책 출판지원시스템 '펍플'은 창작의 주체를 일반인으로 확대하여 창작자의 저변을 확대한 사례이다. 펜실베이니아주에서는 공식트위터의 팔로워를 대상으로 위치기반서비스인 포스퀘어에 체크인하면 특별한 배지를 주는 프로그램으로 자연스럽게 보다 많은 관광객이 보다 많은 곳을 방문하도록 유도하고 있다.

마지막 주제는 이용자 경험의 질 제고를 위한 소셜미디어 활용이다. 루브르박물관 아카이브인 'Louvre-DNP Museum Lab'과 런던박물관에서 제공하는 '스트리트 뮤지엄' 어플리케이션은 작품의 전시방법에 첨단기술을 접목함으로써 보다 입체적이고 실감나는 체험을 할 수 있도록 유도하는 사례이다. 영국 '가상현실 시네마 어플리케이션' 사례의 경우 영화 속 명장면이 펼쳐진 장소에서 실제 영화를 만날 수 있게 하는 프로그램으로 영화에서 느끼던 감동과 관광을 통해 얻는 효용을 결합시키고자 한 사례이며, 'We All Live the Forbidden City' 전시는 자금성을 애니메이션, 증강현실, 게임 등을 활용하여 전시한 사례이다.

이처럼 소셜미디어의 사회적 영향력은 매우 커서 기업은 상품과 서비스를 홍보하기 위해서 정부는 정책과정을 효과적으로 전달하고 참여시키기 위해, 또 개인은 새로운 여가활동과 사회 네트워크를 유지하기 위해 다양한 목적을 가지고 활용하고 있다. 이러한 사례를 통해 문화활동의 수혜자가 자발적으로 참여하는 문화행동의 시대를 주도할 것이고, 개개인의 자율성이 높아지며 다수가 참여하는 분산대중형 문화현상이 도래할 것이라는 것을 알 수 있다.

문화마케팅 따라잡기

패션을 소개하는 문화전도사 유튜버 '밀라논나'

퍼스널 브랜드

'롤모델이 되고 싶은 패션 크리에이터'

채널 장르
패션, 라이프스타일
일상 리뷰

브랜드의 개성
지적인, 매력적인,
세련된, 친근함, 낭낭한

관계
'아미치(AMICI)'들과
소통하며 팬덤을 형성

슬로건
함께해요 아미치들

핵심적인 아이덴티티

진정성
패션을 매개로 인생을 상담

스타일
세련되고 멋스러움을 추구

시청자
25~34세 여성 및
패션에 관심있는 젊은층

유튜브 계정이름
'밀라논나'(밀라노의 할머니)

밀라논나는 70세 패션 컨설턴트 장명숙 씨의 유튜브 활동명이다. '밀라논나'라는 채널명은 이탈리아어로 '밀라노 할머니'란 뜻이라고 한다. 첫 화면에서 팬들을 '아미치'(AMICI, 이탈리아어로 친구들이라는 뜻)로 부르면서 친근함으로 팬덤을 형성하고 젊은이들과 소통에 노력하고 있다. 2019년 10월 개설 이후 2022년 7월 종영까지 92만 명의 구독자를 확보한 유튜브 패션 채널이 바로 '밀라논나'다.

그는 이화여대 장식미술학과를 졸업한 이후 우리나라 최초로 1978년 밀라노 유학길에 올라, 도미

니코 돌체('돌체 앤 가바나)와 나란히 앉아 공부했고, 막스마라, 페라가모 같은 명품 브랜드를 국내에 선보이는 등 패션계에서 성공적인 경력을 쌓았다. 이런 그가 유튜브를 하게 된 계기는 왜곡된 유럽문화를 소개해주고 싶어서 후배의 권유로 유튜브에 도전하게 됐다며 밀라논나 채널은 옷 수선 비법부터 몰랐던 패션 역사, 이야기 등을 같이 들을 수 있는 장점이 있다.

밀라논나는 '패션을 매개로 인생상담을 해주는 채널'로써 포지셔닝을 하면서 11살부터 70대까지 패션에 관심 있는 사람들을 타깃으로 지적이고 당당한 개성을 갖춘 패션콘텐츠를 지향하고 있다. 채널 콘셉트는 크게 '패션', '브이로그', '논나의 아지트'(고민상담소) 등으로 구분돼 있다. 핵심 타깃은 25~34세까지 패션에 관심 있는 젊은이들로 구독자들이 남성과 여성 비슷한 비율로 구성되어 있다. 그의 패션 콘셉트는 '상큼하고 산뜻한 삶에 찌들지 않은 어르신'을 연출하였다.

그는 패션 컨설턴트라는 자신의 직업을 확장하여 저술 및 강연, 컨설팅, TV 출연을 아우르는 영역까지 확장하고 있다. 온라인은 유튜브, 인스타그램 등을 활용할 수 있고, 오프라인으로는 책을 쓰거나 강의, 컨설팅 작업을 진행할 수 있다. 장명숙 씨는 EBS 〈초대석〉, tvN 프로그램 〈유 퀴즈 온 더 블록〉, KBS2 〈대화의 희열 3〉에 출연하여 멋지게 나이 드는 법과 스스로 명품이 되라고 조언을 하는 등 방송출연으로 자신의 인지도를 높였다.

장명숙 씨는 한국인 최초 밀라노 유학생이자 2030 롤모델 시니어 유튜버로서 퍼스널 브랜드를 구축하고 있다. 그는 패션을 소개하는 문화전도사로서 브랜드 정체성을 만들고 있다. 밀라논나는 자신만의 퍼스널 브랜드를 만들기 위해 밀라논나 채널이라는 플랫폼을 구축했으며 책을 쓰고 SNS를 이용해 많은 젊은이들과 소통하며 밀라논나 채널의 퍼스널 브랜드를 높여나가고 있다. 그는 2030 젊은이들을 '아미치(AMICI)로 부르며 그들의 고민을 상담해주면서 소통하고 1인 미디어로서 역량을 키워 팬덤을 형성하는데 큰 도움이 되었다.

상큼하고 멋지게 나이가 든 70대 할머니로서 차별화된 자신만의 퍼스널 브랜드를 구축한 밀라논나는 대중들의 머릿속에 심플하고 편안하고 당당한 채널로써 깊이 인식되어 패션을 주제로 한 유튜브 동영상시장에서 경쟁우위를 확보할 수 있었다.

"제가 10년 전에 이탈리아 문화에 관해서 책을 썼거든요. 제가 좋아하고 존경하는 후배가 '선생님, 그러지 말고 유튜브를 한 번 해보세요'라고 권하더라고요. 요새 젊은 사람들이 유튜브를 더 많이 봅니다. 젊은이들과 경험을 공유하고 싶으시면 책보다 유튜브가 훨씬 나아요."

자료 : https://www.youtube.com/@Milanonna

이 장의 요약

마케팅 커뮤니케이션은 기업의 제품이나 서비스를 고객들이 구매하도록 유도할 목적으로 해당 제품이나 서비스의 성능에 대해서 고객을 대상으로 정보를 제공하거나 설득하려는 마케팅 노력을 말한다. 마케팅 커뮤니케이션은 사업과 시장을 연결해주는 연결통로의 역할을 하며 광고와 PR 등이 수단으로 활용된다.

문화예술기관이나 기업들은 각종 광고를 활용하여 기업이미지나 메시지를 명확하게 전달하고 있다. 삼성전자와 LG전자는 예술작품이나 명화를 자사의 가전제품에 등장시키거나 예술작품을 소재로 한 광고를 제작하였다.

PR은 팬과 소비자, 공중과 관계하고 서로 호의를 느끼게 하며 다양한 미디어를 통해서 소통을 시작하는 것이 중요하다. 가수 싸이의 '젠틀맨' 홍보에서도 철저한 PR전략으로 팬들과 소통에 성공할 수 있었다.

문화마케팅 MPR의 유형은 퍼블리시티, 문화이벤트(시사회, 시상식), 구전마케팅, 펀마케팅, 견학, 팬클럽 등 다양하다. PPL 기법은 영화나 드라마 등에 제품을 끼워넣어 브랜드를 인지시키는 간접광고의 형태로 자리 잡고 있다. 그러나 과도한 간접광고가 프로그램의 몰입을 저해하고 시청률 저하로도 이어질 수 있다.

문화산업에서 사용하고 있는 판매촉진수단은 가장 전형적인 가격할인을 비롯해 쿠폰, 프리미엄, 회원제카드, 경품이벤트, 환불과 리베이트, 캐릭터숍 운영 등 다양하다.

최근에는 스마트폰 사용자가 확대되면서 트위터나 페이스북 등 새로운 소셜미디어를 활용한 마케팅이 각광을 받고 있다. 유튜브, 페이스북과 같은 소셜미디어의 발달은 저렴한 비용을 통해 K-Pop 스타들의 세계적인 홍보를 가능하게 만들고 있다. 트위터와 페이스북과 같은 소셜미디어는 개인PR은 물론 공공의 매체로서 전파력을 갖고 있으며 기업의 마케팅도구로서도 활용되고 있다. 2023년 출시된 소셜미디어인 스레드는 좋아하는 크리에이터나 인플루언서를 팔로우하며 새로운 팬덤 문화를 창출할 가능성 높아 주목을 받고 있다. 소셜미디어는 문화콘텐츠의 또 다른 유통채널로서 마케팅 차원에서 개별소비자를 대상으로 하는 고객맞춤형 마케팅이 가능하게 하고 홍보 측면에서도 입소문마케팅의 영역을 확장하게 하는 등 중요한 의미를 가진다.

주요용어

마케팅 커뮤니케이션	PR(Public Relation)	MPR
문화이벤트	구전마케팅	펀마케팅
견학	팬클럽	PPL 기법
캐릭터숍	경품이벤트	풀전략(pull strategy)
푸쉬전략(push strategy)	온라인 프로모션	오프라인 프로모션
소셜미디어(SNS)	관심산업	스레드(Threads)

참고문헌

- 곽은정, 회원제 운영을 통한 공연관객개발 방안연구, 한남대학교 대학원 문화예술학과 석사학위논문, 2008.
- 김영신, 2010년 티켓매니지먼트-마케팅전략 수립부터 매표소 운영까지, 예술경영지원센터, 2011.
- 김창아, 영화 속 PPL 마케팅 매력과 효과, 제일기획사보, 2003년 3월호.
- 김충현, 제품배치와 브랜드 배치의 효과와 문제점, 제일기획사보, 2003년 3월호.
- 김현곤 외, 문화 부문의 소셜미디어 활용 선진사례 연구, 한국정보화진흥원, 2011.
- 김현정 · 박영은 외, 한국 영화관객의 관람구매 결정요인과 마케팅 방안 연구, 영화진흥위원회, 2005.
- 김홍탁, 잠재의식에 침투제품 각인시키는 광고기법 PPL, 방송21, 2002년 6월호.
- 노가영 · 이정훈 · 박정엽, 2022 콘텐츠가 전부다, 미래의 창, 2021.
- 박종오 외, 마케팅, 북넷, 2008.
- 설진아, 소셜미디어(Social Media)의 진화양상과 사회적 영향, 한국언론정보학회 가을철 정기학술대회, 2009.
- 안길상 외, 문화마케팅, 한경사, 2008.
- 용호성, 예술경영, 김영사, 2011.
- 원종진, 뮤지컬, 커뮤니케이션북스, 2013.
- 윤홍근, 미디어마케팅, 한울아카데미, 2009.
- 이두희, 통합적 인터넷 마케팅, 박영사, 2003.
- 이명천 · 김요한, 문화콘텐츠 마케팅, 커뮤니케이션북스, 2006.
- 이수범, 영화 마케팅PR론, 나남, 2005.
- 이은미, 예술경영학 공연기획실무, 도서출판 청람, 2013.
- 이종철, 영화마케팅이론과 실제, 일문사, 2006.
- 이훈영 · 박기용, 외식산업마케팅, 도서출판 청람, 2012.
- 조선일보, 2012. 7. 15.

- 주간경향, 2013. 3. 5.
- 중앙일보, 2005. 9. 22.
- 최민재, 소셜미디어의 확산과 미디어 콘텐츠에 대한 수용자 인식연구, 한국언론정보학회 가을철 정기 학술대회, 2009.
- 한국콘텐츠진흥원, 2013년 콘텐츠산업 전망 Ⅱ(세부산업편), 2013. 1.
- http://www.pewglobal.org/2012/12/12/social-networking-popular-across-globe

CHAPTER 09

문화마케팅 응용전략

1. 7P전략
2. 5 Force 모델
3. 블루오션전략
4. 다이아몬드 모델

1 7P전략

1) 7P 스키마

지금까지 마케팅믹스는 대부분 4P(4C)로 그 활동이 요약됐지만 서비스마케팅을 설명하는 스키마(schema)[01]는 달라야 한다는 주장으로 인해 마케팅믹스의 분류체계를 마련하는 것이 새로운 쟁점으로 떠올랐다. '7P 스키마'가 등장한 것이다(Gränoos, 1990). 서비스는 재화와 달리 무형성, 이질성, 생산과 소비의 동시성, 소멸성 등의 특징을 갖는다. 7P는 미국의 경영학자 버나드 붐스(Bernard H. Booms)와 마리 비트너(Mary J. Bitner)가 주장한 개념으로 과정(process), 사람(people), 물리적 증거(physical evidence)를 4P에 추가한 것이다.[02]

그림 9-1 확장된 마케팅믹스 7P 스키마

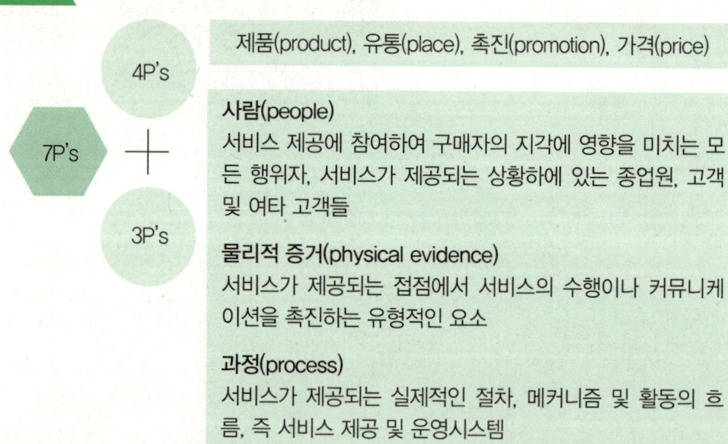

7P 스키마도 과정에 대한 지원과 접점직원의 만족이나 관리를 완벽하게 반영하는 것은 아니다. 외부마케팅, 상호작용마케팅, 그리고 내부마케팅으로 구성되는 서비스마케팅삼각형(service marketing triangle) 이론은 7P 스키마의 미

01 스키마(schema)는 사전지식구조를 말한다.
02 안길상 외, 문화마케팅, 한경사, 2008, pp.375~376.

흡한 점을 보충한다. 하지만 일반재화에도 영업이나 서비스가 포함될 수 있기 때문에 서비스와 재화를 구분하지 않고 7P 스키마를 사용하는 것이 적절하다는 주장도 있다.[03] 이렇듯 스키마에 대한 여러 제안이 있지만 문화마케팅을 담아내는 스키마에 대한 제안이나 논쟁은 아직 찾기 어렵다.

문화상품은 고객과 직접 대면하여 제공해야 하기 때문에 재화보다는 서비스에 가깝다. 때문에 7P 스키마가 문화마케팅 믹스에 적합한 형상이라 상정한다. 서비스마케팅에서는 고객과 접점직원이 만나는 서비스를 제공하는 것을 연극에 비유하고 있을 정도로 문화와 서비스는 동질성이 높다. 기존의 4P에 추가된 3P의 내용을 소개하면 다음과 같다.

첫째, 서비스 제공이 접점흐름(service cascade)으로 구성되듯이 문화상품 역시 제공되는 프로세스(process)가 있다. 'cascade'는 연속과 단계를 강조하는 표현이다. 예를 들어 영화관람을 위해 티켓을 구입하고, 극장에 오고, 상영 중인 영화를 관람하며 즐거움과 기분전환을 느끼는 것이 접점흐름이다. 접점에서의 품질이 고객만족이나 감동에 영향을 미치기 때문에 각 접점은 '가장 중요한 순간(MOT : moment-of-truth)'이라고도 한다.

둘째, 시설로 대표되는 물리적 증거(physical evidence)이다. 이는 시설(facilities)을 의미한다. 문화상품을 소비자에게 제공하며 도움을 주고 지원하는 방식이 바로 시설을 갖추는 것이다. 공연예술의 경우 무대장치, 조명, 음악 등이 포함된다. 우리나라 영화가 1990년대 말 이후 리마케팅(remarketing)에 성공한 이유 중 하나가 바로 멀티플렉스로 바뀐 영화관이라고 할 수 있다.

셋째, 사람(people)이다. 서비스마케팅에서 사람이 중시되는 이유는 서비스 활동이 정서노동을 필요로 하기 때문이다. 정서노동이란 고객의 기분과 눈높이를 맞추는 데서 겪는 정신적 어려움을 말한다. 따라서 정서노동에 강한 사람을 서비스의 접점직원으로 채용해야 하며 끊임없이 정서노동을 강화시키는 교육과 인센티브시스템이 필요하다. 문화산업의 종사자는 고유한 역할 외에도 정서노동의 필요성을 환기하며 이미지관리 및 근무지침을 마련할 필요가 있다.

03 전인수 · 배일현, 4P 스키마를 넘어서 : 새로운 스키마, 마케팅연구, 2003, pp.47~66.

2) 7P 마케팅믹스

영화는 배우, 감독, 제작자에 의해 만들어지고 관객을 유인하기 위해 다양한 마케팅이 사용되지만 결국 영화의 흥행 여부를 결정짓는 것은 관객의 기대를 충족시켜 줄 수 있느냐 없느냐 하는 것이다. 영화마케팅에서 중요한 것은 고객, 효율성, 욕구의 개념이다. 이에 마케팅은 고객의 욕구를 기초로 이에 부합하는 제품, 서비스, 정보, 시간 등을 기획 및 개발하여, 가격, 유통, 촉진에 대해 최선의 방법을 강구하는 동시에 고객을 최대한 만족시키는 일련의 과정을 포함한다. 여기서는 영화마케팅을 7P의 관점에서 알아보기로 하고, 특히 추가된 3P를 중심으로 살펴보기로 한다. [표 9-1]은 영화 7P 마케팅믹스의 내용을 정리한 것이다.

표 9-1 영화 7P 마케팅믹스의 내용

마케팅믹스의 요소	내용
Product	영화 자체, 배우, 감독, 브랜드, 장르
Price	관람료, 초대권, 할증 · 할인, 회원제도, 쿠폰, 할인카드
Place	영화관 지리적 위치, 교통관계, 공간구성 등
Promotion	예고편 노출, 광고, 홍보 및 PR, 시사회 개최, 이벤트
Process	관람 및 행사 진행, 서비스활동의 흐름
People	관람객, 영화 supports, 극장 전문요원
Physical evidence	극장(멀티플렉스) 자체, 휴게시설, 주차시설, 체험공간

(1) 과정(process)

관객은 하나의 영화를 보는데 정보탐색 및 티켓예매, 영화관람 전 식사, 극장 방문, 전단지 보기, 화장실 이용, 관람 후 귀가 등 일련의 프로세스를 거치게 된다. 영화제작자들은 "최고의 마케팅은 좋은 작품을 만들어서 보여주는 것이다"라는 믿음을 가지고 작품제작에 공을 들이지만 관람객은 영화뿐만 아니라 이 일련의 프로세스를 포함한 종합적인 체험을 거쳐 영화에 대한 최종평가를 내린다.

영화를 관람하기 위해 정보를 탐색하고 티켓을 예매하는 구매 전 단계, 극장을 방문해서 영화를 관람하는 구매단계, 관람이 끝난 뒤 귀가하는 구매 후 단계에서 관객들은 어떤 일을 겪게 되는지, 그 일이 관객만족에 어떤 영향을 끼쳤는지가 모두 중요하다. 관객들은 영화관람 이외의 요인에서도 불만족을 느낄 수 있다. 극장 내의 청결성이나 종업원의 친절성, 좌석의 불편정도, 기타 휴게시설 및 주차시설이 모두 고려대상이다. 모든 서비스가 제공되는 과정(process)의 품질이 고객만족이나 감동에 영향을 미칠 수 있기 때문에 일련의 프로세스의 각 접점들은 모두 가장 중요한 순간이라고 볼 수 있다.

(2) 사람(people)

모든 영화를 상영하는 극장은 '사람'전략과 관련하여 현재 관객과 잠재관객은 누구인지, 영화 구전단인 서포터즈들이 활동하는지, 관객과 직접 대면하는 직원들이 친절하게 응대하는지 등이 중요한 이슈가 된다.

영화는 생산과 소비가 동시에 이루어지기 때문에 관객의 만족도는 소비과정에서 만나는 극장의 종업원들과 상호작용에 의해 영향을 받는다. 따라서 관객들을 감동시킬 수 있는 외부마케팅을 하기 위해서는 내부 인적자원, 특히 직원들을 대상으로 하는 내부마케팅의 현황을 점검해볼 필요가 있다. 극장 경영담당자들은 직원들의 문제원인을 파악하여 고객의 기분과 눈높이를 맞추는 데 노력하고, 직원만족 문제에 대해 근본적인 개선책을 모색해야 할 것이다.

영화흥행의 경우 입소문마케팅이 강력한 힘을 발휘하기 때문에 동행자를 동반한 관객에 한해 또 다른 시사회의 기회를 제공하거나 영화 서포터즈를 지원한 관객에게는 활동비를 지급하는 등 동행자(친구 또는 동료)를 적극 관리할 필요성이 두드러진다.

(3) 물리적 증거(physical evidence)

영화의 경우 물리적 증거는 극장(멀티플렉스) 자체, 휴게시설, 주차시설, 체험공간 등 시설을 의미한다. 즉, 물리적 증거는 영화상품을 고객에게 제공하는 데 시설로써 도움을 주고 이들의 품질을 나타내는 시그널이 되기도 한다.

극장과 관객 사이의 상호작용과정에서 무형의 영화상품을 관객에게 전달하는 홈페이지, 로고, 안내표지판, 티켓발매기, 영화관 건물, 주차장, 화장실, 안내창구, 직원들의 유니폼 등과 같은 물리적 증거들은 관객의 인지도와 가시성 모두에 영향력을 행사한다.

영화관은 단순한 상영뿐만 아니라 영화를 관람하고 아울러 상영시간 전이나 후에 시간을 소비할 수 있는 다양한 볼거리와 쇼핑지역을 조성해야 한다. 마치 감성을 체험할 수 있는 공간을 연출하여 성공했던 '스타벅스'처럼 관객이 극장 관람뿐만 아니라 감성을 체험할 수 있는 다양한 공간이 필요해지게 되었다.

CGV를 비롯한 멀티플렉스 체인들은 대부분 백화점이나 쇼핑몰 등 주차시설이나 편의시설이 잘 갖추어진 복합문화공간에 자리 잡고 있다. CGV도 관객들에게 즐거움을 선사해주는 복합문화공간인 만큼, 고객의 접점에 서 있는 스태프들의 유니폼이나 인테리어 디자인을 통해 CGV의 차별화된 고품격과 친근한 이미지를 전달하고 있다. 2010년 교체된 CGV 유니폼은 단정하고 안정감을 추구하는 디자인으로 세련된 모습을 통해 CGV가 즐겁고 현대적인 영화관이라는 이미지를 관객들에게 심어주었다. CGV 멀티플렉스는 사이트별로 지역에 맞는 다양한 인테리어 기법을 도입하기도 했다. 개별영화관은 인테리어 테마를 주제로 그린시네마(목동점), 아쿠아시네마(수원점), 한국의 힘(상암점), 판타스틱시네마(구로점), 여성을 위한 프리미엄시네마(명동점)로 차별화하였다.

이처럼 물리적 증거로서 멀티플렉스관은 '영화체험공간'을 만들어 관객에게 체험의 장을 마련하고, 다양한 이벤트와 휴식공간을 제공하는 마케팅채널로 적극 활용되고 있다.

표 9-2 마케팅믹스 개념변화

마케팅믹스 요소	제안자	개념
4P	제롬 맥카시	제품(product), 가격(price), 유통(place), 촉진(promotion) 등 기업이 마케팅활동에 동원할 수 있는 도구
4C	필립 코틀러	마케팅의 4P를 소비자 입장에서 소비자 혜택(customer benefits), 소비자 비용부담(cost to customer), 편리성(convenience), 커뮤니케이션(communication)의 4C로 새롭게 해석
7P	붐스와 비트너	마케팅의 4P에 과정(process), 사람(people), 물리적 증거(physical evidence) 등 세 가지를 추가, 서비스업의 7P를 구성

3) 뮤지컬 〈김종욱 찾기〉의 마케팅믹스 7P 분석[04]

(1) 공연업계 현황

우리나라 뮤지컬시장은 양적인 면에서 빠른 성장을 하고 있다. 2010년 뮤지컬 전체 시장규모는 2,000억 원으로 추산되며, 창작과 라이선스 뮤지컬 등을 합쳐 연간 150편이 제작되고 있다. 그러나 창작뮤지컬 공연비중이 절반 이상을 차지하고 있지만 소극장(300석) 위주로 매출이 적은 실정이다. 상대적으로 라이선스 뮤지컬은 중극장(600석), 대극장(900석)에서 상연하여 매출규모가 큰 편이다.

공연사업에 뛰어든 CJ엔터테인먼트는 그동안 대형 라이선스 뮤지컬에 투자해온 관행에서 벗어나 2006년 창작뮤지컬 〈김종욱 찾기〉 공동제작사로 참여해 주목을 받았다. 이러한 기업의 투자는 공연산업의 활성화에 기여할 것으로 기대된다.

표 9-3 2007년도 공연성격별 뮤지컬 작품수

공연		작품수	소계
전체		205	205(100%)
창작	초연	71	119(58.2%)
	재연	48	
라이선스	초연	22	54(26.3%)
	재연	32	
오리지널 투어	초연	6	15(7.3%)
	재연	9	
넌버벌 퍼포먼스	초연	8	17(8.2%)
	재연	9	

자료 : 예술경영지원센터, 뮤지컬실태조사

2007년도 공연성격별 뮤지컬 작품수를 분류한 [표 9-3]을 보면 창작뮤지컬 규모를 짐작할 수 있다. 2007년도 창작뮤지컬의 작품수는 205편 중 119편으로

04 엄혜진, 창작뮤지컬의 신화 〈김종욱 찾기〉, 문화마케팅 성공스토리, 2011을 수정 · 보완함.

전체 뮤지컬 작품 중 58%라는 높은 비율을 차지하고 있다. 〈점프〉, 〈난타〉와 같은 넌버벌 퍼포먼스도 창작뮤지컬로 포함한다면 비중은 더 늘어난다.

(2) 창작뮤지컬 〈김종욱 찾기〉 소개

〈김종욱 찾기〉는 '창작뮤지컬의 신화', 'No.1 창작뮤지컬'이라는 명예로운 타이틀을 가지고 있다. 〈김종욱 찾기〉는 2006년 6월 초연 뒤 12년만인 2019년 국내 창작 뮤지컬 역사상 100만 관객을 돌파했다. 〈김종욱 찾기〉는 2013년 6월 창작뮤지컬로는 처음으로 중국에서 라이선스 공연으로 무대에 올랐으며, 2013년 10월 일본 도쿄의 한국뮤지컬 전용관 '아뮤즈 뮤지컬 시어터'에서 한국어로 공연했다.

〈김종욱 찾기〉는 제11회 한국뮤지컬대상에서 여우주연상(오나라)과 남자인기상(오만석)을 수상하고 남우주연상(엄기준), 남우신인상(전병욱)에 노미네이트되었다. 뿐만 아니라 제1회 더뮤지컬어워즈에서 남우조연상(전병욱)과 작사/극본상(장유정), 남자인기상(오만석), 여자인기상(오나라)까지 4개 부문을 거머쥐었으며 작곡상, 최우수작품상까지 노미네이트된 바 있다. 또한 인터파크 네티즌이 선정한 2006 최고의 창작뮤지컬 부문에서 1위를 차지하는 등 각종 뮤지컬 시상에서 화려한 성적을 기록한 작품이기도 하다.

〈김종욱 찾기〉에서는 어떤 배우가 주인공 김종욱을 연기하느냐가 초유의 관심사다. 지금까지 역대 김종욱을 연기한 배우는 제1대 김종욱인 오만석, 엄기준에 이어 원기준, 신성록, 전병욱이 제2대를 화려하게 장식해주었고, 박동하, 김무열, 김재범이 시즌 3, 〈햄릿〉의 성두섭과 〈알타보이즈〉의 정민, 〈쓰릴 미〉의 이율이 차례를 이어받았다.

소극장 뮤지컬 〈김종욱 찾기〉는 2004년 출발한 CJ엔터테인먼트 공연사업부의 대표적인 성공작이다. 뮤지컬 마니아들에게나 알려졌던 창작뮤지컬 〈김종욱 찾기〉는 이제 공연계에서 창작 콘텐츠를 활용한 비즈니스 모델의 대표사례로 평가받고 있다. CJ엔터테인먼트는 공연사업부를 설립한 직후부터 자체 콘텐츠를 찾아나선 뒤 〈김종욱 찾기〉를 발굴했다.[05]

---

05 뮤지컬 〈김종욱 찾기〉 홈페이지(http://www.musicalfirstlove.co.kr)

〈김종욱 찾기〉의 소재는 첫사랑이다. 인도여행 중 만난 첫사랑을 잊지 못하던 한 여자가 '첫사랑찾기 주식회사'를 찾아 벌이는 이야기이다. 〈김종욱 찾기〉는 110분 동안 20명의 역할을 혼자 담당하는 '멀티 맨'의 감초연기가 돋보인다. 단 세 명뿐인 출연진이 펼치는 다채로운 연기는 극의 재미를 더해주며 로맨틱한 줄거리와 어우러져 끊임없이 폭소와 감동을 자아낸다.

〈김종욱 찾기〉가 '롱런'하는 비결은 작품성 이외에도 리스크를 줄이고 마케팅에 집중하는 전략에 있다. 〈김종욱 찾기〉는 초기단계에서부터 고객들의 참여와 관심을 효과적으로 활용했다. 여성 뮤지컬관객 1,000명을 대상으로 '첫사랑 하면 떠오르는 뮤지컬배우'를 설문조사하여 그 결과를 통해 오만석, 엄기준, 신성록, 김무열 등 스타배우들을 캐스팅했다.[06]

〈김종욱 찾기〉는 공략층을 여성 마니아 뮤지컬관객에서 점차 20~30대 남녀로 넓혀갔다. '사랑이 이루어지려면 꼭 봐야 할 데이트 뮤지컬'이라는 카피가 관객공략에 큰 영향을 미쳤다. 90% 이상 여성관객에 편중됐던 관객층은 현재 남성관객 비중이 40%로 전에 비해 늘어났다.

그림 9-2 뮤지컬 〈김종욱 찾기〉 OSMU

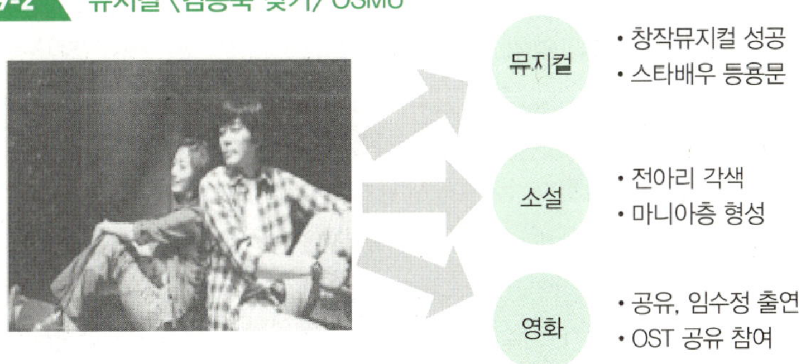

영화 〈김종욱 찾기〉 2010년 12월 개봉, 관객수 107만 명, 매출 78억 원

〈김종욱 찾기〉는 뮤지컬 이외의 매체로도 대중들에게 소개된 바 있다. 2010년 11월 소설이 출간되었다. 영화 〈김종욱 찾기〉는 ㈜수필름이 제작을 맡고 CJ엔터테인먼트가 투자와 배급에 나섰다. 뮤지컬을 쓰고 연출한 작가 겸 감독 장

06 CJ엔터테인먼트는 뮤지컬 동호회원 1천여 명을 대상으로 뮤지컬배우 선호도조사를 실시해 1위와 2위를 차지한 오만석과 엄기준을 남자 주인공으로 캐스팅했다.

유정은 영화에서도 메가폰을 잡았다. 임수정, 공유 등 유명배우들이 주인공을 맡았다. 뮤지컬에서 소설, 영화까지 뻗어나간 원소스 멀티유즈(One Source Multi Use)의 모범적인 사례이다.

문화마케팅 따라잡기

훔치고 싶은 프로필, 연출가 장유정

작가 겸 연출가 장유정의 프로필을 보면 훔치고 싶어진다. 〈오! 당신이 잠든 사이〉로 한국뮤지컬대상 작품상, 〈김종욱 찾기〉로 더뮤지컬어워즈 극본상, 〈형제는 용감했다〉로 더뮤지컬어워즈 극본상, 〈금발이 너무해〉 국내 초연 연출, 〈김종욱 찾기〉 2,000회 돌파…. 공유 · 임수정 주연의 영화 〈김종욱 찾기〉는 직접 메가폰까지 잡았다. 20~30년에 한 번 나올까 말까 한 사건이다.

'장유정표 뮤지컬'은 성공의 브랜드다. 한국예술종합학교 연극원에서 연출을 전공한 그는 졸업하고 대학로에 진출하자마자 〈오! 당신이 잠든 사이〉, 〈김종욱 찾기〉, 〈형제는 용감했다〉를 거푸 히트시켰다. 출산 두 시간 전까지 공연연습을 할 만큼 악착같은 이 연출가는 "1년에 많으면 열다섯 건의 작품을 제안받는다"고 했다.

소재는 주변에서 찾는다. 충북 음성 꽃동네에서 봉사활동을 하다 〈오! 당신이 잠든 사이〉를 착안했고, 첫사랑의 기억에서 〈김종욱 찾기〉를, 안동 종갓집으로 시집간 뒤 〈형제는 용감했다〉를 각각 길어 올렸다. 사랑에 다친 사람을 다독이는 이야기들이라는 게 공통점이다. 장유정은 "쓴 지 1~2년쯤 지나 다시 꺼냈을 때 마음을 움직인 대본이 흥행에도 성공했다"며 "〈오! 당신이 잠든 사이〉는 엄마, 〈김종욱 찾기〉는 첫사랑, 〈형제는 용감했다〉는 시댁(남편) 같다"고 했다.

그는 속도감 있게 극을 굴리면서도 침착하게 주변을 돌아볼 줄 안다. 병원에서 한 장애인이 실종되는 사건으로 출발하는 〈오! 당신이 잠든 사이〉에서 그는 사건이 터진 602호 병실의 환자들, 알코올 의존자 정숙자와 치매노인 이길례의 과거는 물론 갓 들어온 자원봉사자 김정연의 상처까지 어루만진다. 상처에는 깊이만 있지 크기는 없다. 지루하게 도는 시간, 더러워진 추억, 잊어버리고픈 기억 등 환자들의 상처는 감성이 풍부한 노래를 껴안으며 소극장을 흔든다. 어두운 소재를 밝게 뒤집는 힘이 놀랍다. 말 그대로 '그래도 웃는다'.

〈형제는 용감했다〉는 장례식 · 종갓집 · 로또 등을 소재로 삼았다. 부친상을 당한 석봉 · 주봉 형제가 조의금 배분문제로 다투면서 출발하는 이 코미디는 중극장 창작뮤지컬로 안정되게 자리 잡았다. "썩썩썩 썩을 놈 석봉이/주주주 죽일 놈 주봉이~" 같은 리듬감, 캐릭터들의 조화, 감각적인 연출로 호응을 얻고 있다. 2막에서 어머니의 삶을 회고하는 장면의 밀도도 단단하다.

자료 : 박돈규, 뮤지컬 블라블라블라, 숲, 2012, pp.201~203.

(3) 확장된 7P 분석

① 작품(product)

제품 차원에서 보면 〈김종욱 찾기〉는 인도여행에서 만난 첫사랑을 찾으면서 진정한 사랑을 깨닫는다는 스토리라인을 지닌 창작뮤지컬이다. 뮤지컬 시상에서 화려한 성적과 스타배우의 출연으로 2006년 초연 이후 대학로 소극장 무대에서 롱런하고 있다.

② 가격(price)

〈김종욱 찾기〉의 가격은 전석 5만 원으로 기존의 다른 창작뮤지컬과 연극보다는 1~2만 원 높은 가격이다. 이는 창작뮤지컬의 시장가격 중심을 만들어가고 있다. 다른 소극장용 뮤지컬과 연극에 비해 다소 비싼 티켓가격이지만 다양한 할인제도를 통해 가격경쟁력을 확보할 수 있는 가능성이 충분하다. 이 밖에 추석이벤트, 평일공연 할인, 수험생 할인 등 각종 할인혜택이 추가적으로 제공됐다.

③ 공연장(place)

〈김종욱 찾기〉는 2006년 초연 당시 소극장이 빌집한 대학로 예술마당 1관에서 장기공연을 하다가 2010년 11월부터 삼성역 KT&G 상상아트홀로 장소를 옮겼다. 강남KT&G 상상아트홀은 대학로보다 공간이 넓고 좌석수도 370석 이상의 규모로 공연매출을 높일 수 있고, 공연장이 강남에 위치하여 관객들의 접근성을 확보할 수 있었다. 그러나 2013년 4월부터 공연장을 다시 대학로 컬처스페이스 엔유로 옮겨 공연에 들어갔다.

④ 프로모션(promotion)

프로모션 측면에서 〈김종욱 찾기〉는 트위터와 페이스북 등 SNS 공연후기를 통한 입소문 확대로 주말에 연인과 데이트코스로 즐길 만한 뮤지컬로 각인됐다. 또한 관람한 관객 중 두 커플에게 다이아몬드 커플링을 제공하는 '다이아몬드데이' 이벤트를 실시했고, 훈남파티 이벤트와 팬미팅 확대를 통해 공연에 대한 인지도를 높여나갔다.

또한 2010년 12월 영화 〈김종욱 찾기(공유, 임수정 출연)〉가 전국의 극장(메가박스, CGV 등)에서 개봉되어 뮤지컬과 함께 시너지효과를 거둘 수 있었다. 그 밖에 소설책이 출간됐으며 배우 공유의 참여로 OST 제작을 통해 음반을 제작하였다. 한편 〈김종욱 찾기〉는 50명의 일반인 심사단을 통해 일반인 배우를 모집하여 오디션을 치르는 새로운 관객참여 형식을 탄생시켰다.

⑤ 사람(people)

문화예술을 바탕으로 한 기업문화를 제공하는 사람으로 진행요원, 도우미에 해당된다. 주로 안내요원인데 최근에는 무급으로 또는 저렴한 아르바이트생을 활용해서 제공하고 있다. 진행요원은 출연자의 의전과 리허설 진행 등을 맡기도 하고, 사고예방 및 관객의 출입안내 역할을 하는 등 원활한 공연서비스를 위해서 노력하는 사람이다.

⑥ 물리적 증거(physical evidence)

물리적 증거는 서비스가 제공되고 기업과 고객이 상호작용을 하는 환경을 말한다. 공연장과 고객편의시설 같이 물리적 서비스가 제공되고 소비되는 곳을 물리적 증거라고 하며, 직원의 유니폼과 팸플릿 등은 기타 물리적 증거에 해당된다. 물리적 시설은 공연장 주변의 주차시설, 티켓발권 장소, 좌석, 화장실, 구내매점 등이 해당된다. 기타 물리적 증거는 업무용 명함, 사무용품, 청구서, 보고서, 직원의 유니폼, 팸플릿, 웹페이지 등을 포함한다.

▌표 9-4▌ 물리적 증거의 요소

물리적 증거	기타 물리적 증거
시설 외관	업무용 명함 사무용품 청구서 보고서 유니폼 팸플릿 웹페이지
외관 일체 방향/안내표시 주차 주변환경	
시설 내부	
내부 설계 설비나 장비 방향/안내표시 레이아웃 티켓발권 장소 구내매점	

⑦ 서비스 제공과정(process)

공연서비스 제공과정은 무대의 흐름진행, 객석관리를 총괄적으로 운영하는 기업 내 전문가조직을 말한다. 접점직원이 곧 서비스이다. 접점직원은 그 조직을 대표하고 고객들의 만족에 직접적인 영향을 주며 이들이 마케팅 역할을 수행한다.

〈김종욱 찾기〉는 제작발표회, 일반인 오디션, 사전판매제, 이벤트, 쿠폰북 발행 등 관객과 접점을 높이는 서비스를 제공하였다. 현역 제작진이 강사진으로 참여하는 배우 체험캠프과정을 오픈하여 일반인들이 실제 뮤지컬배우가 되는 기회를 제공하였다. 체험캠프는 〈김종욱 찾기〉의 노래, 안무, 연기를 실전공연과 같은 방식으로 연습한 후 남녀 주인공 및 멀티맨, 김종욱 역으로 무대에 서게 하는 이벤트이다.

훈남파티는 본 공연 이외 별도로 기획된 뮤직토크쇼로 2007년 김무열, 오나라 등이 출연한 팬미팅으로 첫선을 보인 후 정기행사로 자리 잡았다. 훈남파티 이벤트는 배우들의 애창곡들로 다양한 공연의 뮤지컬넘버와 로맨틱한 듀엣송에서 각종 개인기까지 선보여 관객들과 소통하는 재기발랄한 무대로 꾸준한 호응을 얻고 있다.

대학로를 찾는 관객들을 위해 이색 쿠폰북 이벤트를 마련해 눈길을 끌었다.

공연기획사는 맛집과 공연장을 쉽게 찾을 수 있는 'I love 대학로' 쿠폰북을 개발하여 대학로 대표 맛집에서 할인받을 수 있는 쿠폰을 발행하였다. 이 쿠폰북을 이용하면 소개한 맛집에서 식사를 하고 스티커를 받으면 〈김종욱 찾기〉 공연을 무료로 볼 수 있다.

2 5 Force 모델

경쟁전략(competitive strategy)은 적응전략과 함께 사업부문 수준에서 택할 수 있는 전략(business-level strategy)의 다른 한 기둥이다. 조직을 경쟁에 적극 나서게 해 시장에서 우위를 차지하는 전략이다. 이 이론은 미국 하버드대 경영대학원의 마이클 포터(Michael E. Porter) 교수의 연구에 크게 힘입었다. 포터는 경영자가 어떻게 하면 산업평균치를 넘는 수익성을 성취하는 데 필요한 경쟁우위(competitive advantage)를 만들어내고 유지할 수 있는지 설명해 큰 관심을 끌었다.

포터는 경쟁전략이론 구성을 위해 산업구조분석을 도입했다. 산업분석(industry analysis)은 산업 내의 다양한 구성집단의 상호관계를 분석하여 경쟁의 정도를 파악하고, 이를 근거로 산업의 전반적인 매력도를 평가하는 과정이다. 포터가 제시한 산업구조분석방법에 의하면 산업매력도는 다음에 설명할 다섯 가지 경쟁요인(competitive forces)에 의해 영향을 받는다([그림 9-3] 참조).

이 장에서는 마이클 포터의 5 Force 모델을 기반으로 우리나라 대표 테마파크인 에버랜드[07]가 다른 테마파크에 비해 경쟁력을 갖춘 요인이 무엇인지 분석해볼 필요가 있다.

경기도 용인에 위치한 테마파크인 에버랜드는 1976년 개장하여 현재 세계 6

07 에버랜드의 경우 강점이라면 새로운 놀이시설이 많다는 점과 새로운 이벤트의 적절한 활용, 국내 유일의 캐리비안베이 시설, 종사원들의 친절교육, 넓은 주차시설 등을 들 수 있다.

대 테마파크로 성장하였다. 창업 초기인 1970년대는 놀이에 대해 다소 소극적이었던 사회분위기에 맞춰 자연농원, 국민관광지, 동물원으로 사용했으며, 1980년대 중반부터 장미, 튤립축제, 썸머 뮤직페스티벌, 가을축제 등을 개최하면서 본격적인 놀이공원으로 변신하여 사람들에게 본격적인 문화마케팅의 시초를 제공하였다. 2000년대에 들어서는 가족 및 연인의 놀이문화 연출에 성공하였다. 계절별 축제, 야간시간대의 멀티미디어쇼, 문라이트 어드벤처, 대학문화와 연계한 캠퍼스 개강파티 등의 다채로운 문화이벤트를 개최하고, 영화 및 드라마에 장소로 제공하여 사람들로 하여금 자연스럽게 다가가 친숙한 이미지를 제공하였다.

그림 9-3 5 Force 모델

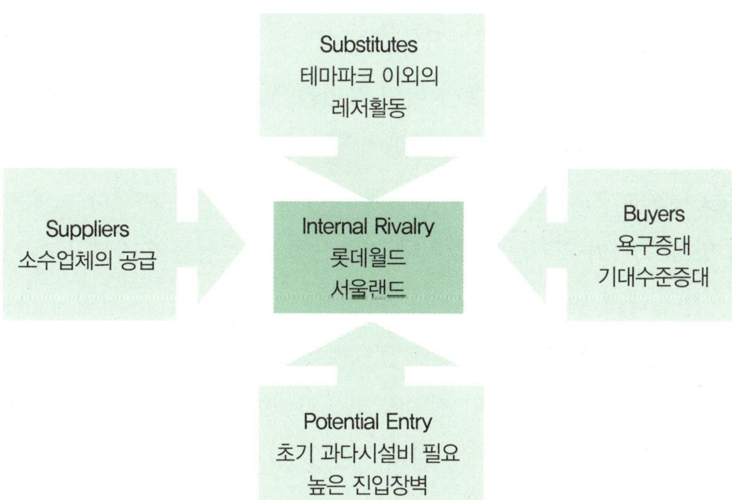

1) 현재시장 내의 경쟁 : 기존기업 간 경쟁

산업의 성장 정도나 생산제품의 차이 같은 요소들이 산업 내 기업 간 경쟁의 강도를 좌우한다. 한 시장 내 다수의 주요 기업들이 치열하게 경쟁하고 있다면 그 시장은 소수경쟁자들이 있는 시장에 비해 매력도가 낮은 곳이라고 할 수 있다.

기존기업 간의 경쟁강도는 주로 경쟁업체의 수, 각 경쟁기업이 그 시장에 부여하는 중요도, 고정비가 전체비용에서 차지하는 비율, 그리고 철수장벽의 유무에 따라 결정된다.

테마파크산업에서 경쟁기업의 수는 중소기업체를 포함하여 90개사로 파악이 되고 있지만, 테마파크산업의 시장점유율은 에버랜드, 롯데월드, 서울랜드 등 3개사가 80% 이상의 시장점유율을 차지하고 있다.

2) 진입장벽

진입장벽이란 새로운 기업이 특정 산업에 진출하는 것을 억제하는 산업 고유의 특성이라고 할 수 있다. 새로운 산업에 진입하는 것을 방해하는 장애요인들로는 규모의 경제, 제품의 차별화, 전환비용 등이 있다. 규모의 경제란 일정 한도까지는 생산규모가 커질수록 단위생산비가 줄어든다는 경제법칙을 말한다. 이 법칙을 응용해 생각하면 시장진입의 난이도를 판단할 수 있다.

어떤 산업부문에서든 시장에서 이미 자리를 잡은 기업들이 일정한 규모를 갖추고 규모의 경제효과를 누리고 있을 때는 그들만큼 충분히 큰 규모를 갖추지 않고서는 새로운 기업이 시장에 진입해 경쟁에서 이기기 어렵다는 얘기다. 브랜드의 명성이 이미 자리를 잡았거나 기존산업 내 기업들의 자본규모가 절대적으로 큰 것(절대적 비용우위)도 새로운 경쟁자의 산업진입을 어렵게 하는 대표적 장벽들(barriers to entry)이다.

테마파크 사업에서 공통적인 진입장벽은 막대한 자본력(막대한 투자비, 높은 인건비)이라 할 수 있으며, 이는 쉽게 새로운 경쟁기업의 등장을 어렵게 한다. 또한 제품의 차별화를 통해서도 진입장벽을 설치해놓은 것으로 분석되었는데, 에버랜드의 경우 넓은 토지를 바탕으로 한 워터파크인 캐리비안베이와 동물공원, 사계절 축제진행 등이 특징적인 것으로 나타났으며, 롯데월드의 경우 편리한 교통과 쇼핑 및 여러 가지 시설을 한 번에 이용할 수 있는 복합문화놀이시설의 구조가 특징적인 것으로 나타났다. 이들은 타 테마파크의 단순히 놀이시설을 나열해놓은 것들과는 차별화되어 다른 진입장벽으로 작용하는 것으로 나타났다.

3) 대체재 위협

이는 고객이나 거래처들이 특정 상품이나 서비스의 소비 혹은 거래상대를 경쟁사로 돌릴 가능성이 얼마나 큰지 결정하는 요소를 말한다. 소비 혹은 거래처를 새로 바꾸는 데 따르는 비용(switching costs)이 얼마나 되는지, 고객들이 전에 애용하던 기업의 상품이나 서비스에 얼마나 집착하는지(구매자 충성도) 등이 대표적인 예다. 어떤 기업이든 대체재 위협(threats of substitutes)이 있을 때는 제품이나 서비스가격을 자기 멋대로 높여 받을 수 없다.

테마파크의 경우 대체재는 유쾌함과 즐거움을 줄 수 있는 레저산업을 포괄할 수 있을 것이다. 직접적인 대체재로는 용인 한국민속촌과 같은 역사민속 테마파크가 될 수도 있고, 춘천 애니메이션박물관처럼 애니메이션 테마파크도 에버랜드의 경쟁자가 될 수 있다.

테마파크가 기본적으로 즐거움을 제공하는 놀이공간이라는 점에서 동일한 효용을 제공하는 다른 기업이나 산업과의 경쟁을 인식할 필요가 있다. 에버랜드의 대체재는 우주과학 테마파크, 자연생태 테마파크, 음식 테마파크, 캐릭터형 테마파크 등 중소형 테마파크는 물론, 도심 가까운 박물관과 미술관, 복합쇼핑몰(코엑스, 아이파크몰), 야구장이 될 수도 있다. 이런 공간들은 사람들에게 자신의 여가시간을 소비하고 즐거움과 재미를 느낄 수 있는 동일한 효용제공 차원에서 경쟁을 하고 있는 것이다.

결국 테마파크산업에 있어서 대체재라고 할 수 있는 것은 레저, 문화산업에 속해 있는 모든 산업이라고 할 수 있을 것이다.

4) 구매자의 교섭력

구매자집단의 크기, 구매자에 관한 정보, 대체상품이 있는지 여부 등 특정 산업에서 구매자들이 공급자를 상대로 누릴 수 있는 영향력을 결정한다. 구매자의 교섭력(bargaining power of buyers)이 클수록 구매자가 상품·서비스를 판매하는 공급자를 상대로 더 좋은 품질, 더 낮은 가격, 더 높은 안전을 요구할 수 있는 정도가 커진다.

1990년 이후 테크파크사업 환경도 경쟁사들이 진출하기 시작했고, 소비자들의 서비스 욕구와 기대치가 크게 증가했다. 테마파크에 대한 구매자의 교섭력은 소비자의 욕구변화와 기대수준의 향상을 가져왔다. 소비자들은 다양한 체험과 만족감을 줄 수 있는 어트랙션(attraction)을 원하고 있고 색다른 이벤트 등 고도의 서비스를 요구하고 있다. 소비자는 싸구려 복제물이 아닌 진짜를 추구하게 되고, 특색 있는 소재를 원하고 있는 것이다. 최근에 고도의 과학기술을 테마파크 속에 도입하는 하이테크파크가 출현하고 있는 것은 이런 욕구수준을 반영하는 결과이다.

5) 공급자의 교섭력

공급자의 교섭력은 공급자 분포가 어느 정도 집중되어 있는가, 대체상품 공급이 가능한가 여부와 같은 산업 · 시장 안에 있는 다른 거래기업들을 상대로 특정 상품 · 서비스를 공급하는 공급자가 얼마나 교섭력을 행사할 수 있는지 결정하는 요소들이다. 이는 산업 내의 기업들에게 원자재나 부품을 공급하는 업체들이 얼마나 큰 영향력을 발휘하고 기업활동에 제약을 줄 수 있는지를 의미한다.

에버랜드는 시설유지 및 보수업체, 식자재업체, 스튜디오 촬영업체, 외국인 무용수 등 소수의 공급업체들이 존재한다. 에버랜드는 구내식당의 식자재공급업체에 대해 개인위생이나 환경, 작업장관리 등 일정수준의 서비스 조건을 요구하며 공급자에 대한 교섭력을 확보하고 있다.

또한 테마파크의 경우 막대한 시설투자가 요구되는 사업이므로 에버랜드는 시설유지 및 보수를 위해 업체와 협약을 체결하고 있으며, 스튜디오 촬영업체나 외국인 무용수 등과 계약을 체결하여 소비자에 대한 서비스를 원활히 진행하고 있다.

이상 다섯 가지 경쟁요인들은 모두 합해져서 기업이 자사의 제품 · 서비스에 매길 수 있는 가격, 제품 · 서비스를 생산 · 판매하는 데 따르는 비용의 구조, 투자요건에 직접 영향을 미치며 '산업의 수익성(industy profitability)'을 결정한다.

경영자는 이들 다섯 가지 경쟁요인에 따라 자사가 속하는 산업의 수익성을 평가해봐야 한다. 그렇게 해보면 어떤 산업은 수익성이 좋아 보이는 데 비해 다른 산업은 매력이 덜해 보이게 되어 있다. 물론 산업 자체도 변하는 것이므로 한때 매력 있던 산업도 시간이 흐르면 수익성이 떨어질 수 있다. 그러므로 경영자는 정기적으로 자사가 속하는 업종의 수익성 상태를 재평가해볼 필요가 있다.

3 블루오션전략

블루오션(blue ocean)전략은 프랑스 유럽경영대학원(INSEAD) 석좌교수인 김위찬 박사와 르네 마보안 교수가 주창한 새로운 경영전략이다. 이 전략은 1990년대 중반 김위찬 교수가 「하버드 비즈니스 리뷰」에 '가치혁신'이라는 이름으로 처음 소개했던 이론에서 비롯된 이후 2005년 『블루오션』이라는 단행본으로 정리하여 출간되었다.[08]

쉽게 말하면 블루오션전략은 경쟁이 아닌 가치혁신으로 새로운 시장을 창출하자는 이론이다. 기존의 경쟁우위전략이 시장에 진입한 경쟁자들과의 경쟁에서 어떻게 하면 승리를 할 수 있을까에 초점을 두었다면, 블루오션전략은 어떻게 하면 경쟁자들이 시장에 진입하지 못하도록 할까에 초점을 맞춘다는 점에서 차이가 있다. 즉, 경쟁자들이 바로 진입하지 못하도록 방어벽을 구축함으로써 자신이 개척한 신시장인 블루오션을 일정기간 향유하고 수익을 극대화시킬 수 있는 전략이다.

블루오션은 현존하지 않는 모든 산업과 시장을 뜻하며 우리가 아직 모르고 있는 새로운 수요인 것이다. 블루오션전략은 차별화와 저비용을 동시에 적용해 혁신의 주체(기업, 공공기관)와 고객(소비자) 모두가 비약적인 가치를 얻어야

08 이론의 모태가 된 '혁신'이 완전히 새로운 전략은 아니다. 혁신의 원류는 경제학자 슘페터의 '이노베이션'이론이나 하버드대학 크리스텐스 교수가 주창한 '붕괴성 기술'이론을 들 수 있다.

한다고 강조한다. 즉, 경쟁이 치열한 기존의 레드오션을 벗어나 가치혁신을 통해 새롭고 창조적인 공간인 블루오션으로 나갈 수 있는 방법론이 블루오션전략이다.

블루오션전략의 초석인 가치혁신이론은 효용성, 가격, 비용이라는 세 가지 시스템의 적절한 배합을 통해 이루어진다. 이렇듯 블루오션은 '가치혁신'이라는 전략적 논리를 추구함으로써 경쟁이 무의미한 새로운 시장공간을 창출해 치열한 경쟁의 틀을 벗어나는 것을 의미한다. 블루오션전략을 구체화하기 위해서는 전략캔버스(ERRC 원칙)와 같은 기본 툴이 필요하다. 전략캔버스는 매력적인 블루오션전략을 구축하기 위한 상태분석의 진단도구이자 실행 프레임워크이다.[09] 이것은 이미 알려진 시장공간에서 업계 참가자들의 현 상황을 파악해 일목요연하게 보여주고, 고객들이 기존시장의 경쟁상품으로부터 얻는 것은 무엇인지를 보여주는 용도로 활용된다.

전략캔버스는 업계 가치요소(X축)와 가치의 경쟁정도(Y축)로 구성된다. 이 캔버스의 작성에는 저비용고가치 창출, 즉 ERCC 원칙인 제거(Eliminate), 감소(Reduce), 증가(Raise), 창출(Create)요소가 정확히 적용되어야 한다.

김위찬 교수가 말하는 블루오션을 만드는 기업사례로 새로운 서커스를 재창조한 '시르크 뒤 솔레이유(태양의 서커스)'[10] 사례를 들었다([표 9-5] 참조).

시르크 뒤 솔레이유는 설립되었을 당시 다른 서커스단들은 전통적인 서커스 공연을 통해 치열한 시장쟁탈전을 벌이고 있었다. 이들은 전통적인 서커스의 핵심을 이루는 유명광대와 조련사, 동물을 확보하기 위해 높은 비용을 들이고 있었다. 시르크 뒤 솔레이유는 광대만 남기고 나머지 비중을 축소하거나 없애 버렸다(저비용).

09 김위찬 · 르네 마보안, 블루오션전략, 교보문고, 2005, p.34.

10 1984년 캐나다에서 창설됐다. 1년 티켓판매액 1조 원, 단원 3,000명을 자랑하는 세계 최고의 공연엔터테인먼트 기업으로 성장했다. 상설공연 6개, 투어공연 7개 등 2007년 현재 13개 공연 레퍼토리를 가지고 전 세계를 누비고 있다. 이 서커스단은 우리나라에서도 2007년 3월 서울 잠실운동장에서 공연을 가졌다.

표 9-5 시르크 뒤 솔레이유의 ERRC 구성표

제거(Eliminate)	증가(Raise)
• 스타곡예사(인건비) • 동물묘기쇼 • 구내매점 • 복합쇼 무대	• 독특한 공연장 • 30~40대 어른고객 증가
감소(Reduce)	**창조(Create)**
• 재미와 유머 • 스릴과 위험 • 주 고객인 어린이 감소	• 테마(라이브엔터테인먼트) • 다양한 공연작품(춤, 음악, 무용) • 세련된 관람환경 • 예술적 음악과 무용

자료 : 김위찬 · 르네 마보안, 블루오션전략, 교보문고, 2005, p.48.

대신 연극적인 요소를 도입해 기존 쇼에 스토리, 음악, 무용을 더한 새로운 라이브엔터테인먼트를 창조해냈다(증가 및 창조). 즉, 시르크 뒤 솔레이유는 브로드웨이 뮤지컬쇼처럼 매번 작품에 주제가와 다양한 음악을 준비해 쇼 흐름을 이끌도록 했다. 또한 연극과 발레에서 빌려온 추상적인 무용으로 이전과 다른 분위기를 연출했다. 시르크 뒤 솔레이유는 공연작품에 이런 새로운 요소들을 도입하여 더욱 세련된 쇼를 만들었고, 전통 서커스공연보다 몇 배나 비싼 요금을 지불할 의사가 있는 완전히 다른 새로운 고객들의 마음을 사로잡았다. 시르크 뒤 솔레이유가 사양산업에서 성공한 이유는 서커스와 연극에서 가장 좋은 점만 뽑아내고 다른 나머지 것들은 없애거나 줄이면서 라이브엔터테인먼트의 새로운 형태를 창조하고, 비용의 효용성을 높임으로써 블루오션을 창출했던 것이다. 따라서 그들이 이야기하는 ERRC를 통해 새로운 상품을 만들어냈다고 볼 수 있다.

태양의 서커스 〈루치아〉 포스터, 마스트인터내셔널 제공

우리나라 공연예술시장에서 블루오션을 찾아내어 성공한 사례로 넌버벌 퍼포먼스 〈난타〉와 〈11시 콘서트〉를 들 수 있다. 〈난타〉는 외국인을 위한 공연물이 거의 없던 시장과 공연계의 극심한 불황에 허덕이는 상황에서 매출액이 매년 상승곡선을 그리는 성공을 거두었다. 이는 한국어를 사용하는 작품 대신 대사가 없는 비언어 공연물을 창조해

그동안 누구도 생각하지 못했던 국내의 외국 관광객시장이라는 블루오션을 찾은 것이다. 예술의 전당이 2004년부터 시작한 〈11시 콘서트〉는 주부 등 여성관객을 확보함으로써 성공을 거두었다. 공연은 으레 저녁에 이루어진다는 고정관념을 깨트리고 품격 높은 여가시간을 갈구하는 여성들을 상대로 이해하기 쉬운 클래식음악회를 개최함으로써 2,500석의 콘서트홀에 80~90%의 유료관객을 끌어들였다. 〈오전 11시 콘서트〉는 30~50대 여성관객들을 대상으로 하는 오전시간대의 클래식음악 공연으로서 동창회, 동호회, 아파트부녀회 등 각종 모임장소로 인기를 끌었다. 국내 연주회의 유료관객이 보통 50% 수준을 밑도는 것을 감안하면 이 연주회는 미개척 시장공간을 찾아내어 새로운 수요를 창출해낸 블루오션 성공사례로 꼽힐 만하다. 이처럼 비고객(비참여관객이나 무관심층)을 새로운 시장으로 끌어들여 공연상품의 고객으로 만드는 것이 블루오션전략인 것이다. 그런 점에서 〈난타〉와 〈11시 콘서트〉는 이러한 비고객층을 공략하여 완전히 새로운 시장공간을 창출함으로써 고수익의 기회를 잡은 것이라 할 수 있다.

표 9-6 레드오션전략과 블루오션전략 비교

레드오션전략	블루오션전략
• 기존 시장공간 안에서 경쟁 • 경쟁자 이기기 • 기존 수요시장을 공략 • 가치-비용 가운데 양자택일 • 차별화나 저가전략 가운데 하나를 택해 회사 전체 활동체계를 정렬	• 경쟁자 없는 새 시장공간 창출 • 경쟁을 무의미하게 • 새 수요창출 및 장악 • 가치-비용 동시추구 • 차별화나 저가전략을 동시에 하도록 회사 전체 활동체계를 정렬

4 다이아몬드 모델

1) 개념과 구성요소

경영전략 분야의 석학으로 꼽히는 마이클 포터 미국 하버드대 경영대학원 교수가 1990년 개발한 국가경쟁력 분석이론이다. 다이아몬드 모델은 생산조건, 수요조건, 연관산업, 경영여건이라는 네 가지 요소가 국가경쟁력을 좌우한다는 게 핵심내용이다. 이 모델은 국가차원뿐만 아니라 개인과 기업, 산업 등 다양한 분야에서 널리 활용되고 있다.

포터의 다이아몬드 모델은 크게 내생요소와 외생요소로 구분된다. 내생요소는 모형 내 다른 설명변수에 의해 영향을 받은 변수인 반면, 외생요소란 모형 외부에서 기본값이 주어진 변수로 내부모형 내 다른 변수로부터 독립된 변수를 말한다. 즉 내생요소는 다이아몬드의 꼭지점인 생산조건, 수요조건, 기업의 전략 및 구조, 경쟁자조건 및 관련 지원산업 등 네 가지이며, 외생요소는 정부(goverment)와 기회(chance)를 지정하였다. 정부와 기회는 자국 내 경쟁력기반을 구성하는 중요한 요소이지만, 내생요소와 같이 각각의 상호작용에 의해 크기가 정해지지는 않는다는 의미를 내포하고 있다. 특히, 모델 안에서 정부는 기업이 그들의 역량을 올리도록 격려하는 것(생산표준의 제정), 발전된 제품의 초기수요를 자극하는 것, 전문화된 창조요인에 초점을 맞추는 것, 직접적 협력의 제한과 독점방지법을 통해 지역적 경쟁상태를 자극하는 것 등에 역할을 담당하고 있다.[11]

다이아몬드 모델에서 내생변수는 국가의 비교우위를 이끄는 데 중요한 구성요소이다.

(1) 생산조건(factor condition)

국가는 숙련된 자원이나 사회적 기반시설, 기술적 기반 같은 중요한 요인을 창출한다. 생산조건의 국지적 불리함은 혁신을 가져온다. 노동부족이나 천연자원의 부족 같은 불리한 조건은 기업이 새로운 수단을 개발하게 하고, 이러한 혁신이 종종 국가의 상대적 우위를 낳기도 한다.

(2) 수요조건(demand condition)

특별한 생산품을 위한 시장이 외국에서 국지적으로 더 클 경우 지역기업이

11 조동성, 국가경쟁력 이론과 실제, 한국경제신문사, 2010.

그 생산품을 수출하려고 하면 경쟁적 우위를 이끄는 외국기업보다 더 지역기업이 그 제품에 주의를 집중한다. 특정 산업의 제품이나 서비스의 국내 수요를 가진 지역시장이 국가의 경쟁력을 이끌 수 있다. 수요조건은 수요의 크기보다는 질에 그 초점을 맞추고 있는데 이 수요의 질이라는 것은 해당 산업군의 제품 혹은 서비스에 대한 수요자들의 반응을 의미한다. 즉, 수요조건의 질이 높을수록 해당 산업이 발전할 가능성이 크다.

(3) 관련 및 지원산업(related and supporting industries)

관련 및 지원산업의 집적인 산업클러스터는 공급자와 수요자 간 또는 공급자 간 시너지효과를 발생시켜 국가경쟁력 원천 중 하나가 된다. 즉, 경쟁력 부품산업의 존재 유무에 따라 기업이나 국가가 경쟁우위를 창출할 수 있다. 산업을 지원하는 지역이 경쟁적일 때 기업은 더 효과적이고 혁신적인 투자를 하려고 한다.

(4) 기업의 전략구조 및 경쟁자(firm's strategy & structure rivairy)

자국 내에서 산업특성에 맞춘 기업의 전략과 조직구축은 세계시장에서 경쟁우위로 작용할 수 있으며, 특히 국내에 존재하는 강력한 경쟁자는 기업의 혁신요구를 자극한다. 지역적 조건이 기업전략에 영향을 준다. 독일 기업은 계층조직을 선호한 반면, 이탈리아 기업은 더 작은 조직을 선호하고 확장된 가족기업처럼 되려 한다. 이러한 전략과 구조는 국가 내에서 어느 형태의 산업이 잘 될지를 결정하는 데 도움을 준다. 지역적 경쟁은 저요소비용과 같이 자국이 선호하는 기본강점을 넘어 기업이 움직이도록 만든다.

포터는 이러한 네 가지 조건들이 국가 다이아몬드를 구성한다고 설명했다. 그의 이론에 따르면 가장 다이아몬드 조건이 호의적인 산업에 속하는 기업들이 국제적으로 성공을 거둘 가능성이 높다. 또한 네 가지 주요 요건들은 서로 영향을 미치는 상호강화적 속성을 가진다. 포터는 두 가지 추가적 변수, 즉 기회와 정부가 한 국가의 다이아몬드에 중요한 영향을 끼친다고 하였다. 중요한 기술혁신과 같은 사건은 산업구조를 변화시키고 그로 인해 한 국가의 기업들이 다른 국가의 기업들을 대체할 수 있는 기회를 갖는다. 정부도 정책선택에 따라 국가경쟁우위를 손상시킬 수도 있고 촉진시킬 수도 있는 입장에 있다.

2) 한류와 K-Pop 경쟁력 분석

문휘창 서울대 국제대학원 교수는 "마이클 포터 미국 하버드대 경영대학원 교수의 다이아몬드 모델을 통해 한류의 경쟁력을 분석해보면 한류가 일각의 주장보다 훨씬 높은 차원의 경쟁력과 지속성을 지니고 있음을 알 수 있다"고 평가했다. 그는 다이아몬드 모델을 구성하는 4대 요인, 즉 생산조건, 수요조건, 관련 산업 및 분야조건, 경영조건으로 한류의 경쟁력을 분석했다.[12]

(1) 생산조건 : 배우들의 외모와 연기력

칸 수상 기자회견

뉴욕타임스 등 많은 해외언론은 한류의 경쟁력이 배우들의 외모에서 나온다고 평가한 바 있다. 문휘창 교수는 서울대 국제대학원에 재학하고 있는 한·중·일 학생을 무작위로 선택해 그들에게 각국에서 제일 유명하다고 생각하는 남자배우들의 이름을 5명씩 적어 달라고 했다. 그 결과 한국의 인기배우는 배용준, 장동건, 이병헌 등이었고, 일본은 키무라 타쿠야, 타케노우치 유타카, 쿠사나기 츠요시가 선택되었으며, 중국과 대만은 쩐쯔단, 량차오웨이, 청룽(Jackie Chan) 등이 언급되었다. 학생들이 뽑은 배우들의 사진, 나이, 키를 비교해보니 실제 한국 배우들이 상대적으로 잘 생기고 키도 컸다.

배우들의 뛰어난 외모보다 더 중요한 건 연기력이다. 연기력은 주관적인 항목이어서 이를 평가할 객관적 기준을 찾기가 쉽지 않다. 하지만 배우들의 연기력이 뛰어나면 국제영화제의 주요 상을 받을 가능성이 높다. 따라서 한류가 부상

12 문휘창, 다이아몬드 모델로 분석한 한류의 경쟁력, DBR, 2011, pp.80~83.

그림 9-4 한국 영화 및 드라마의 다이아몬드 모델분석

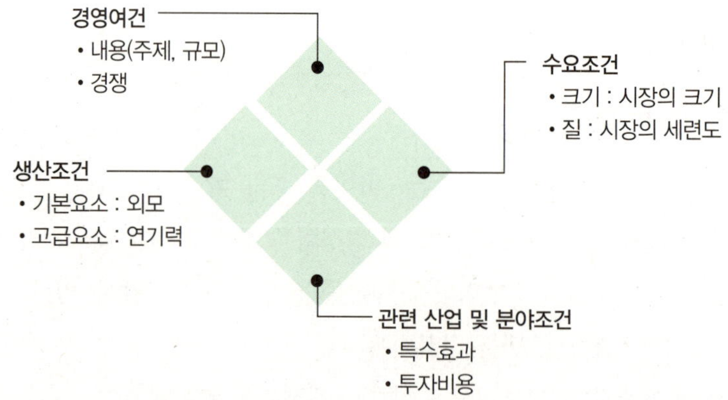

하던 2002년부터 가장 최근인 2010년까지 세계 4대 영화제인 프랑스 칸, 독일 베를린, 이탈리아 베니스, 러시아 모스크바 영화제에서 주요 부문을 수상한 한·중·일의 영화를 비교했다. 그 결과 지금까지 한국은 11개의 상을 받아 중국 8개, 일본 3개보다 훨씬 많았다.

(2) 수요조건 : 시장의 크기와 세련도

한국의 영화 및 드라마시장은 미국에 이어 세계 2위의 연예·오락산업국인 일본과 비교해도 크게 뒤지지 않는다. 일본은 한국보다 인구가 많지만 1인당 영화관 방문횟수는 연평균 1.30회로 한국(3.22회)보다 적다. 따라서 영화시장 규모를 놓고 보면 큰 차이가 없다.

사상 최대수익을 올린 영화 〈아바타(Avatar)〉의 세계 각국 수익을 살펴보자. 한국은 1억 500만 달러로 세계 8위였다. 한국보다 상위에 있는 나라인 프랑스(3위), 영국(5위), 러시아(6위)는 모두 주변 국가를 포함한 수익이다(프랑스는 알제리, 모로코, 모나코 및 튀니지를, 영국은 아일랜드와 몰타를, 러시아는 옛 소련연방국가를 포함했다). 단독국가의 개념으로 비교해보면 한국 영화시장이 매우 크다는 점을 알 수 있다.

또한 한국시장은 유행에 민감하고 다이내믹해서 시상의 세련도가 높다. 한국은 총인구의 5분의 1에 해당하는 사람이 특정 영화를 보는 게 가능할 정도로 좋은 영화나 드라마라는 소문이 나면 한꺼번에 관객들이 몰린다. 이는 한국 영화

의 경쟁력을 높이는 데 중요한 역할을 하고 있다.

(3) 관련 산업 및 분야조건 : 특수효과와 많은 투자비

영화 〈괴물〉 포스터

〈괴물〉, 〈해운대〉 같은 영화에서 보듯 이제 특수효과가 영화의 흥행을 좌우하는 시대다. 한국의 컴퓨터그래픽(CG : Computer Graphic) 회사들은 세계 최대 영화시장인 미국 할리우드의 CG시장에 진출해 상당한 성과를 냈다. 2009년 기준 한국 CG회사는 미국시장의 10%를 점유하고 있다.

최근 한국에서는 영화나 드라마 제작에 막대한 자금을 투자한 블록버스터형 드라마도 많이 생겨나고 있다. 연예·오락산업의 대국인 일본과 비교해도 뒤지지 않는 수준이다. 2010년 큰 인기를 끌었던 〈추노〉에는 150억 원, 〈아이리스〉에는 무려 200억 원이 투입됐다. 특수효과 및 막대한 투자비용은 한국 영화와 드라마의 경쟁력을 강화시켜주는 중요한 요소다.

(4) 경영여건 : 내용 및 경쟁

한국 드라마의 경쟁은 그야말로 치열하다. 한국 내에서 인기를 끌지 못하는 드라마는 곧바로 종영돼 새로운 드라마로 대체된다. 해외로 수출되기 전 내수시장에서 치열한 검증을 거치므로 경쟁력을 지니지 않을 수 없다.

일본에서는 많은 중년여성 시청자들이 〈겨울연가〉에 열광했다. 멋진 배우들이 낭만적 스토리를 바탕으로 실제 연인들처럼 연기한 애절함이 이들에게 어필했기 때문이다. 대만과 홍콩에서는 화려한 의상, 실제 음식, 흥미진진한 내용을 담고 있는 〈대장금〉이 인기를 끌었다.

한국에서는 한 달에 평균 64편의 드라마가 방영된다. 일본 60편보다 많다. 한국과 일본의 프로그램 시청률에서 1위부터 10위까지의 프로그램을 비교해봐도 마찬가지다. 한국에서는 시청률 톱 10위 프로그램 중 드라마가 무려 7개다. 일본은 겨우 2개다.

시청률도 마찬가지다. 한국의 시청률 1위 드라마는 무려 31.8%의 시청률을 기록한다. 반면 일본의 1위 드라마는 겨우 19.8%다. 한국의 시청률 10위 드라마의 17.8%보다 조금 높은 수준이다. 이러한 상황을 볼 때 한국 드라마가 얼마나 치열한 경쟁을 하는지 알 수 있다.

다른 한편으로 K-Pop의 성공요인에 대해서도 다이아몬드 모델을 활용하여 분석한 사례가 있다. 삼성경제연구소 서민수 수석연구원(2012) 등은 K-Pop이 글로벌 대중음악계의 변방에서 언어와 문화의 높은 장벽을 뚫고 어떻게 성공할 수 있었는지 '문화의 다이아몬드 모델'을 차용해 그 성공요인을 도출해보았다.[13]

4개 꼭지점과 연결선으로 이어진 문화 다이아몬드에 K-Pop을 대응시켜 4대 성공요인을 도출하였다.

① **생산자** : 기획사는 제작 프로세스를 시스템화하고 장기적 안목으로 치밀하게 해외시장 진출을 준비

② **전달방식** : 자발적 확산이 용이한 소셜미디어(유튜브, 페이스북, 트위터)를 적극 활용해 해외진출 과정에서 소요되는 비용과 시간을 절감

③ **소비자** : IT에 친숙하면서 적극적으로 문화를 향유하고 자유롭게 의사를 표현하는 능동적 소비자가 있었기에 인기가 빠르게 확산

④ **콘텐츠** : K-Pop 아이돌은 가창력과 안무, 비주얼의 3박자가 결합된 경쟁력을 바탕으로 끊임없이 변신하며 전 세계 소비자를 매료

그림 9-5 K-Pop의 성공 다이아몬드 모델

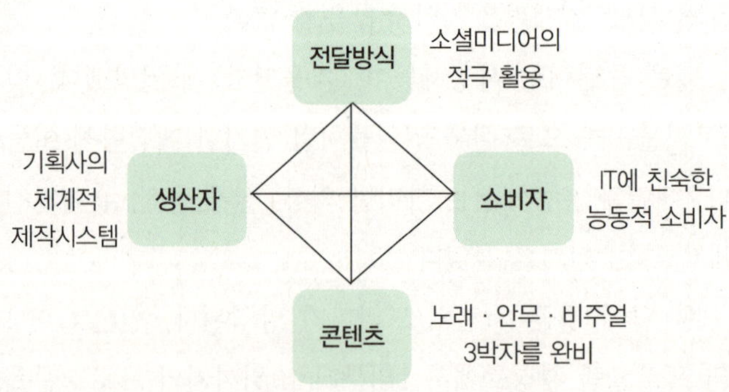

13 서민수, K-Pop의 성공요인과 기업의 활용전략, SERI CEO Information, 삼성경제연구소, 2012.

3) 다이아몬드 모델의 평가

포터는 국가경쟁력에 관한 체계적이고 광범위한 분석틀인 '다이아몬드 모델'을 제시함으로써 국제경쟁력 연구를 촉발시켰으며 국제경쟁력을 하나의 독립된 연구주제로 만드는 데 기여했다. 이 모델은 공급과 수요 측면에서 기업수준 및 산업수준을 반영한 종합모델로 한 국가에서 어떤 형태의 산업이 잘 될지를 결정하는 데 도움을 줄 수 있다는 점에서 긍정적으로 평가받고 있다. 그러나 포터 이후에 그의 모델을 비판하거나 수정한 연구들이 많이 나타났다는 점도 이 같은 주장을 잘 뒷받침해준다.

포터의 다이아몬드 모델을 발전시킨 후속연구로는 러그먼(Rugman)의 더블 다이아몬드 모델이나 조동성의 9-Factor 모델을 들 수 있다.[14]

러그먼(1992)이 개발한 더블 다이아몬드 모델은 포터의 모델이 너무 국내요인 만에 치중되어 있는 점을 비판하면서 국제화의 중요성을 강조하며 다이아몬드 모델을 확장시켰다.

또한 조동성(1994)의 9-Factor 모델은 포터의 모델이 너무 물적 요인에만 치중되어 선진국 중심의 모델임을 비판하면서 인적 요소의 중요성을 강조하였다. 즉 생산요소조건, 경영여건, 관련 및 지원산업, 시장규모와 질이라는 네 가지 국가경쟁력의 물적 요소와 그 시점에서 변화의 주도자로서 근로자, 정치가와 행정관료, 기업가, 전문가라는 네 가지 인적 요소, 그리고 순수한 외부환경요인으로서 기회라는 아홉 가지 요인을 체계적 · 종합적으로 고려해야 한다는 것이다.

14 조동성, 21세기를 위한 국제경영 2판, 서울경제경영, 2011, pp.368~369.

이 장의 요약

7P는 기존의 4P(제품, 가격, 유통, 촉진)에 과정(process), 사람(people), 물리적 증거(physical evidence)를 추가한 것이다. 7P전략은 문화산업과 같이 서비스마케팅에서 적극 활용되고 있다.

마이클 포터의 경쟁전략은 조직을 경쟁에 적극 나서게 해 시장에서 우위를 차지하는 전략이다. 포터는 경쟁전략이론 구성을 위해 5 Force 모델을 제시하고, 기존 경쟁업체 간의 경쟁관계, 진입장벽, 대체재 위협, 구매자의 교섭력, 공급자의 교섭력 등 5가지 요인이 산업매력도에 영향을 끼친다고 주장하였다.

블루오션전략은 차별화와 저비용을 통해 경쟁이 없는 시장을 창출하는 전략이다. 블루오션전략은 경쟁이 아닌 가치혁신으로 새로운 시장을 창출하자는 이론으로 어떻게 하면 경쟁자들이 시장에 진입하지 못하도록 할까에 초점을 맞추고 있다. 블루오션의 성공사례는 새로운 서커스를 재창조한 '시르크 뒤 솔레이유'를 들 수 있다. 시르크 뒤 솔레이유는 광대만 남기고 나머지 비중을 축소하거나 없애고, 대신 연극적인 요소를 도입하여 새로운 라이브 엔터테인먼트를 창조해냈다. 우리나라 공연예술시장에서 블루오션을 찾아내어 성공한 사례로 넌버벌 퍼포먼스 〈난타〉와 〈11시 콘서트〉를 들 수 있다.

다이아몬드 모델은 생산조건, 수요조건, 연관산업, 경영여건이라는 네 가지 요소가 국가경쟁력을 좌우한다는 게 핵심내용이다. 문휘창 교수는 다이아몬드 모델을 구성하는 4대 요인으로 한류의 경쟁력을 분석했다. 그 결과 생산조건인 외모와 연기력 등의 측면에서 한국 배우들은 다른 아시아권 배우들보다 경쟁력을 인정받고 있으며, 수요조건에서 인구에 비해 1인당 관람하는 영화의 수가 많기에 상당한 시장규모를 이루고 있었다. 또한 관련 산업 및 분야조건에서는 한국의 컴퓨터그래픽(CG) 기술이 뛰어나고, 드라마 한 편의 제작비 또한 매우 높았으며, 경영여건에서 한국 드라마는 줄거리와 소재가 다양한 강점이 있었다.

주요용어

스키마(schema)
경쟁전략
대체재 위협
다이아몬드 모델
7P전략
5 Force 모델
블루오션전략
서비스마케팅삼각형
진입장벽
ERCC 원칙

참고문헌

- 김위찬 · 르네 마보안, 블루오션전략, 교보문고, 2005.
- 마이클 포터 저, 김경묵 · 김연성 역, 마이클 포터의 경쟁론, 세종연구원, 2001.
- 문휘창, 다이아몬드 모델로 분석한 한류의 경쟁력, DBR, 2011.
- 뮤지컬 〈김종욱 찾기〉 홈페이지(http://www.musicalfirstlove.co.kr).
- 서민수, K팝의 성공요인과 기업의 활용전략, SERI CEO Information, 삼성경제연구소, 2012 .
- 안길상 외, 문화마케팅, 한경사, 2008.
- 엄혜진, 창작뮤지컬의 신화 〈김종욱 찾기〉, 문화마메팅 성공스토리, 2011.
- 예술경영지원센터, 뮤지컬실태조사.
- 윤홍근 외, 문화마케팅 성공스토리, 스토리하우스, 2011.
- 전인수 · 배일현, 4P 스키마를 넘어서 : 새로운 스키마, 마케팅연구, 2003.
- 조동성, 국가경쟁력 이론과 실제, 한국경제신문사, 2010.
- 조동성, 21세기를 위한 국제경영 2판, 서울경제경영, 2011.

CHAPTER 10

문화와 ICT 융합마케팅

1. 문화와 ICT 융합기술의 중요성
2. 문화와 ICT 융합기술 사례

1 문화와 ICT 융합기술의 중요성

이 장에서는 가상현실(VR), 컴퓨터그래픽, 홀로그램 공연장, 메타버스, 인공지능 등 ICT 기술이 문화콘텐츠와 융합을 통하여 한류의 지속 및 확산을 위해서 어떤 시너지효과를 거두고 있는지를 살펴보기로 한다.

1) 문화와 ICT의 결합

ICT란 정보통신기술(Information & Communication Technology)의 약자로써 흔히 알고 있는 정보기술(IT : Information Technology)로 더 친숙하게 접하고 있다. IT는 흔히 접하는 인터넷, 휴대전화 등의 기술 및 이를 운영하는 프로그램 등을 IT로 총칭하는 경우가 많다. 쉽게 말하면 ICT는 기존의 정보기술인 IT와 통신산업 간의 컨버전스를 통해 새롭게 발전해 나가는 산업을 뜻한다.

최근 제조업 및 기술을 바탕으로 성장해 온 많은 기업들이 경영위기를 맞고 있는 이때에 ICT를 선도하는 기업과 국가가 세계적으로 두각을 나타내며 성장을 하고 있다. 그러므로 ICT를 미래 성장동력으로 육성해야 함은 부정할 수 없는 사실이다.

ICT 기업도 4차 산업혁명에 발맞춰 변신을 시도하고 있다. 애플은 2007년 아이폰을 출시하면서 컴퓨터 제조회사에서 콘텐츠 미디어 기업으로 자리를 잡았으며, 구글도 같은 해에 안드로이드를 사용하는 스마트폰을 출시하며 전 세계 모바일 운영체제 중 1위를 달리고 있다.

2000년대 기술의 발달로 컴퓨터, 통신, 게임 등이 하나로 합쳐지고, 이를 통해 새로운 시장과 고용을 창출함으로써 문화기술(CT)[01]이란 용어가 등장하게 되었다. CT는 문화(Culture)와 기술(Technology)을 합친 개념으로 문화콘텐츠 기획 · 상품화 · 미디어 탑재 · 전달 등 기획부터 유통까지 문화콘텐츠산업 모든

01 한국과학기술원(KAIST) 전산학과 원광연 교수는 1995년 일본 나고야에서 열린 세계도시산업학술대회에서 CT라는 개념을 최초로 제시하였다.

단계에서 부가가치를 더해주는 기술을 말한다. 즉, 문화기술은 디지털 미디어를 기반으로 하여 방송, 영화, 게임, 음반 등 문화예술산업을 첨단산업으로 발전시키기 위하여 과학과 문화가 결합하여 만들어진 융합적인 개념이다. 2001년 국가경제자문회의는 정보기술(IT), 생명공학기술(BT), 나노기술(NT)과 함께 문화기술(CT)을 차세대 성장동력산업 중 하나로 채택했다. 문화기술은 각 국가별로 유망산업으로 지원하고 있으며, 2012년 스마트 패러다임이 확산되면서 세계적으로 관련 기업 간의 경쟁이 가속화되고 있다.

이에 정부는 최근 3차원(3D) 영상을 이용한 문화재 복원, 디지털시네마 구축, 스포츠과학 기반기술 개발 등 '문화와 과학기술의 만남' 사업을 추진하고 있다.

ICT는 산업전반뿐 아니라 우리 생활에 밀접한 문화산업에도 큰 영향을 미치고 있다. 스마트폰과 태블릿PC가 보편화되면서 드라마와 영화를 온라인에서 소비할 수 있는 한류콘텐츠가 확산되고 있으며, 공연, 영화 등에 적용되는 VR, CG 기술, 홀로그램 등을 통해서 체험형 콘텐츠도 경험해볼 수 있다.

ICT 기술의 발전과 콘텐츠 제작환경의 변화로 문화산업에서도 컴퓨터그래픽(CG), 가상현실(VR), 홀로그램, 디지털 사이니지, 빅데이터, 드론 등 관련기술이 접목되어 급속히 확산되고 있다. 이런 ICT 기술이 문화와 융합된 콘텐츠를 만들어내면서 사람과 콘텐츠를 연결시키는 매개체 구실을 하고 있다. 콘텐츠의 융합은 기술의 융합, 즉 문화와 ICT 기술의 융합으로 이어진다.

이와 같이 문화와 ICT를 결합하여 만들어낸 새로운 유형의 융합 콘텐츠가 등장하여 ICT 생태계를 만들고 있다. 문화산업이 발전하기 위해서는 콘텐츠 · 플랫폼 · 네트워크 · 기기의 ICT 생태계를 육성하는 ICT 생태계를 만드는 것이 중요하다. 또한 창의적 사고와 문제분석능력을 키워내는 ICT 융합 인재를 양성하고, 대학마다 디지털 문화기술과 산업 관련 학문이 합쳐진 문화 · ICT 융합 전공이 개설되고 있다. 문화와 정보통신기술인 ICT 융합을 통하여 우리나라 문화산업이 한 단계 더 도약할 신성장 동력으로 자리 잡을 것으로 보인다.

2) K-콘텐츠 국가전략산업 육성정책

4차 산업혁명(4IR : fourth industrial revolution)은 정보통신기술(ICT)의 융합으로 이루어낸 혁명시대를 말한다. 18세기 초기 산업혁명 이후 네 번째로 중요한 산업시대이다. 이 혁명의 핵심은 인공지능, 로봇공학, 사물인터넷, 무인운송수단(무인항공기, 무인자동차), 3D 프린팅, 나노기술과 같은 6대 분야에서 새로운 기술혁신이다.

그림 10-1 산업혁명의 발전단계

	1차 산업혁명	2차 산업혁명	3차 산업혁명	4차 산업혁명
시기	18세기	19~20세기 초	20세기 후반	21세기
특징	증기기관 기반의 '기계화 혁명'	전기에너지 기반의 '대량생산 혁명'	컴퓨터와 인터넷 기반의 '디지털 혁명'	사물인터넷, 인공지능, 빅데이터 기반의 '만물 초지능 혁명'
영향	수공업 시대에서 증기기관을 활용한 기계화 시대로 변화	전기와 생산조립 라인의 출현으로 대량생산 체계 구축	정보의 생성, 가공, 공유를 가능케 하는 정보기술시대의 개막	사람, 사물, 공간을 연결하고 자동화 · 지능화되어 디지털, 물리학, 생물학 영역의 경계가 사라지면서 기술이 융합되는 시대
	육체노동 보완		두뇌기능 보완	

4차 산업혁명은 사물인터넷(IoT), 클라우드컴퓨팅, 인공지능(AI), 빅데이터, 3D 프린팅, 생명공학, 로봇기술 등 첨단 정보통신기술을 활용하여 실세계 모든 사물들의 지능화와 초연결을 지향한다. 따라서 제4차 산업혁명은 기존 산업혁명에 비해 속도와 파급효과가 매우 크다.

이러한 산업상의 거대한 변화에 따라 정부는 메타버스와 AI 등 신기술(ICT)

역량과 콘텐츠산업을 활성화하여 새로운 부가가치를 창출하는 K-콘텐츠를 국가 전략산업으로 육성하기로 하였다.

이에 따라 문화체육관광부는 2023년 대통령 업무보고를 통해 '한국문화(K-Culture)가 이끄는 국가도약, 국민행복'을 비전으로 제시하고 K-콘텐츠와 한국 관광을 국가도약을 이끌 전략산업으로 육성하기로 했다고 밝혔다.[02] 콘텐츠 수출의 경우 올해 150억 달러에서 2027년에 47%나 증가한 220억 달러를 달성하여 K-콘텐츠가 우리 수출 지형을 바꾸는 게임체인저가 될 것이다.

우선 콘텐츠 분야에서 그룹 방탄소년단(BTS), 드라마 〈이상한 변호사 우영우〉 등의 성공을 확산시키기 위해 올해 역대 최대 규모인 7,900억 원의 정책금융을 지원하기로 했으며, 콘텐츠 지식재산권(IP)도 1,500억 원을 목표로 조성하기로 하였다.

제49회 아메리칸 뮤직 어워드에서 '올해의 아티스트' '페이보릿 팝 듀오 오어 그룹' '페이보릿 팝송' 등 3개 트로피를 품에 안은 방탄소년단

신기술콘텐츠 융복합 아카데미와 창의인재 동반사업을 통해 콘텐츠 미래인재를 3년간 총 1만 명을 육성할 계획이며, 10만 영세 콘텐츠 기업의 해외진출 지원거점 확대(2023년 15개소 →2027년 30개소 목표)로 콘텐츠 수출을 지원하기로 하였다. 또한 우리나라 영화와 드라마 유통을 확산하기 위하여 동영상서비스(OTT)의 특화 콘텐츠 제작지원을 확대하기로 하였다.

〈이상한 변호사 우영우〉 포스터

체계적 지원을 위해 한국콘텐츠진흥원에 수출전담조직인 '한류지원본부'를 신설하고, 한국문화관광연구원도 주요 업무 대상에 기존 문화 · 관광에 콘텐츠를 추가했다. 데이터 기반 콘텐츠 수출 지원을 위해 '한류 데이터센터'도 구축하였다.

02 문화체육관광부, 2023년 주요업무 추진계획, 2023년 1월 참고

그림 10-2 문화체육관광부, 2023년 주요 업무 추진계획

문화체육관광부 2023년도 업무계획 6대 중점과제

국민이 함께하는 문화매력국가
K-컬처가 이끄는 국가도약, 국민행복

K-콘텐츠, 수출지형을 바꾸는 게임체인저

- 콘텐츠 스타트업 · 벤처 전 주기 지원
- 역대 최대 7,900억 원 정책금융 지원
- 1만 명 콘텐츠 인재양성
- 해외 거점 15개소로 콘텐츠 기업 진출 확대
- K-브랜드 홍보관, K-박람회를 통해 연관산업 수출지원

2023년, 관광대국 원년

- 2023 한국방문의 해 선포
- K-컬처 이벤트 100선 및 세계 15개 도시 K-관광 로드쇼 개최
- 청와대 역사문화관광클러스터 본격 조성

예술, K-컬처의 차세대 주자

- 청년예술인 생애 첫 지원 및 예술대학생 역량 강화(신규 58억 원)
- 한국문학 유통플랫폼(KLWAVE) 운영 등 분야별 해외진출 지원
- '아트코리아랩' 조성(2023년 6월 준공)

문화로 이끄는 지역균형발전

- 대한민국 문화도시 지정(7개소)
- 문화취약지역 맞춤형 지원
- K-관광 휴양벨트(잠정 3조 원, 2023~2033년) · 가고 싶은 K-관광 섬 등 지역관광 활성화

'약자 프렌들리'로 모두가 누리는 문화

- 장애예술인 창작물 우선구매 시행(3월) 및 장애예술인 표준 공연장 개관(6월)
- 박물관 · 미술관 무장애 관람환경 조성, 장애인 이스포츠 대회 최초 개최
- '이야기할머니(실버이야기예술인)' 스타 발굴

다시 뛰는 K-스포츠

- '운동하는 국민 인센티브 프로젝트' 도입(최대 5만 원, 1만 명)
- 학교 운동부 창단 지원 사업 신설(20개교)
- 학생선수 출석인정일수 기준 완화
- 씨름 등 K-스포츠 대표 브랜드 육성

표 10-1 역대 정부의 문화정책 비교

정부 명칭	집권 기간	주요 문화정책
김영삼 정부	1993.02.25~ 1998.02.24	• 문화산업화, 대중문화산업의 경제적 가치에 눈뜨기 시작 • 문화체육부 내 문화산업국 신설, 문화예술진흥법 개정(1995)
김대중 정부	1998.02.25~ 2003.02.24	• 새로운 천년을 '문화의 시대'로 규정, 문화산업 육성을 최우선 과제로 선정, '팔길의 원칙'에 의한 자율성 존중 • 문화산업진흥 기본법 제정으로 문화산업을 정의(1999)
노무현 정부	2003.02.25~ 2008.02.24	• 김대중 정부의 문화산업 지원정책 계승 • 한 · 미 FTA 체결에 따라 영화시장 개방
이명박 정부	2008.02.25~ 2013.02.24	• 문화산업의 '경제성' 향상에 중점, 국가가 직접 지원하는 방식으로 전환, 문화산업을 국가브랜드 이미지 제고에 활용 • 문화산업의 명칭이 '문화콘텐츠산업'으로 변경
박근혜 정부	2013.02.25~ 2016.12.09	• 문화융성과 창조경제를 부각하며 일자리 창출에 초점 • 문화계 블랙리스트 사건 및 국정농단으로 '팔길이 원칙' 훼손
문재인 정부	2017.05.10~ 2022.05.09	• 정부와 문화예술계간 공정성 강화와 생활문화 확대에 초점 • 문화를 누리는 생활문화, 문화재 보존 및 활용정책 추진
윤석열 정부	2022.05.10~ 현재	• '국민과 함께하는 세계일류 문화매력국가'를 제시 • K-컬처를 내세워 한류의 상품화를 추진하는 '수출주도형 문화산업' 강조(문화정책이나 철학 부재)

자료 : 김윤지, 한류외전, 2023, pp.48~61 참조하여 재구성함.

이와 함께 메타버스, 인공지능(AI) 등 신기술을 활용한 콘텐츠 제작에 집중 투자하고, 최근 주목받고 있는 '챗GPT' 같은 AI 신기술에 민관 협력 기반의 기술개발에 나서기로 하였다.

우리나라 문화산업정책이 본격적으로 시행된 것은 1998년 김대중 정부부터다. 김대중 정부는 새로운 천년을 '문화의 시대'로 규정하고 문화산업과 벤처산업 육성을 최우선 국정 과제에 포함시켰다. 김대중 정부는 문화산업에 관한 법, 제도 및 지원체계를 갖춰나갔다. 지원체계 가운데 김대중 정부는 '팔길이 원칙'을 내세워 정책 대상자의 자율을 존중해 지원은 하되 간섭하지 않는다는 운영원칙을 내세웠다.

이후 보수정권인 이명박, 박근혜 정부의 문화정책은 주로 한류의 경제적인 효과와 국가경쟁력 확대라는 데 초점이 맞춰져 있었다.

이제까지 정부는 한류를 국가경제에 기여할 수 있는 '차세대 성장동력 산업'

이자 '국가브랜드 제고의 첨병'으로 인식해왔으며, 이에 콘텐츠의 양적 수출 증대를 주 목적으로 하는 정책을 펼쳐왔다. 정부의 적극적인 개입으로 인해 해외에서는 한류를 국가주의적인 프로젝트로 여기는 인식이 확산되기 시작했다.[03]

이명박 정부는 문화산업을 수출을 통한 국익추구와 국가브랜드 제고 수단으로 활용하였다. 이 시기부터 문화와 문화산업이라는 단어 대신 '콘텐츠' 또는 '문화콘텐츠산업'이라는 명칭을 주로 사용하였다.

박근혜 정부에서도 국가홍보에 한류를 내세우는 기조가 크게 바뀌지 않았다. 박근혜 정부는 문화융성과 창조경제를 부각하며 청년 일자리 부족 문제의 해답을 문화산업에서 찾고자 했다.

이처럼 역대 보수정권은 문화산업을 국익추구와 고용창출 수단으로 활용하고 국가홍보에 한류를 적극적으로 활용하는 입장을 보였다.

최근 윤석열 정부는 민간의 자기주도성보다는 관료 중심 행정 주도성이 더욱 강화되는 방향의 문화산업 정책을 답습하고 있다. 윤석열 정부는 문화정책의 비전으로 '국민과 함께하는 세계일류 문화매력국가'를 제시하고 있지만 문화산업을 국가적 이미지 제고와 경제적 수익 창출에만 활용하고 있다. 대통령은 세일즈맨을 자처하고 정부가 직접 개입하여 K-컬처를 내세워 한류의 상품화를 추진하는 '수출주도형 문화산업'이 강조되고 있다.

앞으로 4차 산업혁명 시대에 대비하기 위한 정부의 새로운 비전이나 정책이 개발되어야 한다. 그런 측면에서 정부가 '팔길이 원칙(Arm's length principle)'에 따라 문화단체나 예술인을 적극 후원하되 그들의 자율성을 침해해서는 안 될 것이다. 정부가 간섭 없이 자유롭게 문화창작활동을 보장하는 것이 앞으로 한류 4.0의 열풍을 이끌어 갈 수 있는 지름길이라는 것을 명심해야 할 것이다.

03 한류의 패러다임 전환을 위한 신한류 확산 전략 연구, KOCCA 연구보고서, 2019. 3. 18, p.61.

2 문화와 ICT 융합기술 사례

최근 디지털 한류 조성을 위해 ICT 기술과 문화콘텐츠가 접목되면서 컴퓨터 그래픽(CG), 가상현실(VR), 홀로그램, 디지털 사이니지 등 기술발전과 함께 콘텐츠산업에 대한 관심도 높아지고 있다. 정부는 문화와 ICT의 융합사업으로 K-Pop 홀로그램 공연장 개소 지원과 방송콘텐츠의 해외진출을 위해 쇼케이스 및 로드쇼, 공동제작 등을 지원하고 있다. 영화의 경우 홀로그램과 가상현실(VR)의 기술을 개발하여 체험형 콘텐츠를 개발하고, 해외수출의 기회를 마련하고 있다.

드론, 빅데이터, 홀로그램, 스마트워치, 사물인터넷 등 ICT 기술이 문화산업 분야와 접목되면서 플랫폼 및 제작도구로 활용되고 있다. 드론은 콘텐츠 제작(드라마와 영화 제작) 및 이벤트 행사에 활용되면서 효율적인 영상 촬영의 수단으로 이용되고 있다. 빅데이터 기술은 소비자의 니즈 관리에 새로운 국면을 맞게 되었고, 홀로그램 기술을 도입한 케이팝 공연장이 한류 관광객을 유치하는 데 도움이 되고 있다.

이 장에서는 가상현실(VR), 컴퓨터그래픽, 홀로그램 전시장, 메타버스 등 ICT 기술이 문화콘텐츠와 융합을 통하여 한류의 지속 및 확산을 위해서 어떤 시너지효과를 거두고 있는지를 살펴보기로 한다.

1) 가상현실

가상현실(VR : Virtual Reality)은 현실의 특정한 환경이나 상황을 컴퓨터를 통해 그대로 모방하여 사용자가 마치 실제 주변 환경과 상호작용을 하고 있는 것처럼 만드는 기술을 의미한다. 1960년대 이반 서덜랜드(Ivan Sutherland) 교수의 3D 컴퓨팅을 이용한 상호작용 연구에서 시작하여 비행기나 우주선의 조종을 위한 시뮬레이션 기술을 거쳐 발달했다. 〈매트릭스〉나 〈아바타〉와 같은 영화를 통해 가상현실의 개념이 대중화된 이래, 2010년대 이후 HMD 기술개발이 상용화되면서 게임, 방송, 공연, 관광, 테마파크, 스포츠 등 다양한 문화산업 분야에서 활용되고 있다. 향후 가상현실시장이 대중화되면 개인이 360도 카메라로 제작한 수많은 콘텐츠부터 수많은 응용산업까지 활용영역은 무궁무진할 것으로 보인다. 360도로 펼쳐지는 영상과 음향을 통해 실제와 흡사한 가상공간을 만들어 내 3D 기술에 비해 실재감과 몰입도가 높고 사용자가 외부 디바이스를 활용해 가상현실에서 구현되는 것이 특징이다.

가상현실의 응용사례는 게임, 영화, 방송, 스포츠, 테마파크 등 문화산업 분야에서 확대될 가능성이 커지면서 앞으로 파급효과가 클 것으로 예상된다.

그림 10-3 양궁국가대표팀의 360도 VR 촬영(스포츠 분야 VR 사례)

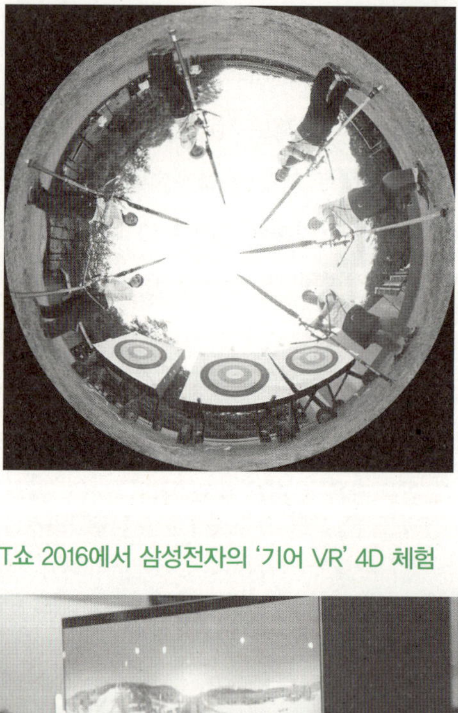

그림 10-4 월드IT쇼 2016에서 삼성전자의 '기어 VR' 4D 체험

우선 VR 콘텐츠를 가장 많이 활용하는 분야가 바로 게임이다. 포켓몬 고(Go)[04]부터 페이스북이나 HTC 등에서 새롭게 출시한 단독형 VR HMD(Head Mounted Display)까지 게임업계의 플랫폼은 데스크톱에서 온라인 모바일을 지나 VR로 중심축이 이동하고 있다. 대표적으로 오큘러스 리프트(Oculus Rift), HTC 바이브(VIVE), 소니 플레이스테이션 VR과 삼성 기어 등이 앞으로 VR을 활용한 게임시장을 선점하기 위해 치열하게 경쟁하고 있다.[05]

최근 스마트폰 연동형인 보급형 HMD 제품은 가격이 저렴하고 다수의 제품이 위치정보 정밀도가 낮아 몰입감이 떨어지는 단점이 있으나 캐주얼 게임과 VR 영화감상 등의 콘텐츠 감상에 적합하게 사용되고 있다. 대표적인 제품은 삼성전자의 '기어 VR', LG전자의 '360 VR', 중국의 '폭풍 마경', 구글의 '카드보드' 등이 있다.

또한 방송영상 콘텐츠는 VR 콘텐츠로 가공하여 새로운 부가가치를 창출하고, 올림픽이나 월드컵 등과 같은 글로벌 이벤트에는 VR 콘텐츠로 제작하여 생생한 영상체험 기회를 제공한다. 공연에서는 유명 아이돌 등과 관련된 VR 콘텐츠를 개발하여 해당 공연에 대한 지불의사가 있는 관객에게 제시하고 있다. 관광지, 관광 대상에 대한 VR 콘텐츠를 제작하여 관광산업과 연계되는 콘텐츠가 개발되기도 한다. 실제 VR 콘텐츠로 제작한 관광지 소개가 관광객의 인지도 제고나 실제 관광지에 대한 방문 및 재방문의도, 타인에 대한 구전의도 등의 효과를 검증하는 수단이 되고 있다.

스포츠 분야는 현장성을 중요시하는 성격 때문에 VR 콘텐츠가 확대될 것으로 예상된다. 프로 스포츠는 종전에 카메라가 위치한 지점에서 제공한 영상만을 보았다면, VR은 다양한 앵글에서 촬영된 현장감 넘치는 영상을 볼 수 있다는 장점이 있다.

이 밖에 테마파크시장에서 가상현실 콘텐츠 제작이 확대되고 있다. 삼성전자는 미국의 유명 테마파크 업체인 식스플래그와 제휴를 통해 미국 내 다수의 테마파크에 가상현실(VR) 롤러코스터를 서비스할 계획이다.

04 위치기반 증강현실(AR) 게임으로써 플레이어 자신이 위치하는 현실을 기반으로 주변에 돌아다니는 수많은 몬스터들을 잡고 대결하는 모바일 게임이다.

05 이민규, VR이 콘텐츠와 만나는 방식, 신문과 방송, 2016년 11월호, p.13.

하지만 VR 콘텐츠 확산의 가장 결정적인 한계는 헤드셋 또는 카드보드 보급 문제다. 아무리 잘 만든 VR 전용 콘텐츠도 헤드셋이 없다면 말짱 '꽝'이다. 헤드셋을 쓰지 않은 채 스마트폰 화면에서 손가락으로 360도 영상을 돌려보는 것으로는 가상현실이 펼쳐지지 않는 것이다.

이런 헤드셋, 일명 'VR 고글'이 발전할 경우 공상과학 영화 〈마이너리티 리포트〉처럼 아예 고글을 쓸 필요도 없는 단계로 진화될 것이다. 가상현실(VR) 장비가 휴대전화나 TV, 데스크톱 컴퓨터도 대체할 시대가 도래할 것으로 보인다.

표 10-2 VR 유통콘텐츠 확대 계획

분류	내용
게임	• 게임, 관광, 스포츠 등 체험형 VR 콘텐츠 개발 • 국내 공간 사업자, 디바이스 제작사, VR SW · 콘텐츠 개발사 등 컨소시엄 기반 체험형 공간 서비스 기술로 중국 VR 테마파크 진출
공연	• K-Pop 등 음악공연 및 콘서트 등 첨단 IT 기술과 결합한 VR 특화 콘텐츠 개발 • 난타, 점프, 김덕수, SBS 연예대상, MBC 연기대상 등 한류공연콘텐츠의 VR 특화 콘텐츠 개발
방송	• K-드라마 프로그램 등을 활용한 VR 콘텐츠 개발 • 한류오락 프로그램 등을 활용한 VR 콘텐츠 개발
스포츠	• 동계올림픽을 소재로 봅슬레이, 스노보드, 노르딕, 스키점프 등 액션이 강한 종목의 VR 스트리밍 특화 콘텐츠 개발 • 동계올림픽을 소재로 피겨스케이팅, 쇼트트랙, 스피드스케이팅 등 실내경기 종목의 VR 특화 콘텐츠 개발

자료 : 문체부-미래부, 가상현실 신산업 플래그십 추진방안, 2016. 2.

2) 컴퓨터그래픽

컴퓨터그래픽(CG)은 소프트웨어 기반 시각 · 영상기술이자, 영화, 게임, 애니메이션 등 경쟁력 있는 콘텐츠의 기술과 인력을 제공하는 기반 산업이다. CG는 가상현실(VR) 게임, 실감시네마(다면영상), 홀로그램 공연, 테마파크 등 컴퓨터그래픽 기반의 파생시장 선점을 위하여 육성해야 할 필수산업이다.

영화 CG의 경우 기술 · 인력을 선도하는 소수의 메이저 CG 기업이 대부분 수주한 후 협력기업들과 같이 작업하는 방식을 채택한다. 우리나라도 대규모 CG기업이 중국 영화를 수주하여 소규모 CG 기업들과 공동협업을 하고 있는 실정이다.

CG 기반의 다면영상(극장의 전면 스크린 이외 양쪽 벽면까지 활용하는 상영기술) 분야를 새로운 글로벌 표준으로 육성하기 위하여 국내외 상영관 및 투자·배급업체, 중소기업 등이 글로벌 파트너십을 통하여 기술개발 및 콘텐츠 제작에 나서고 있다.

영화, 애니메이션, 게임, 만화산업은 다양한 제작지원 사업을 통해 국내 CG 기업의 직·간접적인 지원을 받고 있다. K-Pop 홀로그램 공연장 개소, 실감시네마 개발은 CG 기술과 공연, 영화 등이 결합하여 새로운 시장을 창출하고 있다.

해외 수주 프로젝트를 수행할 CG 선도기업 육성을 위해서는 기술력, 전문인력, 수주경험, 후발기업과의 협업 등 경쟁력을 유지하고 강화할 필요가 있다.

그림 10-5 CGV와 KAIST가 공동개발한 다면영상시스템 '스크린X'

3) 홀로그램 공연장(K-live, PLAY K-Pop)

홀로그램(hologram)은 어떤 대상 물체의 3차원 입체상을 재생하는 기술이다. 이 기술은 한류 스타의 콘서트를 관람할 수 있는 공연장에 적용되고 있다. K-Pop 스타의 실물을 첨단 IT 기술로 복제한 후 실물크기의 3차원 홀로그램으로 형상화한 결과, 마치 내 눈앞에서 스타가 공연을 펼치는 것처럼 느껴져 실감나게 즐길 수 있다.

2013년 7월 용인의 에버랜드 'K-Pop 홀로그램관'에서 싸이와 2NE1의 홀로그램 공연이 관객들에게 첫선을 보였다. 2014년 1월과 2015년 4월 동대문 '케이라이브(K-live)'를 통해 빅뱅과 지드래곤의 홀로그램 콘서트가 상영되는 등 관객들로부터 큰 호응을 얻었다. YG가 오픈한 K-Pop 홀로그램 전용관인 'K-live'는 K-Pop 스타들의 음반, 의류, 액세서리, 문구류 등을 구매할 수 있는 기프트숍과 2NE1, 빅뱅 등 YG 아티스트들의 역동적인 홀로그램쇼를 구경할 수 있다.

2015년 6월 제주도 중문관광단지에 홀로그램 콘텐츠 투자 배급사인 NIK와 디지털 테마파크인 '플레이 케이팝(PLAY K-Pop)' 개소를 지원했다. K-Pop 홀로그램 공연장은 싸이, 빅뱅, 지드래곤, 클론의 공연 등이 디지털기술로 재연되는 콘서트 상영을 비롯해 뮤지컬 등 다양한 형태의 공연이 가능하면서 외래 한류관광객의 한류 경험과 만족도 제고에 기여하고 있다.

최근 홀로그램 기술이 적용된 퓨전국악 및 어린이 뮤지컬, 피아노 연주 등 다양한 융복합 공연이 주목을 받았다.

국악 그룹 케이페라 린(Lin)은 2017년부터 아름다운 국악과 홀로그램 영상이 어우러진 퓨전국악 공연을 펼치고 있으며, 인기 애니메이션을 기반으로 만든 뮤지컬 메카드볼 〈지구를 지켜라〉는 3D 홀로그램과 매핑 등 증강현실을 공연에 접목하였다. 2023년 7월 피아니스트 강효지 씨는 세계 최초로 자동연주 피아노(디스클라비어), 뇌 영상장치 데이터 인터랙션, 홀로그램이 함께 하는 무대를 선보였다.

그림 10-6 제주 플레이케이팝(PLAY K-Pop) 입구 모습

4) 메타버스

1992년에 출간된 닐 스티븐슨(Neal Stephenson)의 SF소설 『스노우 크래쉬(Snow Crash)』에서 실제 세계(Universe)에 대비되는 인터넷 기반의 3D 사이버 공간을 '메타버스'로 지칭하고 시청각 출력장치를 이용해서 메타버스에서 상호작용하는 인간의 대리인을 '아바타(Avatar)'로 명명하였다. 메타버스란 가상과 현실이 융합된 초(meta) 세계(verse)로, 우리가 살고 있는 실제 현실 및 공간에 기초를 두면서, 물리적인 제약을 벗어나 인간과 사회의 기능을 확장하는 것을 의미한다.

2000년대 초반 현실과 다른 제2의 인생을 콘셉트로 〈세컨드라이프〉, 〈다다월드〉 등 메타버스의 초기서비스가 등장하였다. 하지만 아바타 작동의 어려움, 모바일 시대의 부적응, 콘텐츠 수급의 한계 등으로 메타버스 서비스는 지속되지 못하였다.

코로나19를 계기로 새로운 관계와 공간에 대한 요구와 모바일 기술의 발전으로 언제 어디서나 인터넷 기반 가상세계에 접근할 수 있는 기술발전으로 메타버스가 사회적 연결의 수단과 공간으로 적극 활용되기 시작하였다. 실제로 가상 AI 아이돌 그룹에 대한 글로벌 팬덤은 문화적 장벽과 언어적 장벽을 뛰어넘어 글로벌 콘텐츠 확산 효과를 거둘 수 있었다.

현재 메타버스는 팬데믹으로 인한 비대면 소통방식으로서의 소셜 플랫폼, 연예기획사, 패션 브랜드, 유통업체, 금융업계, 자동차 등을 포함한 기업들의 마케팅 창구, 스타와 팬덤이 상호작용할 수 있는 팬 플랫폼 등 다양한 목적으로 활용되고 있다. 이제 메타버스는 게임을 넘어 콘텐츠를 넘어 사회 속에서 소통과 연결의 수단으로 사용되고 있다.

MZ세대들은 메타버스에서 캐릭터를 만들어 오프라인에서 하지 못한 플렉스(flex · 힙합문화에서 유래한 자신의 부를 과시하는 행동)라든가 대리만족을 할 수 있으며, 인터넷을 통한 소통이 자연스러운 MZ세대가 사회의 주 구성원이 되면 이들의 구매력 증가와 기술 환경의 발전으로 메타버스의 가능성도 무한히 확장할 수 있을 것으로 전망된다.

(1) 국내 메타버스 플랫폼 동향

미국의 어린이들이 가장 선호하는 메타버스 플랫폼은 '로블록스(Roblox)'[06]이다. 로블록스는 메타버스를 기반으로 한 게임 플랫폼으로 사용자가 직접 게임을 설계하고 판매하여 또 다른 사용자가 그 게임을 즐기는 '다중 구조'로 이루어져 있다. 현재 로블록스는 일종의 '게임 버전의 유튜브'라고 말할 수 있으며, 2021년 기준으로 1,050만 명에 달하는 개발자가 5,000만 개 이상의 게임을 제작해 올렸다. 이런 게임들은 로블록스 개발사에서 만든 것이 아니라 사용자가 직접 만든 것으로 사용자를 끌어들여 콘텐츠를 직접 만들게 하여 외부 트렌드 변화를 따라간다는 것이 르블록스의 강점이다.[07]

제페토 트와이스 티저 장면

국내에서는 네이버제트의 '제페토'가 대표적 메타버스 플랫폼으로 꼽을 수 있다. 2018년 8월 출시한 제페토는 증강현실(AR) 아타바서비스로 제페토 스튜디오를 활용해 누구나 아이템을 디자인하고 제작해서 판매할 수 있다.

제페토는 가상공간에 AR 콘텐츠, 게임, SNS 기능이 모두 포함되어 있어 10대 청소년층을 중심으로 인기를 끌고 있다. 2022년 3월 전 세계 가입자가 3억 명을 돌파할 정도로 인기 있는 메타버스 플랫폼으로 성장하였다. 전체 가입자 중 80%가 10대이며, 해외 이용자가 90%를 차지해서 전 세계 MZ세대와의 접점을 넓히는 최적화된 플랫폼으로 자리매김하였다.

'제페토'의 등장은 K-Pop/음악, 패션 분야의 콘텐츠로 확장하고 서로 간에 결합할 수 있는 기반을 조성하였다. 특히 게임이나 액티비티 요소, 아이템 판매와 같은 요소를 즐길 수 있고 부캐 문화와 사용자 창작 콘텐츠(UGC) 등 MZ세대에 익숙한 것들을 가상으로 옮겼다는 점에서 강점이다.

06 '로블록스'는 콘텐츠를 이용자 등 외주에서 창작하게 하고 회사는 플랫폼에 집중함으로써 YouTube, Airbnb, Facebook과 같은 커뮤니티 플랫폼으로 성장하였다.

07 이치헌 외, 메타버스 무작정 따라하기, 도서출판 길벗, 2022, pp.77~79.

SK텔레콤이 2021년 7월 출시한 이프랜드는 메타버스 후발주자에 속한다. 초기의 이프랜드는 크리에이터 이코노미보다는 '체험형 메타버스' 정도로 보였으나 시각적 기능이 보완되어 이제는 다양한 사람들이 이프랜드에서 자신의 부캐를 만들어 활동하면서 인플루언서로 성장을 꿈꾸고 있다. 공식 인플루언서 그룹인 '이프렌즈(ifriends)'를 통해서 SK텔레콤의 지원을 받으며 활동할 수 있다.[08]

2022년 9월에 진행한 업데이트를 통해 제페토와 마찬가지로 이프랜드에서도 의상을 비롯한 다양한 아이템을 제작할 수 있으며, 출석 및 미션수행, 후원 등으로 포인트를 얻을 수 있어 추가적인 수익활동이 가능하다. 제페토가 10대 중심의 글로벌 플랫폼이라는 특성을 살렸다면, 이프랜드는 아직 국내로 한정돼 지식공유나 강연 등 기성세대에게 어울리는 플랫폼이다.

이프랜드는 비대면 사회로의 전환기에서 행사와 모임 기능을 강화하여 다양한 행사를 개최하는 메타버스 플랫폼으로 인지도를 높였다. 제야의 종과 새해 첫 해돋이는 물론 콘서트, 전시회, 대학축제, 불꽃놀이 등 다양한 행사를 흡수하며 비대면 행사에 새로운 지평을 열어갔다.

2003년 출시해 300만 명의 회원수를 보유했던 인기 게임 '퍼피레드'가 2022년 8월 메타버스 버전으로 돌아왔다. 카카오가 메타버스 사업 확장을 위해 국내 모바일 게임기업 넵튠 및 컬러버스와 손을 잡고 퍼피레드를 개발하였다. 퍼피레드는 게임 요소에 기반을 둔 생활체험형 콘텐츠가 많고 내가 만든 미니 파크 안에 가족과 친구를 초대하여 미니 파크에 놀러 다니면서 콘텐츠를 만든다. 이는 제페토와 이프랜드와는 다른 특성을 갖고 있다.

또한 퍼피레드는 마이크를 통해 음성으로 대화하지 않고 타이핑을 기반으로 유저 간 소통이 이루어져 게임방에서 채팅을 진행하는 방식으로 레트로한 느낌을 살렸다. 제페토와 이프랜드는 각 부캐의 '팔로워'수에 초점을 맞춘 반면, 퍼피레드는 유저가 만든 '미니 파크'의 추천수, 방문자수에 더 중점을 두고 있다.

현재 한국판 로블록스라 불리는 레드브릭을 비롯해 엔씨소프트, 위버스 컴퍼니 등 국내 메타버스 서비스 기업들은 경쟁력을 높이고 이용자를 확보하기 위

08 노가영 · 김봉제 · 이상협, 2023 콘텐츠가 전부다, 미래의 창, 2022, pp.303~304.

해 서비스 개발에 힘쓰고 있다. 이를 뒷받침하기 위해서는 정부가 메타버스 사업의 체계적 지원 및 법체계를 정비할 필요가 있다. 또한 메타버스 기업에 대한 콘텐츠 제작을 중심으로 인프라 구축 지원 및 크리에이터 양성 지원 등으로 메타버스 생태계가 조성되어 우리가 선점할 수 있는 플랫폼의 선택지를 확대해야 할 것이다.

표 10-3 국내 메타버스 플랫폼 비교 정리

플랫폼	제페토	이프랜드	퍼피레드
모기업	네이버	SK텔레콤	카카오
출시연도	2018년 8월	2021년 7월	2022년 8월
무료 동시접속 최대인원	아바타 접속 16명+ 무료 관전인원 60명	아바타 접속 31명+ 무료 관전인원 100명 (버추얼 밋업)	30명
수익화 여부	가능	가능	구축 예정
기능	• 패션, 아이템 판매 • AR 콘텐츠, 게임, SNS 기능 • 빌드업 기능으로 가상 공간 제작	• 아바타 패션 아이템 보유 • 문서, 영상 등 각종 자료 공유 • 출석 및 미션수행, 후원 등 추가수익	• 체험형 생활콘텐츠 • 미니 파크 • 타이핑 기반 유저 소통
활용	• 엔터테인먼트(가상 팬사인회, 댄스 퍼포머스) • 기업 브랜드 공간 구성	• 아바타 토크쇼, 설명회 • 대학입학및 졸업식 • 콘서트, 시사회	• 애완동물, 식물 채집, 요리 등 콘텐츠 • 유저가 만든 미니 파크 • 서포터즈 모집 및 활동

자료 : 이치헌 외, 메타버스 무작정 따라하기, 2022, p.92 재구성함.

(2) 메타버스 활용

국내 방송사들은 본격적으로 메타버스 예능 프로그램을 선보이기 시작하였다. 가장 대표적인 메타버스 예능으로 〈아바타싱어〉(MBN), 〈스타탄생〉(JTBC), 〈아바드림〉(TV조선)을 꼽을 수 있다. 메타버스 예능은 메타버스 개념과 관련 AI 기술을 접목하였고, 디지털 휴먼 아바타가 등장하여 노래 경연을 하는 음악쇼라는 공통점이 있으며, 인간의 몸에 센서를 부착해 움직임을 따내는 모션캡처 기술, 실시간 증강현실(AR), 모션캡처한 영상을 실시간으로 송출하는 라이브 링크, AI 음성복원, 홀로그램 기술 등을 적용하였다.

MBN은 2022년 8월 국내 최초 음악 서바이벌인 〈아바타 싱어〉를 선보이며 TV방송에 색다른 즐거움을 줬다. 모션캡처 수트를 입은 실제 가수들과 똑같은 3D 아바타가 움직이면서 노래를 부르는 방식으로 메타버스판 '복면가왕'을 선보였다.

JTBC는 2022년 8월 방영한 데이트 프로그램 〈러브in〉에서 가상현실에 존재하는 3D 아바타가 아닌 실제 사람을 아바타로 활용해 기존의 연애 예능에 다른 재미를 더했다. 러브 타운이라는 공간 안에서 얼굴과 목소리를 전혀 모르는 출연자들이 아바타를 앞세워 소개팅 및 데이트를 하는 방식이다.

2021년 〈부캐전성시대〉로 한차례 메타버스 예능을 선보였던 TV조선은 탄탄한 기술력과 잘 짜인 스토리를 기반으로 2022년 10월부터 〈아바드림〉을 방영했다. '드리머(Dreamer)'라고 불리는 이들이 상상했던 또 다른 자신의 부캐를 버추얼 아바타로 구현해 출연하고, 패널들과 시청자가 본캐가 누구인지 맞히는 형식이다. 방영 전, 교통사고로 하반신을 쓸 수 없게 된 가수 강원래가 아바타를 통해 휠체어에서 일어나 서 있는 모습이 포스터로 공개되면서 화제가 됐다.[09]

콘텐츠 유통사들도 메타버스 플랫폼에서 시사회를 진행하고 있다. 티빙 오리지널 드라마 〈어른 연습생〉은 이프랜드에서 드라마 상영회를 개최하여 예비 시청자들이 가상공간에 마련된 공연장에서 영상을 보고 작품에 대한 이야기를 나눴다.

영화 〈리슨〉도 2021년 11월 메타버스 플랫폼 '이프랜드'에서 오픈 토크로 예비 관객을 만났다. 오픈 토크에서는 SK텔레콤 메타버스 '이프랜드'와의 협업으로 가상공간 안에서 5명의 이프랜드 인플루언서들이 다양한 연령대의 리스너들과 만나 영화가 강조하는 소통의 중요성을 되새기는 의미 있는 시간을 만들었다.

유통업계에서는 편의점 CU가 최초로 진출하여 2021년 8월 메타버스 1호점인 한강공원점이 제페토에 입점하였다. 편의점은 제페토 속 인기 맵인 '한강공원'에 생성되며, 사용자들은 가상으로 커피와 라면 등을 구입할 수 있다. CU는

09 노가영 · 김봉제 · 이상협, 2023 콘텐츠가 전부다, 미래의 창, 2022, pp.320~321.

2호점인 '교실 매점', 3호점인 '지하철역점'을 차례로 개설했다. 3호점의 경우 무인 편의점 콘셉트로 점포 입구에 안면 인식기기가 설치돼 있어서 아바타가 접근하면 자동으로 문이 열리고 출입구 옆에는 셀프 결제 앱인 'CU 바이셀프'가 적용된 키오스크가 설치되었다.

국내 연예기획사에서도 메타버스를 적극 활용하고 있다. 세계적인 아이돌 그룹 블랙핑크는 2020년 제페토에서 팬 사인회를 개최하였다. 팬 사인회에서는 블랙핑크 멤버를 꼭 닮은 네 명의 아바타와 내 아바타가 함께 재미있는 포즈를 연출하며 기념촬영을 할 수 있는 기회도 주어졌다. 한 달 동안 4,600만 명이 넘는 사용자가 다녀갔다.

블랙핑크는 더불어 2020년 아바타 서비스 제페토와 손을 잡고 '아이스크림'(Ice Cream) 퍼포먼스 비디오를 내놓아 화제를 모았다. 또한 2022년 8월 블랙핑크가 선보인 '레디 포 러브'(Ready For Love)' 3D 아바타 뮤직비디오가 전 세계 유튜브를 점령했다. 블랙핑크가 공개한 배틀그라운드 모바일 인게임 콘서트 스페셜 트랙인 '레디 포 러브'의 3D 아바타 뮤직비디오가 7개월 만에 유튜브 조회수가 무려 1억 2천만 회를 기록했다. 블랙핑크 멤버들이 직접 등장하지 않는 3D 아바타 영상인데도 유튜브 내 영상 최다 조회수를 기록하여 음악을 향한 글

그림 10-7 블랙핑크의 'Ready For Love' 3D 아바타 뮤직비디오

사진제공 : YG엔터테인먼트

로벌 팬들의 큰 관심과 기대치를 짐작할 수 있었다.

메타버스가 AR을 활용하여 비대면 연극이나 엔터테인먼트 가상공연 등으로 적극 활용되고 있다. 콘서트를 하지 못하게 된 가수들은 온라인 공연이나 온라인 팬미팅을 하며 AR, VR 등의 기술을 통해 가상공간에서의 공연을 선보였다.

5) 인공지능과 챗GPT

챗GPT

인공지능은 1956년 저명한 컴퓨터과학자 존 매카시(John McCarthy)[10]가 다트머스 학회에서 처음 만들어 낸 개념이다. 당시 매카시는 인공지능을 '스마트한 기계를 만드는 과학과 엔지니어링'이라고 간결하게 정의하였다. 그로부터 70년이 지난 2022년 챗GPT와 생성 AI가 소개되면서 컴퓨팅 기술은 혁명적으로 변화하였다. 2016년 딥마인드가 개발한 인공지능 '알파고'가 이세돌 9단을 격파한 이후 오픈AI(마이크로소프트 최대주주) 챗GPT, MS 빙, 구글 바드, MS 코파일럿 등 다양한 분야에서 사용되는 생성형 인공지능이 경쟁적으로 개발되었다.

이제는 전기, 반도체, 금융, 의료, 교육, 모빌리티, 유통 등 AI와 연관된 산업이 없을 정도로 다양한 분야에서 활용이 가능하다. AI '디에이징' 기술이 광고나 방송 분야에 적용되어 배우의 과거 모습을 재현하거나 생성형 AI를 활용하여 오디오 콘텐츠를 제작하기기도 하는 등 문화산업 분야까지도 인공지능이 도입되고 있다.

(1) 인공지능과 생성 AI의 특성

인공지능은 인간의 사고와 행동을 흉내내거나 따라 할 수 있는 연산시스템의

10 존 매카시(1927~2011)는 미국의 인지심리학자이자 컴퓨터과학자로 인공지능에 대한 연구 업적을 인정받아 1971년 컴퓨터과학계의 노벨상으로 일컫는 튜링상을 받았으며, 자타가 공인하는 '인공지능의 아버지'로 불린다.

능력으로 인지, 추론, 판단하는 사람의 능력을 컴퓨터로 구현한 기술이다. 이런 인공지능 중에서도 텍스트, 이미지, 오디오 등의 기존 콘텐츠를 활용해서 새로운 콘텐츠를 만들어내는 기술을 생성형 AI[11]라고 일컫는다. 대화에 특화된 '챗GPT'도 생성형 AI의 한 종류이고 스스로 예측하여 결과를 도출해내는 창작 능력을 갖춘 인공지능기술이다.

챗GPT는 오픈AI가 2022년 11월 30일 출시한 이래 5일 만에 100만 명, 40일 만에 1,000만 명의 사용자를 만들어내는 강력한 AI 플랫폼으로 등장하였다. 챗GPT는 챗GPT 3.5(베타 버전)를 기반으로 하는 대화형 인공지능서비스로 사용자와 대화에서 질문에 답을 하도록 설계된 언어모델이다. 2023년 3월에는 챗GPT 개발사 오픈AI가 최신 모델인 챗GPT 4.0 최신 버전을 공개했는데, 2만 5천 단어 이상 장문의 글을 처리할 수 있고, 기존 버전보다 정확도와 안정성이 높아졌다. 즉, 챗GPT 4.0은 기존의 규칙기반 챗봇과는 다르게 언어생성 방식으로 대화의 문맥을 파악할 수 있으며, 텍스트와 이미지를 입력 데이터로 활용할 수 있다.

우리나라 인공지능 개발에서 네이버가 가장 선도적인 위치를 차지하고 있다. 네이버는 이미 2021년 국내 최초의 초거대 AI 언어 모델 '하이퍼클로바'를 공개했는데, 사용된 매개변수가 무려 2,040억 개로 챗GPT의 GPT 3.5(1,750억 개) 수준을 넘어섰다. 그중 챗GPT처럼 간단한 프롬프트만 입력하면 AI가 코딩을 해주는 '클로바스튜디오'는 이미 500여 스타트업이 이용하고 있고, 네이버 쇼핑의 상품 소개글을 작성하거나 회의록을 요약하는 데도 사용하고 있다.

앞으로 챗GPT는 업무환경, 제작환경, 창작자환경 등의 콘텐츠산업에 영향을 끼칠 것으로 전망된다.[12] 먼저 업무환경 측면에서 최근 기업들이 인력을 대체하여 생성형 AI를 활용한 사례가 있으며, 생성형 AI의 완성도가 높아짐에 따라 비용과 시간단축 등에 효과적이다. 제작환경 측면에서 생성형 AI를 통해 텍스트 입력을 하고 웹툰, 캐릭터 등 다양한 콘텐츠를 생산할 수 있어, 단시간 내 다양

11 생성형(Generative) AI는 명령어를 통해 사용자의 의도를 스스로 이해하고 원하는 작업을 자동으로 수행하여 새로운 콘텐츠를 만들어내는 인공지능기술이라고 정의한다.

12 권구민 · 김현석, 콘텐츠산업의 생성형 AI 활용 이슈와 대응 과제, 한국콘텐츠진흥원 KOCCA FOCUS, 2023, p.2.

한 장르의 콘텐츠 생산을 기대할 수 있다. 또한 생성형 AI를 활용한 콘텐츠 창작 툴의 증가는 이전보다 더 편리한 사용성을 제공해 창작환경에서 영향을 미칠 것으로 예상된다. 챗GPT는 사용목적에 맞게 다양한 형태로 개발되고 있으며, 텍스트 작업부터 그림, 영상, 음악, 프로그램 개발까지 다양한 분야에서 활용이 될 수 있다.

표 10-4 챗GPT의 사용목적에 따른 개발 유형 비교

개발 유형	특징	개발 AI
텍스트 AI	• 텍스트를 생성, 분석, 요약, 번역 등의 작업이 가능하며 마케팅(콘텐츠), 고객지원(채팅/이메일), 판매(이메일), 일반글, 노트필기에 활용가능	뤼튼, 아나트, Create with Alexa
그림 AI	• 그림을 생성, 화풍 변화 및 정교화 작업이 가능하며 이미지 생성, 소비자/소셜, 미디어/광고, 디자인에 활용가능	콜레리
영상 AI	• 영상을 생성, 창의적으로 변형된 새로운 동영상 작업이 가능하며 비디오 편집, 동영상 제작에 활용가능	Make-A-Video, 플리키, AI Studio
음악 AI	• 음악을 생성, 원하는 스타일(리듬, 화음 등)의 음악 작업이 가능하며 음악 생성, 음악 편집, 음성 합성에 활용가능	Magenta, Dance Diffusion, 타입캐스트
프로그래밍 AI	• 코드를 생성, 개발자의 의도에 맞는 코드(code) 작업이 가능하며, 코드 생성, 코드 문서화, SQL(데이터베이스) 변환, 웹/앱 구축에 활용가능	Codex, 코파일럿(Copilot)

자료 : 콘텐츠산업의 생성형 AI 활용 이슈와 대응 과제, 2023, p.4 재구성함.

(2) 생성형 AI(챗GPT)의 활용 사례

문화산업에서도 인공지능기술이 빠르게 적용되어 창작자들의 작업시간을 줄이고 경제적 가치를 창출하고 있다. 방송, 광고 영상에 AI 딥러닝과 디에이징 기술이 활용되어 배우들의 젊은 시절 모습과 목소리를 재현하였다.

챗GPT와 같은 인공지능기술이 증가하는 학습 데이터와 새로 개발되는 AI 기술(알고리즘) 등장과 결합으로 계속 발전해 나갈 것이며, 그 파급력은 더욱 커질 것으로 예측된다.

챗GPT는 인공지능을 활용한 자연어 처리 기술로, 언어와 관련된 다양한 문제를 해결할 수 있다. 이를 통해 문화산업에서는 다양한 형태의 언어 콘텐츠를

생성하고, 이를 다양한 언어권 사용자들에게 제공하는 등의 역할을 수행할 수 있다. 그러나 표절과 대필 문제, 저작권 문제가 계속해서 발생할 가능성이 높아 챗GPT를 통해 제작된 창작물의 지적재산권의 인정범위 기준을 마련해야 할 것이다. 생성형 AI가 문화콘텐츠 산업에서 어느 정도 활용되고 있고 크리에이터의 창작 작업에 효과적으로 활용되는지 출판산업부터 방송산업, 광고산업, 게임사업, 음악산업, 교육산업까지 파급효과에 대해서 알아보기로 한다.

① 출판산업

전자책시장에서 AI 성우를 활용하여 오디오 콘텐츠를 제작하는데 AI가 유용한 도구로 활용되고 있다.

밀리의 서재는 성우나 배우들의 음성을 생성형 AI에 학습을 시켜 오디오북을 제작하였다. 오디오 드라마 〈어서 오세요, 휴남동 서점입니다〉에서 일부 배역으로 AI 보이스를 활용하기도 하였다.

하이브(HYBE)의 경우 2020년 AI를 통해 BTS 멤버들의 목소리를 활용한 한국어 입문교재를 제작하였다. 한국어 교재는 'Learn! KOREAN with BTS'라는 타이틀로 출시하여 자사 플랫폼 위버스에 무료 동영상 콘텐츠를 공개하였으며, 현재까지 전 세계 30여 개 국가에서 30만 권을 판매하였다.

② 방송, 광고산업

'AI 디에이징'은 AI가 배우의 과거 작품을 학습해 얼굴을 분석한 뒤 현재 영상 속 실제 배우의 입모양과 표정 등에 맞춰 젊은 얼굴을 합성하는 기술이다.

디즈니플러스 오리지널 시리즈 〈카지노〉에서는 30대 시절 배우 최민식의 모습이 재현돼 떠들썩했다. 또한 '보이스 디에이징' 기술을 입혀 다양한 대사에 자연스럽게 '60대 최민식'의 목소리가 '30대 최민식'의 목소리로 변환되도록 만들었다.

이와 함께 광고 영상에 AI 딥러닝과 디에이징 기술이 활용되었다. KB라이프생명이 국내 최초 AI로 20대 윤여정을 광고 모델로 구현하여 화제를 모았다. 이 광고는 2023년 1월 공개와 함께 윤여정 배우와 촬영한 '라이프를 나름답게' 유튜브 영상이 누적 조회수 500만 회를 기록했다.

앞으로 '디에이징' 기술은 영상을 활용하는 콘텐츠산업(영화/애니/방송/광고/캐릭터 등) 분야에서 다양하게 적용할 가능성이 크다.

AI 디에이징 기술은 [문화마케팅 따라잡기] 코너 '20대 윤여정 · 30대 최민식, 얼굴 확 바뀌었다'를 참조하길 바란다.

③ 게임산업

게임업체들은 이미 AI 연구를 진행하고 있으며, 생성형 AI를 통해 게임 이용자들에게 새로운 경험을 제공하고 있다.

엔씨소프트는 AI의 중요성을 인식하고 2010년부터 AI 전담조직을 조직하여 언어처리기술, 지식기술, 컴퓨터 비전, 음성인식 및 합성기술 등을 연구하고 있다.

엔씨소프트는 현재 게임개발 과정에서 AI 기술이 콘텐츠 창작과 게임제작 과정 효율화라는 높은 단계의 적용이 이루어져 있다. 대표적인 사례가 업계 최초로 강화학습을 기반으로 한 AI 다중 전투 콘텐츠를 MMORPG에 도입한 것이다. 강화학습은 주어진 환경 속 행동에 따른 보상과 벌점을 부여해 스스로 방법을 탐색하도록 하는 기계학습 방법이 적용됐다(아이뉴스24, 2023. 2. 15).

또한 엔씨소프트는 2021년 '모바일 리니지W'에 서로 다른 국적의 이용자들이 쓰는 게임용어나 속어의 문맥을 읽고 다른 언어로 번역할 수 있는 AI 기술을 적용했다. '리니지W'에 AI 번역 기술을 도입하여 메시지 옆 번역 버튼을 클릭하거나 채팅 설정에서 자동 번역을 설정해 각국 언어를 변환한 메시지로 소통을 가능하게 했다.

국내 게임사 중에서 넥슨, 넷마블, 스마일게이트 등이 딥러닝, 시뮬레이션, 음성합성, 챗봇 등을 적용한 AI 기술을 이용하고 있으며, 이들 회사는 챗GPT를 활용해 기본플레이가 가능한 게임을 제작할 수 있는 시스템 연구를 진행하고 있다.

④ 음악산업

텍스트 형식의 프롬프트를 음원으로 바꿔주는 구글의 뮤직LM 서비스는 소비자들로부터 '음악계의 챗GPT'로 주목을 받았다.

2023년 초 구글이 공개한 뮤직LM은 문자를 음악으로 바꾸고, 멜로디를 다른 악기로 변환하는 등 전반적인 음악 생성 기능을 갖췄다. 구글 AI 연구팀은 뮤직LM이 28만 시간 분량의 음악 데이터셋으로 구성되는데, 음질은 24KHz(킬로헤르츠) 수준으로 복잡한 텍스트를 입력해도 어울리는 음악을 만든다고 밝혔다. 사용자는 듣고 싶은 음악을 문자로 입력만 하면 된다. 예를 들어, 사용자가 '70년대식 재즈와 어울리는 보컬로 이루어진 음악'을 모델에 요청하면 이에 맞는 노래를 들을 수 있다. 하지만 구글측은 표절 등 저작권 문제 발생 소지 때문에 뮤직LM 서비스를 공개하지 않기로 하였다.

국내 음악시장에서 현재 AI가 작곡과 음원 스트리밍 플랫폼에서 가장 많이 활용되고 있다.

작곡에서의 AI 활용사례는 2016년 광주과학기술원 안창욱 AI대학원 교수가 개발한 AI 작곡가 '이봄(EvoM)'이 2020년 신인 가수 하연의 데뷔곡 '아이즈 온 유(Eyes On You)'를 작곡하였고, 2021년 홍진영의 '사랑은 24시간'을 통해 대중음악 작곡가로서 인지도를 높였다.

음원 스트리밍 분야에서 지니뮤직은 2020년 업계 최초로 AI가 제작한 동요 앨범을 출시하였고 네이버 VIBE는 AI 기술을 활용해 음원에서 사람의 목소리를 제거한 '노래방 모드'를 지원하는 등 AI 기술 기반의 음원 제작이 활발히 진행되고 있다(코카포커스152호, 2023. 6. 19).

⑤ 교육산업

챗GPT와 생성형 AI가 학교 교육에도 영향을 미칠 것으로 보인다. 인공지능이 학생들에게 개인화된 맞춤형 학습지도를 해주는 선생님 역할을 하고, 풍부해진 데이터로 AI 선생님이 효과적이고 재미있고 몰입하게 만드는 교사로 변신할 것이다. 챗GPT가 가르치는 사람에서 코치나 컨설턴트 역할로 전환될 것이다.[13]

하지만 챗GPT의 등장으로 학생들의 글쓰기, 논문작성, 시험 등을 챗GPT에 의존하는 사례가 폭증하고 있다. 글쓰기 과제에서 학생들의 챗GPT 사용을 금

13 권대기, 챗GPT 혁명, 베가북스, 2023. p.135.

지하는 학교도 있고, 학술지에서도 챗GPT 같은 AI를 논문 공동저자로 인정하지 않기로 선언했다. 심지어 제로 챗GPT처럼 챗GPT가 쓴 글을 감별해주는 서비스까지 나왔다.

생성형 AI는 외국어 교육 분야에 미치는 영향력이 막대할 것이다. 기존 번역기와는 차원이 다른 뛰어난 성능을 보유한 챗GPT는 단순한 번역을 넘어 교정도 해주고 문법의 오류까지 설명해준다.

따라서 영어를 포함한 다양한 외국어 교육에 쓸모가 클 것이다. 구루미라는 이름의 화상 플랫폼 기업이 개발하고 있는 비대면 교육서비스가 그런 경우인데, 챗GPT와 거대 이미지 생성모델인 달리2 등 생성형 AI를 적용해 학생들의 궁금증을 해소해주고 영어 공부를 창의적으로 할 수 있도록 도와주고 있다.

챗GPT는 학습한 데이터에 대한 저작권이나 창작물의 표절 문제를 일으킬 수 있다. 현재 AI기술 발전에 따라 생성형 AI가 창작한 결과물에 대한 저작권, 특허권 같은 지적재산권의 인정문제나 지식재산권의 소유자에 대한 명확한 규정이 없다. 이런 이유로 생성형 AI의 결과물에 대한 사용수익이나 처분 등에 대한 사항, 표절, 제3자 모방 등에 대한 법적 보호 조치가 불분명하다. 따라서 생성형 AI와 관련된 법제도의 조속한 정비가 필요하고 글로벌 차원에서 새로운 AI 저작권 기준을 마련해야 한다. AI 기술이 지속적으로 발전함에 따라 창작자의 권리를 보장하고 법적 분쟁을 피하기 위해서는 법률 전문가, AI 연구원 및 이해관계자 간의 협력적인 노력이 필요하다.

6) 드론 활용

최근 무인항공기 드론(Drone)은 방송, 영화 및 스포츠중계 등 특수촬영에 활용되고 있다. 방송용 카메라를 탑재한 드론을 활용한 촬영은 영화나 예능프로그램뿐만 아니라 스포츠중계와 다큐멘터리에도 적용되고 있다.

드론을 이용해 현장을 취재 · 보도하는 것을 '드론 저널리즘'이라고 일컫는다. 드론 저널리즘의 대표 사례로는 경주 마우나리조트 붕괴사고(2014년)나 인천 영종대교 106중 추돌사고(2015년)가 자주 언급되어지고, 이곳 현장 모두 사람이 찍기 어려운 사진이었다. 뉴스미디어들이 카메라 대신 드론을 활용하려는 이유는 지리적으로 접근하기 힘들거나 위험한 지역에서도 생생한 사진과 동영상을 찍을 수 있기 때문이다. 이 때문에 드론 저널리즘은 보통 재난보도에서 유용하게 쓰인다. 또한 평범한 카메라 앵글을 벗어나 피사체를 상공에서 내려다봄으로써 새로운 관점을 제공해준다는 것도 커다란 장점이다.[14]

이처럼 드론은 콘텐츠 제작 및 이벤트 행사에 활용되면서 효율적인 영상촬영의 수단으로 이용되고 있다. 실제로 2006년부터 HD 촬영을 시작한 KBS는 항공기 Bell430 기종에 KBS 9시 뉴스 전 한국의 주요 경관(Station Break 형태로 30초 영상 구성)을 촬영하는데 보통 조종사 2명, 카메라맨 1명, 제작자 1명(기자, PD) 등 4명이 기본적으로 탑승하지만, 최근 드론기술의 발전으로 인건비 투입 없이 100~150만 원으로 항공촬영을 할 수 있어 비용절감 및 사고위험에 대한 부담을 줄이고 있다.

방송, 영상 등 저널리즘 활용 이외에도 영화에서도 드론이 활발히 사용되고 있다. 2013년 개봉한 영화 〈감시자들〉의 차량 추격전 장면은 드론을 통해 촬영했다. 2015년 영화 〈탐정〉(권상우, 성동일 주연) 현장에서도 드론이 활용됐으며, 나홍진 감독의 〈곡성〉(황정민, 천우희 주연)에서도 사용했다.

공연 분야에서도 드론을 이용한 신개념의 공연이 펼쳐졌다. GIST 안효성 교수팀의 드론 연구랩은 2015년 9월 어린이공연문화축제 전야제에 드론 12대를 활용한 국악 라이브 앙상블과 융합공연을 선보였다. '반딧불이의 기억'이란 주제로 개최된 공연은 최첨단 기술 드론을 활용해 아름다운 선율과 함께 여름밤 어린이에게 아름다운 동심을 선물한다는 내용을 담았다. 완구용 비행로봇인 '드론파이터'는 장애물을 설계해 통과하는 경주 형태만이 아니라 배틀게임도 가능하다. 이처럼 완구용 드론이 보급되면서 드론을 날리며 야외활동을 즐기거나 동호회를 구성하는 등 키덜트(kidult)[15] 문화 자체가 양성화되고 있다.

세계 최고의 미래학자 토마스 프레이(Thomas Frey) 다빈치연구소장은 자신의 강연 홈페이지에서 192가지의 다양한 형태의 드론을 제시하면서 콘서트나 이벤트에서 드론을 특수효과로 사용하는 것에 주목했다. 그는 콘서트 드론이나

---

14 이창민, 2020 미디어트렌드, 한스미디어, 2016, pp.296~297.

15 아이와 같은 감성과 취향을 간직하고 있는 어른으로 장난감과 같은 대상을 통해 자신의 동심에 열광적으로 헌신하는 모습을 보인다.

서커스 드론, 퍼포먼스 아트 드론, 불꽃놀이 드론 등 엔터테인먼트 분야에서 다양한 활용가능성을 제시하였다.[16]

▌표 10-5 ▌문화산업에서 드론의 활용 분야

분야	내용
방송, 영상	• 지상파 3사와 종편은 드론 및 영상촬영장비(헬리캠)를 보유 • KBS는 드론을 활용해 150여 건 취재/연합뉴스 드론전담 기자 • 〈1박2일〉, 〈꽃보다 할배〉, 〈삼시세끼〉 등 예능프로그램과 다큐 등 영상제작에 사용 • 웨어러블 드론 '닉시(Nixie)' 개발로 공중에서 사람 주변을 돌며 사진이나 동영상 촬영가능
영화	• 2015년 나홍진 감독의 〈곡성〉과 김정훈 감독의 〈탐정〉에서 드론을 사용 • 할리우드에서 드론을 소재로 한 영화제작 및 항공촬영에 드론을 활용
공연	• 경기도립국악단은 2015년 8월 '날아라 슈퍼뮤직'이란 주제로 국악과 드론이 어우러진 드론음악회 개최(아이드론 기획) • GIST 안효성 교수의 '반딧불이의 기억' 드론 공연 및 LED 연출
게임	• 위플게임즈의 드론 아이콘을 활용한 FPS 게임 '아이언사이트' 개발 • 엔씨소프트가 2014년 드론 제조업체인 바이로봇에 10억 원 투자
완구(장난감)	• 바이로봇, 완구용 비행로봇인 '드론 파이터'를 시작으로 완구용 드론 개발 • 어른을 타깃으로 하는 완구시장 확대로 '키덜트문화' 형성
스포츠	• 동호회 중심의 드론레이싱 대회 진행 • 한국드론레이싱협회(KDRA)가 국제드론레이싱의 국내유치와 프로화 추진

자료 : 윤홍근, 드론의 문화산업 분야 활용방안에 관한 연구, 디지털산업정보학회, 11권 4호, 2015, p.109.

7) 빅데이터 활용

빅데이터(Big Data)는 시대적 흐름이나 트렌드를 파악해 시청자들에게 전달하는 콘텐츠 기획이나 제작에 기여하고 있다. 흔히 빅데이터는 저장 · 관리 · 분석할 수 있는 범위를 초과하는 규모의 엄청난 데이터를 의미하는 것으로 축적된 데이터를 분석해 잠재적인 소비자와 관련된 의미 있는 패턴을 발견하는 작업이다. 실제로 미국 드라마 〈하우스 오브 카드〉의 경우, 감독과 배우 캐스팅부터 제작 전반에 걸쳐 빅데이터분석을 기반으로 이루어져 성공을 거둔 대표적인 프로그램으로 꼽힌다.

16 Futurist Speaker – Thomas Frey, http://www.futuristspeaker.com.

방송 분야에서는 SNS에 남긴 시청자들의 흔적들을 모아 텍스트마이닝 기법을 통해 데이터를 분석하여 시청자의 반응이나 프로그램의 사전홍보, 피드백 등에 적극 활용하고 있다. 실제로 2013년 11월 JTBC 프로그램 〈썰전〉에서는 텍스트마이닝을 이용하여 최근 5년간 국민 여동생 칭호를 얻은 여자 연예인들을 분석했다.

영화 분야에서는 영화관객의 인지도와 호감도 및 언급량을 분석해 소셜데이터와 연동하여 마케팅 및 영화흥행을 예측하기도 한다. 모 분석업체는 2012년에 개봉된 영화 〈베를린〉에 대한 트위터 게시물 수백만 건을 분석해 영화의 인지도와 호감도를 측정하고, 개봉 이후 이슈로 떠오른 관련인물의 순위 등을 파악하여 영화 흥행을 위한 마케팅에 활용하였다.

최근 K-Pop과 드라마에 대한 검색량을 분석하여 한류의 현주소를 확인하는 재미있는 연구결과가 도출되었다. 구글 트렌드를 통해 123명(팀)의 K-Pop 가수들과 274편의 드라마 검색량 추이를 분석하여 한류의 확산실태를 확인하였다(이지홍 · 김민희, 2014).

분석 결과 K-Pop, 한국 드라마 중심의 한류확산이 실제 방한 관광객수, 소비재 제품의 수출과 높은 상관관계를 보였다. 국가별로는 한류 성장국가(미국, 터키, 아랍, 인도 등)들의 한국 관광객수가 한류 검색량과 상관관계가 높은 것으로 나타났다. 한류 성숙국가(대만, 베트남, 일본, 중국)의 경우에는 드라마보다는 K-Pop과 상관관계가 더 높게 나타났다.

문화산업 분야에서 빅데이터는 주로 소셜데이터를 이용하여 이미지분석(브랜드분석), 트렌드분석, 위기관리, 스토리텔링의 도구, 마케팅 활용 등을 위한 목적으로 활용된다.

표 10-6 문화산업 분야에서 빅데이터의 활용 유형

활용 유형	내용
이미지분석 (브랜드분석)	• 이미지분석은 사람들의 라이프스타일, 유명인 이미지 변화 등에 대한 대중의 생각과 불만, 욕망을 데이터에서 추출하는 방법 • 브랜드분석과 유사하며 특정 제품이나 서비스 등에 대해 사람들의 마음을 데이터를 통해 읽어내는 것

트렌드분석	• 시대적 흐름이나 트렌드를 파악해 새로운 변화를 수용하는 것이 제품이나 서비스 경쟁력 확보에 중요 • 빅데이터의 분석을 통하여 트렌드를 찾아내어 시장에서 유리한 포지션을 잡기 위한 프로모션전략 설정
위기관리	• 위기의 발생 이전부터 위기발생, 사후복구까지 전 과정을 포괄하는 개념 • 연예매니지먼트, 유명인사를 대상으로 SNS 모니터링을 통하여 위기상황에 신속하게 대응하고 책임 있는 문제해결
스토리텔링 도구	• 출판 분야에서 저자, 주제, 장르 등의 빅데이터 분류를 통하여 수행하는 스토리텔링분석
마케팅 활용	• 기업활동 및 고객 데이터분석을 통한 타킷마케팅에 활용

자료 : 윤홍근, 문화산업에서 빅데이터의 활용방안에 관한 연구, 2013.

(1) 이미지분석(브랜드분석)

이미지분석은 사람들의 라이프스타일, 유명인사의 이미지 변화 등 우리 삶 전반에 투영된 대중의 생각과 불만, 욕망을 데이터에서 뽑아내 해석하는 법을 의미한다. 브랜드분석과 유사한 의미의 이미지분석은 특정 제품이나 서비스 등에 대해 사람들의 마음을 데이터를 통해서 읽어내는 것이다.

소셜분석 업체인 다음소프트가 서바이벌 프로그램 〈나는 가수다〉와 〈위대한 탄생〉 2개 프로그램에 대한 텍스트마이닝(Text Mining) 결과 시청자 의견이 차별적으로 제시되었다. 즉, 〈나는 가수다〉는 새롭고 충격적일 만큼 대단하며 〈위대한 탄생〉은 약간 부족하지만 결과가 궁금하다는 의견의 표현이 나왔고 이를 통해 차별성이 감지되었다.[17]

(2) 트렌드분석

트렌드는 지속해서 흐르고 끊이지 않으며 방향을 가진 다수가 공유하는 흐름으로 정의된다. 따라서 적절한 시대적 흐름이나 트렌드를 파악해 새로운 변화를 재빨리 수용하는 것이 제품이나 서비스의 경쟁력을 확보하는 데 중요하다. 트렌드 세터(Trend Setter)는 유행을 만들고 소비를 리드하는 이들로 미래의 트렌드를 예측하고 읽어내는 사람이다. 대표적인 트렌드 세터로 꼽히는 사람들은 연예인이다.

17 송길영, Understanding Society through SOCIALmetrics, 2011, KT경제경영연구소, 2011.

2012년 엔터테인먼트산업의 최대 화두는 싸이의 '강남스타일 열풍'이었다. 'B급 정서'를 담은 강남스타일의 성공 비결은 빅데이터에 있었다. 가수 싸이의 '강남스타일'은 유튜브 조회수 21억 건을 넘기며 전 세계에 K-Pop 문화를 확산시켰다. 결국 싸이의 성공비결은 정보통신기술(ICT) 환경을 기반으로 한 소셜미디어의 힘에서 찾아야 한다.

(3) 위기관리(risk management)

리스크 매니지먼트는 위기의 발생 이전부터 위기발생, 사후복구까지 전 과정을 모니터링하여 신속하게 문제를 해결하는 방안이다.

이러한 위기관리는 특정 유명인사에 대한 소셜미디어에 대한 실시간 모니터링으로 위험요소를 조기에 발견하고, 체계적으로 대응하는 시스템을 의미한다. 주로 위기관리는 연예매니지먼트나 유명인사를 대상으로 SNS의 모니터링을 통하여 위기상황에 신속하고 책임 있는 문제해결능력을 보여주는 것이다.

'멤버 왕따설'의 티아라 사태나 카라의 '해체설' 등 위기에 대응하는 매뉴얼을 통해 사전방지와 피해를 최소화할 수 있다는 교훈을 주는 사례이다.

(4) 스토리텔링 도구

빅데이터는 스토리텔링의 도구를 제공하여 출판 분야에서도 획기적인 변화를 가져올 것으로 보인다.

미국의 웹 콘텐츠 분석업체인 파스닷리(Parse.ly)는 일종의 웹 애널리틱스 도구로 한 달 사용료가 약 500달러인 '대시(Dash)'라는 프로그램을 통해 어떤 콘텐츠에 사람들이 관심을 보이는지, 또 어떤 유형의 콘텐츠가 앞으로 유망한지 판단하고 예측한다.[18]

편집자들은 파스닷리의 분석도구를 이용하면 어느 웹사이트의 어떤 글이 독자의 관심을 끄는지 알 수 있고, 관심 대상을 저자, 주제, 장르, 소개된 사이트, 등장 빈도의 추세 및 기타 지표들에 따라 분류할 수 있다.

---

18 함유근 · 채승병, 빅데이터 경영을 바꾸다 – 데이터는 답을 알고 있다, 삼성경제연구소, 2012, pp.243~245.

이화여대 이인화 교수팀은 '스토리헬퍼'[19]라는 스토리 창작지원 프로그램을 제작하여 작가들의 창작 고민을 해결해주고 있다. '스토리헬퍼'는 기존 영화와 애니메이션 시나리오 1,300편에서 모티브 42,000개를 뽑아내 데이터베이스를 만들어 작가의 구상과 가장 유사한 이야기를 검색하여 시나리오를 만드는 과정 자체를 돕는 역할을 하고 있다.

실제로 시스템을 작동해보니 2008년 영화 〈아바타〉는 1990년 제작된 〈늑대와 함께 춤을〉이라는 영화와 87% 유사했고 한국 영화 〈최종병기 활〉과 할리우드 영화 〈아포칼립토〉 역시 스토리 구조상 79% 비슷했다.

(5) 마케팅 활용

빅데이터는 기업활동 및 고객 데이터분석을 통한 타깃마케팅에 활용된다.

미국의 넷플릭스의 '시네매치(Cinematch)'는 고객 데이터를 바탕으로 개인취향에 맞는 영화를 추천해주는 시스템을 도입했다. 시네매치는 가입 회원의 DVD 클릭 패턴, 대여목록 및 DVD 반납 후 평가점수를 기반으로 취향을 분석해 고객을 위한 DVD를 자동으로 추천한다. 비결은 전 세계 8,100만 명 가입자들의 시청 형태를 포함한 다양하고 방대한 양의 빅데이터를 분석한 덕분이다.

국내 영화추천서비스 '왓챠(Watcha)'도 시네매치와 비슷한 영화추천시스템을 도입하였다. 왓챠는 2억 7,000만 건에 달하는 국내 이용자들의 영화 취향 데이터베이스를 보유하고 있다. 이를 기반으로 2016년 사용자가 자신의 취향에 맞는 영화콘텐츠를 추천받고 감상할 수 있는 '왓챠플레이'를 선보였다.

개인맞춤형 추천기업은 영화, 책, 음악, 쇼핑, TV프로그램, 인터넷 콘텐츠, 신문과 잡지 등 문화산업 관련분야에 광범위하게 활용되고 있다. 이처럼 개인의 취향이 세분화되면서 빅데이터 정보를 활용하여 콘텐츠를 추천해주는 큐레이션서비스가 확대되고 있다.

19 창작을 고민 중인 작가가 자신의 대략적인 구상에 따라 29개 객관식 문항에 답하면 기존에 나와 있는 작품 중 유사도가 높은 순서대로 30여 편의 시나리오를 검색해준다. 작가는 비슷한 구조 속에서 어떻게 등장인물, 에피소드, 상황을 바꿀지를 고민해 새로운 시놉시스를 만들 수 있다.

문화마케팅 따라잡기

20대 윤여정 · 30대 최민식, 얼굴 확 바뀌었다 … AI 디에이징 기술 활용

#1. 디즈니플러스 오리지널 시리즈 〈카지노〉에서는 30대 시절 배우 최민식의 모습이 재현돼 떠들썩했다. 60대 최민식이 가발을 쓰고 직접 30대 시절을 연기했다. 나머지는 인공지능(AI)의 몫이었다. '디에이징' 기술을 활용해 주름을 지우고, 피부톤을 보정했다. 목소리 역시 젊은 시절을 구현했다. 〈야망의 세월〉에서 '꾸숑'을 연기하던 30대 최민식의 목소리를 뽑아냈다.

#2. KB라이프가 지난달부터 선보인 TV광고에는 1960~1970년대 20대 시절 배우 윤여정이 등장한다. 〈카지노〉의 최민식보다 더 극적으로 젊어졌다. AI를 활용해 아예 가상인간을 새롭게 만든 덕분이다. 젊은 윤여정의 얼굴과 목소리, 손짓과 표정은 흑백 화면과 어우러져 신비로움을 더했다.

'레트로' 열풍에 스타트업이 뛰어들고 있다. 스타의 과거 모습을 되살리거나 잊혔던 추억을 복원하는 기술이 각광받는 중이다. 가상인간을 만들고 소리를 분리해내는 AI 기술을 가진 스타트업들에겐 투자금도 몰리고 있다.

디에이징 기술을 가진 국내 스타트업들이 종횡무진 활약하고 있다. 2023년 2월 15일 시즌2가 공개된 〈카지노〉 속 젊은 최민식에는 국내 스타트업들의 기술력이 들어갔다. 젊은 최민식의 목소리는 스타트업 가우디오랩과 수퍼톤의 작품이다. 우선 가우디오랩이 음원 분리 기술을 활용해 과거 영상에서 주변 소음과 잡음을 제거한 뒤 목소리를 뽑아냈다. 그런 다음 수퍼톤이 이 목소리에 '보이스 디에이징' 기술을 입혀 다양한 대사에 자연스럽게 '60대 최민식'의 목소리가 '30대 최민식'의 목소리로 변환되도록 만들었다.

최민식의 얼굴은 씨제스엔터테인먼트 자회사로 2020년 출범한 씨제스걸리버스튜디오가 담당했다. 과거 영화 속에 등장하는 얼굴을 AI가 학습한 뒤 실제 최민식에 덧입히는 '페이스 디에이징' 기술을 사용했다. 얼굴을 젊게 하는 '페이스 디에이징' 기술은 AI가 배우의 과거 작품을 학습해 얼굴을 분석한 뒤 현재 영상 속 실제 배우의 입모양과 표정 등에 맞춰 젊은 얼굴을 합성하는 방식이다. KB 라이프 광고 속 젊은 윤여정은 가상인간 스타트업 디오비스튜디오가 만들어냈다. 1971년 영화 〈화녀〉 속 24살 윤여정의 얼굴과 70대인 지금의 모습을 절반씩 섞은 뒤 AI가 딥러닝을 통해 구현했다. 또 젊은 윤여정의 목소리는 스타트업 휴멜로가 음성합성 기술을 통해 재현했다. 보정을 넘어 아예 새로운 가상인간을 만든 덕분에 젊은 최민식보다 변화의 정도가 더 크다. 대신 자연스러움은 덜하다는 평가다.

자료 : 한국경제, 2023년 2월 20일
https://www.hankyung.com/it/article/202302107869i

이 장의 요약

ICT 기술의 발전과 콘텐츠 제작환경의 변화로 문화산업에서도 가상현실(VR), 컴퓨터그래픽(CG), 홀로그램, 메타버스, 인공지능, 빅데이터, 드론 등 관련기술이 접목되어 급속히 확산되고 있다.

가상현실(VR)은 현실의 특정한 환경이나 상황을 컴퓨터를 통해 그대로 모방하여 사용자가 마치 실제와 상호작용을 하고 있는 것처럼 만드는 기술이다. 2010년대 이후 HMD 기술 개발이 상용화되면서 게임, 방송, 공연, 관광, 테마파크, 스포츠 등 다양한 문화산업 분야에서 활용되고 있다. 최근 가상현실 콘텐츠 제작이 확대되고 있으며 가상현실 기기가 발전할 경우 아예 고글을 쓸 필요도 없는 단계로 진화될 것이다.

컴퓨터그래픽(CG)은 소프트웨어 기반 시각 · 영상기술로써 가상현실 게임, 실감시네마(다면영상), 홀로그램 공연, 테마파크 등 컴퓨터그래픽 기반의 파생시장 선점을 위하여 육성해야 할 산업이다. CGV와 KAIST가 공동 개발한 실감시네마(다면영상시스템)는 CG 기술을 기반으로 새로운 글로벌 표준기술로 육성되고 있다.

홀로그램(hologram)은 어떤 대상 물체를 실물크기의 3차원 입체상으로 재생하는 기술로 공연장에서 '가수 없이' 콘서트를 여는 새로운 차원의 공연을 선보이고 있다. 우리나라 홀로그램 공연장은 용인의 에버랜드 'K-Pop 홀로그램관', YG가 운영하는 K-Pop 홀로그램 전용관인 'K-live', 제주 중문관광단지' 플레이 케이팝(PLAY K-Pop)' 등이 대표적 사례이다.

메타버스는 현실세계를 뜻하는 유니버스(Universe)와 초월 및 가상을 의미하는 메타(Meta)의 합성어로 3차원의 가상세계를 의미한다. 우리나라는 네이버(제페토), SK텔레콤(이프랜드), 카카오(퍼피레드) 등이 게임 기반의 메타버스 사업을 추진하고 있다. 현재 메타버스는 게임 기반의 플랫폼에서 벗어나 연예기획사, 패션 브랜드, 유통업체, 금융업계, 자동차 등을 포함한 기업들의 마케팅 창구, 사회 속에서 소통과 연결의 수단으로 사용되고 있다.

인공지능 중에서도 텍스트, 이미지, 오디오 등의 기존 콘텐츠를 활용해서 새로운 콘텐츠를 만들어내는 기술을 생성형 AI라고 부른다. 대화에 특화된 '챗GPT'도 생성형 AI의 한 종류이며, 창작 능력을 갖춘 인공지능기술이다. 생성형 AI가 문화산업에서 적극 활용되고 있고 크리에이터의 창작 작업에 효과적으로 사용되어 경제적 가치를 창출할 것으로 기대된다.

무인항공기 드론(Drone)은 방송, 영화 및 스포츠중계 등 특수촬영에 활용되고 있다. 최근 동호회 중심의 드론 레이싱 대회가 진행되는 것을 비롯해 콘서트 드론이나 서커스 드론, 퍼포먼스 아트 드론, 불꽃놀이 드론 등 엔터테인먼트 분야에서 다양하게 활용되고 있다.

빅데이터(Big Data)는 시대적 흐름이나 트렌드를 파악해 시청자들에게 전달하는 콘텐츠 기획이나 제작에 기여하고 있다. 콘텐츠산업 활용 유형에 따라 빅데이터는 이미지분석(브랜드분석), 트렌드분석, 위기관리, 스토리텔링 도구, 마케팅 활용 등에 사용되고 있다.

주요용어

ICT 융합 시대
빅데이터
홀로그램(hologram)
HMD(Head Mounted Display)
메타버스(metaverse)
챗GPT
컴퓨터그래픽(CG)
드론
4차 산업혁명
위기관리
아바타(Avatar)
K-콘텐츠
가상현실(VR : Virtual Reality)
스토리헬퍼
실감시네마
드론 저널리즘
인공지능(AI)

참고문헌

- 권구민 · 김현석, 콘텐츠산업의 생성형 AI 활용 이슈와 대응 과제, 한국콘텐츠진흥원 KOCCA FOCUS, 2023. 2.
- 김윤지, 한류외전, 어크로스, 2023.
- 권대기, 챗GPT 혁명, 베가북스, 2023. p.135.
- 노가영, 김봉제, 이상협, 2023 콘텐츠가 전부다, 미래의 창, 2022.
- 미래창조과학부 보도자료, 미래부-문체부, 콘텐츠 신시장 창출을 위해 힘을 모은다, 2016. 2. 19.
- 서울경제, 2017. 1. 6.
- 송길영, Understanding Society through SOCIALmetrics, 2011, KT경제경영연구소, 2011.
- 아이뉴스24, 2023. 2. 15.
- 윤홍근 외, 문화콘텐츠 산업론, 커뮤니케이션북스, 2016.
- 윤홍근, 드론의 문화산업 분야 활용방안에 관한 연구, 디지털산업정보학회, 11권 4호, 2015.
- 윤홍근, 문화마케팅 입문, 지식의 날개, 2015.
- 윤홍근, 문화산업에서 빅데이터의 활용방안에 관한 연구, 글로벌문화콘텐츠 10호, 2013.
- 이민규, VR이 콘텐츠와 만나는 방식, 신문과 방송, 2016년 11월호.
- 이민화 · 차두원, 창조경제, 북콘서트, 2013.
- 이아름 · 김도헌 · 정병욱, AI 시대, 오늘의 음악, 코카포커스152호, 2023. 6. 19.
- 이창민, 2020 미디어트렌드, 한스미디어, 2016.
- 이치헌 외(2022), 메타버스 무작정 따라하기, 도서출판 길벗.
- 정부연, 가상현실(VR) 생태계 현황 및 시사점, 정보통신방송정책 28권 7호, 2016. 4. 16.
- 조영기 · 송요셉, 가상현실(VR) 게임 개발 활성화 전략, 코카포커스 16-02호, 2016. 5. 12.
- 콘텐츠산업의 현황과 전망, 코카포커스 2012-6(통권54호), 한국콘텐츠진흥원.
- 한국콘텐츠진흥원 CT이슈분석, 영화 추천 기술과 서비스, 2014년 9월.
- 한국콘텐츠진흥원, CT로 통하는 세상이야기, 2014년 9월호.

- 한류의 패러다임 전환을 위한 신한류 확산 전략 연구, KOCCA 연구보고서, 2019. 3. 18.
- 함유근 · 채승병, 빅데이터 경영을 바꾸다– 데이터는 답을 알고 있다, 삼성경제연구소, 2012.
- 함유근 · 채승병, 빅데이터 경영을 바꾸다, 삼성경제연구소, 2012.
- Futurist Speaker – Thomas Frey, http://www.futuristspeaker.com.
- KT경제경영연구소, 2016 한국을 바꾸는 10가지 ICT 트렌드, 한스미디어, 2016.

CHAPTER 11

문화마케팅의 확장

1. 스토리텔링마케팅
2. 스타마케팅
3. 한류마케팅
4. 문화마케팅 발전을 위한 제언들

1 스토리텔링마케팅

스토리는 이야기체의 이미지화로서 사고의 기본적인 도구로 활용된다. 스토리가 인류의 생활양식과 사고에 큰 영향을 끼쳤지만 스토리는 정보화 시대에 좋지 못한 평판을 받아온 것이 사실이다. 스토리는 일부러 꾸며낸 것이라고 인식되면서 사실(fact)의 신뢰감이 덜 가는 동생쯤으로 간주해 왔다.

하지만 사람들의 감정을 움직이는 이야기로 빚어내는 하이컨셉 시대에 스토리는 타인을 설득하는 산업(광고, 컨설팅)과 의학치료,[01] 그리고 소비자를 설득하는 제3의 감성으로 중요한 비즈니스가 되고 있다. 디자인과 마찬가지로 스토리는 개인과 기업이 공급과잉 시장에서 자신의 상품과 서비스를 차별화하는 중요한 수단이 되어가고 있다.

1) 스토리텔링의 정의

스토리텔링이란 스토리(story)와 텔링(telling)의 합성어로 이야기를 들려주는 활동이라 할 수 있다. 구전, 즉 입으로 전달되는 스토리는 상업화되지 않았으나, 텍스트로 전달되는 소설의 경우에는 상품화되어 독자들에게 재미있는 이야기를 제공해주고 있다. 이제는 스토리가 텍스트만이 아니고 점차 영상, 음악, 무대 등으로 구현되어 생동감을 더하게 된다. 영화, 애니메이션, 공연 등은 바로 이러한 스토리텔링의 발전된 형태로서, 탄탄하고 흥미 있는 스토리 구성이 성공의 주요인이 되었다.[02]

또한 이야기와 문화는 밀접한 관계가 있다. 사람들은 생활 속에 이야기를 찾고 이야기를 통해서 다른 사람과 커뮤니케이션활동을 한다. 또한 구전을 통해 전해 내려오는 이야기인 전설 · 설화는 조상들의 발자취와 민초들의 숨결이 스며 있어 우리들 삶의 정신문화를 일깨워주고 자긍심을 심어주는 역할을 하고

01 콜롬비아 의과대학 리타 샤론(Rita Charon) 박사는 '이야기 치료운동'을 주창했다. 그는 의사들에게 과학적인 능력과 함께 환자들의 이야기를 경청함으로써 그 의미를 포착 · 존중하며, 환자를 대신해 필요한 조치를 할 수 있는 능력이 요구된다고 주장했다.

02 고정민, 문화콘텐츠 경영전략, 커뮤니케이션북스, 2007.

있다.

스토리텔링은 최근에는 디지털 스토리텔링으로 발전하고 있다. 디지털 스토리텔링이란 디지털과 스토리텔링이 만나 디지털 소프트웨어를 사용하여 이야기를 전개하는 것이다. 이는 디지털기술을 사용하지만, 기본적으로 이야기, 인물, 미스터리 등 서사형식에서 나온 것이다. 게임과 디지털 영화, 애니메이션, 인터랙티브 드라마, 웹 애드, 웹 에듀테인먼트 등이 모두 디지털 스토리텔링에 속한다고 볼 수 있다.

디지털 스토리텔링의 예로 엽기토끼라고 불리는 '마시마로'가 있다. 마시마로는 대학생이 인터넷 만화사이트에 올린 플래시 애니메이션에 등장한 것인데, 갖가지 재미있는 돌출행동으로 인해 사람들을 놀라게 하는 토끼 캐릭터이다. 시대적인 분위기에 맞는 엽기적 스토리텔링으로 폭발적인 인기를 얻어 캐릭터 상품으로 크게 히트하였다. 상품화 이후에도 계속해서 공식사이트를 통해 플래시를 내보냄으로써 재미있는 이야기가 마시마로 캐릭터 상품을 홍보하는 역할을 해주고 있다.

온라인게임은 디지털 스토리텔링의 개념에 정확하게 일치하면서 동시에 디지털 스토리텔링에 대한 새로운 실험이 가장 활발하게 시도되는 분야이다. 게임 스토리텔링은 영화나 애니메이션의 전개방식과는 달리 개방형 스토리 전개방식(open ended design)을 택하고 있으며, 플레이어 캐릭터(player character)의 선택에 따라 무한개의 스토리를 만들어낼 수 있는 특징이 있다. 예를 들어, 다중사용자 온라인 롤플레잉게임(MMORPG)은 인공적으로 구현된 게임 속 가상현실세계에 수천 명의 사용자가 동시에 접속해 마치 배우들처럼 각자의 역할을 맡아 움직이는 게임이다. 특히 한국의 온라인게임은 세계적인 경쟁력을 가지고 있는 분야로 게임이라는 장르를 넘어 이제까지 인류사에 존재한 어떤 이야기 예술과도 다른, 새로운 서사 패러다임의 이야기를 출현시켜 높은 평가를 받고 있다.

놀이를 표방한 교육, 즉 에듀테인먼트에서도 디지털 스토리텔링은 중요한 요소가 되고 있다. 스토리텔링 기반의 이러닝(e-learning)이 바쁜 직장인들이나 싫증 내기 쉬운 어린이들에게 학습효과를 높일 수 있는 좋은 수단이다. 현재 많은 이러닝업체들은 교육과정에 스토리텔링 기법을 이용하여 콘텐츠를 만들고 있다. 에듀테인먼트에 접목된 스토리텔링은 일정한 지식과 정보를 전달하고자 하는 교육적인 목표를 지향하지만 재미있게 만들어야 한다. 여기에 스토리텔링이 필요한 것이다.

2) 스토리텔링마케팅의 개념과 성공요인

문화마케팅의 성공을 위해서는 장기적이고 차별화된 스토리로 승부해야 한다. 시설, 경관, 이미지로 기억되는 시대는 지나갔다. 이제는 문화를 통해 이야기로 소비자의 머릿속에 기억되는 스토리마케팅의 시대이다.

덴마크의 미래학자 롤프 옌센(Rolf Jensen)은 『Dream Society』라는 책에서 사회가 정보사회에서 '꿈의 사회(Dream Society)'로 발전하고 있다고 전망하고 있다. 이러한 꿈의 사회에서는 꿈과 감성을 파는 감성시장(emotional market)이 커지고, 감성과 상상력을 자극하는 이야기가 담긴 상품이 잘 팔린다.[03]

그만큼 사람들은 이야기에 열광하고 이야기에 관련된 사업에 관심이 많다는 것이다. 기업들도 상품에 얽힌 이야기를 광고와 판촉에 활용하는 전략을 적극적으로 구사하고 있으며, 제품이나 브랜드에 이야기를 덧입혀 친근하게 풀어가는 마케팅전략을 사용하고 있다.

이처럼 스토리텔링마케팅(storytelling marketing)은 상품에 얽힌 이야기를 포장하여 광고 · 프로모션에 활용하는 감성지향적 마케팅활동, 소비자의 마음을 열기 위한 마케팅활동으로 정의할 수 있다.

기업이 마케팅활동에 이야기(story)를 도입함으로써 단순히 물건을 사는 것이 아니라 그 물건에 담겨 있는 이야기를 즐기도록 하는 감성지향적 마케팅활동을 통해서 소비자와의 접점을 찾아가고 있다.

소비자의 구매요인이 제품의 기능 중심에서 감성 중심으로 이동함에 따라 스토리텔링마케팅의 중요성이 더욱 부각되고 있다. 이야기는 소비자들이 브랜드를 이해하고 호감을 갖게 만드는 감성적인 설득의 힘을 가지고 있다.

그렇다면 스토리텔링마케팅을 효과적으로 실행하기 위한 방안은 무엇일까? 마케팅의 기본원리를 고려한 스토리텔링마케팅의 성공적인 전략은 다음과 같은

03 롤프 옌센 저, 서정환 역, 드림 소사이어티 : 꿈과 감성을 파는 사회, 리드리드출판, 2008.

요인들을 충족시켜야 한다.

첫째, 뻔한 스토리는 배제해야 한다. 소비자들이 가장 좋아할 수 있고 자사상품의 독특한 가치를 가장 잘 설명할 수 있는 매력적인 스토리가 필요하다. 차별화된 스토리를 통해 소비자의 매력타점(sweet spot : 소비자가 가장 크게 느끼는 심리적 혜택)을 타격해야 한다. 매력적이고 차별화된 스토리 발굴을 위해서는 기업 내외부(내부공모, 소비자)의 다양한 의견을 수집할 필요가 있다.

둘째, 이야기는 재미와 경험이 생명이다. 격식에 얽매였던 과거와는 달리 요즘에는 덜 심각하고 더 즐거운 상황이 대접을 받는다. 스토리텔링마케팅 역시 이러한 추세를 반영하여 진지함을 벗고 때로는 일상적인 것을 약간 비틀 수도 있어야 한다. 스토리텔링마케팅이 단순한 정보전달에 그치지 않기 위해서는 소비자와의 직접적인 커뮤니케이션을 통한 경험을 제공할 수 있어야 한다. 소비자가 느끼는 스토리 경험은 브랜드와 소비자가 교감을 형성하는 데 도움이 된다.

셋째, 멀티채널의 활용도를 높여야 한다. 기업은 브랜드 스토리를 전달하기 위한 수단으로서 보다 다양한 채널을 복합적으로 활용해야 한다. 소비자가 브랜드에 접할 수 있는 접점을 다원화시킴으로써 브랜드 스토리 전파의 효과를 극대화할 수 있다. 스토리를 전달할 수 있는 채널은 TV, 신문, 인터넷, 영화, 책, 기업역사관, 강연 등으로 매우 다양하다. 기업은 이런 멀티채널을 활용하여 상호 간의 연계성을 더욱 높일 수 있어야 한다.

넷째, 스토리 문화를 창출해야 한다. 스토리텔링마케팅의 궁극적인 목표는 스토리 문화를 창출하는 것이다. 기업은 제품 자체가 아니라 브랜드 스토리가 품고 있는 철학을 강조함으로써 소비 이상의 것, 즉 문화를 만들 수 있어야 한다.

할리데이비슨 오토바이는 반항적이면서도 낭만을 중요시하는 고유의 이야기 문화를 가지고 있는 것으로 유명하다. 사람들이 할리데이비슨을 생각할 때 떠올리는 가죽 재킷과 붉은 두건, HOG(Harley Owners Group)라는 커뮤니티 등은 바로 이야기 문화의 산물이다.

다섯째, 스토리를 다양한 분야로 활용을 확대해야 한다. 기업은 스토리텔링마케팅을 일반 소비재뿐만 아니라 애니메이션, 게임, 출판, 디자인, 건축 등 다양한 산업에서 활용할 필요가 있다. 이는 탄탄한 스토리가 가지는 설득의 힘을 통해 상품 및 서비스의 가치를 제고시킬 수 있을 것이다.

여섯째, 호소력 있는 브랜드 스토리의 구축이 필요하다. 스토리는 사건과 인물, 구성의 3박자가 제대로 맞아야 힘을 발휘한다. 성공하는 브랜드에는 매력적인 이야기가 있음을 명심하고 기업들도 단순한 상품판매자가 아닌 훌륭한 이야기꾼이 되어야 한다.

특히 스토리텔링마케팅은 소비자에게 감성적으로 다가가 브랜드를 친숙하게 느껴 마음에 들게 하는 커뮤니케이션 활동전략이지만 궁극적인 목표는 '스토리 문화'를 창출하는 것이라 할 수 있다. 기업은 흥미 위주의 일시적인 스토리텔링이 아닌 일관적이고 지속적인 스토리텔링을 통해 브랜드가 가지고 있는 철학을 강조함으로써 소비 이상의 문화적 가치를 만들 수 있어야 할 것이다.

3) 스토리텔링마케팅의 유형

제품이나 브랜드가 들려줄 수 있는 스토리텔링 방식은 다양하다. 브랜드가 가지고 있는 이야깃거리가 많다면 사실을 기반으로 한 에피소드를 들려주는 스토리텔링 방식이 더 호감을 자극할 수도 있다. 그러나 무엇보다 가장 중요한 건 어떤 스토리텔링 유형을 택하든 소비자가 관심을 갖고 매력을 느낄 수 있도록 보여지는 것이다. 여러 가지의 스토리텔링 유형 중에서 어떤 방식과 테마를 가지고 스토리를 전개해 나가야 브랜드 고유의 특성을 잘 살리면서 효과적으로 전달할 수 있을까? 스토리텔링을 전달하는 방식은 여러 가지로 분류할 수 있지만 브랜드 스토리 존재유무 자체에 초점을 놓고 본다면 크게 사실(historical fact)−수정(modification)−창작(creation)의 세 가지로 구분할 수 있다.[04]

이와 같은 스토리텔링마케팅 유형들은 스토리텔링마케팅 개발과정에서 스토리를 형태(가공 여부)에 따라 적용하는 범위가 다르다. 따라서 스토리텔링마케팅의 개발 프로세스를 이해할 필요가 있다.[05]

먼저 1단계는 스토리 소재를 발굴해야 한다. 이 단계에서는 수많은 이야기 중

04 이스터 보고서, Storytelling in Web, Easter Communication, 2008년 6월호, p.3.
05 김민주, 성공하는 기업에는 스토리가 있다, 청림출판, 2003.

표 11-1 스토리텔링마케팅 전략 유형

구분	유형	특징	사례
사실 기반의 스토리텔링	에피소드 스토리텔링	• CEO, 기업, 제품, 탄생의 뒷이야기 • 브랜드네임의 의미를 이야기 소재로 활용 • 최대한 리얼리티를 반영해야 효과가 큼	• 애플 스티브 잡스의 히스토리 이야기를 부각하여 독특하고 창조적인 브랜드가치, 이미지 확립
	체험담 스토리텔링	• 소비자가 직접 경험한 이야기를 다시 소비자에게 전달하여 제품과의 유대감 및 브랜드 경험 강화	• SK텔레콤 : 현대생활백서 개개인이 핸드폰을 통해 겪은 다양한 에피소드를 '내가 만들어가는 생활의 중심'이라는 테마로 경험담 공유
수정/가공 스토리텔링	루머 스토리텔링	• 리얼리티가 아닌 흥미롭게 재미있는 이야기를 그럴듯하게 만들어 관심을 갖게 함	• 바나나는 원래 하얗다. 제품탄생 및 브랜드네임의 비화를 마케팅부서의 대화를 몰카 촬영하여 자연스럽게 전달
	패러디 스토리텔링	• 기존에 활용했던 인기스토리를 제품의 콘셉트에 맞게 새로운 시각으로 가공하여 전달, 친근하고 빨리 부각시킬 수 있는 장점	• 롯데리아 : 크랩버거 『노인과 바다』 소설의 주요 소재를 활용하여 원작 속의 상어를 커다란 게로 바꾸어 과장되고 유머스럽게 표현
	디리버티브 스토리텔링	• 하나의 브랜드에서 스토리를 통해 다른 영역의 브랜드를 파생적으로 연상할 수 있도록 함	• 페르소나 『로미오와 줄리엣』 러브스토리를 주얼리 제품과 소품을 통해 연상할 수 있도록 재해석하여 이야기를 전개
창작 스토리텔링	드림 스토리텔링	• 소비자가 동경하는 꿈과 희망을 브랜드에 담아 브랜드에 대한 동경을 느끼게 함	• 나이키 승리에 대한 의지와 열정을 선수들의 멋진 모습과 플레이를 통해 동경심 자극
	시리즈 스토리텔링	• 하나의 주제에 대해 일관된 콘셉트로 연속적이고 다양한 이야깃거리 전달	• 박카스 대학, 군대, 직장인 등 일상생활에서 드링크제와 연관성을 부여하는 스토리로 친근감 제고
	기념일 스토리텔링	• 특정한 기념일에 맞는 이야기를 개발하여 관련 타깃그룹이 공감하고 참여하게 함	• 빼빼로 빼빼로 모양과 같은 11월 11일을 '빼빼로데이'로 지정하여 친구끼리 선물로 빼빼로를 주고받는 의미전달

자료 : 이스터 보고서, Storytelling in Web, Easter Communication, 2008년 6월호, p.3.

어떤 소재를 사용할지 결정하고, 그 소재가 소비자 관심 및 마케팅 도구로서의 역할을 할 수 있어야 한다. 2단계는 스토리 가공 여부를 결정해야 한다. 소재선정 후 스토리 가공 여부에 따라서 사실기반으로 할 것인가, 수정(가공)할 것인가, 새롭게 창작할 것인가 등 스토리의 가공 여부를 결정해야 한다. 마지막 3단계는 스토리 유포채널을 결정해야 한다. 유포채널에는 텔레비전, 잡지, 신문, 대중매체, 구전효과 등 일반채널이 있고, 이야기 유포 목적으로 만든 새로운 채널인 특수채널로 구분된다. 기업은 역사박물관을 운영하거나 축제, 영화나 드라마 PPL처럼 기업상품에 관련된 소재를 만들어 이야기를 유포할 수도 있다.

4) 스토리텔링마케팅의 성공사례

애플(Apple)은 가장 강력한 이야기를 가지고 있는 기업이다. 최고경영자(CEO) 스티브 잡스(Steve Jobs)의 삶 자체가 애플이라는 기업 본질을 전달하고 있다. 스티브 잡스는 갓난아기 때 입양되어 대학을 자퇴한 이후 자신이 세운 회사 애플에서 해고당하고 다시 CEO에 복귀하는 등 극적인 스토리를 가지고 있다. 이런 신화 같은 이야기가 있는 기업은 결코 소비자의 마음속에서 쉽게 지워질 수 없다. 스티브 잡스 스토리는 바로 애플이라는 기업의 본질이라고 할 수 있다. 독특하고 약간은 괴짜 같은 창의성이 넘치는 도전적인 스티브 잡스의 스토리는 그와 그가 거느리는 기업인 애플의 본질을 말하고 있다.

스티브 잡스가 만든 매력적인 스토리와 애플 제품이 전해주는 감성이 사람들에게 강력한 공감을 느끼게 만든 것이다. 그래서 '애플빠'라는 신조어가 생기고 애플의 신제품이 나올 때마다 매장 앞에 그것을 사기 위해 엄청난 줄을 서는 것이다. 이것은 애플이 자기들의 스토리를 마케팅에 적용하는 것에도 놀라운 능력을 발휘한다는 것을 보여준다.[06]

이처럼 일관된 이야기가 흐르고 있는 애플은 로고 탄생에도 비화가 있다. 성공한 기업인 애플사의 로고와 관련해서는 다양한 이야기들이 있다.[07]

---

06 조윤제, 인문으로 통찰하고 감성으로 통합하라, 작은씨앗, 2012, pp.205~209.
07 EBS 다큐프라임 이야기의 힘 제작팀, 이야기의 힘!, 황금물고기, 2011, pp.256~267.

먼저 애플사를 만든 스티브 잡스의 고향이 과수원이었기 때문이라는 설, 땅으로 떨어지는 사과를 보고 만유인력의 법칙을 발견한 '뉴턴'에 영감을 얻었다는 설 등이 있다. 하지만 사람들은 독사과를 물고 목숨을 끊은 천재수학자를 기리는 쪽에 마음을 빼앗긴다.

컴퓨터의 원형을 개발한 천재수학자 '앨런 튜링'[08]이 스티브 잡스에게 영감을 주었다. 하지만 그는 동성연애자라는 이유로 여성호르몬을 투입하는 처벌을 받아야 했다. 그는 괴로움을 이기지 못해 치사의 청산가리를 주입한 사과를 베어 물고 자살로 생을 마감하고 만다.

그로부터 20년 후 세계 최초의 개인용컴퓨터가 만들어진다. 여기엔 비운의 천재수학자 '튜링'의 사과를 연상시키는 로고가 새겨진다. 바로 우리가 잘 알고 있는 애플사의 로고다.

또 다른 사과를 상품화하기 위해 스토리를 개발하여 활용한 사례는 아오모리현의 사과 이야기다. 일본 최대의 사과 생산지로 유명한 아오모리현. 이곳에는 사연 있는 사과가 하나 있다. 1991년 거대하게 불어닥친 태풍 때문에 사과밭이 엉망이 되고 만다. 태풍에 다 떨어진 사과를 보며 망연자실하고 만 농부들은 절망에 빠져 한숨만 내쉬고 있었다.

그러던 중 한 농부가 우연히 사과밭에서 무언가를 발견하게 된다. 그것은 바로 거센 태풍 속에서도 떨어지지 않고 살아남은 100%의 사과였다. 그 농부는 '태풍에도 떨어지지 않고 붙어 있는 사과'라고 이름을 붙여 전국의 수험생들에게 판매하기 시작한 것이다.

이렇게 탄생한 '합격사과'는 보통 사과보다 10배 이상 비싼 가격을 붙였는데도 불구하고 날개 돋친 듯이 팔려나갔다. 이 사과는 아오모리현의 대표 브랜드로 자리를 잡게 되었다.

우리나라에서 잘 알려진 농수산물 전문 판매점 '총각네 야채가게'는 상품을 알리는 독특한 스토리텔링 문구로 고객을 끌어들였다. 총각네 야채가게 대표가 일일이 맛을 보면서 좋은 제품을 선정하기 위한 노력을 한다는 이야기는 이미

08 앨런 튜링(Alan Turing, 1912~1954)은 컴퓨터과학에 지대한 공헌을 했기 때문에 '컴퓨터과학의 아버지'라고 불린다. 1975년 독일의 암호를 해독해서 전술에 이용한 '울트라 작전'과 '콜로서스'의 존재가 알려지면서 튜링도 컴퓨터이론가에서 '컴퓨터의 아버지'로 격상됐다.

이곳저곳에 많이 알려졌다.

총각네 야채가게는 매장에서 상품 이름을 그대로 쓰지 않고 '이문세가 잘 먹는 당근', '나도 붉은 악마 고추', '울릉도에서 아시아나항공으로 오늘 아침에 직송한 오징어' 등의 스토리텔링 방식의 문구를 사용하였다. 고객들이 재미있는 문구를 보고 웃는 순간 이곳에서 파는 당근과 오징어, 고추는 다른 곳에서 파는 것과 다른, 특별한 당근과 오징어, 고추가 되는 것이다. 젊은 총각들이 맛있는 과일을 친절하게 판다고 해 '총각네 야채가게'라고 이름이 붙여지게 됐다. 이 야채가게의 이야기가 주부들의 입소문을 타고 은마아파트 일대에 퍼지면서 아침 일찍부터 야채와 과일을 사러 오는 사람들이 문전성시를 이뤘다.

이렇듯 총각네 야채가게의 과일이 맛있다는 소문이 나도록 재미있는 스토리를 만들어서 전파되도록 하였다. 또한 판매원들은 야채가게를 찾은 고객들의 특성을 파악하여 그 고객에 맞는 판매화법으로 마음을 움직였다.[09]

이런 성공을 바탕으로 청년 백수에서 최고의 야채가게 CEO로 변신한 젊은이의 성공실화를 담아 2008년 〈총각네 야채가게〉가 뮤지컬로 탄생하여 대학로에서 꾸준한 인기를 유지하고 있다. 〈총각네 야채가게〉는 2012년 채널A 개국 특집 드라마로 제작되기도 하였다.

2 스타마케팅

1) 스타마케팅의 개념

스타마케팅이란 '스타의 대중적 인기를 상품, 서비스, 이벤트, 사회봉사활동 등에 연계하여 진행하는 마케팅전략'이며, 이때 스타는 문화상품이라고 볼 수 있다. 따라서 스타는 다양한 문화상품의 파생시장을 형성하는 파워를 지니고 있다. 결국 스타를 활용한 마케팅 전개를 하는 것이 스타마케팅이며, 이는 스타

09 김영한 · 이영석, 총각네 야채가게–맨손으로 세상을 움켜쥔 싱싱한 총각들 이야기, 쌤앤파커스, 2012.

를 활용한 문화마케팅에 해당된다. 스타마케팅의 영역은 상품판매나 서비스는 물론 불우이웃돕기 등 사회봉사활동, 정치인의 선거, 기업의 이미지전략 등 모든 분야로 확대되고 있다.

스타는 사회 · 경제적 가치를 갖는 문화상품이다. 또한 스타는 사회적 권력자로 팬을 움직이고, 막대한 파생상품을 만들어낸다. 반면 스타의 인기는 모래성과 같고 스타가 되려는 경쟁은 갈수록 치열해지고 있다. 따라서 스타를 만들어 그들의 힘을 키우고 체계적으로 관리하기 위한 스타마케팅이 생겨났다. 뿐만 아니라 최근에는 경쟁이 더욱 치열해져서 제품의 성능, 기능 면에서의 차별화에는 한계가 있다. 따라서 스타마케팅에 대한 관심이 더욱 높아지게 되었다. 한마디로 스타마케팅이란 스타를 활용해 상품이나 서비스를 마케팅하면서 동시에 스타를 마케팅하는 전략이다. 즉, 영화에 출연하는 스타가 영화를 홍보하기도 하지만 다른 한편으로는 스타 자신도 함께 홍보하여 더 큰 스타덤의 반열에 올라서기도 한다.

이런 스타마케팅에 편승한 한류열풍은 스타가 직접 외화를 벌어들이는 수출상품이면서 스타마케팅을 통해 다른 상품의 판매량을 증가키시고 국가이미지를 제고한다는 사실을 보여주고 있다. 문화상품의 유통은 단순한 상품의 유통에 그치지 않고 트로이 목마처럼 그 속에 담겨져 있는 스타의 유통을 가져온다. 즉, 문화상품 → 출연 스타의 인기급증 → 한류 순서로 발생한 것이다. 장동건, 이영애, 조인성, 송혜교 등 우리나라의 유명배우들이 문화상품인 드라마에 출연함으로써 중국과 베트남 등에서 인기를 얻으면서 자연스럽게 한류열풍이 뒤따른 것이다.

영화나 드라마에서 스타는 흥행을 좌우한다. 스타는 문화상품의 상표 겸 보증수표다. 스타는 그 자체가 상품이면서 상품을 차별화해주는 수단이다. '스타=상품'이란 등식은 스타의 유일무이한 이미지가 시장에서 거래될 수 있는 상품이라는 의미다. 이렇기 때문에 영화나 드라마에 흥행 보증수표인 일급스타를 주인공으로 캐스팅하고, 상품차별화의 도구로서 일급스타들이 미디어에서 노출되고 기용되는 것이다.

일류 영화사의 경우 흥행보증수표인 한석규, 송강호, 정우성과 같은 슈퍼스타를 캐스팅하려고 하며, 이들을 캐스팅하면 영화의 흥행가능성을 더욱 높여줄 것이다. 문화상품의 소비자 크기는 문화상품을 전달하는 채널, 문화상품 속의 스타, 문화상품이 전달하고자 하는 메시지 등 세 변수의 합작품이다. 스타의 인기, 채널의 인기, 메시지의 인기가 화학반응을 일으켜 소비자 크기를 결정하는 것이다. 이 때문에 미디어는 소비자를 극대화하기 위해 일류 채널, 일류 스타, 일류 메시지 간의 결합을 선호한다.

또 다른 연예스타들의 번들링(bundling)은 기획사의 솔로가수보다 그룹을 선호하는 이유에서 찾을 수 있다. 슈퍼주니어와 동방신기, 소녀시대, 빅뱅처럼 그룹 선호 추세는 번들링과 밀접한 관계가 있다. 즉, 그룹의 경우 멤버들이 갖는 독특한 장점을 결합해 새로운 화학작용인 시너지효과를 발휘할 수 있다. 또한 그룹은 그룹의 멤버가 늘어날수록 해체될 위험이 높아지고 수익을 배분해야 하기 때문에 가수 개인으로서는 해가 되지만, 기획사로서는 그룹을 마음대로 관리할 수 있는 장점이 있다.

여러 명의 가수나 연예인이 출연하는 쇼프로그램들도 스타 번들링의 좋은 사례이다. 대표적인 예가 MBC의 〈무한도전〉으로 유재석, 정준하, 박명수, 하하, 황광희 등 5명의 스타를 공동주연으로 출연시켜 좌충우돌하면서 매주 새로운 과제를 해결하는 모습을 보여주고 있다.

스타마케팅의 활용은 연극이나 뮤지컬에서 많은 편이다. 2006년 공연된 뮤지컬 〈지킬 앤 하이드〉에서 주연을 맡은 배우 조승우는 당시 한국 초연이었던 공연임에도 불구하고 높은 관객점유율을 끌어내며 뮤지컬을 대중에게 한층 더 가깝게 선보이는 데 큰 역할을 했다. 이후 조승우는 2009년 말 공연 1,000회를 넘긴 히트뮤지컬 〈헤드윅〉에서 스타급 연기자로서 성장했다. 조승우의 영입으로 성공사례를 경험한 뮤지컬업계는 〈아이다〉의 옥주현, 〈잭더리퍼〉의 신성우와 안재욱, 〈모차르트〉의 시아준수, 〈렛미플라이〉의 박보검 등 많은 스타들을 흥행을 위해 영입하였다.

2) 스타시스템

스타시스템은 방송, 출판, 신문, 스포츠 등 모든 문화산업에서 스타의 인기에 기반한 명성을 이용하여 문화상품의 판매를 원활히 하려는 제도적 현상을 설명하는 개념이다. 이러한 스타시스템은 대중매체에 있어 대중의 호응을 높이기 위해 인기 있는 연예인을 개발해내거나 인기스타의 대중적 호소력을 집중적으로 조성 · 선전함으로써 상업적 이득을 얻고, 경제적 후원을 도모하려는 체계이다.

오늘날의 스타시스템은 1910년 중반부터 할리우드에서 처음 도입되었다. 할리우드 초기의 스타시스템은 스타를 발굴 · 성장시키고, 그러한 배우나 기존의 인기 있는 스타를 중심으로 영화를 제작 · 기획함으로써 흥행의 안정성을 확보하려는 목적으로 확립되었다. 또한 문화산업의 불확실성에 대한 안정화전략으로 스타시스템의 도입은 필연적인 산물이었다.

스타시스템(star system)은 문화상품의 '대체 불가능성' 때문에 생겨난 체계이다. 미국 노동경제학자인 셔윈 로젠(Sherwin Rosen)은 『슈퍼스타 경제학』이란 논문을 통해 문화산업 종사자들의 작은 재능의 차이가 소득에 엄청난 차이를 낳은 현상을 수요와 공급측면에서 설명했다.[10]

수요측면에서 문화상품의 대체 불가능성이 스타시스템을 가능하게 하는 중요 조건이다. 문화산업에서 일반재화와 달리 연기를 잘하는 배우는 다른 사람과 대체할 수 없다는 것이다. 드라마 PD가 배우 김수현을 캐스팅하고 싶어 의사를 타진했더니, 기획사에서 김수현은 바빠서 어렵고 그보다 약간 덜 유명한 배우 2명을 같은 개런티에 캐스팅하는 것은 어떠냐고 응답했다고 생각해보면 이해가 쉽다.

공급측면에서는 미디어 기술의 발달로 생산과 배급에서 엄청난 '규모의 경제'를 창출할 수 있게 된 점이 중요하다. 음악을 CD로 만들거나 소설을 전자책으로 만들 때, 영화나 드라마를 방영할 때 드는 공급자의 노력은 수요자의 수에 상관없이 동일하다.

이런 두 가지 특성이 맞물리게 되면 분야별 선두주자는 스스로 매출을 더 늘릴 뿐 아니라 경쟁자의 매출까지 감소시키는 이중효과를 얻게 된다. 이렇게 작은 두각을 보인 선두주자가 시장의 특성 때문에 '슈퍼스타'로 변환되는 과정을 로젠은 '슈퍼스타 탄생 과정론'으로 설명하였다.

10 김윤지, 박스오피스 경제학, 어크로스, 2016, pp.220~222.

그림 11-1 스타덤 경로모델

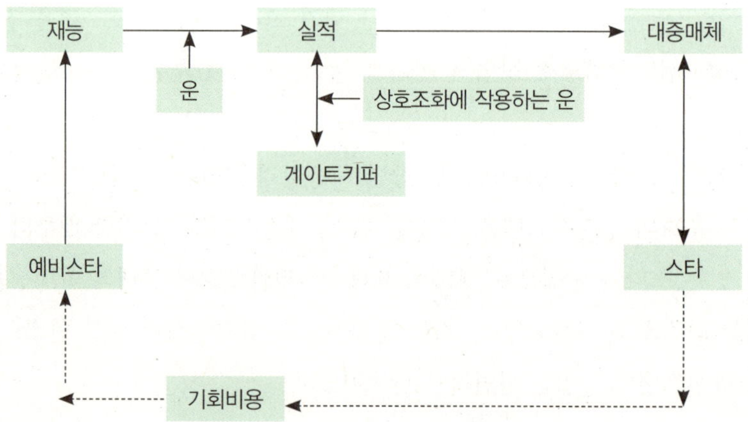

자료 : 허행량, 스타덤 경로모델, 언론과 사회 제21집, 1998, p.31.

또한 허행량은 다양한 변수들의 작용에 의하여 스타가 생산, 관리, 활용, 소비되는 순환 메커니즘을 스타가 되는 경로로 도식화하여 설명하였다.

스타의 탄생은 재능, 운, 실적, 게이트키퍼, 기회비용 등 내생변수와 외생변수 그리고 상황변수 등이 작용된다. 여기서 재능은 내생변수이고, 게이트키퍼는 외생변수, 예비스타와 게이트키퍼(gatekeeper)의 '상호조화에 작용하는 운'과 기회비용 등은 상황변수라고 정의할 수 있다. 즉 내생변수인 재능은 게이트키퍼라는 외생변수의 영향을 받으며, 이 과정에서 기회비용과 상호조화에 작용하는 운 등이 다시 스타덤에 영향을 미친다.

이러한 스타시스템에서는 전문적으로 업무를 분리하여 재능 있는 인재를 발굴하고 체계적으로 관리 · 육성하는 연예매니지먼트사의 역할이 중요해지고 있다.

우리나라는 미국처럼 에이전시와 매니지먼트가 분리되어 있지 않다. 우리나라의 경우 연예매니지먼트사들이 연예인 지망생들의 발굴 · 육성에서부터 적극적으로 참여한다. 이들은 연예인 지망생들을 발굴하여 데뷔 전까지 관리하며, 관리의 주된 업무는 양성과 교육이다. 즉, 우리나라의 스타시스템은 연예매니지먼트사를 고리로 연결되어 있다. 연예매니지먼트시스템에서 연예인 양성, 관리, 기획 등에 관련되는 매니저, 에이전트, 캐스팅디렉터, 연예인 양성전문가,

경영 컨설턴트, 이미지 컨설턴트, 연예전문 변호사 등의 영역은 스타시스템을 작동시키기 위한 스타 육성에 필요한 기능이자 역할이라고 할 수 있다.

우리나라는 1990년대에 접어들며 연예매니지먼트 산업의 규모가 커지면서 대기업의 자본이 투자된 연예매니지먼트 회사들이 등장하였다. 2000년 4월에 ㈜SM엔터테인먼트가 연예매니지먼트사 최초로 코스닥에 상장하며 연예매니지먼트 분야가 황금알을 낳는 인기사업으로 떠오르게 된 것이다. 이후 JYP, YG 등 대형 연예매니지먼트사는 가수, 연기자, MC, 개그맨 등을 분류하지 않고 종합엔터테인먼트사를 지향하며 미디어 제작에까지 참여하게 되었다. 현재 수십 개의 코스닥 상장회사들이 생겨났고 기업화 · 대형화의 추세도 있으나, 300개 이상의 중소규모의 연예매니지먼트사들이 전체 업계의 대다수를 차지하고 있는 것이 현실이다.

3) 스타마케팅의 활용사례

스타를 기용해 흥행의 안정성을 높이는 스타마케팅전략은 영화, 드라마, 뮤지컬, 연극, 음악 등 문화산업의 다양한 장르에서 나타나고 있다.

영화에서 스타마케팅의 경우 출연하는 배우의 사생활을 노출하거나 스타와 관련된 긍정적인 요소들을 노출하여 영화홍보에 활용하고 있다. 이러한 스타마케팅과 관련하여 카메오, 즉 스타의 깜짝출연으로 관객몰이를 하는 경우도 있다. 원래 카메오란 영화계나 광고에서 관객몰이와 홍보효과를 유도하기 위해 잠깐 우정출연하는 것을 말한다. 그런데 요즘은 시사회에서도 영화관계자 및 주연배우와 친분이 있는 스타들을 초대하면서 언론의 관심을 받는 마케팅이 등장하고 있다.

뮤지컬시장의 확대로 인해 인기가수, 스타급 탤런트 등의 뮤지컬 진출이 늘고 있다. 작품성이나 스토리는 뒤로 하고 인기배우가 캐스팅되었다는 이유 하나만으로 작품을 선택하는 관람객이 많아졌기 때문이다. 대중적으로 잘 알려진 슈퍼스타를 캐스팅하는 스타마케팅은 객석점유율을 높일 수 있다는 장점이 있다. 또한 배우 입장에서는 연기와 노래를 통해 자신의 끼를 펼칠 수 있는 좋은 기회가 된다. 해당 공연의 질적인 면을 해치지 않는 범위 내에서라면 스타들의 공연시장 진출은 뮤지컬 홍보비의 감소와 뮤지컬 신규관객의 증가 등의 측면에서 긍정적인 영향을 미친다. 하지만 지나치게 스타성에만 의존하여 뮤지컬 무대에서 검증되지 않은 스타를 빈번히 기용한다면 장기적인 관점에서 봤을 때 뮤지컬 전반의 질적 수준을 약화시키고 이는 관객의 외면으로 이어지는 악순환을 유발할 수 있다.

뮤지컬계로 진출하는 스타들의 직업군은 크게 가수, 연기자, 개그맨 등으로 나눌 수 있다. 뮤지컬에 진출한 대표적인 가수로는 소냐(〈마리아마리아〉, 〈지킬 앤 하이드〉, 〈영웅〉), 옥주현(〈시카고〉, 〈캣츠〉, 〈43번가〉, 〈아이다〉 등), 바다(〈노트르담 드 파리〉) 등이 있으며, 연기자로는 조승우(〈지킬 앤 하이드〉)가 있다. 개그맨으로는 〈헤어 스프레이〉와 〈라디오 스타〉에 출연했던 정준하, 〈록키 호러 쇼〉에 출연했던 홍록기, 〈라만차의 돈키호테〉에 출연했던 정성화 외에도 김효진, 김미려, 박경림 등이 있다. 뮤지컬에 캐스팅된 스타들의 직업 구성을 보면 배우와 가수의 비율이 가장 높은 것으로 나타나며, 2009년 소녀시대 제시카를 시작으로 최근에는 아이돌가수들의 뮤지컬계 진출이 활발해지고 있다.

이처럼 다양한 분야에서 뮤지컬배우로의 접근이 이루어지면서 중대형 뮤지컬의 마케팅은 크게 두 가지 경향을 뚜렷하게 보여주고 있다. 첫째, 국내 뮤지컬시장에서 흥행을 주요 목표로 대형 뮤지컬이 기획되고 있는 추세 속에서 몇 명의 슈퍼스타에 의존하는 경향이 더욱 강해졌다. 이는 그동안 TV, 영화가 밟아온 스타파워를 마케팅에 이용하는 스타마케팅의 전철을 그대로 따라가고 있는 것이다.

또 하나의 추세는 주요 연예매니지먼트사가 스타를 임대하는 데 그치지 않고 아예 공동제작의 형태로 뮤지컬 제작에 적극 참여하여 캐스팅의 주도권까지도 행사하는 방향으로 가고 있다. 최근 스타마케팅의 가장 큰 문제는 캐스팅의 과정이 아이돌스타 개인의 선택보다는 공연제작사와 연예매니지먼트사의 비즈니스적인 거래를 통해서 이루어진다는 것이다. 또한 스타의 바쁜 스케줄 때문에 한 작품에 주인공이 3명에서 4명까지 캐스팅되는 경우도 많기 때문에 작품의 완성도가 떨어질 수밖에 없다. 2008년 뮤지컬 실태조사에 따르면 뮤지컬시장 발전 저해요인에 '높은 배우 개런티'가 60%로 가장 큰 영향을 미치는 것으로 나타났다. 다양한 볼거리와 무대장치, 마케팅에 의존하는 대형 블록버스터 공연이 많아질수록 소수의 믿을 만한 스타에 의존하는 경향이 많아질 것이고 이에 따른 비용의 상승은 제작의 부담으로 작용하고 있다.

4) AMAP시스템과 스타관리

그림 11-2 AMAP시스템과 단계별 역할

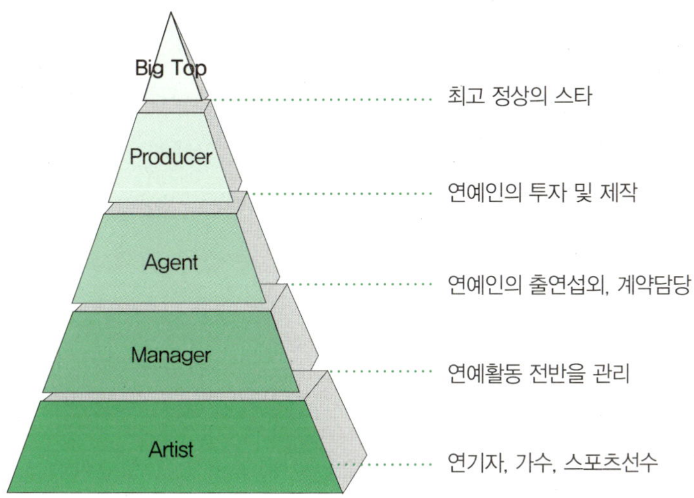

'Big Top'은 Top에 꼭대기, 정점 등 여러 가지 뜻이 있는데 여기서의 Big Top(원래는 큰 천막, 대규모 서커스란 뜻)의 의미는 최고 정상에 위치한 스타를 말하는 것으로 브래드 피트, 안젤리나 졸리, 조지 클루니, 레오나르도 디카프리오, 마돈나와 같은 최고의 배우들을 언급한 것이다.

스타를 만들기 위해서는 매슬로우의 '욕구 5단계설'처럼 체계적이고 조직적인 과정에 의해 최고의 정상급 스타를 만든다는 이론이 'AMAP'(Artist-Manager-Agent-Producer의 단계를 거친다는 의미에서 앞글자만을 따서 만든 것)시스템이다. AMAP시스템은 최고의 스타가 되기 위해 개인의 재능(능력)과 노력에 따라 계층적으로 관여하고 협력하는 단계를 보여주는 체계이다. 먼저 하위단계는 아티스트가 있고, 아티스트의 활동을 전반적으로 관리하는 매니저(Manager)가 그 다음 단계에 있고, 매니저 위에 에이전트(Agent)가 배우의 출연섭외를 중개하고 계약을 체결하는 연예활동을 관리하며, 그 다음 단계로 프로듀서(Producer)가 배우나 가수를 캐스팅하거나 음반제작에 관여하면서 최고의 Top스타를 키워내는 것이다. 이 시스템은 아티스트, 매니저, 에이전트, 프로듀서가 한 명의 슈퍼스타를 만들기 위해 서로 상호작용하면서 계층적으로 관여하고 협력하는 단계를 보여주는 체계이다. 미국의 스타시스템은 연예인이 노동조합에 가입해 권리와 복지에 대한 도움을 받으며 매니저와 에이전트를 고용해 연예활동을 영위하고 있다.

미국은 매니저나 에이전트 업무와 제작의 업무가 분리되어 최고 정점인 'Big Top'을 키워내기 위해서 단계별로 역할의 비중이 차이가 나는 것으로 나타났다. AMAP시스템은 최고의 스타까지 올라가기 위해서 하위단계에서 상위단계를 향해 계층적으로 스타를 체계적으로 관리하고 역할을 분담하고 있는 것이다.

할리우드나 우리나라 연예계는 엘리베이터를 타고 올라가는 스타보다 한 계단 한 계단 올라가서 자신의 재능과 실력을 보여주는 스타들이 더 인기를 오래 지속하고 팬덤을 확고히 유지하고 있다. 예를 들어 레이프 가렛, 피비 케이츠, 천상지희 더 그레이스와 같은 연예인들은 사람들로부터 열광적인 주목을 받다가 외면을 당하는 '반짝스타'들로 볼 수 있다. 아이돌 스타들은 실력보다 외모에 치중된 면이 많고 어린 나이에 스타로 등극해 자기관리가 안돼 그 인기를 오래 유지하기 어려운 경우가 많다. 이에 반해 조용필이나 이미자, 태진아, 주현미와 같은 가수들은 아이돌보다 탄탄한 실력과 실적 등으로 계단을 타고 올라가면서 오랫동안 인기를 유지하여 최고의 정상까지 오를 수 있었다.

스타는 인맥(네트워크), 기획사(개인) 투자, 스폰서십, 콘테스트와 같은 과정을 거쳐서 만들어지고 관리되어진다.

첫째, 엽관주의(spoils system)에 의한 인맥이 스타의 열망을 실현시켜준다. '승자에게 전리품이 속한다'라는 엽관주의, 즉 연예계의 네트워크(인맥)에 의해 캐스팅이 좌우되고, 스타로 갈 수 있는 기반이 마련된다. 물론 배우(가수)에게는 기본기와 기술(능력)이 필요하다. 재능과 능력을 갖추었다는 전제 아래 인맥집단이 작용하여 스타의 반열에 올라갈 수 있는 것이다. 예능인들이 여러 프로그램에 동반 출연하고 시너지효과를 내면서 인맥라인을 구축하거나 연예인

2~3세들이 부모의 후광을 업고 연예계에 진출하는 것이 대표적인 사례다.

둘째, 투자에 의해서 스타가 되는 경우이다. 연예기획사는 신인배우나 연기 지망생을 대상으로 오랜 트레이닝을 거쳐 연기력과 끼, 재능을 키워 스타로 만드는 경우가 많다. 실제로 가수 보아를 데뷔시키기 위해서 SM엔터테인먼트는 3년간 30억 원의 투자비용을 들였을 정도로 스타를 조기 발굴하여 육성하는 것이 중요하다.

셋째, 스폰서십(sponsorship)에 의한 스타를 육성하는 과정이다. 스폰서십은 기업들이 월드컵, 올림픽 등과 같은 스포츠이벤트, 프로 스포츠팀이나 리그, 유명선수 등 다양한 스포츠 분야는 물론 배우나 가수 등 연예인을 대상으로 지원이나 후원활동을 하는 행위이다. 이런 스폰서십 마케팅은 우호적인 기업이미지 강화와 고객과의 친밀감 형성 등 직간접적인 홍보 및 마케팅효과에 대한 기대도 있지만 기업시민으로써 사회적 책임 수행과 스타를 육성 발굴하는데 후원을 한다는 공익적 관점도 있다.

넷째, 미인모델 선발대회나 오디션 프로그램 등과 같은 콘테스트가 전문화된 스타 육성시스템의 발판이다. 오디션 프로그램의 경우 참가자들을 합숙시키며 여러 분야의 전문가들로 하여금 참가자들에게 스타로서 갖추어야 할 전문적인 교육을 시킴으로써 단순한 오디션이 아니라 스타육성 프로그램으로 자리 잡고 있다. 예들 들어, 재능 있는 스타를 발굴하는 서바이벌 오디션 프로그램이 스타를 발굴하는 관문으로서의 역할을 하고 있다.

결국 스타는 자신의 재능과 체계적인 트레이닝, 행운, 노력 등 다양한 변수들이 작용하면서 최정상급 Big Top이 되는 것이다. '빨리 올라간 만큼 빨리 내려와야 한다'는 교훈이 있듯이 스타는 엘리베이터를 타고 올라가는 것보다 계단을 타고 차근차근 올라가는 것이 스타의 수명을 오래 끌고 가는 지름길인 것이다.

3 한류마케팅

1) 한류의 어원과 범위

한류(韓流, Korean Wave)는 한국의 대중문화가 해외에서 유행하고 있는 현상을 말한다. 한류의 어원에 대해 국내 서적들은 1999년 북경청년보(北京青年報)에서 사용하기 시작한 신조어로 언급하고 있다.

그러나 한류라는 어원은 북경청년보(北京青年報)에서 처음 사용한 것이 아니라 1999년 문화관광부에서 한국의 인기가요들로 제작한 '韓流-Song from Korea'라는 음반 6천 장을 제작하여 한국 대중음악의 홍보를 위해 배포하면서부터이다.[11] 따라서 한류라는 신조어의 공식적 사용은 1999년 한국 문화관광부의 지원으로 배포된 홍보음반을 중심으로 '서울음악실'이라는 라디오프로그램을 통해 중국 청취자를 대상으로 전파를 타게 되면서 시작되었다는 것이 정확한 내용이다.

최근의 한류는 '대중문화에 대한 열광'에서 나아가 '한국문화, 한국상품, 한국인 등 한국 자체를 동경하고 선호하는 현상'으로 발전하고 있다. 한류에 의한 콘텐츠 수출이 증가하면서 부수적인 파생상품의 수출 및 관광, 음식 등 관련산업에도 긍정적인 영향을 끼쳤다. 또한 국내 기업들이 한류스타를 이용한 마케팅 수단을 적극 활용하며, 궁극적으로 국가이미지도 호의적으로 형성될 수 있었다. 비록 중국을 비롯한 아시아권에서 발생한 현상이지만, 최근 국내 음악과 게임을 비롯한 다양한 문화콘텐츠의 영향력이 커지고 있는 상황에서는 한류를 '해외에서 나타나고 있는 한국 선호현상'으로 넓게 해석할 필요가 있다.

한류의 범위는 K-Pop, 드라마, 영화 등 대중문화에서 한식, 뷰티, 패션, IT 제품/브랜드 등으로 그 영역을 확대하고 있는 것으로 나타났다.[12]

한국문화산업교류재단이 2021년 11월 세계 18개국(중국, 일본, 프랑스, 미국, 브라질, 러시아, 터키, 남아공, UAE) 8,500명을 대상으로 한 설문조사에서

11 장규수, 한류의 어원과 사용에 대한 연구, 한국콘텐츠학회, 11권 9호, 2011.

12 한국국제문화교류진흥원, 2022 해외한류실태조사, 2022. 2. 25.

한국 연상 이미지를 조사한 결과, 'K-Pop'이 14%를 기록하며 5년 연속 1위 기록하였고 다음으로 한식(11.5%)과 드라마(7.5%), 한류스타(7.0%), IT제품/브랜드(6.8%), 영화(4.9%), 뷰티제품(4.3%) 순으로 밝혀졌다.

한국 문화콘텐츠 인기도는 한식(49.4%), 뷰티(48.9%), 음악(46.8%), 패션(44.7%), 영화(41.5%) 등의 순으로 높고, 웹툰(31.9%), 도서(전자책, 32.5%) 등은 다른 콘텐츠보다 상대적으로 낮게 나타났다.

2) 한류발전단계

한국콘텐츠진흥원은 2022년 '빅데이터로 살펴본 한류 30년'이란 연구보고서에서 한류 발전단계를 4단계로 구분하였다.[13]

이 보고서에서는 '한류(韓流)'가 등장한 제1기(1995~2002년), 드라마와 게임 등 해외수출이 활성화한 제2기(2003~2009년), K-Pop 열풍이 불었던 세3기(2010~2017년), 그리고 BTS, 〈기생충〉,〈오징어 게임〉 등으로 글로벌 한류를 전 세계에 확산시킨 제4기(2018년~)로 나눠 한류의 단계별 특성을 분석하였다.

그룹 방탄소년단(BTS)이 2022년 4월 3일(현지 시각) 미국 라스베이거스 MGM 그랜느 가든 아레나에서 열린 세64회 그래미 어워드 시상식에서 공연

넷플릭스 오리지널 드라마 〈오징어 게임〉에 등장하는 술래인형

이를 위해서 한류가 본격적으로 시작된 1995년부터 2022년까지 96,524건의 언론 보도를 수집하여 빅데이터 분석으로 한류확산에 따른 키워드와 토픽을 도출하였다.

한류 제1기에는 드라마와 1세대 아이돌 중심의 음악을 기반으로 일본과 중국

13 전창영, 빅데이터로 살펴본 한류 30년, KOCCA 포커스, 2022. 12. 26., pp.4~20.

등 동아시아 중심의 한류열풍이 일어나기 시작하였다. 1997년 드라마 〈사랑이 뭐길래〉가 중국 등에 방송되어 관심을 끌었고, 〈첫사랑〉이 베트남에서 방영되었으며, HOT가 북경 단독 콘서트 개최 등으로 화제를 모았다. 한류 1.0 시기로 1995년부터 2002년까지가 여기에 해당한다.

한류 제2기(한류 2.0)는 2003년부터 2009년까지로 〈겨울연가〉, 〈대장금〉 등 인기드라마를 중심으로 한류가 본격적인 사회현상으로 주목을 받은 시기이며, 게임 등 한국 콘텐츠가 전반적으로 해외진출을 본격화한 시기이다.

한류 제3기(한류 3.0)는 2010년부터 2017년까지로 유튜브와 SNS 등으로 K-Pop 스타들이 주목을 받았으며 수퍼주니어, 소녀시대, 카라, 엑소, 싸이 등을 중심으로 한류콘텐츠 확산이 두드러졌다. 2021년 발매된 싸이의 〈강남스타일〉은 유튜브를 통해서 글로벌 히트 상품으로 기세를 올렸고 〈별에서 온 그대〉와 〈태양의 후예〉 등 명품 드라마들이 중국을 비롯한 아시아 국가들에서 대성공을 거두었다.

마지막으로 한류 제4기는 한류 4.0으로 2018년부터 현재까지를 의미한다. 코로나19의 영향, 글로벌 경쟁력을 갖춘 한류, OTT산업을 통한 한류콘텐츠 확대와 메타버스, VR, NFT 등 신기술 도입으로 한류의 글로벌 열풍이 정착되는 시기이다. BTS, 〈기생충〉, 〈오징어 게임〉 등 한류콘텐츠가 전 세계적으로 확산되면서 K-Culture[14]가 큰 관심을 끌었다. BTS는 빌보드 1위를 기록하였으며, 영화 〈기생충〉은 아카데미상 4개 부문을 석권하였고, 넷플릭스를 통해 공개된 〈오징어 게임〉은 글로벌 흥행으로 우리 콘텐츠의 우수성을 전 세계에 확산시켰다.

그러나 한류의 지속 확산을 위협하는 몇 가지 문제점이 나타나고 있다. 첫째는 문화우월주의의 반작용에 따른 중국과 일본을 중심으로 '혐한류 또는 반한류'의 흐름이고, 둘째는 한류를 상업적 이익만으로 환산하려는 '경제제일주의'적 접근이 한류 확산의 걸림돌이다. 이같은 문화우월주의, 경제중심주의, 한류콘텐츠의 획일성이라는 문제점에 대한 적절한 처방이 이루어지지 않는다면 앞으로 '글로벌 한류'의 확대에 어려움이 따를 것으로 예상된다.

14 2020년 문화체육관광부가 '신(新)한류 진흥정책'을 발표하면서 케이-컬처(K-Culture)는 신한류의 영문 명칭이며 동시에 정부가 권장하는 국제 홍보 브랜드임을 공식화하였다.

그림 11-3 한류의 진출 단계별 특징

한류 1.0	한류 2.0	한류 3.0	한류 4.0
• 1995~2002년 • 드라마, 아이돌 중심 • 중국, 일본, 동남아시아	• 2003~2009년 • 〈겨울연가〉 열풍 • 게임 해외진출	• 2010~2017년 • K-Pop 스타 • 〈별에서 온 그대〉, 강남스타일 • 중국 한한령 등 침체기	• 2018년~현재 글로벌 한류열풍 • BTS, 〈기생충〉 • 유럽, 미국, 남미 등 전 세계 확산

최근 한류콘텐츠가 경험한 어려움은 정치적인 이슈로 시작되었지만, 특정 국가에 과도하게 의존하고 있다는 한류콘텐츠 산업이 지닌 근본적인 문제점을 드러냈다. 이를 위하여 한류콘텐츠의 확산을 위한 지역별 전략이 수립되어야 한다.

양문회(2019)는 한류시장 다변화를 위해서 한류에 관심도가 높은 동남아시아 지역, 한류 블루오션인 서유럽 국가, 한류의 주요 시장인 일본과 중국의 한류 방송콘텐츠 확산 방안을 마련하였다.[15]

우선 지역 전략으로는 중국과 일본의 경우 정치적인 이슈 관리가 필요한데, 이를 위한 위기관리시스템을 구축하여 대응할 수 있도록 해야 한다. 또한 한류방송콘텐츠에 익숙한 이 지역에서는 드라마에 대한 높은 의존에서 벗어나 새롭고 다양한 콘텐츠 포맷으로 접근해야 한다.

둘째, 동남아시아(태국, 말레이시아, 베트남 등)의 경우, 베트남 등과 같은 젊은 층의 인구가 많은 지역의 특성을 반영하여 부족한 자국 콘텐츠에 대한 대안으로 인식시킬 필요가 있다. 또한 현지 진출 기업과 협력하여 한류마케팅을 확대해야 한다.

셋째, 유럽지역(프랑스, 영국, 독일 등)의 경우 유럽인의 문화적 · 정서적인 차원을 조사하고 분석하여 콘텐츠를 개발해야 하고, K-Pop의 인기를 활용할 수 있는 콘텐츠 제작 노력이 필요하다. 유럽 문화의 특성을 살린 서브컬처로서의 한류의 강점을 살리면서 호감 이미지를 지속적으로 구축해야 하며, 한류 방

15 양문회, 한류 방송콘텐츠 확산을 위한 방안 연구, 한국콘텐츠학회, 2019, pp.206~209.

송콘텐츠에 대한 접근성과 인지도를 높이도록 해야 한다.

정부는 새로운 한류를 기존의 한류와 구별하여 한류 4.0(한류 제4기)을 '신(新)한류(K-Culture)'라 공식적으로 명명하였다

신한류 확산 전략은 한류 수출국의 문화 · 사회적 발전에 기여, 한류 수출국의 경제적 동반성장 도모, 한류만의 특색(매력)을 살린 소비자 흥미 증진 등 민관협력을 통해 구체적인 추진 계획이 마련되고 있다.

이에 따라 현지와의 문화교류와 협업, 타 산업과의 동반성장을 확대하는 정치 · 외교문제 등 외부에서 주로 발생하는 한류 리스크 관리, 한류 지체요인 극복을 위한 상호이해 증진, 적극적인 비즈니스 협업 활성화, 수요자 친화적 콘텐츠 교류 확대, 현지시장 특성에 맞는 콘텐츠 개발과 유통 확대 등 구체적인 전략방향이 추진되어야 할 것이다.

한국국제문화교류진흥원(KOFICE)이 2022년 '해외한류실태조사'에서 국가별 한류콘텐츠 소비자의 한류 인식과 한류 소비행태 동향을 분석하였다.[16]

조사대상은 전 세계 18개국 만 15~59세 남녀 중 한국 문화콘텐츠 경험자 8천 5백 명을 대상으로 2021년 11월 온라인 패널조사를 실시하였다.

한류콘텐츠 이용자를 대상으로 한국 연상 이미지를 조사한 결과, K-Pop이 14%를 기록하며 5년 연속 1위를 기록했으며, 다음으로 한국 음식(11.5%)과 드라마(7.5%), 한류스타(7.0%), IT제품/브랜드(6.8%) 순으로 나타났다.

국가별로는 중국(15.2%), 일본(29.0%), 대만(20.5%), UAE(9.8%)는 '한식'이 1위로 나타났으며, 인도(10.2%)와 남아공(11.3%)은 'IT제품', 터키는 '드라마'(12.4%), 러시아는 '뷰티제품'(14.4%)이 1위로 조사됐다.

한국 문화콘텐츠 소비 비중을 보면, 전제 문화콘텐츠 중 한국 문화콘텐츠 소비 비중은 콘텐츠 평균 27.4%이며, 콘텐츠별로는 뷰티(31.7%), 드라마(31%), 패션(29.2%)으로 소비 비중이 높게 나타났다. 또한 한국 문화콘텐츠 이용 지출 금액은 패션'(33달러), 뷰티(29.4달러), 음식 (24.7달러), 게임(16.7달러) 등의 순으로 조사됐다.

가장 선호하는 콘텐츠의 경우 드라마는 〈오징어 게임〉(21.2%), 영화는 〈기생

16 한국국제문화교류진흥원, 2022 해외한류실태조사, 2022. 2. 25.

중〉(10.3%), 배우는 '이민호'(9.3%), 가수/그룹은 '방탄소년단(26.7%), 게임은 '배틀그라운드'(14.5%), 애니메이션 캐릭터는 '라바'(9.6%)로 나타났다.

반면, 한류의 부정적 인식 원인(1+2순위 복수응답 기준) 1위는 한류는 지나치게 상업적(25.1%)이며, 자국 콘텐츠산업 보호(22.7%), 한류스타 부적절한 언행 및 행동(22.3) 순으로 응답 비율이 높았다.

넷플릭스 〈오징어 게임〉 포스터

[그림 11-4]에서 한국 문화콘텐츠에 대한 국가별 소비 비중을 살펴볼 수 있는데, '드라마' 소비 비중(31%)이 전년 대비(1.4%포인트) 상승했으며, 소비 비중이 높은 국가는 말레이시아(39.5%), 인도네시아(39.2%), 태국(39%) 등으로 나타난 반면, 일본(21.8%)이 우리나라와 정치·외교관계 때문에 하위 3국에 포함되어 있다.

영화는 〈기생충〉(10.3%), 〈부산행〉(6.8%)이 2년 연속으로 1~2위를 차지했고 소비 비중(28.6%)이 전년 대비 4.1%포인트나 상승했으며, 소비 비중이 높은 국가는 UAE(40.5%), 인도네시아(37.2%), 베트남(36.5%) 순이며, 러시아와 일본, 아르헨티나는 소비 하위 3국에 속해 있다.

음악의 경우 방탄소년단(26.7%)과 블랙핑크(10.4%)가 2년 연속 1위와 2위를 기록한 가운데, 소비 비중이 높은 국가는 베트남(8.5%), UAE(35.6%), 인도네시아(35.1%) 등이며 러시아, 일본, 프랑스가 소비 비중이 낮은 것으로 조사됐다.

이번 조사를 통하여 앞으로 국가별·권역별 특화된 인기요인에 주목하여 맞춤형 콘텐츠 전략이 필요하다. 특히 전통적으로 문화적 할인이 높은 것으로 알려진 인도(예능, 애니메이션 1위)에서 한류에 대한 긍정적 신호가 확인된 만큼 고객 니즈에 주목할 필요가 있다.

그림 11-4 한국 문화콘텐츠 국가별 소비 비중

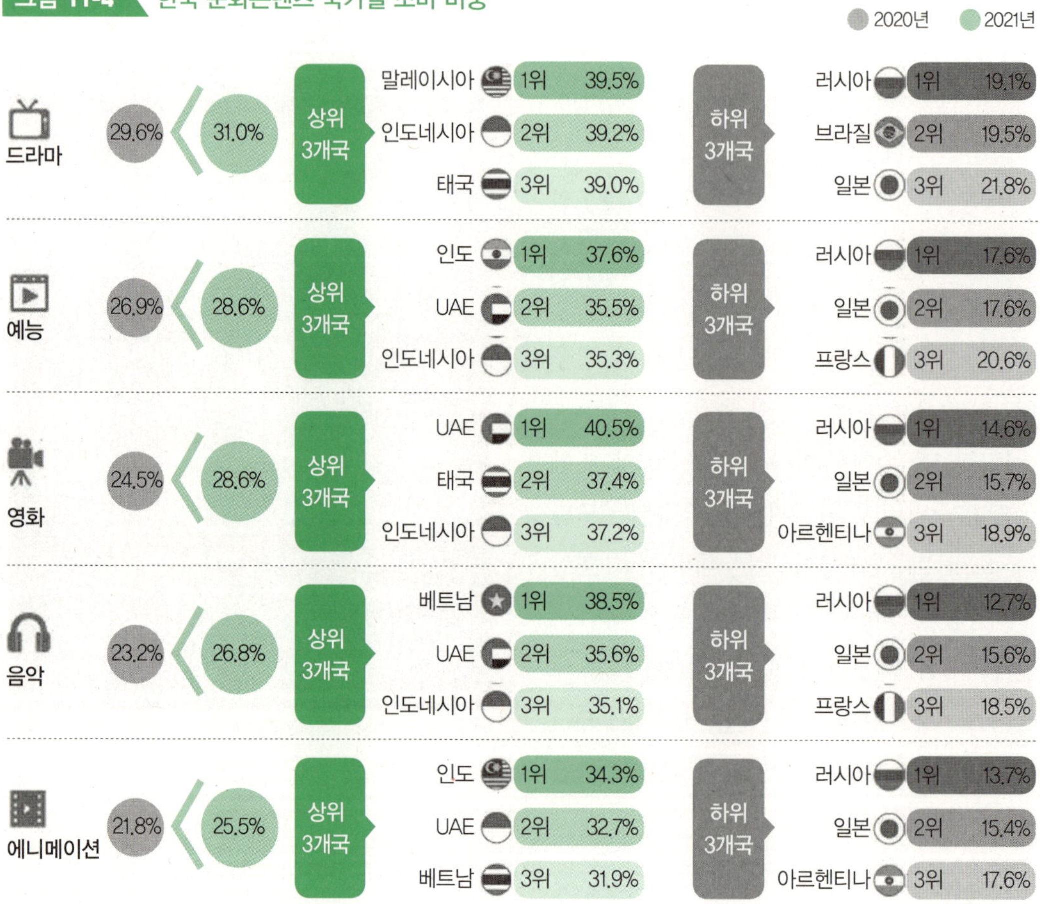

자료 : 2022 해외한류실태조사(2022. 2. 25)

또한 우리 문화콘텐츠 소비 비중이 높은 동남아시아 등 신남방국가(베트남, 인도네시아, 말레이시아, 태국)는 열성적 소비자가 많은 한류 핵심지역으로 발전가능성이 높다. 이에 반해 정책적 관심도가 낮은 신북방국가(러시아)의 경우 중국 및 일본과의 갈등, 정치적 제약에 따른 국가 간 문제 등으로 한류선호에 영향을 미치는 것에 대한 긴밀한 대응전략이 필요한 것으로 나타났다.

이런 결과를 바탕으로 한류콘텐츠 소비가 높은 신남방국가는 식품, 의류, 화장품, 가전제품, 휴대폰 등 한국 제품을 수출로 연결하는 '풀전략'이 요구되며, 소비 비중이 낮은 러시아, 브라질, 프랑스 등은 한류콘텐츠의 호감도(친숙도)를 높여 제품구매로 이어지는 '한류브랜드 제고전략'이 필요하다.

3) 한류마케팅의 확대

1990년대 이후 한류열풍이 불면서 우리나라 기업들은 한류를 마케팅과 접목시키기 시작했다. 예를 들면 욘사마가 사용했던 안경, 가발, 목도리가 일본에서 불티나게 팔리고, 동남아시아에서 한국 배우가 사용했던 화장품이 동이 날 정도로 팔린다는 것은 한류라는 문화를 마케팅에 접목시킴으로써 상품가치와 인지도를 높인 결과라 할 수 있다.

한류마케팅은 한류를 활용한 유형의 상품과 프로그램을 개발하여 부가가치를 창출하고, 한국의 대중문화를 확산하여 한국 문화를 전파하고 국가이미지를 제고하는 활동을 의미한다. 즉 한류마케팅은 한류를 기반으로 관광, 성형, 화장품, 패션, 스포츠 등 한국 대중문화 및 한국 스타와 직접적으로 연계된 상품판매로 확대하는 것으로 볼 수 있다.

한국 대중문화 스타들을 직접 만나기 위해, 때로는 한국 드라마 배경이 됐던 곳을 찾기 위해 한국을 방문하는 외국인이 늘자 이를 '관광한류'라 지칭했다. 또한 한국 연예인들의 옷차림이나 액세서리를 따라하는 외국인들이 증가하면서 또 하나의 바람을 일으키자 '패션한류'라 불렀다. 여기에 한국 연예인처럼 예쁘고 멋있는 외모를 원하는 수요가 생기면서 '성형한류'도 인기를 끌었다.

2002년 월드컵 축구대회에서 한국 대표팀이 4강까지 진출하면서 스포츠 바람이 불기 시작해 피겨스케이팅이나 야구 등으로도 확산되면서 '스포츠한류'도 외연을 확대했다. 이 외에도 한국 음식이나 한국 제품, 한국 게임, 한국 캐릭터처럼 한국식이면 모든 것을 좋아하는 현상도 나타나 한류의 범주는 갈수록 확대되는 모습이다.[17]

한류마케팅을 앞세운 관광업계의 한류관광객 유치노력이 본격화되고 있다. 일반기업들이 음식, 화장품, 의류, 미용 등 한류와 연관된 문화상품을 개발해 한류스타를 현지시장 개척을 위한 상품마케팅에 적극 활용하는 추세가 일반화되면서 한국으로 오는 관광객수도 증가하고 있다.

드라마 〈대장금〉의 사례는 한국 음식이라는 관광상품을 개발하여 부가가치를 창출할 수 있었다. 〈대장금〉은 이영애라는 한류스타를 탄생시킨 우수한 드

17 매일경제 한류본색 프로젝트팀, 한류본색, 매경출판, 2012, p.23.

라마이기도 하지만, 드라마 자체로 끝나지 않고 거기에 담긴 한국 음식을 세계에 알리는 촉매가 되기도 했다. 이는 무형의 콘텐츠가 물리적인 상품의 형태로 수익을 창출해내는 대표적인 사례로서 현재 한국의 음식 프랜차이즈기업들이 중국시장을 성공적으로 공략하는 데 큰 힘이 되고 있다.[18]

〈겨울연가〉로 유명한 남이섬은 한류열풍의 진원지다. 2004년 일본에서 방영된 드라마 〈겨울연가〉가 큰 인기를 누린 후 수많은 일본팬들이 '욘사마'의 나라를 찾아왔다. 주로 일본여성들이 찾아왔던 남이섬은 독자적인 스토리텔링과 색다른 서비스를 제공하면서 다양한 국적의 관광객들을 끌어들였다.

남이섬은 연간 330만 명, 외국인만 130만 명 이상이 방문하는 인기 관광지로 자리를 잡았다. 〈겨울연가〉의 촬영지로 이름을 알리며 중국과 일본뿐 아니라 동남아시아 관광객들에게서도 수년간 호응을 얻고 있다.

2016년 120여 개국에서 130만 명의 외국인이 다녀갔는데 그 가운데 절반가량이 동남아시아계 여행객이었다. 말레이시아와 태국이 각각 14만 명으로 가장 많았고 인도네시아와 베트남에서 10만 명씩 남이섬을 찾았다.

드라마 〈대장금〉과 〈겨울연가〉의 인기는 한국 대중문화에 대해 무관심으로 일관했던 일본마저 한류 세력권으로 들어오게 만들었다. 2010년 이후 한류는 그 범위를 동아시아 바깥 지역으로 확대했다. 2012년 싸이는 '강남스타일'로 유튜브 조회수만 21억 뷰를 기록하면서 미국을 비롯한 전 세계를 강타했다.

중국 상하이 한국 떡볶이 인기

2014년 〈별에서 온 그대〉의 김수현, 전지현은 새로운 스타노믹스 주인공들로 '제2 한류붐'을 일으켰다. 〈별에서 온 그대〉는 여행업, 홈쇼핑, 모바일 게임업계까지 파생상품의 영역을 확대하면서 3조 원 이상의 경제효과를 거뒀다.

---

18 정해승, 엔터테인먼트 경제학, 휴먼비즈니스, 2006, p.98.

드라마 〈태양의 후예〉(송중기, 송혜교 주연)는 2016년 국내와 중국에서 선풍적인 인기를 끌면서 관광객 유치와 한국 상품수출 증가에 큰 공헌을 하였다. 사전제작시스템을 통해 제작된 이 드라마는 중국 동영상 사이트 '아이치이(iQiyi)'를 통해 중국과 한국에서 동시 방영되면서 중국의 높은 규제장벽을 우회한 성공사례로 꼽히고 있다. 태양의 후예는 중국과 일본 외에 대만, 홍콩, 필리핀, 베트남 등 아시아지역과 미국, 영국, 프랑스, 이탈리아 등 유럽지역을 포함해 세계 34개국에 수출되어 〈별에서 온 그대〉 이상의 경제효과를 거뒀다.

한국국제문화교류진흥원(KOFICE)이 2022년 발표한 '해외한류실태조사'에서 한류콘텐츠 소비가 한국 제품 구매에 긍정적 영향을 끼치는 것으로 나타났다.

전 세계 18개국 8,500명을 대상으로 한 온라인 설문조사에서 한국 제품 구매경험 비율의 경우 저관여 제품은 92%로 1년 전(90.9%)보다 1.1%포인트 상승했으며, 고관여 제품은 76.3%로 1년 전(72%)보다 4.3%포인트나 상승하였다. 저관여 제품 중에서 '식품' 구매경험률이 80.9%로 가장 높으며, 음식점, 화장품, 의류, 액세서리 등이 70% 이상 구매경험률을 보였다. 국가별로 보면 브라질(59%)과 남아공(71%)은 '액세서리'에 대한 구매경험이 상대적으로 높았다.

최근 4년 기준으로 고관여 제품 중에서는 '가전제품' 구매경험률이 62.7%로 가장 높은 가운데, 국가별로 보면 대만(58.3%), 인도(83%), 아르헨티나(52.8%),

그림 11-5 한국산 제품 및 서비스 구매경험

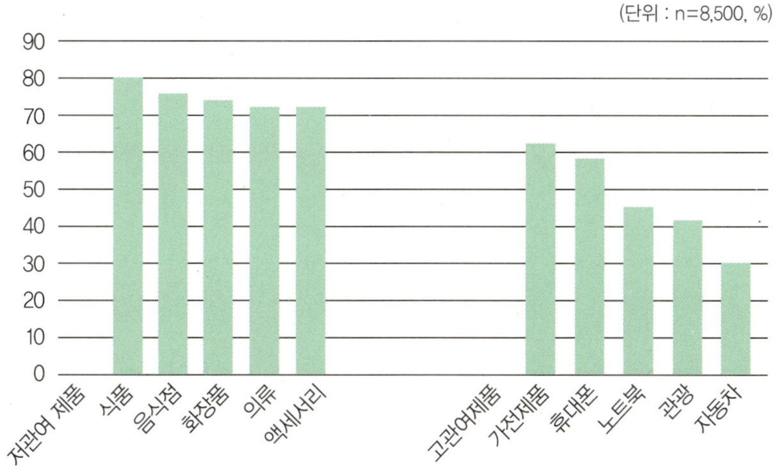

자료 : 한국국제문화교류진흥원, 2022 해외한류실태조사, 2022, p.85.

터키(57.4%)는 '관광', 일본은 '병원 의료 서비스'(22.6%) 구매경험이 상대적으로 높은 것으로 조사됐다. 가전제품의 경우 미주, 유럽, 호주 등에서 구매경험률이 높아 한류 확산의 영향으로 프리미엄 제품에 대한 선호도가 높은 시장으로 변화하고 있음을 알 수 있다.

우리나라 브랜드 제품 및 서비스를 구입하는 가장 주된 이유는 품질(60.3%)이며, 브랜드인지도/유행(43.1%), 가격(33.7%)이 그 뒤를 이었다. 특히, 61.8%가 한국 문화콘텐츠 소비가 한국 브랜드 제품 및 서비스 이용에 긍정적 영향을 미친다고 응답했다.

이와 함께 한류의 한국 문화콘텐츠 소비 영향력 정도는 50.1점이며, 영화(55.1 점), 음악(52.9점), 방송(50.7점) 등의 순으로 높게 나타났다. 국가별로는 '영화', '음악'에 대한 한류의 영향력이 가장 큰 가운데 인도(66.9점), 호주(53.9점), 프랑스(42.8점)는 다른 콘텐츠보다 '방송'이 가장 높은 특징을 보였다.

따라서 한류콘텐츠의 소비 영향력을 고려하여 국가별로 저관여 제품 및 고관여 제품의 선호도, 구매경험 등 소비자의 성향에 대한 분석이 반영되어야 한다.

4) 한류마케팅의 활성화 방안

한류는 지역적으로 아시아, 분야별로 K-Pop과 드라마에 편중되어 위기론에 빠져 있다. 한류마케팅이 활성화되기 위해서는 문화와 기업 간 연계성 제고를 통한 입체화전략이 요구된다.

한류마케팅이 활성화되기 위해서는 다음과 같이 몇 가지 방안을 제시하고자 한다.

첫 번째, 한류마케팅의 확대를 위해서는 대상지역별로 차별화된 진출전략을 추진해야 한다.[19] 예를 들어 중국은 산업구조 고도화에 따라 우리나라 패션과 의료업체들이 한류를 활용한 콘텐츠와 패션, 경쟁력을 갖춘 의료, 프랜차이즈 등 서비스에 진출하고 있다. 특히 '한류'의 영향으로 한국 화장품에 대한 중국 소비자의 선호도가 상승하면서 중국 화장품 수입액의 전체 7.2%를 차지하고 있다.

19 코트라, 중국지역 수출유망품목 및 진출방안, Global Market Report, 2012. 9. 3.

홍콩의 경우 한국산 제품이 가격 대비 디자인이 세련되고 품질이 우수하여 현지에서의 관심이 증대되고 있고 한류바람을 이용해 스타마케팅을 활용할 시 높은 관심을 끌 수 있을 것으로 보인다.

대만은 한국산 여성의류에 대한 선호도가 올라가면서 한국산 패션, 액세서리를 취급하는 로드샵 및 온라인 쇼핑몰이 늘어나고 있는 추세에 있으며, 한국 내 대만여성 관광객이 증가하고 있고, 여성의류에 대한 이미지가 더욱 좋아질 것으로 기대된다.

두 번째, 제조업체와 엔터테인먼트 기업 간 상호교류를 통해 한국 제품의 이미지를 제고하는 것이다. 가장 기초적인 방법은 한류스타의 광고모델 기용이다. 고차원적인 방법은 한류를 통해 한국에 대한 이미지를 고급화시키고 이를 한국 제품에 옮겨 심는 프리미엄전략을 실행하는 것이다. 제조업체와 엔터테인먼트기업들이 정기적으로 교류를 하고 한류펀드를 공동출자하는 등 협력방안을 모색해야 한다. 제조업체들이 십시일반으로 자금을 모아 한류를 지원할 수 있는 방안을 자발적으로 모색할 수 있다.

세 번째, 한식과 IT제품, 뷰티제품 등으로 다음 한류를 준비해야 한다. 한국문화산업교류재단이 2021년 11월 세계 18개국 8,500명을 대상으로 한 설문조사에서 한국 연상 이미지를 조사한 결과, 'K-Pop'이 14%를 기록하며 5년 연속 1위 기록하였다. 그 다음으로 한식(11.5%)과 드라마(7.5%), 한류스타(7.0%), IT제품/브랜드(6.8%), 영화(4.9%), 뷰티제품(4.3%) 순으로 조사됐다. 한류 콘텐츠를 제외하면 한국 연상 이미지 중 1순위로 꼽은 한식, IT제품, 뷰티제품이 한류 열풍을 이어갈 품목으로 나타났다. 국가별로는 중국(15.2%), 일본(29%), 대만(20.5%), UAE(9.8%)는 '한식'이 1위로 나타났으며, 인도(10.2%)와 남아공(11.3%)은 'IT제품', 러시아는 '뷰티제품'(14.4%)이 각각 1위를 차지해 국가별 선호품목이 다른 것으로 조사됐다. 따라서 국가별 선호도에 따라 맞춤형 타깃 마케팅전략이 필요할 것으로 보인다.

마지막으로 한류에 포함되지 못한 분야를 포함시켜 한국의 고품격 문화를 전파해야 한다. 대표적인 것이 한국의 전통문화이다. 〈대장금〉처럼 한류콘텐츠에 궁중의 생활, 예술, 음악, 무용과 같은 고급문화뿐 아니라 민속예술의 요소들을 포함하여 한국 전통문화의 이미지를 강화하는 것이 필요하다.

이처럼 한국 문화를 전파하고 있는 한류가 기업의 마케팅과 결합되면서 수출과 소비의 외연을 넓히고, 이를 비즈니스와 연계하여 경제적 이익을 확보하는 핵심이 되고 있다.

그러나 한류의 주류 담론이 경제중심적 시각에서 상업적 이익의 수단이나 한국 대중문화의 우수성을 과대평가하는 국수주의적 태도에 빠질 수 있다. 한류의 의미가 확대 해석되면서 한류의 상품화가 지나치게 강조되고 있다. 한류정책이 이명박 정부 이후 직접적이고 적극적인 형태로 변화하면서 정부가 개입한 한류 상품화가 두드러지고 있다. 정부의 지나친 간섭이 자칫 한류 발전에 걸림돌이 될 수 있음을 인식하고, 적절한 지원정책을 강구해야 한다.

정부가 한류사업을 주도할 경우 문화침략 이미지로 비춰질 위험성이 있다. 일부 외국학자는 한류가 한국과 한국 문화를 대표하지도 않고, 이런 집단의식과 집단적 행동이 반감을 가져올 수 있음을 지적하였다. 마이클 브린(Michael L. Breen)은 정부와 매체가 지나치게 한류를 강조하는 것을 경계했다. 그는 유럽의 경우 도시나 지역을 마케팅해서 성공한 경험을 축적하고 있지만, 국가가 문화를 마케팅하는 것은 보편적인 현상이 아니라고 강조했다.[20]

따라서 문화교류는 일방적인 문화침투가 아닌 상호 간의 문화를 존중하고 받아들이는 방식으로 접근해야 한다. 이를 위해서는 공동제작, 공동마케팅, 기술협력 등을 통한 교류가 필요하다. 이런 문화교류를 통하여 한류콘텐츠에 아시아적 감수성으로 아시아적 휴머니티를 담아내야 하는 고민이 필요할 것이다.

4 문화마케팅 발전을 위한 제언들

최근 K-Pop과 드라마를 앞세운 한류열풍을 타고 문화마케팅에 대한 연구가 활발히 진행되고 있지만, 학계와 산업계가 요구하는 문화마케팅의 발전방안에

20 마이클 브린, 한류콘텐츠 글로벌진출 활성화 컨퍼런스, 한국콘텐츠진흥원 · 한국문화산업교류재단, 2011.

대해 몇 가지 제시할 수 있다.

첫째, 기획력과 창의력 있는 마케터 양성이 필요하다.

문화산업 발전을 위해서는 창의적 기획 및 문제해결능력을 갖춘 창의융합형 인재가 필요하다. 창의형 인재양성을 위해서는 인문학, 경영학, 문화기술, 예술 등 다학제 통합학문을 도입하고, 공감과 소통능력을 가진 창의인재 육성에 집중해야 한다.

그러나 문화(인문학)와 경영(마케팅) 분야를 아우르는 전문성을 갖춘 연구인력과 교수인력이 절대적으로 부족하다. 또한 관련 교재를 비롯한 교육과정의 발전이 국내 실정에 맞게 체계화되지 못하고 있다. 이에 창의력 있는 마케팅 양성을 위해서는 대학에서 다양한 이론과 실제를 학습할 수 있는 커리큘럼을 도입해야 한다. 교육부가 유연학기제나 융합전공제 등을 도입하는 것을 골자로 대학 학사제도를 개편하는 것이 융합형 인재양성에 필요하기 때문이다.

따라서 문화마케팅 실무자를 양성하기 위한 창의 아카데미의 설립이 필요하고, 대학도 교육프로그램을 개편하여 산학협동 프로그램을 기획하고 운영할 문화경영 전문인력을 양성해야 한다.

둘째, 문화시장을 분석하는 과학적인 시장조사가 필요하다.

소비자의 취향이 변덕스러운 문화산업에서 과학적이고 체계적인 시장조사가 선행되어야 한다. 문화소비자에 대한 정량분석이나 정성분석의 방법론을 도입하여 소비자들의 선호도나 구매행동, 의사결정과정 등 효율적인 마케팅전략이 수립될 수 있어야 한다.

이와 같이 데이터 주도적 마케팅을 위해서는 빅데이터가 도입되어야 한다. 빅데이터 전문가를 양성하여 문화산업에서 정형 데이터와 비정형 데이터를 분석하여 소비자의 다양한 욕구를 반영하고 마케팅 성과를 높일 수 있을 것이다. 빅데이터는 하드웨어, 소프트웨어는 물론이고 컴퓨터공학, 인간공학, 언어학까지 망라된 기술이 적용된다. 그렇기 때문에 수학과 컴퓨터공학, 인문학, 커뮤니케이션능력을 갖춘 빅데이터 전문인력 육성도 필요하다. 따라서 문화산업 분야에 빅데이터를 적용할 수 있는 창조적이고 통합적인 사고력을 갖춘 인재가 적극 양성되어야 한다.

셋째, 문화산업에 대한 지역별 · 산업별 시장동향을 분석하고 소비자의 선호도를 파악하는 '한류 관련 통합플랫폼' 구축이 필요하다.

한국문화산업교류재단, 한국콘텐츠진흥원에서 한류실태조사 자료를 발간하고 있지만 구글 트렌드처럼 이용자가 원하는 검색어로 콘텐츠별, 국가별, 계절별 추이를 다양하게 분석 가능한 사이트나 플랫폼이 없는 상황이다.

글로벌 시장에서 한국 콘텐츠에 대한 접근성이 높아진 상황을 고려할 때 한류콘텐츠에 대한 국가 및 세분화된 지역단위로 트렌드를 조사하거나 용어나 주제별로 검색어를 선정하여 상대적 관심도를 비교할 수 있고 콘텐츠별, 국가별, 계절별 추이를 다양하게 분석하여 통찰력을 얻을 수 있는 플랫폼이 요구된다. 플랫폼 구축을 위한 마케팅 데이터는 한류실태조사나 설문조사 형식이 아닌 문화산업 관련 기업이 보유한 자체 시스템, 에이전시, 고객 온라인 행동(댓글, 좋아요), 그 외에 다양한 자료 등이 해당된다. 이런 데이터가 모여 '빅데이터'가 되는데 기업들이 한류 관련 콘텐츠나 상품을 기획하고 출시할 때 데이터 기반으로 성과를 창출하는데 도움을 받을 수 있다.

최근 문화산업은 AI(인공지능), VR(가상현실) · AR(증강현실), 메타버스, NFT(대체불가토큰), 소프트웨어 등 다양한 디지털 기술과 결합하고 있으며 산업과 영역, 장르 간의 융 · 복합이 이루어지고 있다. 이에 따라 ICT 기술과 문화산업을 연결할 수 있는 코디네이터나 디지털 마케터가 필요할 것으로 보인다.

마지막으로 문화예술단체와 기업 간 파트너십이 구축되어 시너지효과를 극대화해야 한다.

기업들은 문화예술단체와의 결연을 통하여 상호이익을 추구하는 전략적 파트너십을 구축하고 있다. 대부분의 국내 기업의 문화마케팅은 예술단체의 지원이나 협찬 형태를 통하여 문화기업의 이미지를 구축하고 있다. 2010년 이후 기업의 문화예술지원 활동이 급격히 증가하면서 기업 스스로 문화마케팅에 대한 효과를 인식하게 되었다. 최근 기업들이 앞다퉈 고객을 위한 차별화된 문화행사를 추진하고 있고, 예술단체와의 협업을 통하여 직접 예술공간을 창조하는 일도 있다. 예술단체도 과거 정부주도형의 지원에서 벗어나 민간기업의 투자유치를 끌어내는 노력이 필요하다. 기업은 문화마케팅을 통한 이미지 제고 등 전략적 목표를 달성하고 문화예술기관은 고유의 가치를 제고하는 양자 모두 상호이익을 추구(win-win)하는 새로운 형태의 문화마케팅이 전개되어야 한다.

이처럼 문화산업 개별주체(정부, 지자체, 문화예술단체)는 산업으로서의 문화의 중요성에 대해 인식하고, 기업은 문화지원이나 사회공헌 활동측면에서 문화마케팅 활동을 전개해야 하며 정부나 지자체도 문화산업 관련 인프라 구축을 통해 소비자들의 관심과 참여를 유도해야 한다.

이 장의 요약

스토리텔링은 스토리(story)와 텔링(telling)의 합성어로 이야기를 들려주는 활동이다. 전해 내려오는 이야기인 전설, 설화 등 문화원형은 스토리텔링이 가미되면서 문화상품이나 문화콘텐츠로 개발된다. 스토리텔링마케팅(storytelling marketing)은 상품에 얽힌 이야기를 포장하여 광고, 프로모션에 활용하는 감성지향적 마케팅활동, 소비자의 마음을 열기 위한 마케팅활동으로 정의할 수 있다. 스토리텔링을 전달하는 방식은 크게 사실에 기반한 스토리텔링, 수정/가공 스토리텔링, 창작 스토리텔링의 세 가지로 구분할 수 있다. 기업은 스토리텔링마케팅을 활용하여 소비자와의 직접적인 커뮤니케이션을 통한 경험을 제공할 수 있어야 한다.

스타마케팅이란 '스타의 대중적 인기를 상품, 서비스, 이벤트, 사회봉사활동 등에 연계하여 진행하는 마케팅전략'이다. 스타는 흥행의 보증수표로서 영화나 드라마, 뮤지컬 등 문화산업에서 흥행을 좌우한다. 이런 스타의 인기에 기반한 명성을 이용하여 문화상품의 판매를 원활히 하려는 제도적 현상을 스타시스템이라고 말한다. 수요측면에서 문화상품의 대체 불가능성과 공급측면에서는 엄청난 '규모의 경제'의 창출이 가능하기 때문에 스타시스템의 도입은 필연적인 것이다. 최고의 정상급 스타를 만들기 위해 AMAP시스템은 아티스트, 매니저, 에이전트, 프로듀서가 상호작용하면서 계층적으로 관여하고 협력하는 단계를 보여주는 체계이다.

한류는 한국 대중문화에 대한 열광적인 선호현상을 의미한다. 그러나 한류라는 어원은 중국 언론이 처음 사용한 것이 아니라 1999년 문화관광부에서 한국의 인기가요를 홍보하기 위하여 '韓流-Song from Korea'라는 음반 6천 장을 제작 · 배포하면서 시작되었다. 한류는 '대중문화에 대한 열광'에서 나아가 '한국 문화, 한국 상품, 한국인 등 한국 자체를 동경하고 선호하는 현상'으로 발전하고 있다. 한류(韓流)는 드라마와 1세대 아이돌 중심으로 등장한 제1기(1995~2002년), 드라마와 게임 등 해외수출이 활성화한 제2기(2003~2009년), K-Pop 열풍이 불었던 제3기(2010~2017년), 그리고 BTS, 〈기생충〉, 〈오징어 게임〉 등으로 글로벌 한류를 전 세계에 확산시킨 제4기(2018년~현재)로 단계별로 구분할 수 있다.

이처럼 한류마케팅은 한류를 활용한 유형의 상품과 프로그램을 개발하여 부가가치를 창출하고, 한국의 대중문화를 확산하여 한국 문화를 전파하고 국가이미지를 제고하는 활동을 의미한다.

그러나 정부주도의 한류정책이 지나친 상품화로 두드러지면서 한류발전에 걸림돌이 되고 있다. 따라서 한국 문화의 우월성을 강조하기보다는 상호 간의 문화를 존중하고 받아들이는 방식으로 한류의 지형변화를 이끌어야 한다.

무엇보다 문화마케팅의 발전을 위해서는 기획력과 창의력 있는 마케터 양성이 필요하고, 트렌드를 분석하는 과학적인 시장조사가 요구되며, 문화예술단체와 기업 간 상생할 수 있는 파트너십이 구축되어야 한다.

주요용어

스토리텔링
스티브 잡스(Steve Jobs)
한류 3.0
욘사마
스타마케팅
롤프 옌센(Rolf Jensen)
총각네 야채가게
K-Pop
신한류
K-Culture
Dream Society
스토리텔링마케팅
한류마케팅
AMAP시스템

참고문헌

- 고정민 외, 한류, 아시아를 넘어 세계로, (재)한국문화산업교류재단, 2009.
- 고정민, 문화콘텐츠 경영전략, 커뮤니케이션북스, 2007.
- 고정민, 한류지수의 산정 및 경제효과에 대한 분석, 한국문화산업교류재단, 2011.
- 김민주, 성공하는 기업에는 스토리가 있다, 청림출판, 2003.
- 김영한 · 이영석, 총각네 야채가게, 쌤앤파커스, 2012.
- 김유경, 국가브랜드 개성의 차원에 관한 연구, 광고연구, 2007년 여름(75호).
- 김윤지, 박스오피스 경제학, 어크로스, 2016.
- 김창남, 대중문화의 이해, 한울아카데미, 2007.
- 뉴스와이어, 2012. 5. 10.
- 다니엘 핑크 저, 김명철 역, 새로운 미래가 온다, 한국경제신문, 2006.
- 롤프 옌센 저, 서정환 역, 드림 소사이어티, 리드리드출판, 2007.
- 마이클 브린, 한류콘텐츠 글로벌진출 활성화 컨퍼런스, 한국콘텐츠진흥원 · 한국문화산업교류재단, 2011.
- 매일경제 한류본색 프로젝트팀, 한류본색, 매경출판, 2012.
- 문숙재 · 여윤경, 소비 트렌드와 마케팅, 신정, 2005.
- 삼성경제연구소, 글로벌 전통기업의 디지털 체험 전략, CEO Information 제885호, 2013.
- 스티븐 데닝, 스토리텔링으로 성공하라, 을유문화사, 2006.
- 심희철 외, 방송연예산업경영론, 북코리아, 2013.
- 안길상 외, 문화마케팅, 한경사, 2008.
- 양문회, 한류 방송콘텐츠 확산을 위한 방안 연구, 한국콘텐츠학회, 2019.
- 이노우에 다쓰히코 저, 김준균 역, 베끼려면 제대로 베껴라, 시드페이퍼, 2013.
- 이스터 보고서, Storytelling in Web, Easter Communication, 2008년 6월호.
- EBS 다큐프라임 이야기의 힘 제작팀, 이야기의 힘-매혹적인 스토리텔링의 조건, 황금물고기, 2011.
- 장규수, 한류의 어원과 사용에 대한 연구, 한국콘텐츠학회, 11권 9호, 2011.

• 정해승, 엔터테인먼트 경제학, 휴먼비즈니스, 2006.
• 전창영, 빅데이터로 살펴본 한류30년, KOCCA 포커스, 2022. 12. 26.
• 조도형, 스타시스템의 컨버전스에 관한 연구, 한국외국어대학교 대학원 석사학위논문, 2010.
• 조윤제, 인문으로 통찰하고 감성으로 통합하라, 작은씨앗, 2012.
• 케빈 레인 켈러 저, 이상민 역, 브랜드 매니지먼트, 비즈니스북스, 2007.
• 코트라, 중국지역 수출유망품목 및 진출방안, Global Market Report, 2012. 9. 3.
• 헤럴드경제, 2013. 1. 31.
• 한국국제문화교류진흥원, 2022 해외한류실태조사, 2022. 2. 25.
• 허행량, 스타덤 경로모델, 언론과 사회 제21집, 1998.
• 허행량, 스타마케팅, 매일경제신문사, 2002.
• Edgar Morin, Les Stars, 이상률 역(1992), 스타, 문예출판사, 1972.
• KOTRA, 글로벌 한류 동향 및 활용전략 보고서, 2011년 6월.
• Rifkin, J., The Age of Access, New York: Penguin Putnam Inc., 2000.
• Rolf Jensen, *The Dream Society: Howthe coming shift from information to imagination will transform your business*, New York: McGraw-Hill, 1999.

| 찾아보기 |

ㄱ

| 저자약력 |

윤홍근 cbyhhk@hanmail.net

CBS 마케팅본부 부장. 1994년 CBS 기자로 입사해 사회부, DMB부, 국제부, 영상뉴스부, 경제부 기자로 일했으며 세바시팀, 디지털콘텐츠국 등을 거쳤다. 고려대학교 경영대학원에서 마케팅을 전공했고, 전북대학교 일반대학원에서 신문방송학을 전공하여 언론학 석사학위를 받았다. 한국외국어대학교 대학원 문화콘텐츠학과에서 문학박사 학위를 받았으며, 한국외국어대학교 글로벌문화콘텐츠학과 겸임교수를 역임했다. 한국문화산업교류재단의 '2013~2015년 대한민국 한류백서' 제작에 참여했다.

저서로는『방송마케팅』,『채널 브랜드 전략』,『DMB 킬러콘텐츠』,『문화콘텐츠 산업론』(공저),『미디어마케팅』,『문화마케팅 성공스토리』,『한국방송사』,『세계방송사』,『문화마케팅 입문』,『미디어 브랜드의 진화』 등이 있다.

문화마케팅 트렌드와 사례분석(제2판)

2017년 7월 30일 1판 1쇄 발행
2023년 8월 30일 2판 1쇄 발행

저 자 | 윤홍근
발행인 | 이수영
발행처 | 도서출판 청람
서울시 마포구 독막로 288(대흥동, 세양상가 109호)
전 화 | 02)3272-2601(대)
팩 스 | 02)3272~2603
이메일 | crbooks@daum.net
홈페이지 | http://www.crbooks.co.kr
등 록 | 2000년 8월 26일 제6-0509호

ISBN 978-89-5972-973-9 93320 [정가 30,000원]